本书得到国家自然科学基金项目（71203236、71773140）、国家社会科学基金项目（19FJYB022）和教育部国别与区域研究课题基金项目（19GBQY104）的资助，也是成都市哲学社会科学研究基地"成都城乡融合发展试验区研究"的阶段性成果。

国 | 研 | 文 | 库

城乡高质量融合发展研究

申 云等————著

光明日报出版社

图书在版编目（CIP）数据

城乡高质量融合发展研究 ／ 申云等著． -- 北京：
光明日报出版社，2021.4

ISBN 978 - 7 - 5194 - 5860 - 7

Ⅰ.①城… Ⅱ.①申… Ⅲ.①城乡建设—经济发展—
研究—中国 Ⅳ.①F299.21

中国版本图书馆 CIP 数据核字（2021）第 058771 号

城乡高质量融合发展研究

CHENGXIANG GAOZHILIANG RONGHE FAZHAN YANJIU

著　　者：申云 等

责任编辑：李　倩　　　　　　　　责任校对：李小蒙

封面设计：中联华文　　　　　　　责任印制：曹　净

出版发行：光明日报出版社

地　　址：北京市西城区永安路 106 号，100050

电　　话：010 - 63169890（咨询），63131930（邮购）

传　　真：010 - 63131930

网　　址：http：//book. gmw. cn

E - mail：gmcbs@ gmw. cn

法律顾问：北京德恒律师事务所龚柳方律师

印　　刷：三河市华东印刷有限公司

装　　订：三河市华东印刷有限公司

本书如有破损、缺页、装订错误，请与本社联系调换，电话：010 - 63131930

开　　本：170mm×240mm

字　　数：377 千字　　　　　　　印　　张：21

版　　次：2021 年 4 月第 1 版　　　印　　次：2021 年 4 月第 1 次印刷

书　　号：ISBN 978 - 7 - 5194 - 5860 - 7

定　　价：98. 00 元

序

　　实施乡村振兴战略，是党的十九大作出的重大决策部署，是决胜全面建成小康社会、全面建设社会主义现代化国家的重大历史任务，是新时代"三农"工作的总抓手。新时代以来，中国最大的不平衡是城乡发展不平衡，最大的不充分是农业农村发展不充分，乡村振兴战略作为重塑中国城乡空间新格局和制度体制融合发展的行动指南和战略纲领，也是城乡高质量融合发展与破解社会主要矛盾的重要"抓手"。城乡高质量融合发展对于引领现代化新农村建设、打破城乡二元经济结构、破除区域经济发展不平衡不充分、体现中国特色社会主义制度的优越性具有重大而深远的意义。

　　充分发挥学科优势，精准施策，以助力乡村全面振兴推动城乡高质量融合发展，是学者科研工作"顶天立地"的责任与使命。以四川农业大学申云博士领衔的研究团队，多年来一直深耕于我国农业经济与城乡收入分配的研究领域，产生了一批具有一定影响的学术成果和智库成果。在中国农村人口老龄化和城乡发展不平衡的今天，在即将跨越"中等收入陷阱"的拐点期和站在百年未有之大变局的战略机遇期，研究乡村振兴战略背景下城乡高质量融合发展不仅是一个学术问题也是一个战略问题。《城乡高质量融合发展研究》一书立足于中国基本国情和实践，以习近平新时代中国特色社会主义思想为指引，构建以"要素融合—产业融合—制度融合"为理论分析框架的城乡高质量融合发展体系，揭示中国城乡融合发展中"劳动力、土地、资本、技术、数据"等要素融合发展面临的现实困境，探索城乡一、二、三产业融合发展中的体制机制障碍和制度缺陷，提出了城乡高质量融合发展的有效路径，为系统研究中国特色城乡高质量融合发展理论和实践提供了新的思路，具有较高的理论和学术价值。同时，该书还拓展了对城乡融合发展理论研究的视野和广度，通过翔实的数据实证分析为有效认知城乡高质量融合发展提供了可靠的经验证据支撑，丰富了微观层面城乡高质量融合发展的实证研究，深化了对城乡高质量融合发展的本质规律认识，有助于为我国城乡融合实践提供经验证据和决策参考。揆诸全书，有以下突出特点。

第一，全面系统性。该书重点聚焦中国城乡二元经济结构背景下乡村振兴中城乡要素、产业、制度高质量融合发展的理论与实践问题。主要包括以下内容：一是立足于扎实的理论阐释，系统梳理城乡高质量融合发展的制度形成、演进历程、着力点、核心任务和发展趋势，着重研究新时代中国特色社会主义理论和城乡高质量融合发展在实践中面临的突出矛盾和深层原因。二是从理论层面构建城乡之间"要素—产业—制度"融合的三维视角分析框架探讨城乡高质量融合发展路径和方向，总结和研究劳动力流动、土地流转、金融发展、产业融合、制度协同与城乡高质量融合发展之间的关系。三是从城乡要素流动、产业结构调整、制度协同改革等层面对城乡高质量融合进行计量实证分析，提出城乡高质量融合发展的政策路径。四是提出一个与市场经济相适应的、中国特色社会主义收入分配制度的指导思想、价值取向和整体架构，为研究深化城乡高质量融合发展提供了路径和破解之道。

第二，突出原创性。该书理论框架自成体系，坚持破除二元体制重塑城乡空间格局，围绕"人往哪里去、地从何处来、钱从哪里出、权能如何用"的大逻辑，把城市和乡村、工业和农业作为一个整体设计制度框架，这些理论观点具有前瞻性。该书认为建构城乡高质量融合发展机制，要遵循发展规律探索多元路径，坚持创新政策体系补齐乡村短板，优化政策设计，打好政策组合拳，推动城乡间要素的双向自由流动，推动城乡产业链和价值链的重塑，进而实现城乡公共资源配置和制度改革的均衡化发展，改变城乡间不协调的财政、金融、土地、人才、技术和产业等政策制度安排，引导乡村增强自身造血功能和内生发展动能。该书研究视野开阔，理论角度新颖。正如作者所指出的，要调动政府运用各种政策为城乡高质量融合发展保驾护航，并且还要在社保、教育、医疗等方面实现公平与效率的优化，缩小城乡差距，构建良好的城乡空间新格局。

第三，研究方法的多样性。该书坚持机理分析与效应评估相结合的研究方法，运用定性分析与定量评估相结合方法，以及历史分析与逻辑演绎相统一的研究方法，把城乡高质量融合发展制度演变纳入"要素—产业—制度"相互作用的系统结构互动机制中研究，综合运用经济统计、计量分析、典型案例和比较研究等多种方法，尤其是通过严谨的测算和分析寻找规律，构建整体框架探讨城乡高质量融合发展路径和方向。理论、实践与方法的结合，注重动态和时效分析，对城乡高质量融合发展的研究方法和创新有重要贡献。

第四，鲜明的现实性。当前我国农业农村基础差、底子薄、发展滞后的状况尚未根本改变，经济社会发展中最突出的短板和最薄弱的环节仍然是"三农"问题。该书直面中国现实中存在的城乡发展不平衡和收入分配差距等重大理论和现实问题,并聚焦精准扶贫和乡村振兴战略协同为背景,将新时代城乡融合发展作为破解城乡二元社会经济结构的有效路径,把降低区域经济发展不平衡不充分的现实社会矛盾作为研究的出发点和落脚点,将城乡高质量融合发展纳入社会制度结构和生产关系分析,探寻促使要素配置更多地通过市场化手段来发挥资源配置作用的有效路径,并给出了具体的改革路径和政策建议。

    总之,在新时代我国社会主要矛盾转变的背景下,需要赋予城乡高质量融合发展新的时代内涵。本书正是基于这一时代背景,立足构建中国特色城乡融合发展理论体系,系统研究中国城乡高质量融合发展的理论与现实问题,从学理上深化城乡高质量融合发展研究。该书选题立意深远,研究视角独特,研究内容丰富,具有现实指导性。该书作者在长期研究积累的基础上,通过精心组织、团队协同,完成了城乡高质量融合发展的力作,具有较高的学术价值和实践指导价值。在此表示祝贺。

武汉大学社会保障研究中心

2020 年 4 月 12 日

自　序

在中华人民共和国成立70周年和实现全面小康社会的交汇期,在即将完成"第一个百年"目标向"第二个百年目标"奋进的转折期,实现中华民族伟大复兴的中国梦成为14亿中华儿女的共同期盼。这70年发展的艰辛历程,不仅是中国人民为追求美好生活向往的真实写照,更是体现人民为实现自身美好幸福生活的圆梦之路。如何圆梦,不仅需要天时、地利、人和等国内外有利环境的支撑,还需要充分认知"势、道、术"等适合我国经济社会发展的客观规律和现实路径,即以习近平新时代中国特色社会主义思想为指引,走中国特色的社会主义可持续发展道路。中国作为最大的发展中国家,如何有效跨越中等收入陷阱,参照世界银行2015年对发达国家的界定标准,当人均GDP达到12476美元后将基本达到发达国家的门槛水平。而2019年我国人均GDP已突破1万美元的大关,排名全世界第67位,已经进入跨越中等收入陷阱的重要转折点,但离实现中等收入发达国家(第二个百年奋斗目标)仍然存在巨大差距。在国际环境错综复杂的大背景下,如何深挖我国经济增长的潜能,相比发达国家而言,我国的现代化道路仍然面临较多的曲折艰辛,其核心痛点和难点在于农业农村的现代化道路依然任重道远。2019年年底暴发的全球新冠肺炎疫情仍在愈演愈烈,中国"抗疫"战的阶段性胜利反映出中国特色社会主义制度的优越性,但也暴露出非常多的城乡治理短板和不足,特别是城乡融合发展不足带来的多方面的问题。"三农问题"依然是我国现代化发展最大的短板,破解该短板的根本在于消除城乡差距,关键抓手在于乡村振兴,核心动力在于城乡高质量融合发展,这也是人们追求美好幸福生活与实现中华民族伟大复兴中国梦的重要起点和初心。

如何有效推进城乡高质量融合发展,核心在于加快构建工农互促、城乡互补、平等交换和公共资源合理配置的新型工农城乡关系。本书重点构建以"要素—产业—制度"融合为框架的城乡高质量融合发展体系,以城乡"劳动力、土地、资本、技术、数据"等要素的双向自由流动(要素融合)助推城乡产业高质量融合发展,倒逼城乡制度的高质量有机融合,最终实现城乡经济高质量发展。城乡高质量融合发展不仅需要发展乡村经济,还需要推动乡村产业、人才、组织、文化、生态等全方位的振兴,通过推进新型城镇化建设来有效降低农村人口和加快农村脱贫攻坚步伐,促进城乡要素双向流动提升农村劳动生产率和经济效益,加快乡村经济结构转型和城乡均衡发展,从而破除城乡区域经济发展不平衡、不充分的结构性矛盾。

在城乡要素融合层面,需要积极推进新型城镇化来有效促进农村劳动力的就业人口转移,把解决农村剩余劳动人口就业作为城乡人力资本融合的关键,按照人口集聚度来有效界定城乡边界而非传统地域式的界限划分,围绕"人"的城镇化来配套基础设施、公共服务、产业发展以及土地开发等多方面的融合服务,逐步实现以常住人口为基准的市民化,配套与之相应的社会福利。在县域规划层面,大力开展中心镇/特色镇、中心村/特色村、一般村的划分,围绕人口集聚度来有效推动就地城镇化,以农户就业拉动脱贫和乡村振兴发展。随着农地"三权分置"改革的深入,农村"三块地"的产权制度改革仍然是核心,虽然农户家庭农地承包权在第二轮到期后可能在原有基础上再延长30年,但仍然无法改变农地细碎化和农业规模效率低下的现实困境。为突破该制度"瓶颈",可以探索在农地集体所有的基础上进行农地所有权的成员权利化,即在农村集体成员中进行股权量化,围绕农地收益按股份进行利益分配甚至收益股权量化的市场化交易,探索农村农地承包权抽象化、成员化、股份化改革。在不改变农地农用和农村集体所有的性质下,以及保障18亿亩耕地不变的前提下进行农地权能的深度改革,这需要完善新型城镇化和社会保障等配套政策作为深化改革的制度保障。针对城乡融合过程中面临的资金困境,需要有效地将城市工商资本、产业资本和金融资本与乡村经济有机衔接,既要打造城市都市群为主的城市资本生态圈,也要打造围绕乡村特色产业群为体系的产业生态圈,城乡资本生态圈与产业生态圈体系的有机衔接是化解乡村振兴发展资金不足困境的关键,而资本生态圈与产业生态圈在城乡高质量融合发展过程中也需要资金要素双向流动的制度予以保障,其核心需要建立全国城乡统一的资金、信用、风险管控等一体化的监控体系,防控资金在城乡之间的套利和风险积聚。

在城乡产业高质量融合层面,产业振兴是乡村振兴的根本,深化农业供给侧结构性改革是核心,走质量兴农之路。提升农业产业的集约化发展水平,发展多种形式适度规模经营,培育新型农业经营主体,使农业增收的方式从增产为主转变为提质增效为主。产业融合是提升农业产业链、价值链的关键,也是拓展农业从"微笑曲线"底端向两端延伸的有效途径。城乡产业融合不仅需要聚焦于产业本身的融合与提质增效,还需要有效促推城乡产业边际报酬和生产率的融合,防止城乡产业生产效率和边际报酬的"价值洼地",提升城乡产业融合中的全要素生产率。在保障国家粮食安全的前提下,推进农村产业升级、资源整合、科技进步,特别是促进农业向二、三产业有机协同发展,转变农业发展方式来促进农民增收,因势利导发挥各地比较优势,打造特色化区域竞争力的城乡产业结构和产业体系。同时,配套相应的基础设施和公共服务,从空间人口集聚的层面配置资源,推动城乡一、二、三产业的深度融合发展。

在城乡制度高质量融合层面,城乡二元社会经济结构长期制约农村经济的高质量发展,直接或间接造成城乡区域经济发展不平衡不充分的社会矛盾,而打破城乡体制机制的藩篱成为释放城乡要素融合与区域融合发展潜能以及打开乡村市场这一"潘多拉魔盒"的金钥匙。城乡户籍制度、社保制度、教育医疗统筹制度、公共服务供给制度、土地制度、收入分配制度等一系列城乡二元化的制度规范也需要进一步融合调整,而这些制度融合的核心在于调适城乡二元经济关系和结构,优化围绕"以城带乡""城乡统筹""城乡一体"最终过渡到"城乡融合"的城乡对等关系上来。在乡村振兴和农业农村现代化发展进程中,需要不断调适城乡制度层面的体制机制,有效促进城乡高质量融合发展。

总体而言,城乡高质量融合发展是一个系统工程,不仅是化解我国社会主要矛盾的重要方式,也是实现中华民族伟大复兴中国梦的重要途径。本书得以面世,除了编者的努力外,尤其感谢对本书内容编排默默付出的诸多学者与好友,在此一并表示感谢! 由于城乡高质量融合发展模式、路径等可能千差万别,相关内容也比较宏大,本书仅仅是将笔者主持和参与的多个国家和省部级课题的初步成果整理后的集中展示,错误遗漏与不足之处在所难免,也敬请各位同仁和读者批评指正。路漫漫其修远兮,吾将上下而求索,城乡高质量融合发展不仅是圆中华民族伟大复兴的中国梦,也是圆人类对美好生活不懈追求的幸福梦。圆梦之路进行时,激励并指引着我们不断向前奋进。

申云

2020 年 3 月 10 日

目　录
CONTENTS

上篇 01

城乡高质量融合发展理论篇

　　本篇内容重点聚焦精准扶贫和乡村振兴战略协同为背景,将新时代城乡高质量融合发展作为破解城乡二元社会经济结构的有效路径,把降低区域经济发展不平衡不充分的现实社会矛盾作为研究的出发点和落脚点,从城乡高质量融合的现实背景、演进历程以及典型案例借鉴探寻发展规律,构建城乡"要素—产业—制度"融合"三位一体"的城乡高质量融合发展理论分析框架,探讨城乡高质量融合发展路径和方向,解构城乡高质量融合发展的核心任务、面临的困境挑战以及未来的发展趋势,为助力乡村振兴发展和两个"一百年"奋斗目标,实现中华民族伟大复兴的"中国梦"提供"寻源问策"的理论支撑。

第一章 导论

第一节 城乡高质量融合发展背景与意义

一、城乡高质量融合发展的现实背景

实施乡村振兴战略是党中央从党和国家事业全局的战略眼光着手,着眼于实现"两个一百年"奋斗目标、顺应亿万人民对美好生活的向往,对"三农"工作作出的重大战略决策部署,成为新时代做好"三农"工作的总抓手,决胜全面建成小康社会和建设社会主义现代化国家的战略选择。习近平总书记在党的十九大报告中明确提出,新时代我国社会最主要的矛盾已经转变为人民日益增长的美好生活需要与不平衡不充分发展之间的矛盾。建立健全城乡融合的发展体制机制和政策体系,加快推进农业农村现代化,把城乡融合发展放到整个现代化建设的大战略布局中,重塑中国城乡地理空间和制度体系融合的发展新格局,积极促推农村经济高质量发展。中共十九届四中全会将中国特色社会主义市场经济制度上升到国家的基本经济制度,这标志着积极构建城乡融合的市场经济体制机制将是适应经济高质量发展的必然选择。特别是在全面脱贫攻坚和全面建成小康社会的交汇期,更加需要加快城乡高质量融合发展来全面振兴乡村。中国最大的不平衡是城乡发展不平衡,最大的不充分是农业农村发展不充分,全面实施乡村振兴是解决这两大主要矛盾的重要战略举措。然而,要全面实施乡村振兴战略,就必须走一条城乡经济高质量融合发展之路,实现城乡均衡发展与城乡有机融合发展。

当前我国农业农村基础差、底子薄、发展滞后的状况仍未得到根本性改变,经济社会发展最突出的短板和最薄弱的环节仍然是"三农"问题。长期以来,在我国社会经济发展过程中,城乡二元经济结构使得城乡发展差距和各类经济社会矛盾越发凸显。主要表现为农产品阶段性供过于求和供不应求现象并存,农产品供给

质量和流通效益亟待提高,乡村一、二、三产业融合发展深度不够;农民适应市场化竞争的能力不强,适应乡村振兴发展的各类专业技能人才比较匮乏;农村基础设施建设仍然滞后,农村人居环境和生态问题依然比较突出,城乡基本公共服务和收入水平差距仍然较大;乡村发展整体水平亟待提升,国家支农体系相对薄弱,脱贫攻坚任务依然艰巨;农村金融改革任务繁重,城乡之间要素合理流动机制亟待健全;农村基层工作、乡村治理体系和治理能力亟待强化。这些现实问题的根本在于我国城乡二元社会经济结构带来的城乡社会主要矛盾一直未得到根本性化解,迫切需要促进城乡高质量融合发展来消除城乡二元社会经济结构,形成城乡之间相向发展、乡村振兴和新型城镇化融合发展的态势。为此,打造城乡高质量融合发展高地,积极推动我国经济社会高质量发展成为破解新时代我国社会主要矛盾、圆中华民族伟大复兴中国梦的关键举措。

二、城乡高质量融合发展的意义

推进城乡高质量融合发展,不仅体现了深刻而现实的时代背景,而且有着重大而深远的意义。城乡高质量融合发展是国家现代化的重要标志,由于我国农业农村的现代化同西方发达国家的农业农村现代化道路截然不同,西方发达国家是一个"串联式"的发展过程,工业化、城镇化、农业现代化、信息化顺次发展,历时长达200多年;而我国采取的是"后发赶超"的发展战略,尽力把工业革命以来所"失去的二百年"发展差距在短时间内追赶回来,这也就决定了我国必须采取"后发赶超"战略,走一条"四化"并联式和叠加式的同步发展道路。在新时代新型城镇化进程中,农业仍然是"四化同步"的短板,没有农业的现代化,没有农村的繁荣富强,没有农民的安居乐业,国家现代化将是不完整、不全面、不牢固的。农村劳动力的城市流动并逐步城镇化落户,稳定提升劳动生产效率和边际收益,充分释放城乡居民消费潜能,缓解城乡发展不平衡不充分的社会主要矛盾,推动城乡协调发展,减少城乡发展差距,渐进式逐步实现整个社会的现代化。因此,城乡融合发展具有重要的战略意义、理论意义和现实意义,推进城乡高质量融合发展刻不容缓。

深入推进城乡高质量融合发展有利于实现乡村产业结构的转型升级和提质增效,达到做强第一产业、做优第二产业和做活第三产业的目标,实现乡村一、二、三产业的深度融合,让资源得到充分有效的利用,促进农业生产、经营、产业体系的有机协同,实现小农与现代市场的有效衔接,从而推动乡村产业振兴发展。深入推进城乡融合发展,为城乡文化交融提供新的空间,也将使乡村的文化产品数量更加丰富,质量更上一层楼,范围更加宽广,公共文化推进更加深入,乡村人口知识面越来越广,同时也可以加强乡村民俗文化的保护和推广,使得整个乡村形成良好的文化氛围和环境,全面提高农村人口整体素质,进一步缩小城乡之间的文化差距,促进农村劳动力城镇就业,促进乡村文化振兴。

推进城乡高质量融合发展有利于破解城乡二元发展体制机制,充分释放乡村活力。城乡二元发展体制是我国计划经济时代遗留下来的制度难题,长期的农民工城乡之间的空间角色转换严重阻碍了城镇化的推进质量,农民工"候鸟式"地在城乡之间徘徊,居无定所,虽然未出现国外大面积"贫民窟"现象,但也不利于"以人为本"导向下的新型城镇化的健康发展,甚至抑制农村经济发展活力。特别是在 2019 年年底暴发的新冠肺炎疫情在全球愈演愈烈的严峻时刻,农民工进城务工和就业面临巨大的挑战,不仅影响到农民工在城乡之间的有序流动和企业的快速复工复产,而且农民工市民化不充分导致农民工在收入、就业、教育、医疗等各项福利上的城乡差距,一定程度上影响到全面建设小康社会的进程与成效。此外,农村基本公共服务的水平和质量依然处于较低水平,农业基础设施落后,交通不便,医疗卫生、教育、社会保障等制度体系还未建立完善,农村生活污水处理率和处理能力较低,公共卫生厕所普及率和农村厕所改造水平依然不高,城乡人居环境差距仍然较大。因此,建立健全城乡融合发展的制度和政策有利于帮助解决上述现有的问题,激发乡村活力,推动城乡新型关系的建立,为整个社会的经济注入新动力。

推进城乡融合发展有利于缓解我国存在的城市中心主义思潮以及"民粹"乡村中心主义思潮。城市中心主义思潮认为,城市先进的同时农村落后,如果城镇化的水平提高了,那么"三农"问题就可以迎刃而解。城市中心主义主张通过"非农化"来破解城乡二元结构、用城市规划的理念来指导乡村建设,很多地方受到这一思潮的影响,在不同程度上存在将城市和工业摆在优先位置,在资源配置、制度保障等方面对农业和农村的支持落后于城市建设。这种乡村中心主义思潮成为制约乡村振兴发展的负担,同时也在一定程度上反对城市对乡村的"入侵",反对乡村的对外开放,阻碍乡村的发展。由此可见,城市中心主义以及乡村中心主义这两种思想都很片面,并不完善,未能辩证地看待城乡之间的关系。城乡融合发展强调城乡各自保留自身特色和优势的前提下,二者在要素、产业、制度等多维度多层面进行交叉融合、相互促进、协同发展。因此,树立城乡高质量融合的新发展理念,有利于实现新型工业化、信息化、城镇化和农业农村现代化同步发展的目标。

城乡高质量融合发展是拓展新型城镇化发展空间的强大动力。我国城乡发展不协调不充分的矛盾依然较为突出,但这种发展差距也是发展的潜力。如期实现"第一个百年"奋斗目标并向"第二个百年"奋斗目标迈进,最大的潜力和后劲依然在农村地区,特别是将农村地区的人口红利向人力资本红利的转变和跨越。农村地区大量资源要素一旦得以与全国甚至全球大市场相对接,将释放出非常巨大的市场经济潜能,以及弥合城乡空间发展结构差异带来的巨大经济红利。城乡不同产权不同位置的建设用地一旦纳入城乡统一的建设用地交易市场,将大幅降低实体经济的用地成本,增强制造业和服务业的竞争力,有效延续我国制造业在世界范围内的成本优势;乡村旅游、生态农业、智慧农业和高效现代农业设施的建立和快速发展,将极大地促推经济下行背景下的农民增收,吸纳城市庞大消费需求,并刺激广大农村的内需;农村土地综合整治和新型农村社区的建设,以及更多户籍农民进城,也可以有效拉动投资和消费。

第二节　城乡高质量融合发展的内涵和要素

一、城乡高质量融合发展内涵

在新时代我国社会主要矛盾转变的背景下,赋予城乡融合发展新的时代内涵。它是以城乡统筹、城乡一体、城乡和谐发展为主旋律,通过实现城乡之间要素流动缩小城乡差距,实现生态宜居、城乡互动协同发展的新局面。所谓城乡融合发展,是城市和乡村之间在要素、产业、制度、空间等多层面、多维度、立体式的相互融合过程。城乡高质量融合发展是指相对发达的城市和相对落后的农村打破相互分割的壁垒,逐步实现生产要素在城乡地域空间上的合理流动和优化组合,促使生产力在城市和乡村之间合理分布,城乡经济和社会生活紧密结合与协调发展,逐步缩小直至消除城乡之间的基本差别,从而使城市和乡村融为一体。城乡高质量融合不仅是对城乡生态环境的有机结合,保证自然生态过程畅通有序,促进城乡健康、协调发展;还是现代经济中农业和工业联系日益增强的客观要求,通过统一布局城乡经济,加强城乡之间在空间区域和经济交流协作,使城乡生产力优化分工,合理布局、协调发展,以取得最佳的经济效益。

首先,城乡高质量融合的关键在于城乡空间上的"融合"。城市与乡村之间应当是一个有机联系的整体,但体制机制的弊端让城乡之间处于相互割裂的状态。因此,城乡融合发展要将城市与乡村的要素、产业以及制度等逐渐融合起来,破解体制机制的弊端,推动城乡要素的双向自由流动、平等交换。同时,还要在教育、医疗、基础设施建设等各方面缩小城乡差距,从而使得城乡之间打破分离的局面,更趋向于一个有机整体。

其次,城乡高质量融合发展强调的是城乡之间的要素、产业和制度三个维度的相互补充与促进。实现劳动力、资本、土地三大要素在城乡之间自由流动是城乡高质量融合发展的重中之重,要让人才在城乡之间双向自由流动,推动城市知识分子和科技人员下乡、鼓励农村大学生和农民工返乡创业,同时还要解决农村人口进入城市谋生的障碍,让农村人口进城有个"家"。理顺政府与市场之间的关系,解决城乡之间教育、医疗、基础设施建设之间的不平等,进一步缩小城乡之间存在的差距,提升人民的幸福感和获得感。

最后,城乡高质量融合发展强调城乡之间互为补充,有效联动。要使得城市与乡村之间的经济发展互为补充,高度发达的城市经济和以高质量农产品为特点的农村经济应当相互促进,形成有效联动,实现协同发展。农村有广袤的土地,但缺乏先进的科学技术与繁荣的经济条件,而城市在经济与科技高度发达的同时也面临着人口拥挤、土地缺乏等硬性困难。因此,二者应相互补充,有序共进,用彼此的长处去带动对方的发展。

二、城乡高质量融合发展要素

生产要素是经济发展和产业升级的重要前提和基础。推进城乡融合发展,需要推进"劳动力、土地、资本、技术、数据"等要素在城乡间双向自由流动。城乡高质量融合发展的核心要素是劳动力、土地和资本,逐步迈向"要素价格市场决定、流动自主有序、配置高效公平"的目标。建立健全统一有序的城乡要素市场,发挥市场在资源配置中的决定性作用,提高要素利用效率和经济社会运行效率,促进新发展理念落地和经济高质量发展。

金融资本、工商资本和产业资本对于促进城乡经济融合发展起着至关重要的作用。面对农村资本要素短缺的问题,加大金融支农力度、划转惠农经费尤为必要,要实现城市与乡村之间的资本互为补充、相互联动的局面,鼓励企业通过合同等形式与农村建立联系,将资本投入到农村建设中来,实现城乡融合发展。乡村发展既需要引导市场资金积极投入,也需要投入财政资金以弥补市场失灵。财政补贴或转移支付是乡村发展政策的核心,必须发挥财政支农的先导作用,进一步加大财政资金投入,加强涉农资金的统筹整合,支持地方政府在债务风险可控前提下发行政府债券,积极吸引社会资本投入。金融是乡村经济发展的催化剂,亟须健全适合农业农村特点的农村金融体系,建立乡村信用体系,扩大乡村抵押物范围,建立农业信贷担保体系,引导设立城乡融合发展基金,把更多金融资源配置到乡村。工商资本能把城市先进要素带入乡村,既要营造法治化、便利化的基层营商环境,强化政策支持引导,激发工商资本下乡的积极性;又要完善利益联结机制,让农民和村集体合理分享收益,不能富了老板、丢了老乡,破解农村资金缺口瓶颈,为乡村发展注入源头活水。

土地是承担经济发展的重要载体和场所,合理运用好城市与农村的土地资源有利于加快城乡融合发展。农村土地产权制度的公有性决定了我国社会主义的性质,农村土地产权制度改革既要积极也要稳妥。农村承包地是保障国家粮食安全的关键,必须确保中国人饭碗里主要装中国人自己产的粮食,落实好第二轮土地承包到期后再延长30年的政策,完善承包地"三权分置"制度,放活农地经营权和强化对农业的社会化服务。农村宅基地是保障农民住有所居的基础和农民最重要的财产载体,通过探索宅基地和农村集体经济产权的"三权分置"制度,提高宅基地利用效率,积极探索对增量宅基地实行集约有奖、对存量宅基地实行退出有偿的举措。农村集体经营性建设用地入市是释放农村土地价值的试金石、建立城乡统一建设用地市场的突破口,应依法合规允许就地入市或异地调整入市,并允许闲置宅基地、废弃的集体公益性建设用地转变为集体经营性建设用地入市,并探索在城乡之间进行地票交易实现建设用地的城乡动态调整,大幅提高土地资源利用效率,做到地尽其用。根据城市的交通、区域布局等合理分配工业、商业、文化、教育、卫生、住宅和公园绿地等国有土地建设,使得城市土地各尽其职,推动城市发展,从而也为农村土地的发展提供支撑。而对于农村宅基地、承包地以及集体建设用地来说,要进一步激活农民闲置宅基地和闲置农房,深化农村承包土地经营权,同时合理运用农村建设用地,让医疗卫生设施、教育设施等提质增量,缩小城乡之间在基础设施建设方面的差距,并且在此基础上增强农民的经营性收入,增加农民幸福感。

劳动力是经济发展的核心动力,也是最活跃的要素。人类社会的每一次发展和进步都是通过"人"这一主体来实现的,在城乡高质量融合发展过程中,不可忽视人的作用。畅通城乡人口流动渠道,允许劳动力在城乡之间有序流动,是顺应人口自主就业择业、提高劳动生产率的必要条件,也是提高人民福祉的必要举措。为此,需要统筹抓好农民进城和人才入乡两方面的工作。在农民进城方面,需要健全农业转移人口市民化机制,放开放宽除个别超大城市外的城市落户限制,通过建立"劳动力、土地、资本、技术、数据"挂钩等配套激励政策和农村"三权"自愿有偿退出机制,提高城市政府愿意吸纳落户和农业转移人口愿意在城市落户。在人才入乡方面,需要建立相关激励机制,引导乡村打好"乡情牌"、念好"引才经",鼓励本地外出的各类人才返乡创业兴业,建立城乡人才合作交流机制,并允许农村集体经济组织探索人才加入机制,吸引人才、留住人才,让外来人才能够分享集体经济发展的收益。破除农民进城和人才入乡的体制机制障碍,短期内能够立竿见影地释放经济增长潜力,中长期看能够畅通经济循环、提高人民生活水平。通过劳动力要素在城乡之间自由流动,让农村人口进城学习先进技术、增长见识,再返乡创业和引进人才,为城乡融合发展提供人才支持,以人的主动性为城乡融合发展提供足够的人力和智力支持。

此外,推动乡村优秀传统文化和科技成果创造性转化、创新性发展,是助力乡村振兴的重要方式之一。鼓励引导涉农科技成果入乡转化,推动科研院所面向市场需求开展技术创新,改革科研成果转移转化机制,把科研成果转化为实践成果,把科研成果体现在广阔的乡村大地上。要建立对涉农科研人员的激励机制,赋予科研人员科技成果所有权,建立科研人员到乡村兼职和离岗创业制度,激发其创新活力和创业动力。建立这些体制机制,将从根本上改变农业生产效率低下的问题,为发展现代农业插上科技的翅膀。资本、土地和劳动力三者之间的关系是相辅相成的,在推进城乡融合发展的过程中相互贯通、相互连接,以推进乡村振兴,促进城乡融合的发展。要实现城乡之间的高质量融合发展,只有实现"人""地""钱"等关键要素的有序流动,加上科技创新的引领和带动作用,才能实现城乡之间的平等交换以及公共资源配置,从而重塑新型城乡关系,促进城乡融合发展。

第三节　城乡高质量融合发展的总体思路

中华人民共和国成立 70 年来,为推进工业化和城镇化的快速发展,在计划经济时代长期采取工农业产品价格剪刀差的方式,让农业为工业提供物质积累。与此同时,实行城乡分离的管理制度,以防止农村人口大量涌入城市,造成城市农产品供给的短缺。城乡居民基本权益的不对等主要体现在城乡居民财产权和公共服务福利权的不对等。具体而言,在城乡居民财产权方面,城市的生产资料和消费资料几乎已全部商品化,包括国家、集体和个人所有的土地、厂房、设备、住宅等,都允许在市场上自由流通;而农村的土地、住宅等产权仍不明晰,农户对土地和房产等的法人财产权难以落实,作为农民最重要的生产资料和消费资料仍不能实现商品化、市场化。因此,农民难以像城市居民那样享受城市化带来的不动产增值收益和分享发展红利,成为城乡居民收入差距拉大的重要原因。在公共服务福利不平等层面,其核心原因在于依存于城乡居民户籍制度上的公共服务福利不平等。尽管有 2.8 亿农民工为城市建设做出了巨大贡献,有些农民工进城甚至长达三四十年,但是由于农村户口的身份,他们享受不到城市户口所附加的各类社会保障和公共服务,绝大部分仍处于全家分离状态,导致城乡居民公共服务的不对等。十九届四中全会也提出,构建城乡均等的公共服务制度体系,优化城乡居民公共服务供给上的不平等,进一步促推城乡融合发展,这也为缓解和消除城乡居民公共服务福利差距提供了有力的制度保障。

一、城乡政策及理念的高质量融合

首先,要树立城乡融合发展的理念。城市与乡村是一个相互依存、相互融合、互促共荣的经济共同体。城市的发展和繁荣绝不能建立在乡村凋敝和衰败的基础上,乡村的振兴也离不开城市的带动和支持,城乡共荣是实现全面小康和农业农村现代化的重要前提。城乡之间的不平衡不充分发展集中体现在城乡发展的不平衡和乡村发展的不充分。2018 年,我国城乡居民人均可支配收入之比仍然高达 2.71∶1,农村居民消费水平仅为城镇居民的 36.8%。农村基础设施和公共服务也远不能适应人民日益增长的美好生活的需要。因此,树立城乡融合发展的理念,推动城乡要素、产业、居民、社会和生态等多方面的相互融合,实现城乡共建共享共荣,破解不平衡不充分的发展和确保城乡经济高质量发展。

其次,大力促进城乡要素融合互动。城乡开放是城乡融合发展的基础和前提。长期以来,受传统二元体制的束缚,我国城乡要素流动是单向的,即农村劳动力、资金和技能人才等要素不断向城市集聚,而城市人口则难以向农村迁移,包括工商资本下乡和城市人口到乡村购买宅基地建房等均受到限制。该阶段,城市公共资源向农村延伸、城市人才和资本向农村流动也处于较低水平,城乡要素流动的不对等直接导致城乡差距的不断拉大。近年来,随着各地统筹城乡发展力度的加大,城市公共资源和公共服务向农村延伸的步伐明显加快,城市人才、资本和技术下乡也取得了较大进展,城乡要素正从单向流动转向双向互动。在新形势下,必须按照平等、开放、融合、共享的原则,积极引导劳动力、资本、技术、数据、建设用地指标等生产要素在城乡之间合理流动,促进城市公共资源和公共服务向农村延伸,加快推动城市资本、技术、人才下乡的进程,实现城乡要素双向融合互动和资源优化配置。

再次,要建立城乡融合的体制机制。城乡二元结构是制约城乡融合发展和一体化的主要障碍。实施乡村振兴战略,加快推进农业农村现代化进程,必须从根本上打破城乡分割的传统体制机制障碍,建立健全城乡融合发展的体制机制。全面深化城乡综合配套改革,构建城乡统一的户籍登记制度、土地管理制度、就业管理制度、社会保障制度以及公共服务体系和社会治理体系,促进城乡要素自由流动、平等交换和公共资源均衡配置,实现城乡居民生活质量的等值化,使城乡居民能够享受等值的生活水准和生活品质。依靠深化农村产权制度改革,全面激活农村各种资源,尽快打通"资源变资产、资产变资本、资本变股本"的"三变"资源货币化渠道,实现农村资源的资产化、资本化、财富化,为农民持续稳定增收开辟新的渠道和来源。

最后,要完善城乡融合的政策体系。早在 2004 年,中央就提出我国已经进入"以工补农、以城带乡"的发展阶段,并逐年加大了对"三农"的支持力度。到 2020 年连续出台了 17 个中央一号文件重点聚焦"三农",强调"三农"问题的重要地位。然而,由于我国农村地域辽阔、人多地少,农民居住分散,加上发展基础薄弱、长期投入不足,目前农村居民人均占有的公共资源存量仍远低于城镇居民,农村基础设施和公共服务仍严重滞后。在当前决胜全面建成小康社会的关键时期,农村地区已经成为全面小康的最大短板;而在推进中国现代化建设的进程中,农业现代化始终是一条短腿,也是最薄弱的环节。为此,必须把城市与农村看成一个平等的有机整体,建立完善城乡融合的政策体系。坚持农业农村优先发展,始终把"三农"工作放在全面建成小康社会和实现社会主义现代化的首要位置,把政府掌握的公共资源优先投向农业农村,促使政府公共资源人均投入增量向农村倾斜,逐步实现城乡公共资源配置适度均衡和基本公共服务均等化。同时,要实行数量与质量并重,在进一步增加农村基础设施和公共服务供给数量的基础上,着力改善供给结构,提高供给效率和质量。

二、城乡政策体系的高质量融合

城乡高质量融合发展,最大的短板在乡村。要分级分类、分时分段推进乡村振兴,把乡村振兴战略摆在优先位置。特别是根据乡村不同发展水平与状态,采取切实有效的振兴举措。统筹城镇化与乡村振兴两大战略的关系,依据统一规划,合理调配各类资源。加快农业转移人口的市民化。城乡高质量融合发展要坚持以人为本,继续落实外来人口在城市落户方案,促进有能力在城镇稳定就业生活的农民工,在城镇就业居住三年以上和举家迁徙的农业转移人口,在城镇举家落户、安居乐业。对于生态脆弱、生存条件恶劣的连片贫困地区,要创造条件让这些地方的农业人口向城镇转移,实现脱贫。要确保户籍制度改革与居住证制度全面实施,细化落实劳动力、土地、资本、技术、大数据应用等在城乡之间的有效衔接政策。

同时,构建城乡高质量融合发展的空间形态。城市群是城镇化的主体形态,要以基础设施互联互通、生态环境共治共享、产业就业提质增效为突破口,加快建立城市群的协同发展机制。都市圈是城市群建设的突破口,要提升大都市圈核心城市和中心城市的创新发展水平,加强大都市圈和城市群的互联互通及交通路网的组团化建设。积极培育一批中小城市,尤其是创造条件将一批人口数量在20万人以上的特大镇有序设市,提高这些小城市的基础设施配置标准,以城镇化的扩面提质来增强公共服务能力,提升它们对人口的虹吸能力。数以万计的小城镇是城乡要素交流、汇合之地,要发挥小城镇在乡村振兴中的平台作用。特色小镇产业强、体制活、环境美,是城乡高质量融合发展的重要载体。要加快建设美好乡村,使之成为产业兴旺、生态宜居、乡风文明、治理有效、生活富裕的幸福家园。

此外,加强农村集体产权制度改革与要素市场化配置是实现城乡高质量融合发展的两个"棋眼"。乡村改革的基础是农民土地资产确权、集体资产清产核资及集体成员身份确认。要进一步盘活农民闲置宅基地和闲置农房,深化农村承包土地经营权,让沉睡的土地焕发活力。加大政策配套,促进城市投资者、消费者下乡,推动一、二、三产业融合发展。凡是人员、土地、资金、科技等各类要素流动遇到障碍的地方,就是改革重点和难点。要抓住信息化对于新型城镇化和乡村振兴的催化、融合作用,以信息技术为支撑,推动城乡市县整合形成数字化管理平台,提高城乡治理的智慧化水平。

三、城乡公共资源配置的高质量融合

乡村公共服务和基础设施是重要公共产品,也是乡村发展的明显短板。走城乡融合发展之路,需要加大对乡村的公共资源投入,推动公共服务和基础设施向乡村延伸、社会事业向乡村覆盖,改善农民生活质量和承接城市要素下乡,为农业农村现代化提供有力支撑。

城乡基础设施建设事关城乡要素顺畅流动和乡村的产业发展、民生改善。近年来,我国农村公路的快速发展,增强了城乡互动,缩小了城乡差距,加快了城乡一体化进程。推动城乡基本公共服务普惠共享。基本公共服务事关人民切身利益和社会公平正义,实现城乡基本公共服务标准统一、制度并轨是大方向。教育公平是社会公平的重要基础,要提高乡村教师岗位吸引力,推进优质教育资源在城乡间共享,建立以城带乡、整体推进、城乡一体、均衡发展的义务教育发展机制。乡村医疗卫生服务是农民生命健康的安全网,应增加基层医务人员岗位吸引力,推动职称评定和工资待遇向乡村医生倾斜,实现优质医疗资源在城乡间共享。社保制度对保障城乡居民基本生活、调节社会收入分配具有重要作用,必须完善城乡统一的居民基本医疗保险、大病保险、基本养老保险制度,推进低保制度的城乡统筹以及人身损害赔偿标准的城乡统一,有效解决城乡居民最关心、最直接、最现实的利益问题。

推动城乡公共服务设施一体化发展。城乡基础设施建设事关城乡要素顺畅流动和乡村的产业发展、民生改善,必须把公共基础设施建设重点放在乡村,特别是规划建设的重点镇、中心村、特色村等,坚持先建机制、后建工程,实现城乡基础设施统一规划、统一建设、统一管护。统一规划就是以市县域为整体,统筹设计城乡路网和水、电、通信、污水垃圾处理等设施。统一建设就是健全分级分类投入机制,政府主要抓道路、水利等公益性设施,市场主要着力于供电、电信和物流等经营性设施。统一管护就是区分公益性设施和经营性设施,由产权所有者建立管护制度、落实管护责任,保障设施长期发挥效益。实现城乡基础设施一体化发展,既能为乡村经济发展提供有力支撑,又能切实改善乡村的生产生活条件。

建立健全乡村公共治理体系的融合。社会治理的基础在基层、薄弱环节在乡村,乡村治理事关党和国家大政方针的落实,事关农民主观能动性的调动和切身利益的保障。关键是建立健全党组织领导的自治、法治、德治相结合的乡村治理体系,强化农村基层党组织的领导作用,发挥群众参与治理主体作用,健全以财政投入为主的稳定的村级组织运转经费保障机制,打造一站式服务及业务办理、线上线下相结合的村级综合服务平台,加快推动乡村治理体系和治理能力现代化。完善乡村治理体系,能够为乡村经济发展和社会稳定提供坚强的基层组织保障。

四、城乡收入水平的高质量融合

"三农"问题的关键是农民问题,农民问题的核心是收入问题。提高城乡融合发展水平,需要多途径不断提高农民收入,持续缩小城乡居民收入差距,满足农民群众对美好生活的期望,使其获得感、幸福感、安全感更加充实、更有保障、更可持续。

首先,提高农业劳动生产率。2018 年我国农业增加值占 GDP 比重为 7.2%,农业就业人员占比却高达 26.1%,偏低的农业劳动生产率制约了农民增收。一方面,推动有能力在城镇稳定就业生活的农业转移人口市民化,减少乡村的剩余劳动力,使乡村劳动者拥有更多生产资料,进而推进适度规模经营、提升农业生产效率。另一方面,构建以现代农业为基础、新产业新业态为补充的多元化乡村经济,即以市场需求为导向健全现代农业产业体系、生产体系、经营体系,推进农业机械化全程全面发展;构建乡村一、二、三产业融合发展体系,健全乡村旅游和休闲农业等新业态,探索生态产品价值实现机制和文化保护传承机制,统筹提高乡村经济综合效益和农民收入。这是统筹提高农业竞争力和农民收入的治本之策,能够真正让农民的钱袋子鼓起来。

其次,拓宽农民收入增长渠道。农民有工资性、经营性、财产性、转移性四方面收入,应针对不同收入特点分类施策。在工资性收入方面,落实农民工与城镇职工平等就业的政策法规,加强对农民工的公共就业创业服务和职业技能培训。在经营性收入方面,完善财税、信贷、保险、用地等政策,加强职业农民技能培训,培育发展新型农业经营主体,提高农产品品质和附加值。在财产性收入方面,完善农民对集体资产股份占有、收益、有偿退出及担保、继承权,探索集体资产保值增值多种实现形式,推动资源变资产、资金变股金、农民变股东。在转移性收入方面,履行好政府再分配调节职能,在统筹整合涉农资金基础上,探索建立普惠性农民补贴长效机制,分类施策为农民获得多元化收入提供体制机制保障,使农民更好地分享改革发展带来的成果与收益。

第四节　城乡高质量融合发展的着力点

一、城乡高质量融合发展要着眼于农民全面发展

在 1978 年,农民人均收入 134 元,城镇居民人均收入 343 元,城乡收入差距比为 2.56∶1。到了 2019 年年底,城镇居民人均可支配收入达到 42359 元,农民人均可支配收入达到 16021 元,城乡收入比为 2.71∶1。而 2009 年城乡居民收入差距达到历史最高点的 3.33∶1。此后,城乡居民收入差距每年缩小 0.1 个点位,而 2015 年、2016 年分别只降低了 0.01 个点位,城乡居民收入差距比降低的速度不断放缓,城乡居民收入差距融合到基本相当的水平将是一个非常漫长的过程,而二者之间的收入差距绝对值却仍然存在较大的差距。

从绝对贫困人口来看,按照 2010 年计算的标准,人均纯收入低于 2300 元被纳入贫困线以下的贫困人口。截至 2019 年年底,以年均家庭收入低于 3747 元界定为贫困户,中国仍然还有 551 万贫困人口未全面脱贫。相对于全国绝大多数地区或者相对于全国居民收入水平来看,建档立卡贫困线标准的农民收入水平依然较低,后扶贫时代的农民的相对贫困问题仍将是一个长期需要面临的问题。从农民生产生活条件来看,农民的全面发展与城镇居民相比还有相当大的差距。2016 年国家统计局第三次农业普查数据反映,现阶段全国 48% 的农村家庭没有冲水厕所,76% 的农村家庭生活垃圾没有得到集中处理,82% 的农村家庭生活污水随意排放,农村的自来水覆盖率仅为 22% 左右,而即便是通水的农户家庭,82% 的自来水也是没有经过净化处理,44% 的农村地区农民能源结构仍然是以柴火、茅草、稻秆、玉米秆、小麦秆等为主,农户生计脆弱性和能源贫困现象依然较高。从生活富

裕的角度而言,城乡居民之间的生产生活方式要全面融合仍然任重道远,特别是需要化解农村地区居民物质贫困和精神贫困有机统一起来,扶贫和扶志、扶智等衔接起来进行统筹推进。

二、城乡高质量融合发展要着眼于质量优先

当前,我国经济已由高速增长阶段转向高质量发展阶段。推动高质量发展是当前和今后一段时期内的主要发展方向。实施乡村振兴战略是建设现代化经济体系的核心任务之一,要坚持高质量发展,切实提升农业农村发展的质量效益,实现乡村振兴和农户生计的可持续发展。

首先,要顺应我国社会主要矛盾的变化,突出抓重点、补短板、强弱项的要求。大力实施乡村振兴战略,满足人民对美好生活的向往,既要解决好"物"的问题,又要解决好"人"的问题。既要继续把发展作为第一要务,又要着力解决好发展不平衡不充分的问题,特别是补齐农业农村短板,才能更好地满足人民日益增长的美好生活需要,加快农业农村现代化进程。其次,要贯彻新发展理念,突出以推进供给侧结构性改革为主线的要求。在这一过程中,要完善体制机制和政策环境,将提升农村人力资本质量与调动亿万农民的积极性、主动性、创造性结合起来,通过完善农村发展的要素结构、组织结构、布局结构,更好地提升农业农村发展的质量、效率和竞争力。最后,要提升农民参与乡村振兴的能力,不断提升农民的获得感、幸福感、安全感。要充分尊重农民的意愿,把维护农民群众的根本利益,促进农民共同富裕作为出发点和落脚点,促进农民持续增收,不断提升农民的获得感、幸福感、安全感。

三、城乡高质量融合发展要着眼于坚持农业农村优先发展

实施乡村振兴战略既有鲜明的目标导向,又有鲜明的问题导向。党的十九大报告明确提出,农业、农村、农民问题是关系国计民生的根本性问题,要坚持农业、农村优先发展。农业发展质量效益和竞争力不高,农民增收后劲不足,农民自我发展能力较弱,城乡差距依然较大。未来,要继续瞄准农业供给侧结构性改革的重点领域和关键环节,加大引导支持力度,促进农业降成本、提效率。

当前,我国已到了加快推进城乡融合发展的历史性阶段。彻底打破城乡二元结构,走城乡融合发展之路是实现乡村振兴,满足人民日益增长的美好生活需要,实现城乡居民共同富裕的客观要求。要按照推进新型工业化、信息化、城镇化、农业现代化"四化"同步发展的要求,坚决破除体制机制弊端,在资源要素双向流动的基础上,加强城乡功能连接,深化城乡专业化分工,加快形成工农互促、城乡互

补、全面融合、共同繁荣的新型城乡关系,以乡村振兴化解城乡二元体制机制矛盾,形成城乡融合发展新格局。建立健全城乡融合发展机制和政策体系,积极发挥相关发展规划对乡村振兴的战略导向作用,加强统筹城乡的职业教育和培训体系建设、新型职业农民培训能力建设的支持和乡村一、二、三产业融合发展的政策支持。推动乡村一、二、三产业融合发展,有利于发展城市企业、城市产业对农村企业、农村产业发展的引领带动作用,要把培育城乡有机结合、融合互动的产业体系放在重要位置,努力营造产业融合发展带动城乡融合发展的新格局。

四、培育乡村产业新动能是城乡高质量融合发展的重心

产业振兴是乡村振兴的物质基础。没有产业支撑,农村各项事业发展就没有了依托,农民增收只能是一句空话。要把产业振兴作为乡村振兴的重中之重来抓,激活劳动力、土地、资本、技术、数据应用等要素、经营主体、市场拓展在乡村产业振兴中的活力。做好质量兴农、绿色兴农、科技兴农来有效促进乡村产业振兴发展。坚持以农业供给侧结构性改革为主线,把发展高效生态农业放到突出位置,大力发展现代种养业、农产品加工流通业和乡村服务业,完善乡镇科技特派员和农村工作指导员制度,打造一批科技型的现代农业经营主体,加快构建现代农业产业体系、生产体系、经营体系,切实提高农业的供给质量、综合效益和竞争力。特别是要走绿色安全高质量的路子,加强源头治理,健全从田头到餐桌的全产业链监管体系,加快推进现代生态循环农业发展、畜牧业绿色发展,打造一批高品质、有口碑的农业金字招牌。

做好工商资本和人才的"上山下乡",乡村振兴要靠人才、靠资源。各类人才特别是年轻人回归乡村、服务乡村,工商资本从城市流向农村,是产业振兴的根本动力,也是乡村振兴的一个重要标志。乡村产业振兴必须要充分发挥好政府"有形之手"和市场"无形之手"的作用。随着农村吸引力越来越强、发展机会越来越多,越来越多的城里人到农村度假、休闲、康养、养老、创业,工商资本和人才"上山下乡"的意愿越来越强烈。要因势利导、顺势而为,充分发挥农村的资源优势、市场优势和人文优势,完善融资贷款、配套设施建设补助、税费减免、用地等扶持政策,引导工商资本下乡支持农业、带动农民,吸引更多高校毕业生、新乡贤、退伍军人、外出农民工等回归农村,培养造就一支新型职业农民队伍,优化农业从业者结构,努力在乡村形成人才、资本、产业汇聚的良性循环。对于工商资本下乡,要进一步完善政策、加强引导,明确下乡能做什么、不能做什么,设立必要的"防火墙",防止跑马圈地、脱离农业、把农民挤出去,防止侵害农村集体产权、侵犯农民利益。

加强一、二、三产业融合发展,是乡村产业振兴的核心所在。只有立足乡土特

色资源优势,不断延伸农业的产业链、价值链,乡村产业振兴才会有广阔的空间、无限的可能。要充分挖掘农业的功能和乡村的价值,让乡村产业插上互联网和科技创新的翅膀,大力发展休闲观光、娱乐体验、养生养老产业、农村电商产业等新产业新业态新模式,推动乡村从主要"卖产品",向更多"卖风景""卖文化""卖体验"转变。乡村产业融合的核心在于促进农地的规模效益提升,农地的产权制度改革成为处理好农民与土地的关系,是新形势下农村改革的主线,也是农村产业振兴的关键所在。要积极深化农村产权和土地制度改革,稳妥推进农村承包土地"三权分置"和宅基地"三权分置",进一步激活农村土地经营权,盘活农村闲置废弃农房和闲置宅基地,进一步打通要素流入农村的通道。特别是要发挥农村土地制度改革的牵引作用,大力培育专业大户、家庭农场、农民合作社、社会化服务组织、龙头企业等新型经营主体,积极推进适度规模经营。

五、城乡生态宜居的高质量融合

城乡生态宜居的关键在于营造良好的生态"硬"环境和宜居"软"环境,不仅需要注重生态环境的保护与治理,更要加强乡风文明的构建和宜居宜业的乡风软环境建设,打造乡村自身的特色。乡村有特色,才有吸引力,才有生命力,才有竞争力。乡村由于存在自然差异性,必然带来村庄的多样性,每一个乡村都可以有自己独特的地方。要充分挖掘和利用乡村的自然环境、乡土文化、农耕特质、民族特色、地域特点,把保持原有村居风貌和引入现代元素结合起来,在独一无二的特色上做文章,努力让每一个乡村都散发自己的独特味道。

在生态环境治理层面,要以高水平推进农村人居环境提升行动为抓手,大力推行绿色生产生活方式,不断深化农村"厕所革命""垃圾革命",巩固农村生活污水治理和消除劣类水成果,全面打赢治危拆违攻坚战,稳步推进城中村改造,全域推进"乡村治理"工作,把"绿水青山就是金山银山"的理念不断深入到乡村生态环境治理的各项工作中来。

在乡风文明建设层面,乡村振兴不仅要"富口袋",也要"富脑袋",既塑形也铸魂。建设现代乡村文明,不是传统农耕文明的简单回归,更不是重拾封建糟粕,而是要对传统乡村文明进行创造性转化、创新性发展。农村优秀传统美德中有很多好的东西,比如孝老爱亲、扶危济困、勤读力耕、诚实守信等,在乡村都是高度认可、代代相传。要推动社会主义核心价值观融入乡村传统文化,不断传承好乡村传统文化、农耕文化、习俗文化、礼节文化,建设现代乡村文明。要全面开展移风易俗行动,在传统礼俗和陈规陋习之间划出一条线,告诉群众什么是提倡的、什么是反对的,特别是要坚决反对不承担养老责任等异化行为。充分发挥农村文化礼堂作用,吸引村民多走进文化礼堂。

在宜业宜居层面,城乡高质量融合发展的本质在于让农民群众生活变得更好,共享经济发展的成果和发展红利。我国农村大部分乡村的基础设施和公共服务依然欠账较多,特别是对遍布乡村的交通"毛细血管"的维护还不到位,乡村信息等基础设施还比较滞后,在教育、医疗、卫生等公共服务方面差距仍然较为明显。加快推进农村基础设施提档升级和公共服务下乡,特别是高水平建设"四好农村路",改造提升农村信息基础设施,认真办好农村教育、医疗、养老、社会保障等民生实事,努力使乡村具有与城市一样的吸引力,让农民享有与市民一样的品质生活。

第五节　城乡高质量融合发展困境和挑战

一、要素融合城乡不对称

资本、土地和劳动力是城乡融合发展不可或缺的三大核心要素,而大数据的广泛应用和技术的推广也成为城乡要素融合发展的关键。其中,资本是城乡融合的润滑剂和催化剂,土地是经济发展的重要载体和财富之母,而劳动力作为农村经济的发展主体,大数据是资源优化配置的重要原料,技术创新和技术推广则是社会进步和前进的核心动力,这五大要素构成了城乡经济高质量融合发展的最核心动力。但在城乡融合发展过程中,城乡要素自由流动仍然存在一定的障碍,制约了城乡要素的有效融合。

长期以来,劳动力、土地、资本、技术、数据等资源要素往往从农村单向流入城市,乡村振兴面临这些要素双向互动交流的瓶颈制约,使得乡村要素价值未能有效得到市场化认可。第一,农村年轻劳动力为了追求更美好的生活和更高的经济收入,大多采取"跳农门"的方式远离农村,并且大多数年轻人不愿意再回到家乡,这导致了农村的人才流失,乡村振兴缺乏能人的带头引领,使得留下来的往往是妇女、儿童和老年人,缺乏农村干事创业的活力和动力。第二,由于农村整体大环境相对较差,工商资本下乡面临较多的体制机制问题和现实的村庄治理等各种困难,营商环境交易成本较高,导致农村发展资金和技术动力不足。尽管国家对"三农"问题给予了相当大的重视,财政支农的资金也在不断地增长,但是仍然存在着大量资金使用效率低下、信贷担保体系不健全、风险管理体制不健全等问题,导致人才返乡创业缺乏资金扶持,从而面临融资困境。第三,农村的土地流转不顺畅、产业升级发展相关的配套用地相对缺乏、土地经营权抵押贷款效果不理想等现实问题,制约了农地资源难以有效入市发挥较大的作用,而城市工商资本受制于农地产权界定和法律规范不清晰的局限,使得农村土地难以被市场有效的接受为抵押担保品,相应的价格机制不健全、收益分配的体制不完善、同地不同权不同价的矛盾、收益分配的机制不健全等现实问题,也催生较多的投资风险。

目前,由于农村设备设施的落后、通信技术以及交通的不完善、财政体系不健全等原因,大型企业在农村投资的意愿往往较低,农村人口的城镇化集聚也一定程度上加速了农村资本的城市流动,而城市工商资本下乡却存在较多的动机不纯,长期投资规划不清等现实问题,使得城乡之间的资本要素流动不对称发展长期存在,进一步加剧了农村地区从资本"抽血"转向资本"失血"的状况。金融资本脱离农村实体经济发展的本质,使得金融扶贫长期处于政策激励和政治动员的驱动下,与金融机构本身的市场化动机不强形成了典型的城乡资本流动的二元困境,成为后扶贫时代金融市场化可持续扶贫面临的重要挑战。同时,城乡国土土地和农村集体土地的二元土地制度也使得农村的现代化以及我国整体的社会主义现代化进程都受到了影响。城乡之间土地市场分割严重,并未形成一个统一的建设用地,这导致农用地入市困难,难以在市面上形成竞争。同时,城乡之间的土地增值收益分配不公,这直接导致了农村土地价值受到严重压制和剥削,并且造成了农村集体建设用地大量空置、闲置和隐性流转。大城市郊区市民进入周边农村租住或不合法买卖房屋的行为普遍存在,在现行制度体系下非常容易发生产权纠纷,而广大远离城市的农村地区很难享受到城镇化中的土地增值收益,不同区域的农民财产性收入差距也巨大。城乡之间人口流动不均衡,农村人口想要去往城市,而城市人群却很少有回到农村发展。农村的年轻人总是在一定的时间离开家乡,前往城市寻求更好的发展,劳动力留不住,农村过度老龄化严重的问题,造成了农村空巢化现象非常突出。人口在城乡之间自由流动的制度门槛较高,户籍制度限制了劳动力人口在城乡间的自由流动,城市对于农村来的外来人口接受度较低,对于农村人口在城市的落户设置诸多条件,激发了人口矛盾,也影响了劳动力的自由流动。城市的优秀智力人才大多不愿去农村指导农村的发展与建设,人才资源严重缺乏,难以形成发展活力。

二、产业融合动能和活力不足

目前,我国农村一、二、三产业融合发展深度不够,农业供给质量和效益有待提高,农产品精深加工较少,难以打入市场,且很大一部分农民依旧过着"靠天吃饭"的生活,未能很好地利用现代的农业科学技术实现第一产业的升级与创新。

由于农业产业结构转型升级相对滞后,导致乡村一、二、三产业提质增效和融合深度不够,三大产业并未能够发挥其相互促进的作用。一方面,第一产业在农村生活中仍然占据较高地位。农民的收入来源主要依赖农产品加工销售,自古以来,农民便是靠天吃饭,天气的好坏直接影响了农产品的收成,尽管近年来依照大棚等先进农业生产技术的支持和转基因技术的部分应用,已经解决了一部分农产品收成不稳定的情况,但这难以从根本上解决问题,并且仅仅依靠农业本身,农村也难以实现有效和长足的可持续发展。另一方面,二、三产业对于第一产业发展的带动作用体现不足。工业制造业在带动农业发展过程中所体现的作用不够,农产品的精深加工不够和农村产业结构升级滞后,现代农业体系的建设并不完善,农产品的阶段性供过于求和供给不足并存,供给质量和效益有待提高,农产品的竞争力有待提高,难以推向市场与国外进口产品以及先进技术培育出来的产品相竞争。乡村旅游业等第三产业服务业欠缺,未能形成农家乐产业链条,难以吸引游客,从而收入来源欠缺。总之,农村农业未能很好地实现产业的转型升级,而城市凭借良好的交通区位条件以及发达的经济,已经较好地实现了经济和产业的转型升级,城乡之间产业融合依然相对困难。

三、制度融合仍需优化顶层设计

长期以来,城乡之间二元制度体系使得城乡在教育、医疗、卫生、就业、社会保障等方面与城市公共服务供给配套等形成较大的反差。城乡二元制度体系始终是制约城乡融合发展的主要障碍,二元经济结构一般是指以社会化生产为主要特点的城市经济和以小农生产为主要特点的农村经济并存的经济结构,我国城乡二元经济结构主要表现为:城市经济以现代化的大工业生产为主,而农村经济以典型的小农经济为主,城市的道路、通信、卫生和教育等基础设施发达,农村的基础设施落后,城市的人均消费水平远远高于农村。城乡二元经济结构严重阻碍了农村的发展,使得农产品市场难以扩张,农业生产持续增长相对困难,同时严重影响了公共设施、教育、医疗卫生等方面的公平,也不利于我国市场经济的发展。尽管近年来,我国农业劳动生产率不断提高,这个问题得到了一定的改善,但改善的程度相当有限,城乡二元结构问题的存在依旧对城乡融合造成了阻碍。城乡二元体制的存在,使得相对于城市来说,农村的基础设施建设、交通运输建设、医疗卫生建设等较为薄弱,且基础较差。乡村的道路建设质量较差,所建成的公路标准较低,应对突发公共卫生事件的处理能力和抗灾能力较弱,安全设施不到位,养护投入严重不足;大型医院较为稀缺,一些小的卫生所以及小的门诊医院又难以处理突发疾病;教育设施也远远落后于城市,新型教育设备使用不够,互联网教育未能普及;水电类的基础设施严重滞后,农村地区用电尚未实现城乡同网同价,有些农村地区的电价比城市高出几倍之多,这种供应不足以及价格过高的情况严重抑制了农村居民的整体消费水平。想要促进城乡融合发展,面对这些方面的挑战与困难是必不可少的。农村公共服务是我国农村地区发展的明显短板,也是实现城乡融合发展必须加快补齐的短板。城乡之间的收入、消费、教育、医疗、交通、社会保障等制度融合的顶层设计优化依然较为紧迫,融合难度也面临长期性和持续性的挑战。

第一,收入与消费融合差距明显。近年来,无论是从绝对收入差距还是从相对收入差距来看,我国城乡居民收入差距仍较为明显,而影响城乡居民收入差距的原因众多。比如,二元经济结构的存在、工业化城市化的加速推进、非国有化改革以及对外开放的不断深入、体制的变动等因素均在一定程度上对城乡居民收入差距产生了影响。城镇居民的收入主要以工资性收入和转移性收入为主,而农村居民的收入主要就以家庭经营性收入和工资性收入为主。其次是消费,城乡经济发展水平的极不均衡状态,导致了城乡居民的经济消费也有较大的差异。尽管近年来,农村居民人均消费支出增速快于城镇居民,城乡居民之间的消费差距在缩小,但是从人均消费总额来看,农村居民的消费水平还远远低于城市,并且从消费结构上来看,农村居民的恩格尔系数大于城市,城市居民除日常的衣食住行以外还注重精神消费,以提高生活品质,但对于农村居民来说,消费主要就用于日常生活的开销。

第二,城乡教育质量悬殊迫切需要融合。农村人口整体学历水平明显低于城市,城乡居民间的教育差距悬殊明显,这在智力层面也制约了城乡要素、产业、制度等方面的融合。一是教育资源的差距。相对而言,城市家庭能够提供给孩子的教育资源更多,教育资源更好,教育的相对成本低。城市的孩子有机会与各个地区的老师、同学交流,也有更多的机会走出校园,去外界切身体会与书本上不同的实践知识。城市孩子在教育方面运用的高科技教学设备相对于农村孩子来说也较为先进,他们所在班级、所在学校的老师也是高级知识分子,给孩子们传授的知识也更多更深,这使得城市孩子的眼界更加开阔,其选择继续读书的可能性越大,学历的层次越高,接触到的东西也就越多,从而城乡之间孩子人力资本形成的差距越发明显。二是学习能力的差距,城市孩子从小接触的环境使得其学习能力普遍高于农村孩子,接受新事物的能力也越强,日益更新的社会环境他们都看在眼里,因此遇见新的问题他们善于去思考去判断,而农村孩子接触新事物和新科技带来的便利程度则相对较低。三是学习时间的差距,城市孩子的家庭大多都是独生子女家庭,父母宠、爷爷奶奶也宠,因此没有另外的生活烦恼,有充足的时间去学习、去体验，但对于农村孩子来说，很多家庭都不止一个孩子，大一点的孩子要帮家里分担重负，在学习之余还要带自己的弟弟妹妹，照顾爷爷奶奶，可能还得去忙家里的农活，这导致其没有更多的时间来好好地学习。四是家庭投入的差距，对于城市里的孩子来说，学校的选择可能性很多，父母也愿意为了孩子的教育去投资，除了平常的上课，可能还有一个甚至几个课外辅导班或兴趣提高班，等到读大学、研究生，可能家中还会送出国门去深造，但对于农村孩子来说，他们承担着家庭的重负，就算有些农村的孩子考上了学校，也会因为有些家长觉得没必要，或者家里的经济条件支撑不了孩子再继续读书而放弃入学的。

第三，医疗不平等亟待城乡融合。目前，城乡的医疗水平发展存在极大的不平衡，农村医疗卫生体制建设质量和数量都有待提高，当前农村缺乏大型医院，只有小型的卫生所，医疗设备落后，难以解决突发的重大疾病，且医护人员整体素质较低，医疗保险等保障问题的解决不到位，难以给农村人民安心感。而城市大型医院多，且医疗设备科学先进，医疗卫生体系健全，专业医师水平到位，也常参加医疗卫生的研讨会，能够针对病人的重大疑难疾病做出专业性指导以及回答，且城市的医疗事业有政府投入作为保障，而农村的医疗事业在很大程度上还得靠农民自己，这就更加扩大了城乡之间的医疗卫生差距，使得其难以融合。

第四，交通路网悬殊急需城乡融合。我国虽然大规模实施了农村道路村村通工程，但农村道路建设主要是以民生为导向，路基路宽标准低，不能适应新时期乡村产业发展的需要。并且，农村公路是按照行政隶属关系来建设的，没有系统规划，也没有形成完整的路网。从乡村到乡镇、从乡镇到县城大多是单向连接，村镇以及乡镇之间的横向交通连接性极差，道路虽然通但是却不畅的问题突出，且农村所有的仅仅是并不宽敞的公路。乡村交通设施并未统一维护，建设好后多至一两年，少至两三个月便出现道路破裂等状况，也没有负责单位修补或维护。而城市地区高楼大厦林立，路网纵横交错，高铁站、飞机场、火车站、公共汽车站等交通站点多，公路宽阔，人们出行方便，且有专门单位定期维修检查，统一管理，解决了交通问题的后顾之忧。

第五，社会公共服务保障亟待融合。城乡居民在诸如社会保险、社会福利等社会保障方面的融合存在较大的问题。对于城市居民来说，医疗保险、失业保险、养老保险等保险保障制度健全，城市居民不用太过于担心生病、失业或者是老无所养的问题，但对于农村居民来说，保险保障制度建设不完善，农村居民看病成问题，养老保险制度不健全，老年阶段也没有国家的保障，很大程度依靠年轻时候的存款，且若农产品收成欠佳，农民收入减少甚至接连几个月无法卖出农产品获得收入，也难以有相关的体制机制作为保障，只能由农民自己承担。

第六节　城乡高质量融合发展核心任务

推进城乡高质量融合发展的当务之急是要建立新型工农城乡关系,推进乡村振兴和农业供给侧结构性改革,走新型城镇化发展道路,加快建立健全城乡融合发展体制机制和政策体系,增强农村内生发展新动能,全面拉动城乡融合发展。要以劳动力、土地、资本三大要素的融合发展为前提,推进城乡大数据应用和技术成果推广,结合公共服务制度(医疗、教育、社会保障)等方面的融合发展以及城乡一、二、三产业融合发展为着力点,注重城乡之间的联动协同改革,营造城乡要素双向自由流动和开放的体制机制环境,实现城乡之间的要素自由流动、产业协同发展、制度统筹兼顾的发展氛围。新时期促进城乡融合发展,核心在于处理好政府和市场的关系,发挥有效市场在资源配置中的决定性作用和有为政府在适度宏观审慎前提下的调控作用。通过以工促农,优先发展农村,联动改革城乡之间的关系,扩大双向开放,让城乡之间的要素更好地相互流动,促进全面融合。强化以城带乡,就是要在新型城镇化的大格局下不断地推进城乡融合发展,不断提升城镇化的水平和质量,建立健全完善城乡互补的制度体制和发挥新型城镇化的辐射带动机制,这是城乡融合发展的基础。不断推动公共资源在城乡之间的均衡配置,让城乡公共服务逐步实现均等化,让基础设施建设实现互联互通,提高农村居民在公共服务方面的幸福感。联动改革城乡之间的关系、扩大双向开放,进一步深化农村产权制度和要素市场化改革,增强开放性和流动性,加快建立各种激励机制,吸引城市资本、科技、人才下乡,以促进各类要素更多地向乡村流动。

一、要素高质量融合层面

城乡融合发展的一大任务是要实现资本、土地以及劳动力三大要素的融合。总的来说,对于资本要素,要着力扩大农村的投资吸引力,开发优质农村资源,吸引大型企业投资农村建设。对于土地要素,要加快建成城乡建设用地,利用好农民的闲置宅基地,让"闲地"有所用。对于劳动力要素,一方面,要建立健全城市鼓励科技人员下乡的激励机制,全面建立高等院校和科研院所等事业单位的专业技术人员到乡村挂职、兼职,并且要建立离岗创新创业制度,保障乡村的职工在工资福利以及职工社会保障等方面的权益,解决他们的后顾之忧;另一方面,要完善农民工、农村大学生和退伍军人等人群的返乡创业扶持机制,支持各地因地制宜地建设农民创业园、青年创咖中心、孵化园等各类创新创业平台,并且为加入相关平台活动的农民提供事先培训、能力提升等综合服务,从根本上切实解决好农村创业人员在城镇落户和子女教育等问题,让他们不仅能在村里创业,还能在城里享受服务。

在资本要素流动层面,要建立健全和完善乡村金融服务体系,建立健全城市工商资本下乡的促进机制,鼓励各级政府财政部门支持城乡融合发展以及相关平台和载体的建设,最大限度发挥财政资金的作用,并且通过和社会资本合作等模式,撬动更多社会资金的投入,为城乡融合发展提供源源不断的资金支持。要积极培育农村农业龙头企业、农民专业合作社和家庭农场等推进乡村发展的新主体,带动城市资源和要素从城市向农村流动,实现城市人才、资本、土地等要素与农村效率低下、闲置不用的资源的有效对接,为城乡融合发展注入强大活力。要加大招商引资的力度,全面注入社会资本,让社会资本之间形成有效的竞争力,让城市的大型企业根据农村的具体环境开发相关项目,并择优依靠政府的力量合作实施,推动城乡融合的发展。实现资本的优化配置,政府方面要加大力度提升农业粮食产能、农业绿色生产以及可持续发展等极其重要的领域,不断建设高标准的农田,加大力度投资到与农业科技创新能力有关的建设中来,从而更好地提升农业机械化水平和科技装备水平,提高农业的产量以及质量,并且合理有效利用畜禽粪污,建设有关的生态资源化利用项目,充分发挥财政资金在农业农村农民发展方面的引导作用;并且还应当在财政支农投入总量保持稳定增长的基础上提高资金使用效率,加快建立农业资金统筹整合的长期有效机制,强化统筹安排。除此之外,更要重视的是农村金融建设,加快建立农村商业银行、保险机构、担保公司等有机结合的多元投入保障体系,着力解决金融、产业和工商资本下乡面临的体制机制困境,全面提升农村金融服务水平。

在农地要素放活层面,要深化农地产权制度改革,激发农村土地资源资产和发挥农村集体经济活力。针对宅基地,探索实现宅基地所有权、资格权、使用权"三权分置",适度放活宅基地和农民房屋使用权,完善农民闲置宅基地利用等方面的政策。并且要探索城乡之间土地要素的平等交换机制,多元化利用集体建设用地,对于新增建设用地给予一定的奖励支持等,激发大家的积极性,共同行动,以提高农村土地利用效率。同时还要加快释放农村土地改革红利,让农民更多地享受到因为土地增值而带来的收益。在坚持公有制主体地位前提下,明晰市场主体土地权利、提高市场配置效率,兼顾国家、集体、个人土地增值收益分配,在符合规划和用途管制的前提下,健全权利体系、调查评价、用途管制、市场规则、价格体系、收益分配等"六个统一"制度,加快构建"保护产权、同权同价、维护契约、平等交易"的城乡统一建设用地市场化体系。

在劳动力要素流动层面,要引导城乡人才的有序流动,培育新型职业农民和职业经理人。一方面,要积极加大农村人力资本的开发力度,通过更加积极、开放和有效的人才政策,鼓励新型农业经营主体带头人、农业技术人员和异地就业农民工下乡返乡创业就业,并且鼓励社会各界主体投身于乡村建设;另一方面,要大力支持农业技术下乡,通过现场培训、远程教学、网络直播等方式,为农民提供各种有关农业的技能培训和技术支持,提升农民的整体生产水平。同时也要引导鼓励大中专毕业生、返乡人员等创办合作社和家庭农场,吸引外出人员回归,为农村发展提供劳动力支持,推进城乡融合发展;并且,可以鼓励职业农民和农民职业经理人来分享农业生产与销售、精深加工的经验与心得体会,带动和引领全村资源共享和优化配置,邻村资源互补,从而使得农村得到长足发展,推进城乡融合。

二、产业融合发展层面

产业融合发展的重点是要做到产业的转型升级。无论是城镇发展还是乡村振兴,都离不开产业的支撑。目前,我国城乡产业发展水平差异较大,城乡产业发展不均衡,要补齐城乡产业差距这一短板,重点要以城乡产业融合为导向建立产业融合发展体制机制。最重要的是要构建以农业农村资源为依托,以农民为主体的乡村产业体系,同时这个体系必须依照一、二、三产业融合发展的大道来走,突出鲜明的地域特色和文化印记,全面实现乡村经济的多元化和农业的全产业链价值链发展。

首先,以现代农业为基础,以乡村一、二、三产业融合发展、乡村文化旅游等新产业新业态为重要补充,建立有利于乡村经济多元化发展的体制机制。不仅要将农业农村的发展集中在农产品上,更重要的是要以工促农,用第二产业、第三产业带动农业的发展,针对农村的具体特点发展特色旅游业等服务业,促进农业与二、三产业融合发展。推进农业与二、三产业融合发展,是加快转变农业发展方式的重要抓手,也是拓宽农民收入渠道的重要途径。

其次,深化农业供给侧结构性改革。推进农业供给侧结构性改革,转变农业发展方式,走质量兴农之路。一方面,要大力发展现代农业,提高农业劳动生产率,完善农业产业体系、经营体系和组织体系,针对产业链短,营销力较弱,价格较为低廉,竞争力较为低下等问题,应当对于农产品加强集约化管理,发展多种形式适度规模经营,培育新型农业经营主体,提高农业的质量而不仅仅是数量,增强城乡融合发展新动力。比如,推进科技兴农,引进先进科学技术,提高农业生产的质量和数量,利用对外开放以及互联网的新时代特征,将农产品产业链延长,推广出国门。另一方面,要创新产业组织方式,通过各种形式的合作经营模式,将城乡相关产业进行结合,促进城乡资源优化配置,切实推动城乡产业融合发展。另外,通过建立新产业新业态培育机制、搭建城乡产业协同发展平台等措施,更好地引导工业反哺农业、城市支持农村,用城市现代科技来改造传统农业、用城市的工业发展来延长乡村的农业链条、用移动互联来丰富和发展农业业态。依据各乡村的资源优势、地域优势和发展过程中积累的比较优势,因地制宜确定自己的主导产业,杜绝照抄照搬别国产业融合模式。

再次,要加快农村发展技术创新,推动技术支农,为农民引进先进的耕作工具,提高农业生产效率和产出率。利用当代"互联网＋"技术,发展农村网上物流行业、农产品专业定制、农家乐等服务行业,将该村的特色推销出去,吸引更多的城市人口抑或是国外人口来购买、参观、游玩,从而推进农村产业结构的转型升级。农业科技创新的核心在于加强农村人才建设。加快培育新型职业农民,提高农村教师、科技人员、医疗卫生人员等专业技术人才的整体素质和水平,鼓励和引导社会各界人才投身于乡村建设,更要积极为农村地区引进人才,国家充分运用特殊政策鼓励知识分子进农村,用他们的知识衡量农村发展的动力和前景,并以实际行动带动农村地区的发展。

最后,要重视乡村振兴战略以及小城镇建设的辐射带动作用,着重推"进城市群＋小城镇"发展的新型城镇化道路。实施强镇带村工程,发挥好小城镇衔接城乡的重要作用。小城镇(中心镇、特色镇、示范乡等)是城乡之间互动的重要桥梁和纽带,但中西部地区的小城镇大多发展滞后,没有发挥有效的辐射带动作用。为此,通过推进新型城镇化、带动乡村振兴、实现城乡融合,将小城镇建设成为乡村的经济中心、治理中心和服务中心。要做到这一点,第一,要增强集镇和小城镇的产业支撑和人口吸纳能力,按照宜工则工、宜商则商、宜旅则旅的思路,培育特色产业和生产生活服务业,强化公共服务和乡镇政府和基层治理,扩大常住人口规模和就业机会。第二,在县域内统筹规划"县城—小城镇(中心镇、特色镇、一般镇等)—村落—居民点"建设,打造多层级的城乡融合发展节点,搭建各类要素下乡的桥梁,推动产业、人口、设施在城乡间形成阶梯形布局。第三,加强以小城镇为中心的农民生活服务圈建设,完善服务设施、市政管网、物流网络并向乡村延伸,以镇带村、以村促镇,推动镇村联动发展。依托城镇的作用带动农村的发展与转型升级。

三、制度融合发展层面

实现城乡之间制度融合,应当着力缩小包括城乡居民之间在收入分配、教育医疗、公共休闲服务、基础设施建设等在内的各个方面的制度体系和政策不平等所带来的差距,放开城市落户限制,让居民在城乡间自由流动,使得劳动力、资本等资源配置更加公平有效。发挥"有为政府+有效市场"的作用,推进农村基础设施建设,建立健全养老保险制度,提高农村医疗水平和教育水平。比如,为缩小城乡居民收入差距,促进社会公平,国家应当注重财政支农,运用再分配手段,提高农村居民可支配收入来减少收入差距。此外,合理的运用国家干预与市场机制相结合的方式,加大基础设施的建设,吸引城市投资者到乡村投资新农村项目,推动农村改革升级,这样才能够更好地提升农民生活质量,推进城乡融合发展。从大的方面来说,要建立健全城乡融合发展体制机制和政策体系。为此,国家分别出台了《关于建立健全城乡融合发展体制机制和政策体系的意见》和《关于构建更加完善的要素市场化配置体制机制的意见》,旨在破除妨碍城乡要素自由流动和平等交换的体制机制壁垒,让各种资源在乡村之间形成良性循环的、有利于城乡要素合理配置的体制机制。加快健全城乡一体的公共服务体系以及建立有利于城乡基本公共服务普惠共享的体制机制。在建立公共服务设施的时候要重点关注乡村地区的设施建设,缩小城乡之间在公共服务方面的差距,定时定期维护,使得公共服务体系实现全民普惠共享;还要推动乡村基础设施建设提档升级,实现城乡基础设施的统一规划、统一建设、统一管护的有利于城乡基础设施一体化发展的体制机制。针对目前乡村基础设施如道路、水电设施等落后与陈旧的现状,应当首先对所有乡村基础设施建设进行升级改造,而后通过统一管理、定期维护,降低发生问题的频率,让乡村的基础设施建设和城市逐渐一体化统一性管理。

第一,缩小城乡居民间的收入差距。鼓励勤劳致富,统筹提高农民的工资性、经营性、财产性、转移性收入,建立有利于农民收入持续增长的体制机制。实现收入分配结构的升级与优化,改善整个宏观收入分配体系,使得中等收入群体持续扩大,逐步形成"橄榄型"分配结构,同时要有力保护合法收入,合理调节过高收入,有效规范隐性收入,坚决取缔非法收入,使得居民收入在国民收入分配中的比重、劳动报酬在初次分配中的比重逐步提高,社会保障和就业等民生支出占财政支出比重明显提升,切实缩小城乡收入差距。同时,完善所得税优惠政策等制度,进一步深化收入分配制度配套改革,尽最大努力实现经济增长与居民增收互促共进。

第二,缩小城乡居民间的消费差距。其前提在于不断提高农民的收入,从而为扩大消费提供有力支撑,并充分运用电商平台引导农村居民网上购物消费,网上购物平台为农村居民提供了更多的产品选择,有利于推进农村消费市场的扩大,进一步完善农村的消费平台,多建设生活物资购买站点,提升生活物品的品质。

第三,缩小城乡居民间的教育差距。重视和优先发展农村教育事业,吸纳和储备优秀乡村教师,返聘城市优秀退休教师到乡村支教,由各省教育部门统一实行动态调整管理。引进专业师范生人才,国家加大补贴支持农村孩子出乡接受实践教育,提质升级一批教育设施与设备,运用先进教育设备,实现网络远程教学,促进城乡之间的教育交流和互动,补充和完善各类乡村教育资源,推动优质教育资源城乡共享,让农村的孩子们有机会看到更广阔的世界,接受更先进的知识,拓展眼界。

第四,缩小城乡居民间的医疗差距。要着力健全乡村医疗卫生服务体系,统筹推进医疗、医保和医药"三医联动"改革,以更好解决城乡居民"看病难、看病贵"问题。在乡村建立大型医院,引进城市中先进的远程医疗服务体系,让农村人口在突遇该地医疗设备无法解决的病痛时,能够及时地获取远程帮助,并且给予人民大病医疗保障,以解决人们的后顾之忧。

第五,缩小城乡居民间的交通差距。完善农村交通站点的卫生建设与日常维护,将农村的公路等道路设施纳入城市的管理体系中来,实现城乡交通体系设施共同管理,缩小差距,推动城乡融合。同时,因地制宜强化农村交通设施建设,对于附近居民较多或正好处于各村各城镇的中心枢纽位置,可以考虑扩大交通站点面积,抑或是修建档次更高的交通站点,或是让其成为高铁等交通工具的中转站。要实施乡村道路提档升级工程,增强城乡之间的连接性。畅达的交通网络是实现城乡之间商品、要素互相流动的基础,四通八达的交通体系能够促进各地的产品相互流动。在"十四五"建设期间,应当坚持和完善以民生导向和产业导向并重的格局,推动乡村交通网络提档升级。把乡村交通网络规划建设作为国家投资的重点,科学规划乡村道路的整体网络构建,提高建设标准,结合乡村振兴的规划与布局,打通跨村跨乡跨县的不通路和断节路,增加连接线,织密路网。加强中心镇与高铁站等骨干交通节点的联系是重中之重,要真正地让城乡之间的人员、商品有效流动起来。

第六,缩小城乡居民间公共服务的差距。实施城市公共服务下乡工程,发挥好城市资源的辐射带动作用。进入21世纪后,我国农村的公共服务制度体系建设取得了巨大进展,但城乡之间在教育、医疗、养老、社会救助等领域仍然存在较大水平差距。大力推动城市优质公共服务下乡,实质性缩小城乡公共服务差距。要建立激励约束机制,鼓励城市教师、医生等具有专业素养的专业人才下乡服务,发挥退休教师、医生等人员到乡村去进行志愿服务的作用,让城市的优质服务资源下沉。加强乡村学校、医院信息化设施建设,提升中小学教师、乡村医生的信息技术应用能力,发展远程教育、远程医疗,使农村居民在乡村就能享受到城市的优质服务。

第七节　城乡高质量融合发展理论框架

走城乡融合发展之路,必须实行新型城镇化和乡村振兴战略两手抓策略,以完善产权制度和要素市场化配置为核心,清除阻碍要素下乡的各种制度障碍,促进乡村融入全国大市场,推动城乡产权权能平等化、要素交换顺畅化、公共资源均等化、产业发展融合化、居民收入均衡化,形成工农互促、城乡互补、全面融合、共同繁荣的城乡发展新格局。

坚持破除二元体制重塑城乡关系。围绕"人往哪里去、地从何处来、钱从哪里出、权能如何用"的大逻辑,把城市和乡村、工业和农业作为一个整体设计制度框架。改革完善城乡一张图的规划体制,破除规划严重脱节缺位矛盾。夯实城乡融合发展的产权基础,建立城乡统一的建设用地市场,破除城乡土地权能不平等难题和城乡人口流动制度壁垒。搭建城乡普惠的金融服务体系,破除资本供给不均的弊端。健全城乡均衡的公共资源配置机制,改变长期以来公共资源错配局面。完善城乡共治的生态环保制度,实现美丽乡村建设与美丽经济互促共进。构建城乡同频共振的文化交融机制,提升城乡文化文明内涵。健全现代乡村社会治理体制,促进党组织开枝散叶。推进各项改革相互配套助力,综合放大改革红利。

坚持创新政策体系补齐乡村短板。优化政策设计,打好政策组合拳,推动城乡间公共资源配置优化调整和政策平等,改变城乡间不协调的财政、金融、土地、人才和产业等政策安排,引导乡村增强自身造血功能和内生发展能力。制定市民下乡消费促进政策,释放城市居民庞大消费需求。实行人才上山下乡激励政策,实现能人跟着政策走、老乡跟着能人走。实施建设用地高效利用政策,激发乡村新业态新动能。健全财政资金支持政策,强化政府资金引领带动作用。完善金融服务保障政策,改善城乡融合发展项目融资环境。明确工商资本下乡政策边界,切实保护农民利益。规范集体经济组织行为,维护城市资本合法权益。创新产业融合发展引导政策,合理引导城市产业向乡村延伸转移。

坚持遵循发展规律探索多元路径。认清城乡差异性和发展分化特征,注重规划先行、突出重点、分类施策、典型引路,不搞一刀切,立足城乡不同定位推动产业、文化、环境、建筑等相得益彰,立足乡村不同类型促进该振兴的振兴、该还绿的还绿、该复垦的复垦,立足地区不同实际走"大带小、好带差"的差别化城带乡发展路径。创建城乡区域间的梯度推进机制,率先在大中城市近郊和发达地区推进,有序在中远郊有条件双向融合要素、形成城与乡过渡带的城乡"驿站"推进,稳步在相对远离城市但自然历史文化资源丰富的乡村推进。

城乡之间的关系经历了城乡二元分割、城乡统筹、城乡一体化以及城乡高质量融合四个阶段的发展历程,最后实现农业农村现代化和社会经济协同发展的目标。每个阶段,城乡之间在资本、土地和劳动力要素,一、二、三产业之间以及医疗、教育、社保等社会制度之间的关系都存在差异。要素、产业以及制度三个维度是互相协同、缺一不可的,三大要素的逐渐融合是一、二、三产业有机融合的前提,而一、二、三产业的融合可以加快资本、劳动力和农村土地等要素的深度融合,二者的有效融合也离不开城乡制度融合的保驾护航,三者之间关系密切相关。

目前,随着乡村振兴战略的持续推进,城乡融合发展已经迈出了很大一步,我们未来要关注的,是如何去实现城乡的高质量融合。首先,从要素层面来看,要实现城乡的高质量融合,就必须使得流入乡村的资金链更长更广,为乡村的发展提供更加充足的资金来源,释放乡村活力。同时,因"地"制宜开发农村土地资源,把所有土地用起来并且用"活",精致化的栽培和发展。随着城镇化步伐的不断加快,城乡劳动力的双向流动也将持续增强,城乡劳动力融合也必将带动农村走出人力资本洼地,为培育农业农村新动能提供持久动力。其次,从产业层面来看,要实现乡村产业的转型升级,积极做强第一产业、做优第二产业、做活第三产业,城乡一、二、三产业在空间上的高度融合发展也将不断延伸农业产业链和价值链。最后,从制度层面来看,要辩证地看待政府与市场的关系,在充分发挥市场决定性作用的同时,要调动政府运用各种政策为城乡高质量融合发展保驾护航,并且还要在社保、教育、医疗等方面实现公平与效率的优化,让城乡之间趋于一致,将差距大大缩小,同时,还要在城乡融合整体上充分把握,在城乡融合发展的难点等重点领域着重突破,构建良好的城乡空间形态。城乡高质量融合发展理论框架如图1.1所示。

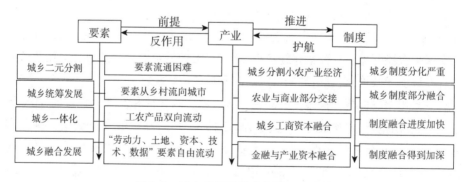

图 1.1 城乡高质量融合发展理论框架

一、城乡要素高质量融合发展层面

在城乡二元分割阶段,城乡之间的资本、土地和劳动力三大要素是相互割裂,缺乏有机联系的独立体。资本难以从城市流向农村,乡村资金支持严重不足,城乡之间没有一个统一的要素市场进行有效的自由流动。在城乡统筹阶段,资本、土地和劳动力三大要素主要是从乡城之间的单向流动,乡村人口到城市中购买必要的生活物资,去城里谋求生活,为城市单方面带去了资金和劳动力的支持,而乡村的一部分土地也被城市建设所兼并,城市的要素几乎不流向乡村,城乡之间的要素融合相对不足。在城乡一体化阶段,工商业产品和农业产品开始有了双向的流动,农产品到达城市作为城市工业等生产的原材料,而城市的工商业产品也更多地流向乡村,为乡村的发展带来了动力,但此时的城乡三大要素的融合还不彻底,仅仅停留在工农业产品的双向流动,还没能够形成资本、土地和劳动力三大要素的完全自由流动和相互融合。在城乡融合阶段,实现了"劳动力、土地、资本、技术、数据"的双向自由流动,破解了城乡二元体制机制的限制,在劳动力从乡村流向城市寻找工作的同时,响应国家的号召下乡为农村的发展提供技术和知识的指导,农村的土地和城市的土地更加有效结合,农村的宅基地、建设用地以及承包地的使用更加"活"起来,城市的土地也被规划得更加细致,小城镇和特色县城的出现让乡村和城市之间有一个过渡,使得二者进一步连接成为一个整体,而在农村人口不断向城市投入资金购买各种产品的时候,城市的一些企业和公司也在乡村寻找商机,通过签订合同等方式与乡村形成合作关系,将资金投入乡村建设。在这个阶段,资本、土地和劳动力实现了比较自由的双向自由流动,但这样的流动还需要向更高的阶段发展,也就是城乡高质量融合的阶段。在城乡高质量融合阶段,所有的要素都实现了资源共通,完全自由的流动,并且还可以根据城市与乡村之间所缺乏的要素进行有针对性的补充,城市与乡村的居民也打破了城乡之间的壁垒,城市的人才、资金、服务和经济不断地向乡村流动,发达地区的优质资源不断地要向落后地区流动,扫除了障碍和清除了壁垒。

二、城乡产业高质量融合发展层面

在城乡二元分割阶段,工商业和农业处于一种分割的状态,城市主要是以现代化的大工业生产为主,而农村经济以典型的小农经济为主,这就导致了农村主要是以传统的农业生产为主,工农业之间没有很好的融合,各自独立发展,典型的小农经济生产导致传统农业"靠天吃饭",城乡产业分割非常严重。

在城乡统筹阶段,农业和商业开始有了一定的交织,城市和乡村的发展有了良性的互动,这个时候开始注重农村的工业化,注重用工业带动农业的发展从而实现城乡统筹。通过提升城市工业的整体水平,提高工业产品质量和档次。同时,也让更多的工业产品进入乡村并且在乡村发展农业的同时构建乡村工业发展体制机制,实现协同发展。但是此时的产业融合还并不完善,工商业以及农业的相互作用并未明显体现,第三产业服务业的作用也还未凸显。

在城乡一体化阶段,工商资本下乡的速度加快,工业对于农业的带动作用体现得更加明显,乡村在发展传统农业的同时也开始发展工商业,并且让工商业带动传统农业的发展与进程,第三产业在乡村也初见雏形,一些小型的乡村农家乐已经发展起来,比较有特点的、有文化底蕴的乡村还开始将第一产业和二、三产业相结合,但这个时候的产业融合依旧不彻底,还存在着分隔的状态。

在城乡融合阶段,三大产业融合的进程极速加快,二、三产业对于第一产业的带动作用明显增强,三大产业相互交织、相互渗透,慢慢地融合为一体,逐步构建了现代的新产业发展趋势,"以工促农"体现得更加完善,多数农产品延长了生产链,深加工精加工,产品量更多,质更优,一、二、三产业融合加强,实现了产业的转型升级和产品的提质增效。

在城乡高质量融合阶段,产业的支撑度不断加强,各个地区不仅确立了自己的优质和特色产业来进行深入的研究,还要实现城市和乡村的互补以及融合发展,城市地区努力利用各种各样的优势资源,推动一、二、三产业高度结合与融合,为外来人员和周边农民就业创业成为城镇居民创造条件。

三、城乡制度高质量融合发展层面

在城乡二元分割阶段,城市的道路、通信、卫生和教育等基础设施发达,而农村的基础设施落后,农村的社会保障体系、教育、医疗以及交通都处于严重落后的状态,道路维护不够,没有完善的道路交通体系机制,社会保障制度不健全,医疗设施落后,乡村人口看病难、看病贵。

在城乡统筹阶段,乡村的道路、医疗、教育等有了一定程度的改善,医疗卫生保障体系相对健全,乡村的卫生所和卫生站能够处理的疾病更多了,道路也拓宽拓广,但是和城市相比仍旧存在巨大差距,乡村的基础设施建设未能被纳入和城市统一的管理体系中来,有时候出现了"被不管不顾"的局面。

在城乡一体化阶段,城市与乡村之间的基础设施建设逐渐被统一纳入管理,统筹规划,综合研究,从土地、户籍、农民工和社保改革等方面探讨工业化、信息化、城镇化以及农业现代化"四化同步",乡村的医疗设施体系、社保体系、交通设施、教育以及各方面的基础设施建设和公共服务建设与城市的距离越来越小,但是还未能够很好地融合成为一体。

在城乡融合阶段,城乡居民从收入和消费的差距上来看是越来越小的,乡村的医疗卫生体系更加健全,大型卫生所和医院等场所数量更多,质量更好,相关医务人员的职业素养也更高,教育方面也大力发展农村教育,缩小城乡之间的教育差距,同时建立健全农村社会保障体系,让人民的生活更加有保障,将乡村的交通设施纳入和城市统一的管理和维护,定期检修定期维护,并且增加交通点,在农村修建相关的交通站点,让农村人民的出行更加方便。

在城乡高质量融合阶段,要高度重视政府与市场的作用,并且要重视政府与人民的关系,要充分运用网络、电视等第三方媒体进行宣传,让政府的制度更深入人心,让人民更加深刻地体会到政府的一系列政策是为了大家的幸福工程而出台的,让人民充分地意识到自己的主人翁地位,清楚地看到在收入、社会保障、交通、住房等方面所发生的巨大改变。

第八节 城乡高质量融合发展的未来趋势

城乡高质量融合发展必将带来城乡关系更加和谐、要素流动更加顺畅、社会生态更加环保。在要素层面,资金、土地和劳动力三大要素实现了在城乡之间的充分自由流动;在产业层面,一、二、三产业融合发展不断加深,实现了全面的转型升级和提质增效;在制度层面,城乡之间的公共服务以及社会保障等体制机制的建立更趋完善,融为一体来统一管理(图1.2)。

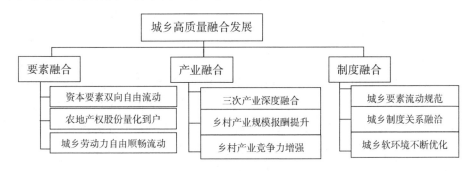

图1.2 城乡融合发展趋势图示

一、要素高质量融合发展趋势

资本要素的双向自由流动。城乡资本包括金融资本、工商资本和产业资本等,如何促进资本在城乡之间的双向自由流动,核心在于让城乡要素报酬相对均衡,而不是存在资本投资的价值洼地。为此,在政府层面,需要营造城乡资本双向流动的制度体系和规范体制,加强财政资本和金融资本的有效协同,以财政资本和金融资本撬动产业资本和工商资本,通过积极鼓励、引导、支持社会资本大量流入农村,投资农村的建设项目,带领农民创新创业。比如,社会资本运用农村的条件将其改造成为农家乐、发展乡村旅游业、开发乡村娱乐项目等;在农村人口自发投资这方面,要转变农村人口思维,让他们跳出"有钱就存"的落后思想,鼓励他们发现自己身边的商机,投入资金进行建设与发展。

农村土地的产权量化到户。长期以来,农户拥有农村承包地、宅基地和建设性用地等"三块地"作为其最大的财产,但这些静态的财产如何有效地变现及变"活",成为制约农村经济发展的重要制度障碍。党中央提出二轮承包地到期后再延长30年的规定,虽然一定程度上稳定了民心和投资者的信心,但对于农村承包地如何有效地放活,需要在农村土地集体所有不变的前提下,将农地抽象出来进行股权量化,做好农地所有权在农户个体间的有序流动并进行有效变现,充分激活农地要素市场带来的经济效益促进乡村振兴。对于宅基地而言,随着城镇化的快速推动,农村宅基地大量闲置和空置的现象并存,如何促进农民宅基地和房屋使用权的有效放活,开发适宜城乡资本是农村面积最多的建设用地,适度放活宅基地和农民房屋的使用权,让城市里的人口方便投资开发宅基地或者是长期租用房屋等,将荒废的农村宅基地进行复垦开发或建设用地通过地票制度进行市场化交易复活其经济价值;对于建设性用地而言,要大力推广集体经营性建设用地,将部分地区试点相对成熟的经验做法逐步推广到广大农村区域,在自愿有偿的前提下,将部分闲置宅基地、废弃的集体公益性建设用地等转化为集体经营性建设用地入市,通过农地整治实现城乡建设用地指标的增减挂钩,实现城乡空间地域上的农地资源收益均等化。

城乡劳动力自由顺畅流动。城乡高质量融合的前提在于放活城乡劳动力,发挥人的主观能动性,既要让农民从农村出得去,也要让城里人到乡下回得来,双向的流动才能更好地带动人才、资本等的充分融合,各类要素的充分流动带来了城乡空间上的有机衔接,均衡发展。乡村发展长期滞后的核心在于缺少建设乡村的优秀人才或者相关人才相对稀缺,乡村建设的主体往往是妇女、儿童和老人,很难想象他们能够给乡村带来太大的改观和变革,乡村人才和城市人才之间的悬殊越大,城乡差距也就越难以有效弥合,为改变这种人才较为落后的局面,单靠城市先进知识分子的带动是片面的,在很大程度上还得依靠农民自身。一方面,提高存量人力资本水平,开发现有农村人力资本,开展职业农民和职业经理人培训,让农民不仅在农业方面有更广更深的知识储备和更新的认识,还要让他们德智体美全面发展;另一方面,鼓励城市先进知识分子下乡,引导进城创新创业的农民返乡,支持从乡村走出的大学生回乡,用他们的知识储备和文化,针对乡村所存在的问题进行改造,针对乡村已有的资源进行合理利用,让乡村的面貌焕然一新。

二、产业高质量融合发展趋势

一、二、三产业深度融合。农业是人类的衣食之源、生存之本,是所有一切生产发展的前提条件和核心基础。它为国民经济的其他部门提供诸如粮食、工业原材料、副产品、资金来源等,做大做强第一产业是发展其他产业的基础与根基。然而,农业本身的低附加值和低产出强度,制约了农民脱贫致富能力,唯有强化农业与其他产业之间的有机融合与协调,延伸农业产业链条,让处于微笑曲线底端的农业生产及加工逐步向微笑曲线的两端扩散,从而深化一、二、三产业的融合度,提升农业产业链价值链。同时,不断做强做优农村产业结构,增加农村的就业和农民的社会福利水平。

乡村产业规模报酬提升。城乡差距的根本是城乡要素报酬和边际收益不均等,使得要素往往朝着边际收益更高的地区流动。长期以来,城市往往在要素活力、边际报酬、劳动生产率和回报率等层面均远远高于农村,使得大量的要素均流向城市,城镇化的发展进一步强化了城市的优势地位,城乡产业规模报酬不均等也带来产业集聚差异较大。乡村振兴的核心在于产业振兴,产业振兴的根本在于产业的边际报酬回报率和生产率等至少要达到城乡产业的平均水平,这就要求对传统的小农产业经济进行改造升级,不断提升其生产效率和经营效率,而这前提在于不断有序推进城镇化发展和发挥农业科技在乡村产业中的改造作用。

乡村产业竞争力不断增强。产业的竞争力不仅体现在产业本身的产品质量、产业体系、产业规模、产业效率、产业结构等维度,还体现在围绕产业发展的制度保障体系、文化软环境、社会引导效应以及资源的整合能力等,这些促使乡村产业发展需要与城市产业发展有机融合,将城市产业发展的核心资源及要素竞争力注入乡村产业发展中,不断提高乡村产业的品牌链、价值链、社会链等多维度的融合,促使乡村产业竞争力能够大幅提升,特别是激活市场经济在乡村要素配置及政府产业引导的作用,进一步放活农业生产经营的活力,提升形成产业在带动乡村振兴发展中的主导作用。

三、制度高质量融合发展趋势

城乡要素流动规范,正确界定政府与市场的关系。建立健全城乡高质量融合机制,离不开正确处理政府与市场间的关系,要充分发挥市场在资源配置中的决定性作用,同时也要更好地发挥政府的作用。城乡融合中离不开市场,城乡之间的资本、土地以及劳动力三大要素的自由流动都取决于市场,并且一、二、三产业的融合与转型升级会创造出新的产品,这就需要市场提供人流、信息,吸引更多的人群以及为相关产品的交换提供场所,并为教育、医疗、社会保障、收入与消费等制度提供有效沟通与联结桥梁。合理处理政府与市场的关系,让"看不见的手"和"看得见的手"相结合,才能实现城乡高质量的融合发展。

城乡制度关系融洽,完善城乡公平与效率均衡的制度体系。乡村振兴战略和区域协同发展战略的核心在于将城乡高质量融合发展作为城乡要素有序流动,化解城乡不平衡不充分发展矛盾的根本,需要城乡发展既要讲公平也要讲效率,协同促进统筹发展。在相应的制度体系构建方面,要打破户籍制度牵绊,特别是在农村地区开展农地产权的股份量化试点,将农地产权的股份量化,剥离出农民城乡有序流动的制度羁绊,均衡城乡之间在医疗、教育、社保、就业、购房等社会公共服务层面的制度融合,在省域之间构建统一的公共服务有序流动的协同机制,在城乡之间构建高质量融合发展的顶层设计制度,确立好清晰的改革蓝图,实现城乡高质量融合发展。

城乡融合软环境不断优化,是突破城乡高质量融合发展的重点。凡是人员、土地、资金、科技等各类要素流动遇到障碍的地方,就是改革的重点,同时也是改革的难点。首先是重点抓住乡村改革的基础,即农民土地资产确权、集体资产清产核资及集体成员身份确认。让农民的闲置宅基地以及经营性土地得到充分的利用,激发农村土地的活力。其次要通过国家宏观调控,发布相关的政策制度的方法,鼓励与促进城市投资者、消费者积极下乡,推动一、二、三产业融合发展。最后是要适应现代化的发展态势,着力促进信息化、创新化对于城镇化、乡村振兴的催化、融合作用,以信息技术为基点,让城乡市县合理整合,形成有效的数字化管理平台,提高城乡治理的网络化和智慧化水平。从而构建完善的城乡高质量融合发展的空间形态,让城镇和城市群的作用得到充分发挥,实现城市和乡村的协同发展。

四、城乡高质量融合发展趋势预判

第一,城乡关系得到重塑,城乡空间上融为整体,消除城乡二元发展结构。城乡高质量融合发展会从总体上破解城乡分割的局面,只要明确了总体思路和顶层设计,多面发力,就可以建立工农互促、城乡互补、全面融合、共同繁荣的新型工农城乡关系,推进城乡要素自由流动、平等交换和公共资源合理配置,持久不息。将农村和城市看成一个整体,资金、人口、土地都可以互相流动,在农村与城市之间用小城镇或者特色城镇来过渡发展,实现资源互补,要素共享,共同发展的新局面。

第二,农村地区的诸多问题得到更进一步的解决,城乡之间的差距显著缩小。目前,随着一系列政策的推出与实施,城乡融合发展已经得到了显著发展。比如,农业转移人口市民化取得重大进展,户籍制度改革持续深化,农村土地制度改革取得新突破,农村承包地"三权分置"取得重大进展,城乡一体化基础设施建设取得显著成效,脱贫攻坚战取得决定性进展。但与此同时,以上所列的发展与进步还并未完全达到理想目标,城乡融合的体制机制依旧存在问题,城乡要素的互相流动仍然存在障碍,城乡公共资源配置仍不合理,现代农业产业体系尚不健全,农民增收长效机制有待完善。因此,城乡高质量融合发展要进一步不间断地推进转移人口市民化的进程,厘清农村土地制度的深化改革,进一步推进脱贫攻坚,实现人民的共同富裕,将农村的基础设施建设纳入城镇化的管理体系中来,进一步缩小城乡之间基础设施建设的差距,合理配置公共资源,推进现代农业转型升级,建立健全现代农业产业体系,增加农民收入。

第三,政府支持力度加大。政府应当加大力度,找准体制机制改革的阻碍,城乡融合的体制机制涉及城乡两个空间,涉及农民市民等多个群体,涉及"劳动力、土地、资本、技术、数据"等多种要素,政府将持续从整体出发,把握全局,针对主要矛盾和矛盾的主要方面进行有针对性的改革,科学设计改革时间表,针对东南沿海地区以及中西部地区的具体特点和改革开放以来的发展情况,安排改革时间和次序,大体可划分为三个阶段,按照"三步走":到2022年,城乡融合发展的体制机制初步建立;到2035年,城乡融合发展的体制机制更加完善;到2050年,城乡融合发展的体制机制成熟定型。

第四,生态环境将会更好,人民生活更加美满安康。城乡高质量融合还着力打造生态更加美好的人居环境,通过顶层设计以及市场调节等多方面共同发力,改造农村原来较差的人居环境,切实解决好"垃圾随地乱扔""垃圾场无人清理""有垃圾桶的地方就恶臭熏天"等局面,打造生态宜居、适宜旅游的特色化现代农村。让居住更加集中、让产业更加集中、让土地更加集中。要腾出大量农村的闲置用地以及住宅建设用地,合理利用这些土地,促进土地的集约化利用,建设好土地规模经营以及现代的产业园区,使得现代服务业实现集聚化的发展,让居住更加集中。提供平台支持农村的农业深度融合发展以及新型城镇化的建设,加快推动农用地规模化经营,让优势的资源集中连片地得到统一管理,形成稳定高产、生态良好的总体农业布局。与此同时,为一、二、三产业的发展提供用地保障,让土地更加集中。为深化城乡融合发展提供强大支撑,助力提升乡村产业经济效益,促进农业就业人口进一步向非农就业转移,让一、二、三产业在这样的形势下更加融合,使城乡居民共享改革发展成果、实现共同富裕,让产业更加集中。

五、城乡高质量融合发展路径

城乡高质量融合发展的着眼点在于优先发展农业农村,毕竟"三农"问题一直是社会经济发展的难点和需要攻坚改革的关键,要紧紧跟随乡村振兴的大方向和战略导向,更加关注经济高质量发展,不仅仅是融合发展,更加重要的是要实现效率和公平的协调优化和发展质量的提升,城乡融合发展的关键在于"融",城乡的发展并不是独立的发展,是要相互配合对方的进程与需要,实现资源优化。因此,城乡高质量融合发展要从优先发展农村农业、紧抓城镇化和乡村振兴以及城乡交融三个方向出发,共同编织成为一条康庄大道。

(一)深度革除城乡二元结构体制,实现城乡一体化格局。我国相继制定了一系列试图破解城乡二元结构体制的政策,但存在破解效率偏低和破解效果不理想等问题。基于这种情况,需要深度革除城乡二元结构体制。

第一,持续深化户籍制度改革。2014 年开始的新一轮户籍制度改革在取得显著成效的同时存在一些问题,持续深化户籍制度改革需要进一步完善户籍管理制度,强化法制保障,建立适应乡村振兴战略的户籍法律法规,为改革继续推行提供坚实法律支撑;与户籍制度挂钩的一系列公共政策应随之调整,与户籍制度改革同步的包括行政体制改革在内的综合配套改革应有序开展;稳步推进户籍制度与福利脱钩,当户籍无法使城乡福利差异化时,户籍制度最大弊端就会消失。

第二,优化城乡分治财政体制。城乡分治的财政体制是二元结构体制的经济支柱,必须建立城乡一体化公共财政体制,调整税收制度,使其适度向农村倾斜,发挥公共财政杠杆作用,加大对三农财政支持力度,利用充裕经济资源引入技术资源、人力资源,给乡村经济带来活力。同时,推进城乡基本公共服务均等化。为城镇和乡村提供基本均衡的公共服务,切实提高乡村教育、就业、社会保障、医疗卫生等基础性公共服务数量和质量,维护我国社会基本公平正义,均衡城乡发展,致力于在学有所教、劳有所得、病有所医、老有所养、住有所居等方面持续取得新进展。

第三,要坚持"三农"优先发展。农业农村农民问题作为经济发展的短板,发展"三农"应当也被放在城乡高质量融合发展的优先位置。城乡高质量融合发展要着眼于农民的全面发展,习近平总书记明确提出,乡村振兴要让亿万农民群众有获得感、幸福感、安全感,要紧随习近平新时代中国特色社会主义思想与指导方针要求,推进乡村振兴战略的实施,以协调推进乡村振兴战略和新型城镇化战略为抓手,推动现代化城市发展与现代化乡村建设互促共进,在不断释放城乡经济增长潜力的同时不断缩小城乡发展差距和居民生活水平差距,统筹满足城乡居民日益增长的美好生活需要,统筹提高城乡人民福祉。培训新型职业农民,全面提高其整体素养,破解其"进城难""城市安家难"的问题。城乡高质量融合发展要不断关注农业发展的问题,让农业生产实现提质增效,让农产品得到深加工精加工,延长生产链,促进三次产业融合来实现农业的转型升级和优化配置,深化农业供给侧结构性改革,发展高效生态的农业,构建现代农业产业体系、生产体系、经营体系,提高农业的供给质量、综合效益和竞争力,加强生态和绿色农业发展。城乡高质量融合发展需要着力加强农村基础设施建设,完善农村的医疗卫生保障体系建设制度以及社会保障制度,加强农村与外界的交流,打造一个和谐优美、生态宜居的农村环境。大力投入乡村发展的资金以供建设,乡村发展要同时投入市场资金以及财政资金,加强财政补贴或转移支付,发挥财政支农的先导作用,加强涉农资金的统筹整合,支持地方政府在债务风险可控前提下发行政府债券,积极吸引社会资本投入,建立健全农村金融体系,建立乡村信用体系,引导设立城乡融合发展基金,把更多金融资源配置到乡村,同时要吸引工商资本把城市先进要素带入乡村,激发工商资本入乡积极性,突破乡村资金瓶颈,为乡村发展注入源头活水,建设美丽、发展、有活力的乡村。

第四,要重视质量优先的战略地位。设施提升是基础,要着力化解农业农村基础设施建设落后的短板,定期维护基础设施建设实现其升级与优化,并且要深入推进小城镇环境综合整治,改善环境,突出人居环境美化、交通网络畅通、公共服务保障等在城乡之间的全域覆盖。服务提升是关键,要不断增强综合承载力,推动各种各样的公共服务设施向小城镇和农村延伸,切实保障城市农村的发展提质增效。产业提升是重点,要突出优化升级、兴业富民,加强农村现有资源的整合集聚,同时大力培育新产业新业态,促进一、二、三产业融合发展,实现农村产业的转型升级,对于城市地区,要发挥现有园区的集聚效应,资源共享,优势互补,将一、二、三产业融合发展到极致。品质提升是根本,要突出地区的人文特色,好好保护和利用历史文化的名镇名村,不断且有序地推进城镇有机更新,大力建设文明乡镇。治理提升是保障,要突出党的领导,推进政府顶层设计的关键作用,运用行政手段切实保障各项政策的推进与实施,为城乡高质量融合发展保驾护航。

第五,建立城乡要素合理流动机制,实现要素双向有序流动。在乡村振兴战略下实现城乡高质量融合发展,还需要建立城乡要素合理流动机制。建立城乡要素合理流动机制是实现城乡融合发展的必然要求,只有机制建立起来,才能打开城乡界面,创建城乡融合突破口,进而实现城乡要素自由流动、平等交换及优化配置。首先,培育城乡统一要素市场。通过运用市场准入、资格认定、价格调节、财税优惠等政策,实现城乡要素市场化,打通乡村经济发展脉络,加速资金融通流动,打通劳动力、土地、资本、技术、数据要素通道,实现要素在城乡间有序流动,促进乡村经济发展和城乡经济融合,为乡村资本积累打下坚实基础。其次,深化土地制度改革。推动土地要素市场化,激发乡村土地要素活力,调整城乡土地要素收益分配格局,稳步推进"三权分置"改革,完成农村土地承包经营权确权登记颁证工作,保障农户土地承包权稳定的同时搞活经营权,平衡土地所有权、承包权和经营权之间的关系。加强监管乡村土地市场,更好地保障农民利益,使土地要素成为城乡融合发展重要推动力。增加乡村人力资本积累。完善农村社会保障体系和支持劳动力创业就业政策体系,营造优质商业环境和生活环境,在吸引乡村劳动力返乡就业创业的同时,吸引城镇劳动力在乡村寻找就业机会和致富商机,推动劳动力要素城乡双向合理流动。加快推进城乡义务教育一体化,高质量提升乡村地区教育水平,为乡村永续发展提供充足人才储备。最后,在空间上要着力加强城乡交融。加强城乡交融离不开对小城镇的建设与重视,离不开对农村城镇化进程的重视,离不开对城市老区的维护,更离不开城乡之间的互补与协调交织。一方面,要重视新型城镇化建设,开发小县城特色,打造特色县城、特色城镇、特色乡村,城镇作为农村向城市过渡的一个连接点,兼具着城市和农村的部分特点与功能,要加大力度让农村先城镇化,并逐步向城市化过渡;另一方面,重视城乡之间的相互协调与资源互补。要推动城乡要素双向均衡互补流动,这是城乡协调的合意状态,也是城乡高质量融合发展的前提条件,城乡都有把对方作为市场区、资源地的需求,城市具有鲜明的规模化集聚的现代经济特性,是创新驱动发展发源地,乡村具有天然的生态和土地资源优势,是第一产业发展原生地,要将两者的核心优势突出,推动要素的双向流动,让乡村发展更多地表现为城市生产方式、生活方式,实现城市特色向乡村的蔓延和渗透,推动城乡两者更加合拍,协调发展。

(二)优化公共资源配置,推动城乡资源融合。在乡村振兴战略下实现城乡融合发展,必须使政府在公共资源分配上更好地发挥作用,推动城乡资源融合。第一,转变公共资源配置方式。借鉴市场有效配置资源经验,调整以往失衡配置比例,按照公平高效原则建立新的公共资源配置体系和高效率配置标准,加大乡村地区公共资源投入力度,使地方政府拥有充裕公共资源发展乡村地区;全方位改善乡村地区医疗、教育、交通及基础设施,促使城乡公共资源配置达到相对均衡和公平状态,为城乡资源融合创造有利环境。第二,强化部门联动。加强参与公共资源配置各部门间沟通联动,整体协调配置工作,实现优势互补,避免重复分配和分配不到位现象,最大限度提高公共资源配置效率,推动城乡资源均衡利用。第三,在涉及公共资源配置的政府部门建立全面有效的监督机制和严格问责机制。由于城乡公共资源配置过程复杂,涉及多层级、多部门,过程中易出现贪污腐化、弄虚作假现象,导致城乡公共资源配置效率降低,对配置公平性产生不利影响。有关政府部门要定期公示配置信息,提高配置过程透明度,落实到各行为主体,落实问责制度。

(三)弘扬乡村生态和优秀文化的城乡交流融合。乡村振兴战略下城乡文化融合要立足于乡村文明,在弘扬乡村优秀文化基础上,促进城乡文化交流融合。第一,加大城乡文化融合发展理念宣传力度。在城镇和乡村普及乡村振兴战略和城乡融合发展政策,重视使用宣传手段,鼓励城镇居民和乡村居民参与文化融合,在保护和弘扬乡村优秀文化传承基础上,吸收城镇文明和优秀文化成果并将其创新性转化;城镇在保证文化先进性基础上,吸收优秀乡村文明。第二,健全乡村文化建设管理体制。改变落后管理模式,制定科学发展规则,保证文化融合有效性和高效性;改革倾斜性公共财政调配机制,在财政调配中突出文化建设和文化管理,加大对乡村文化建设的资金投入力度,为新时代乡村文化建设和乡村优秀文化弘扬提供充足财政保障。第三,推动城乡文化统一市场的建立。在弘扬乡村优秀文化基础上建立城乡文化资源双向交流和城乡优秀文化共享机制,加速城乡文化资源互动流通,规范城乡文化交流市场,有效整合城乡文化资源,使城乡文化在健康稳定的文化市场上实现资源优势共享,最终实现融合发展。

实现城乡高质量发展要重视生态的和谐优美。经济的发展、城乡的融合、产业的升级,并不意味着要去破坏生态,污染环境,造成一方兴起一方衰败的后果,恰恰相反,城乡高质量融合在强调缩小城乡之间的差距,推动两者要素相融,推进优势互补等的同时,更要建设生态宜居的环境,破解城乡环境难题,建设美丽新家园,造福全体人民。

第二章　城乡高质量融合发展演进历程

第一节　城乡高质量融合发展的历史背景

中华人民共和国成立 70 年来,社会经济发生了翻天覆地的变化,人民生活水平和幸福指数日益提高,城乡二元经济结构从独立发展逐渐走向融合发展。党的十九大报告明确指出,中国特色社会主义进入新时代,我国社会主要矛盾已经转化为人民日益增长的美好生活需要和不平衡不充分发展之间的矛盾。解决发展的不平衡不充分问题成为我国农业农村现代化发展的时代课题。以习近平同志为核心的党中央高度重视城乡发展问题,站在全局和战略的高度,结合马克思主义哲学对城乡关系发展提出一系列新理念新思想新战略,形成了习近平新时代中国特色社会主义城乡融合发展思想,对新形势下统筹推进新型城镇化战略和乡村振兴战略,促进城乡高质量融合发展具有统领性和纲领性的重要作用(许光,2018)。

但是,目前我国城乡融合发展依旧面临较多的现实问题。首先,以城带乡的发展新动能不足。目前农村地区的农业发展水平仍属于初级阶段,机械化和产业化程度低,经济效率不高,而城镇地区依靠先进的技术水平、丰富的人力资本和资金优势,通过发展工业、服务业创造了丰厚的经济效益,城镇反哺农村有了较好的条件,但城乡二元分割的状态依旧存在,城乡产业融合度低。其次,农村人口基数大,城乡收入分配差距较大。截至 2019 年年底,我国城镇化率达到 60.6%,但我国农村常住人口依然有 5.5 亿人,距离发达国家水平还有一定距离,部分农村人口受教育程度和收入水平都较低,基本生活难以保障,难以融入城市生活,城乡居民的收入差距较大(黄渊基,2019)。为破解城乡发展困境,实现城乡高质量融合发展,在新形势、新政策、新问题下,城乡经济高质量融合发展已经刻不容缓,中国经济发展已经经历了 70 年的风雨变幻,城乡经济发展主要经历了四个阶段的变化,依次为城乡二元分割阶段(1949—2001)、城乡统筹阶段(2001—2006)、城乡一体化发展阶段(2007—2016)、城乡融合发展阶段(2017年至今),不同阶段的发展均伴随着产业、要素、制度三个层面的变革,具有鲜明的时代特征,也是中国城乡经济高质量融合发展的核心要件。

第二节 城乡二元分割阶段:1949—2001年

中华人民共和国成立到21世纪初的50多年,受国家政策、要素流动等多方面的影响,我国城乡发展主要呈现出二元分割的特征。这一时期的城乡发展主要受到国家政策的影响,城乡二元分割体制在改革开放前就已建立并逐渐固化,改革开放后二元分割体制出现松动,但没有发生性质上的根本性变化,城乡发展依旧呈现出明显的二元分割特征。直到2002年,城乡二元分割才逐步开始向城乡统筹方向发展。

一、二元分割体制建立及固化阶段(1949—1978)

中华人民共和国成立至改革开放初期,我国社会经济经历了从自由发展到计划经济的转变,中华人民共和国成立初期,国民经济基础薄弱,国家积贫积弱。作为农业大国,工商业发展极不健全,国家出台并实施了一系列政策来促进国民经济的恢复发展,包括一化三改、优先发展重工业、计划经济体制、土地制度、户籍制度等,通过政策改革,国民经济得到恢复发展,社会经济结构更加合理,但由于这一时期城市经济发展是国民经济发展的中心,政策导向也偏向于城市地区,城乡发展呈现出严重的政策差别,城乡二元分割体制由此建立并固化,城乡二元分割状态十分明显,表现出以下特征。

1. 城乡产业分割比较严重

作为农业大国,为优先发展重工业,我国当时推行农产品和工业产品价格剪刀差的方式,通过农业弥补工业发展,采取工业"后发赶超"的政策快速推进工业的快速发展。然而,我国当时的核心主导产业依然是以农业为主,农业和工业作为城乡经济的主要收入来源,工农业发展带来的利润无法在城乡之间进行有效分配,农业利润远低于工业利润,利润不平衡促使城乡收入差距加大,城乡工农的产业分割使城乡二元经济结构建立并固化,城乡发展差距加大。中华人民共和国成立后,国家实行计划经济的资源配给制,制定了重工业优先发展战略,农业是工业的基础,为工业的发展提供原材料和发展动力。工农产品的价格剪刀差为工业发展提供了源源不断的低廉原材料,有力地支撑了中华人民共和国成立初期工业的快速发展。到1953年,政府实行农产品统购统销政策,中央政府对粮食的购销实行垄断,国家所需粮食数均由政府确定,在这样的制度下工业化建设获得了充足的原料和资金,城市和工矿业快速发展,推进了工业化进步。统购统销政策下,农产品的价格由政府确定,与工业品的价格存在较大的差距,工农产品价格剪刀差由此产生。在农业支持工业发展的背景下,农业成了工业化发展下的牺牲品,在中华人民共和国成立至改革开放前的时间里,我国工业化发展壮大并取得瞩目成绩,但农业发展严重滞后,城乡产业失衡成了城乡产业发展的重要问题,工业与农业发展的二元分割情况导致了城乡产业发展的二元分割。

2. 城乡要素跨区域流动的活力不足

劳动力、土地、资本三要素是城乡经济发展的核心要件,要素的流动性很大程度上决定着经济发展水平,城乡经济的发展同样受到要素流动性的影响。改革开放前,在计划经济体制下,要素的流动受到经济发展水平、制度等多方面因素的影响,流动性较差,人口、土地、资本的效用并没有得到充分发挥,要素在城乡之间的固化为城乡二元分割的形成创造了现实条件。

劳动力是生产要素中的主体要素,劳动力的流动对城乡发展至关重要。中华人民共和国成立初期,我国没有建立严格的统一户籍管理制度,城乡劳动力可以自由流动,为中华人民共和国成立初期国民经济的恢复发展创造了一定的条件。随后受计划经济体制影响以及户籍管理制度的严格施行,人口流动较为缓慢,特别是当政府对流动人口进行严格管制后,城乡人口流动受到严重制约。城乡劳动力的缓慢流动,影响了城乡经济的交流和发展活力,城乡二元分割的局面逐渐稳固。中国农村建立了农民专业合作社,城乡资本互动的机制没有出现,此时的城乡资本均服从于计划经济,社会资金由中国人民银行统一调配,农村信用合作社是农村地区的金融机构,通过信用合作社将农村资金集合起来流向城市,集中大量资本发展重工业,而城市资本流向农村的现象基本不存在,此时的城乡资本流动是计划经济体制下农村到城市的单向流动,并不是自由流动,城乡资本的流动性不足,不利于城乡融合发展,出现了城乡二元分割的局面。土地问题直接关系着农民的生活与农村的发展。土地是农民生产生存的根本,农村土地流转主要表现为土地使用权的流转。中华人民共和国成立后,中国的土地政策共经历了三次重大变革,农村的土地流转情况也因此发生变化。在改革开放前,土地归集体所有,农民没有土地所有权和土地使用权,当时国内也没有建立起真正的农村土地市场,农村土地流转制度建立的基础不健全,并没有出现土地流转的情况,城乡之间土地的流转几乎为零。城乡土地流转几乎没有,在某种程度上又减少了城乡之间的互动,阻碍了城乡发展,使二元分割加剧。

3. 城乡制度分割障碍了要素有效流动

作为社会主义国家,中国特色社会主义制度从中华人民共和国成立开始就指导着中华民族和中国人民,中华人民共和国70年的成就也得益于中国特色社会主义制度的优越性。根据各个时期中国的发展环境和发展目标,制定了与之相适应的社会制度,除了根本政治制度、基本政治制度,还包括户籍、社保、土地、医疗、教育、农村金融等具体的社会制度,不同时期不同的社会制度推动着社会的变革和发展。城乡发展作为国民经济发展的重要方面,同样受到制度变革的影响。改革开放前,城乡制度存在着较为明显的区别,促使了城乡二元分割体制的建立。

户籍制度是各级国家管理机构对其辖区范围内的户口进行调查、登记、申报,并按照一定原则进行立户、分类和编制的户口管理制度(马福云,2013)。中华人民共和国成立后,百废待兴,先后在城镇和农村建立起新的户籍管理制度,对当时的城乡人口进行初步化管理,但此时的户籍制度只是初步探索,并没有对人口进行严格的管控。1951—1953年,城市人口净迁移率平均每年为33.1%,1954—1957年,城市人口净迁移率平均每年为28.1%(高珮义,2004)。随着计划经济体制的建立,严格的户籍管理制度也相应地建立起来并正式施行。1958年1月全国人大常委会通过《中华人民共和国户口登记条例》,第一次明确将城乡居民区分为"农业户口"和"非农业户口"两种不同户籍。农村居民为农业户口,城镇居民为非农业户口,户口与基本权益挂钩,奠定了我国现行户籍管理制度的基本格局,开始对城乡人口的流动进行严格管控,尤其是限制农村人口向城镇的迁移,这样的状态一直持续到了改革开放前。在此户籍制度下,城乡人口的流动不仅被限制,城乡居民的身份地位也出现了明显的差别,农村出现了大量的剩余劳动力,城乡二元分割体制逐步形成。

社保制度包括社会保险、社会救助、社会优抚和社会福利四项,我国社会保障制度变迁与国家经济发展、城乡一体化进程密切相关,社保制度的变革也推进了城乡融合发展,社会福利和社会保险是社保制度中与人们最密切相关的构成部分,它们的变迁能够直观地反映城乡发展情况。医保是关乎民生的重要制度,在改革开放前,我国没有建立完备的农村医疗保险制度,在农村集体经济环境下,促使了农村合作医疗制度的产生。农村合作医疗制度随着20世纪50年代中期农业合作化高潮的兴起而产生,在1958年"大跃进"和人民公社化运动中曲折发展,20世纪70年代广泛普及并走向鼎盛。

城市地区则是通过劳保医疗制度和公费医疗制度解决医疗问题,但是这两项制度都没有覆盖到农村,城乡在医疗保险的福利上便存在较大差距,促使城乡分割的深化。中华人民共和国成立后,国民经济处于恢复发展期,国家财政无法满足所有人在社会保障上的需要,并且受到计划经济体制和户籍管理制度等的影响,我国的社会福利、养老保险均出现城乡二元分割状况。从养老保障来看,农村养老保障主要以家庭养老、集体养老为主,城市地区则更多的是政府养老;城乡的社会福利与户籍挂钩,农村的福利水平在这一时期发展缓慢,与城市的福利水平存在较大差距,城乡在社会保障层面的不平衡加剧了城乡分割。

土地问题是涉及城市和乡村居民的全局性问题,农地产权制度是国家农村经济制度的基础。中华人民共和国成立后,农村土地制度经历多次变革,有力地解放和发展了生产力,促进了社会主义农业、工业和社会发展,在新中国历史上发挥着重要作用。改革开放前的土地制度将土地产权归国家和集体所有,着重强调国家和集体对土地所有权的保护。此时政府主导土地资源的配置和使用,土地要素无法实现自由流动。城乡具有两种不同的土地利用模式,计划经济以农业发展为基础,推进工商业的进步,随着工业和建设用地需求的不断增加,我国的土地利用结构与格局发生变化,耕地数量总体呈现出下降趋势,城镇用地则不断增加,并且推进了工商业的发展,城乡土地的不同利用模式是城乡二元分割的重要原因。

教育作为人才输送的重要体制,在改革开放前也存在着城乡分割。中华人民共和国成立初期,广大工农群众通过干部教育、业余教育、工农速成教育等各种途径来获得教育,随后国家提出在城镇地区建设重点学校,而农村的教育则以集体办学为主,教育发展的重心偏向城市,农村地区的公立学校较少,多数为合作社办学,教育制度上城乡有别的安排直接导致了我国城乡教育制度的二元分割,从而引起城乡发展的二元分割。"文革"时追求教育公平的思想盛行,城乡教育分割的局面开始改变,但改变程度有限。

农业农村的现代化发展离不开金融的支持,改革开放前农村金融体系的变革依旧体现出城乡分割特征,计划经济时期的农村金融发展为原生综合型农村金融体系,农村金融资源通过中国人民银行的统一调配,投入到了资金密集型的工业发展中,央行与商业银行融为一体,通过行政计划手段来发挥作用,农村金融成为城市金融资金供给的重要输出地和"牺牲品"。

二、城乡二元分割体制松动时期

1978年十一届三中全会召开,我国进入了对外开放、对内改革的新时期,我国的社会经济发展开始发生重大变化。社会主义市场经济建立并实施,使得计划经济体制逐渐瓦解,家庭联产承包责任制的推广,极大地提高了农民生产积极性,促进农村地区经济收入增加,缩小城乡收入差距,城乡发展更加自由,城乡分割局面开始在各个领域或层面出现松动,为城乡统筹发展做好相关准备。

1. 城乡产业交叉发展

改革开放后随着计划经济体制向市场经济体制的逐步转轨,农产品价格双轨制逐渐走向价格体制,农产品的商品率逐渐提高,农产品进城弥补了城市地区生产生活资源不足的问题。这期间由于转轨过程中体制机制的问题导致部分农产品价格出现暴涨暴跌现象,农产品通货膨胀问题凸显,为解决相关问题出现了我国特有的价格双轨制,特别是针对部分国有资产和民营企业在商品价格上的双轨制一定程度上为过渡期的市场化改革提供了一定的缓冲空间。此外,城市工商资本也在市场经济体制的作用下不断下乡,农村新的经营模式开始出现,十一届三中全会正式明确提出要积极试办农工商联合企业。1981 年,44% 的国有农场和20 个省份人民公社开展试点工作,随后农工商联合企业在全国不断发展,促进了工商资本向农村地区的流动(万宝瑞,2019)。但由于城乡产业二元分割状态的固化和市场经济处于初步运行期,此时的城乡产业发展仅仅只是反向流动,交叉发展,并且很少涉及与第三产业的交叉发展,在产业的交叉发展情况下,城乡二元分割体制出现了一定的松动。

2. 城乡要素初步流动

劳动力流动、人才流动、人口流动是市场经济的基础。改革开放后,市场经济的发展需要大量劳动力,政府通过各项政策的执行,推进了城乡劳动力的流动。20 世纪 80 年代以来,人口流动日益活跃,1982—2000 年流动人口占总人口的比例从 0.66% 上升至 7.90%,城乡劳动力互动显著活跃,为国民经济的发展创造了良好基础。在 1986—2000 年,农村剩余劳动力出现了"下降—上升—再下降—再上升"的趋势。

从城乡就业人口来看,城乡就业人口在改革开放后的 10 年间均有显著上升,但城镇从业人口增速高于农村从业人口,在市场经济体制的吸引下,劳动力流动速度加快,从业人数增加,部分农村剩余劳动力选择进入城市,以获得更多的劳动报酬,增加了城乡劳动力的流动,但这一时期的城乡劳动力流动主要表现为农村劳动力走向城市,从农村到城市的迁移规模增加,农村劳动力在城镇就业的比例上升,城乡劳动力互动频繁,加强城乡之间的交流。1978—2000 年城乡从业人员的变动如图 2.1 所示。

城乡资本在社会经济发展的推动下,流动更加频繁,并且城乡金融机构的不断发展完善,农村资金有了更多的渠道流入城市,由此推进城市经济进步。20 世纪 90 年代后,国家高度重视农业产业化的发展,并在 1998 年正式确立了农业产业化的经营模式,推进农业的产业化经营,之后政府采取了一系列的政策鼓励城

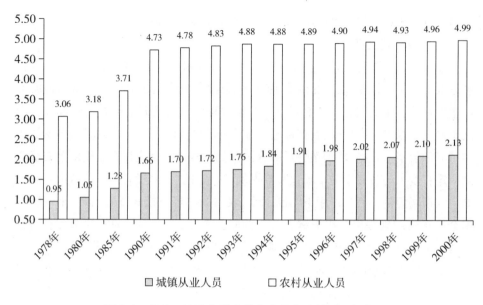

图2.1 1978—2000年城乡从业人员变动(单位:亿人)

市资本下乡。资本下乡是自下而上的安排,适应了农业规模化经营的需要,有利于农药、化肥的普及以及农业机械化的推广,促进农业经济的发展(陈义媛,2013)。改革开放后,国内逐渐推行家庭联产承包责任制,刚开始实行的10年间,为了稳定农村土地制度,实现社会经济的稳定发展,减轻城市改革的阻力,国家颁布相关法律法规避了农村地区的土地流转,此时的土地流转数量减少,处于初步发展阶段。随着改革开放的逐渐深入,城市经济建设取得一定成就,国家放宽了对于农村土地流转的限制,为农村土地流转提供了法律上的支撑。随后由于乡镇企业的发展,人口流动,大量的农村人口流向城市,农村土地规模经营成为可能,农村土地流转快速发展。农村土地流转的速度加快,提高了农村土地的利用效率,有利于农村居民的收入增加,推进农村地区收入提高,缩小城乡之间的收入差距,由此城乡二元分割的体制出现松动。

3. 城乡制度变革深入推进

1978年开始,面对经济体制的转型发展,推动城乡经济进步,创造新的就业机会。为适应经济发展中劳动力的需要,我国施行多项户籍管理制度,实现将户籍人口有限管理,为经济的发展和城乡经济一体化提供了源源不断的劳动力支持。自1984年起,我国建立居民身份证制度和人口管理制度,经过多次调整和完善,城乡人口管理体制机制开始逐步捋顺,但城乡户籍制度的差异性和隐形福利的乡城缺口,依然是城乡融合发展的重大隐患。但户籍制度的松动,一定程度上也有利于维护社会安定,建立良好社会秩序,有效地保护公民合法权益,促进了国民经济和城乡的发展。在 20 世纪 80 年代初期,国家出于改革开放后城市发展和规划需要,打破了对户籍制度的严格控制,逐渐放松农转非政策,在改革开放初期出现了一波农转非高潮。据统计,1980 年年末全民所有制单位通过各种形式使用的农村劳动力共有 931 万人(不包括招收的固定工)。1978—1980 年,非农业人口增加了 1800 万人(不包括自然增长),平均每年增加 600 万人,这是中华人民共和国成立以来非农业人口增加较多的几年。农转非政策的日益松动,人口流动更加自由,促进了城乡二元分割体制的松动。1978—2003 年城乡人口占总人口的比例如图 2.2 所示。

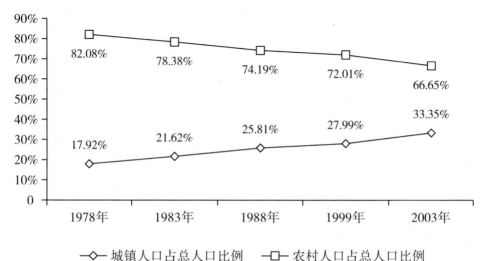

图 2.2 1978—2003 年城乡人口占总人口的比例

改革开放之后,由于市场经济的发展,旧的合作医疗制度走向衰落,国家试图使用政策恢复其作用,但收效甚微,多数农村人口陷入看病难、看病贵的难题。城乡在医疗保障上的差距依然较大。农村社会养老保障制度也在各个农村地区初步建立,但由于养老资金的来源有限与集体压力负担大,农村养老保障问题并没有得到根本性解决。社会福利水平在政府的支持下有了好转,但与城市依旧存在较大的差距。总体来看,在社保制度层面,城乡之间的差距有一定缩小,但面对原本城乡社会保障二元分割的局面,城乡差距依旧较大,城乡社保发展还需继续完善。

土地制度层面,1978 年凤阳小岗村揭开了包产到户的序幕,1982 年中共中央发布的"中央一号文件逐步确立家庭联产承包责任制,农村对土地实行集体所有,家庭承包的统分结合双层经营体制"。1986 年,全国人民代表大会公布的《中华人民共和国土地管理法》对我国的土地制度进行了全面、具体的规定,随后全国人大对土地制度进行多次修订,以适应经济社会发展的需要(陈利根 等,2019)。在土地制度和市场经济的共同作用下,农产品开始通过市场流动,按照市场价格进入市场,农民进城也开始拉开序幕,同时宅基地依法取得使用权、集体所有等宅基地权利体系逐渐形成。改革开放后的土地制度沿着市场倾向,明晰产权的趋势进行演变,推进了城乡转型发展。

在城乡教育层面,1978 年小学学龄儿童入学率为 95.5%,小学毕业生升学率达到 87.7%(杨卫安,2010)。改革开放以来,国家提出了"尊重知识、尊重人才"的口号,教育作为人才培养科技进步的重要推动力,有了极好的发展环境。中断了 10 年的中国高考制度得以恢复,1978 年教育部开始了以提高教育质量为目的的教育重建,由于改革开放前的农村办学以集体办学为主,教育水平低,在教育部实行教育重建后,农村小学由 1977 年的 94.9 万所减少到 1985 年的 76.6 万所,农村中学从 18.2 万所下降到不足 7 万所,分别减少了 19.3% 和 62%。而同期城镇和乡镇小学则从 3.3 万所增加到 5.7 万所,中学从 1.9 万所增加到近 2.4 万所,分别增加了 72.7% 和 26.3%(赵全军,2006)。农村地区的学校大幅减少,城镇地区学校增加,农村地区教育受到严重削弱,城乡的教育差距由此拉大。

针对农村基础教育衰退的局面,1985 年出台了关于城乡分级办学的决定,将发展基础教育的责任交给了地方,逐步推行九年义务教育,与此相适应的经费管理体制也分别由中央和地方两级财政负担,一定程度上提高了地方各级政府办学的积极性,促进农村义务教育的发展。但随后由于"财政大包干"体制的实行,地方政府的财政能力大幅减弱,直接影响了农村地区教育的发展。国家财政在城乡教育之间的不同支持力度,直接形成了城市教育和农村教育的分割,城乡教育制度二元分割的局面没有扭转,反而被强化,城乡发展的二元分割依旧存在。

通过改革开放和家庭联产承包责任制的推行,农业生产对农村金融的需求不断增加,农业农村经济发展实践伴随着农村金融体制机制的改革,我国农村金融体系也随之发生相应转变,改革开放至 21 世纪初大致经历了两个阶段的发展历程:公益性小额信贷阶段、发展性微型金融阶段,多个地区逐渐实行家庭联产承包责任制,拉开了我国农村改革开放的序幕,极大地调动了农民的生产积极性,而农村经济的快速发展也加大了对农村金融服务的需求和资金的供给。金融对农村经济产业发展的支持也大多是以公益性的小额信贷为主,但此时的农村小额信贷服务基本能够适应农村经济发展的需要。1993 年开始,我国农村金融体系的建设进入了快车道,特别是将农村政策性银行从商业性银行中分离出来,金融分业经营促进农村金融业务更加精细和精准,农村信用社和农业银行逐步脱钩,改革路径从合作金融逐步向商业金融过渡(姜建清,2019),农村金融体系也从传统的福利性发展阶段转变为商业性发展阶段,但城乡二元金融结构依旧存在,阻碍了城乡经济统筹发展。

第三节　城乡统筹发展阶段:2001—2006 年

2002 年,党的十六大报告中最早提出"城乡统筹发展"的思想,报告指出:"统筹城乡经济社会发展,建设现代农业,发展农村经济,增加农民收入,是全面建设小康社会的重大任务。其主要目的在于解决三农问题,消除城乡二元经济结构。"十六大的召开,使我国农业农村的发展面临新形势新政策,城乡发展关系从二元分割的松动状态向城乡统筹发展转变。

一、城乡产业互动初步发展

在城乡统筹发展的指引下,城乡社会经济不断发展,产业发展出现了双向流动的趋势。工农产业相互支持,对于农村而言,城乡一、二产业融合发展的过程中,新型的农业生产技术与传统产业碰撞,极大改善了农业生产率,提高农产品的生产质量。农产品加工业稳步发展,农业生产产业链不断向加工、销售、服务一体化的方向延伸。在工业的支撑下,以市场为导向的专业化生产、一体化经营的农业生产体系正在逐步建立,初步推进了农村地区的产业升级和优化,有利于农业生产的发展。城乡融合发展过程中,如果农村没有产业支持,人口就会逐渐迁移到能够提供就业机会和收入的地方(张军,2018)。工业促进农业的产业升级和技术进步,同时也吸引了众多农村剩余劳动力进入工业产业,为工业生产的发展创造更多的劳动力资源,城乡一、二产业之间实现了劳动力资源的双向流动。1998年,我国国家旅游局推出"吃农家饭、住农家院、做农家活、看农家景",全国各地掀起了一股乡村旅游的热潮,乡村旅游对于繁荣乡村经济、增加农民收入、促进就业等方面具有积极的意义,同时也推进城乡一、二、三产业的融合发展,为城乡统筹发展注入新的活力。

二、城乡要素流动性增强

21 世纪以来,随着城乡产业结构升级和经济社会的快速发展,城乡人口与城乡从业人员均快速增加,城乡统筹下的要素流动推进了城镇化发展和农村经济结构的调整。社会总从业人口稳步上升,更多的农村富余劳动力流向城镇,并在城镇定居,同时城镇从业人员在城镇化和民工潮等方面的刺激下逐年增加。在政策的支持下,农村产业转型升级加快,城市资本进乡办厂,在农村地区发展新兴产业。同时促进了城市劳动力向农村的流动,城乡统筹发展时期的劳动力流动基本实现了城乡之间的双向流动,促进了人口要素在城乡之间的流动融合,推进了城乡统筹发展深化。2001—2006 年城乡人口变动如图 2.3 所示。

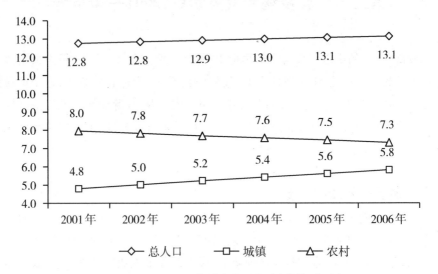

图 2.3 2001—2006 年城乡人口变动(单位:亿人)

在城乡资本流动层面,经过改革开放前 20 年的发展,政府财政加大了对农村发展的投入,增加了农村资本的总量。此时,城乡金融服务体系也逐步完善,为城乡资本的流动创造了有利条件。中国农业银行为农村地区提供了众多的存贷款服务,存款获得的资金主要流向了城市地区,推进城市地区的进步,同时政府鼓励城乡统筹,农村一、二产业及一、三产业融合产生了众多新型产业,吸引较多的城镇资金进入农村投资办厂,由此实现了城乡资金的互动融合,提高城乡居民的收入。2001—2006 年城乡从业人口变化如图 2.4 所示。

1998 年,全国人大对土地法进行修订,将农村土地承包 30 年不变的政策通过法律的形式规定下来,中共十五届三中全会重申要坚定不移地贯彻土地承包期再延长 20 年的政策,使农民长期而有保障的土地使用权得以实现,农村的土地流转继续发展,但相较于上一时期有一定的回落。2002 年《农村土地承包法》颁布,意味着农村土地流转制度在我国正式以法律的形式确立下来,推进了我国农村土地流转的快速发展和完善。通过以上政策的改革,极大地提高了我国城乡土地流动率,为城乡统筹发展、城乡产业融合创造了有利条件。

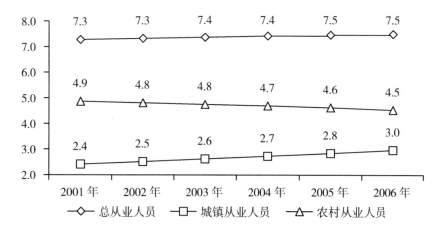

图 2.4　2001—2006 年城乡从业人口变化（单位:亿人）

三、城乡制度统筹

党的十六大报告对城乡统筹发展提出了明确要求,加快户籍制度改革并形成城乡人口有序流动的机制,取消对农村劳动力进入城镇就业的不合理限制,引导农村富余劳动力在城乡地区间有序流动,人口流动对我国城乡收入差距、城乡二元分割形态具有重要影响。1978—2005 年城乡收入差距如图 2.5 所示。随着居民身份证制度和农改非政策的进一步完善,越来越多的人走向城市,为城市的进一步发展提供更充足的劳动力,同时基于农村产业升级的发展环境,也吸引了部分城市人口回到农村。我国的流动人口占总人口的比例在 2000—2005 年上升了 3.37 个百分点,这主要得益于户籍管理制度的放宽和城乡统筹发展战略的有效实施,确实保障了城乡经济的统筹融合发展。

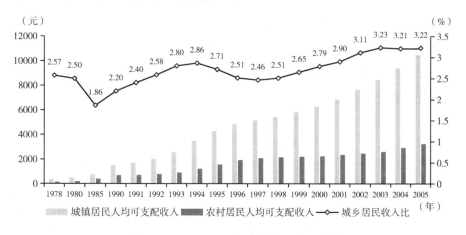

图 2.5　1978—2005 年城乡收入差距比较

基于 20 世纪农村社保制度发展严重不足的情况,2003 年新型农村合作医疗的试点工作逐步展开,建立了农民个人缴费、集体扶持和政府资助相结合的社会保险筹资机制,提高了农村人口参与医保制度的积极性,提升人民幸福感。2003—2006 年,我国基本医疗保险基金收入从 890 亿元增长到 1747 亿元,增加了 2 倍。2002 年国家提出健全社会养老保障体系,新农保在结构上实行个人缴费、集体补助、政府补贴相结合的模式,年满 60 岁农村户籍的老年人可以按月领取养老金,新农保政策实施后得到农民一致好评,提升了农村地区的养老保障水平。城乡社会福利水平也在不断完善,差距逐渐缩小。在城乡统筹发展的大环境下,城乡社保制度实现了统筹发展。

城乡土地制度的变迁也日益适应城乡经济的统筹发展,提高了土地流转、土地转让的自由性,让更多的土地资源得到充分利用。进入 21 世纪之后,政府推进科学发展,将农村教育作为教育发展的重中之重,城乡教育开始往统筹方向发展,政府加大了对农村教育的扶持力度,解决教育发展的资金短缺问题。加大对义务教育的投入,从体制入手,将农村义务教育经费保障机制建设提到了更加突出的位置,先后在各个地区免除农村中小学义务教育的学杂费,极大程度地减轻了农村家庭孩子上学的负担。城乡金融体系处于发展新微型金融的后期阶段,随着城乡统筹的逐步推进,农村金融的发展也为下一阶段普惠金融的发展做着相应准备。

第四节　城乡一体化发展阶段:2007—2016 年

城乡一体化的思想早在 20 世纪 80 年代末期就已经产生,但城乡一体化发展一直处于探索阶段,直到 21 世纪初,国家提出城乡统筹发展战略,为城乡一体化发展奠定了良好的基础,党的十七大报告中明确指出,"要加强农业基础地位,走中国特色农业现代化道路,建立以工促农、以城带乡的长效机制,形成城乡经济社会发展一体化新格局",开启了我国城乡一体化发展之路。城乡一体化就是要把工业与农业、城市与乡村、城镇居民与农村村民作为一个整体,统筹谋划、综合研究,通过体制改革和政策调整,促进城乡在规划建设、产业发展、市场信息、政策措施、生态环境保护、社会事业发展等方面的一体化,改变长期形成的城乡二元经济结构,实现城乡在政策上的平等、产业发展上的互补、国民待遇上的一致,让农民享受到与城镇居民同样的文明和实惠,使整个城乡经济社会全面、协调、可持续发展。

一、城乡产业双向流动

随着社会经济的进步,城乡发展的目标已经由统筹发展向一体化发展方向转变,城乡产业之间已经出现了互动的趋势,为城乡一体化背景下产业双向流动创造了较好的条件,城乡产业发展边界趋于模糊。2012年,党的十八大会议上提出四化同步战略,坚持走中国特色新型工业化、信息化、城镇化、农业现代化道路,推动信息化和工业化深度融合、工业化和城镇化良性互动、城镇化和农业现代化相互协调,促进工业化、信息化、城镇化、农业现代化同步发展,是新时期城乡一体化发展的战略构想(易醇、张爱民,2018)。2013年中央一号文件首次提出"推进乡村一、二、三产业发展",在城镇化和城乡一体化发展的背景下,城乡居民的生活方式和消费结构也发生着新的变化,农业加工产品占农产品的消费比例正在逐渐上升,农产品消费日益呈现功能化、体验化、个性化等特征,利用消费导向来推进城乡产业的一体化发展已经是社会的主要趋势,推进了城乡产业的双向流动。

2015年十二届全国人大三次会议上,李克强在政府工作报告中首次提出了"互联网+"行动计划。在这一时期,"互联网+"也是城乡产业双向流动的重要推动力,农村电商的发展,让农业与二、三产业互动融合更加明显,在农村地区产生了农产品物流、农产品网店、乡村旅游等多种农村新型产业发展模式,农业产业链与工业、服务业更好地融合,产业融合为城市发展提供了更好的产品和服务,农业产供销价值链更多地留在农村,促进了农民增收并实现了产业融合的成果在城乡之间的共享。此外,在国家新型城镇化发展规划下,产业融合发展特色小镇也在逐步推进,实现了城镇化发展与特色产业发展相结合,与"三农"相结合,进一步推进了城乡产业一体化的发展进程,城乡产业的融合流动更加频繁。

二、城乡要素双向流动

在城乡一体化和社会经济进一步繁荣的背景下,我国城乡要素的流动变得更加频繁,劳动力、资本、土地资源进一步盘活,为城乡经济的进步注入了更加强劲的动力。在政策的指引下,城乡人口流动变得更加频繁,我国流动人口从2005年的1.47亿增加到2016年的2.45亿,人户分离人口数从2.12亿增加到2.92亿,反映出离开户籍所在地的务工人员正在逐渐增加,而流动人口中则以农村人口为主,农村劳动力剩余的问题得到解决,越来越多的农村劳动力流向城市,在享受城市高薪资和部分社会福利的同时,推进城乡人口及文化的交流,进一步缩小城乡发展之间的差距,也推进了城乡一体化发展和社会进步。2005—2016年中国人户分离人口及流动人口变动如图2.6所示。

图 2.6 2005—2016 年中国人户分离人口及流动人口变动图(单位:亿人)
数据来源:国家统计年鉴。

此外,随着城乡产业发展的一体化,农业与工业、旅游业进一步融合,农村地区已经出现多种新产业新业态,为农村常住居民提供了较多的就业岗位和增收机会,农村居民的收入逐年增加,吸引了部分农村外出打工人口和城市人口回到农村,共同参与新兴产业建设与发展,这一时期的流动人口数量有所上升,但城乡人口互动数也在增加。城市人口通过投资建厂、乡村旅游进入农村,增强了城乡人口之间的交流,促进了人口要素的双向流动。

2007 年全国第十届人大五次会议通过的《中华人民共和国物权法》,把土地承包经营权定义为"用益物权",进一步明确了农民土地承包经营权的财产性质。2008 年中国共产党第十七届中央委员会第三次全体会议通过的《中共中央关于推进农村改革发展若干重大问题的决定》中,土地承包期由"长期不变"变为"长久不变",由此稳定了农民承包经营权。农村土地生产关系始终是一个重点关注的问题,经过不断探索发展,我国农村土地承包制度已趋于完善。城乡一体化发展环境下,农村土地流转得到了更多制度保障,为农民土地经营权的承包提供了更大的便利,提高农村土地资源的利用率和农地规模化经营。

基于城乡发展一体化的政策优势,政府财政继续支持农村地区的发展,农业农村发展的资金相对充足,为农村的发展积蓄潜力。除此之外,城乡一、二、三产业开始出现融合发展,农村地区出现更多的新兴产业和发展机会,产生了吸引城市资本下乡的重要吸引力,工商企业选择在农村投资建厂,充分利用农村的发展资源,从而拉动了城乡经济进步。此外,农村的金融服务体系也随着城乡经济的发展日益完善,储蓄不再是农民投资的唯一渠道,社会组织、非金融机构等逐渐进入农村,为农民投融资提供了更多的选择,从而提高了农村资本的流动性,一些资本进入城市,推进了城市地区的发展。

三、城乡制度趋于一体化

城乡一体化发展期间,我国的户籍制度也发生了改革,2012 年国务院在户籍制改革通知中指出,要积极引导非农业人口和农村人口向城镇转移,积极呈现基本公共服务的均等化,2013 年国家再次放开中小城市的落户限制,为更多的农村人口进入城市落户提供了便利。在经济发展和政策的共同作用下,城乡人口数量于 2010 年基本相同,随后城镇人口数量依旧以较快的速度增长,直至城乡高质量融合发展提出前,我国城镇人口数量已经达到 7.9 亿人。2007—2016 年城乡人口变动如图 2.7 所示。

图 2.7 2007—2016 城乡人口变动(单位:亿人)

2008 年以来,我国开始在多地开展城乡医保一体化试点。2016 年,国务院正式发布通知,统一整合城乡医保的规范,自上而下全力推进城乡医保制度的整合。城乡医保的一体化整合提高了农村医疗保障水平,从制度层面缩小了城乡医疗水平的差距,农村居民获得了城市居民同等的医疗保障,直接推进了城乡医保的一体化发展。城乡医保一体化在城乡发展一体化的背景下提出,适应了我国城乡发展一体化的需要,推进城乡经济融合发展。同基本医疗保险一样,城乡养老保险也逐渐走向一体化,2014 年国家将"新农保制度"和"城居保制度"并轨实施,设置城乡基本养老保险制度,打破了我国养老保险制度的城乡二元壁垒,建立统一的城乡居民基本养老保险制度,为日后完全统一的国民基本养老保险制度打下基础。

我国的社会福利水平随着社会经济的进步有了一定程度的完善,2015年是我国全面深化改革的重要时间节点,社会福利的水平也由此发生了重大变化。作为世界人口大国,我国的老年人口逐年增加,人口日益步入老龄化阶段,面对老年人提出的福利制度无疑是社会福利制度的重要组成部分。2012年,"养老金并轨"概念被提出并确认方案,并于2015年开始在部分地区正式实施,养老金并轨为机关事业单位工作人员实行和企业职工一样的基本养老保险制度,养老金并轨方案有利于缩小社会收入差距,缩小城乡收入差距,由此促进社会的公平与正义。除了针对老年人的福利制度,儿童福利、残疾人福利等均有不同程度的完善和发展,利用法律来促进福利制度的推行,有利于社会福利水平的公平化发展,推进城乡发展一体化。

顺应城乡总体发展一体化趋势,城乡教育开始朝一体化方向发展,政府加大了对农村教育的扶持力度,解决教育发展的资金短缺问题。将农村义务教育经费保障机制建设提到了更加突出的位置,先后在各个地区免除农村中小学义务教育的学杂费,极大地减轻了农村家庭孩子上学的负担。2008年,国家在全国范围内免除城市义务教育学杂费,城乡教育的协调统筹发展又前进了一步,之后农村地区的教育发展有了较快的进步。

2006—2015年是农村地区普惠金融发展的阶段,我国2005年后逐步将国际普惠金融体系框架纳入我国农村金融体系的制度建设中,通过探索对政府、银行、社会组织、非银行金融机构等为主体的普惠金融发展模式创新和构建普惠金融制度体系,加快对新型农村金融机构的改革和推行自上而下的金融普惠,不断全方位、综合性地发展普惠金融。2006年12月,银监会发布的《调整放宽农村地区银行业金融机构准入政策的若干意见》指出,鼓励各类资本设立村镇银行,提高境内投资人的持股比例,并鼓励农村小企业和农民设立社区性信用合作组织,不断增加农村金融机构网点数量,缓解了农村地区金融机构单一、覆盖面窄、农民贷款难等多方面的问题。截至2015年年底,中国的小额贷款公司数量已达8910家,成为服务地方实体经济、助力普惠金融事业的"生力军"。

第五节 城乡高质量融合发展阶段:2017 年至今

在城乡一体化发展的指引下,我国城乡发展之间的差距正在逐渐缩小,2017年,党的十九大提出城乡融合的发展思想,我国城乡发展正式由城乡一体化向城乡融合发展方向转变,2018 年中央"一号文件" 又提出建立加快形成工农互促、城乡互补、全面融合、共同繁荣的新型工农城乡关系,城乡融合发展已经是中国经济高质量发展不可逆转的趋势,并且随着城镇化和乡村振兴战略的提出,城乡融合发展已经不是简单的城乡融合,而是城乡融合下城乡经济的高质量发展。面对城乡发展不平衡不充分的挑战,不能仅仅依靠城市充分发展来辐射农村,而是要做到城乡一体、城乡融合,实现城乡之间的均衡发展。

一、城乡产业深度融合

随着供给侧结构性改革的不断深入发展,我国的社会经济结构更加合理完善,要素配置日益优化,在此基础上国家再次提出城镇化和乡村振兴战略来推进社会经济的平衡发展。推进乡村一、二、三产业融合发展,是深化农业供给侧结构性改革、推动乡村产业振兴的重要抓手,是促进农民持续增收、决胜全面建成小康社会的有效途径。国家发展改革委员会在乡村一、二、三产业融合发展 2017 年度报告中提出应继续加大城乡一、二、三产业融合的工作力度,从完善机制、细化政策等多个层面下手,推进产业的融合发展。新的历史时期,城乡产业融合拥有着多个政策和机遇优势,将会取得较好的成果。

自 2010 年起,从三大产业就业人数变动百分比来看(图 2.8),一、三产业的就业人数呈现出反向变动的趋势,农业对于劳动力的吸引力正在逐渐减弱,第二产业的就业人数呈现出稳定变动的趋势。三大产业就业人数的变动情况与产业融合发展的现状存在着紧密的联系,目前产业融合在城乡地区主要存在着两大模式,即农村电商和乡村旅游(吕莎莎,2019),城乡产业融合中进一步突出了第三产业对产业融合发展的作用,促进了第三产业的发展和就业人数的增加。

近年来,双十一购物节的成交额屡创新高,互联网经济蓬勃发展,农村逐渐成为电子商务发展的蓝海,在推进产业结构优化、产业融合方面起到了重要作用。农村电商的发展促进了农业产业链的优化,通过网络平台整合各类农村资源,拓展农村信息服务业务、服务领域,使之兼而成为遍布县、乡、村的三农信息服务站。由于电商对农产品的品质要求提高,推进农业生产技术的进步,同时电商涉及农产品生产、

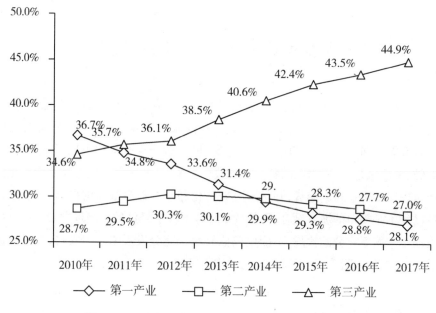

图2.8　2010年以来一二三产业就业人数百分比变动

加工、运输、销售等多个环节,使一、二、三产业实现融合发展。此外,目前的乡村旅游多为农业旅游和民俗文化旅游相结合,体现了"农游合一"和"人与自然和谐"的特点,乡村旅游是旅游业和农业两种产业交叉形成的,同时也会体现出工业的特征,乡村旅游的发展为农村居民提供了众多的增收机会,推进了城乡融合发展,目前在全国已经有多个成功的案例,未来将以更大的力量促进城乡经济高质量融合。

二、城乡要素互动加快

随着城乡产业的融合发展,农村产业发展有了更多的吸引力,城乡劳动力的流动也在发生着新的变化。城市相较于农村,有更多的就业机会,更高的社会福利水平和更高的薪酬待遇,因此吸引了众多的农村剩余劳动力进城务工,在中华人民共和国成立以来,特别是改革开放以来掀起了多次民工潮。然而,从2016年春季开始,中国的一线城市却上演了一股返乡潮,城乡产业融合背景下,农村电商和乡村旅游的发展,让农村地区绽放活力,部分农民工选择回到自己的家园,投身于家乡的发展。外出务工的农民掌握了新的知识和技能,有利于农村新型产业的发展。城乡人口的互动在一定程度上促进了城乡关系的合理化发展,同时也推动了城乡劳动力的良性循环,加强城乡经济文化的交流,进一步促进城乡经济高质量发展。

城乡经济融合发展下,农村土地流转也起到了重要作用。农村第二轮土地承包确权颁证极大地促进了农地市场的有序流转,为农业规模化、组织化经营管理创造了有利条件,农村社会经济得到了较快的发展。在产业发展的推动下,城乡的土地流转变得更加活跃,目前的土地承包以转包、转让、出租等形式为主,极大地提高了农村土地的利用率,促进了农村土地向规模化经营方向发展,促进了农民收入的提高和农村产业结构的调整升级。在产业融合发展的背景下,农村地区产生了众多的农民专业合作社来盘活农业农村资本,加强了农村内部资本的流动。此外,部分外来投资商也可在合作社中入股,共同促进农村经济的发展。农村金融体系在乡村振兴和经济发展的共同作用下,也变得更加完善,为城乡产业发展的筹融资创造了更好的外部环境,有利于城乡经济的高质量发展。

三、城乡制度有机协同

户籍制度的多次改革推进了城镇化的发展,利用居民身份证制度和人口出生证对人口进行有效的管理。在户籍制度的变革中,城乡教育、医疗、养老保障等政策的差距正在一步步缩小,并呈现出一体化的特征,由此减少人们之间的差距,促进社会公平,城乡二元分割体制也因此破壁,城乡关系向城乡一体化、城乡高质量融合发展方向前进。

城乡一体化发展阶段,城乡医疗保险和养老保险均提出了一体化发展的政策,为城乡融合发展提供了坚实的社会保障基础,城乡在社会保障层面进一步实现了平等化发展。同时,社会福利制度也有城乡融合发展的趋势。2018 年年底,养老、医疗、工商、失业、生育五项社会保险的参保人数分别为 9.23 亿人、13.2 亿人、2.36 亿人、1.92 亿人和 1.92 亿人,每一项都位于世界之最。社会保障的水平稳步提高,社会保障基金的实力不断增强。社会保障体系的蓬勃发展为我国社会经济进步创造了坚实基础,同时社保制度在城乡之间的差距逐渐缩小也为城乡融合发展创造了更多的条件。

党的十九大报告中明确指出要保持土地承包关系稳定并长久不变,第二轮土地承包到期后再延长 30 年,2019 年中央一号文件提出以土地制度改革为牵引推进农村改革,明确了深化农村土地制度改革要坚守的底线:农村土地不搞私有化,土地出让收入“取之于农,主要用之于农”,土地制度的又一改变,为城乡经济的发展带来了更多福利。土地承包期延长增强了农民土地流转的积极性,农民可以放心扩大生产,提高农业生产条件,让农业生产进一步向适度化规模经营转变,推进城乡经济的进步。

在城乡融合发展的背景下,农村孩子受教育的权利得到了更好的保障,农村地区教育设施、师资力量、教学管理等均有不同程度的提高,城乡教育的差距进一步缩小,但教育发展不平衡的问题依旧存在,“择校热”和“进城热”等问题频发,农村地区的教育水平还应该进一步提高。目前在农村地区,办学条件落后、师资力量弱、生源条件差等问题依旧存在,城乡融合发展背景下,教育也应该做到融合,而在城乡教育融合发展上,农村教育发展的短板依旧应该是未来城乡发展的重点问题。

随着数字化普惠金融的广泛应用,大数据、区块链等信息技术与金融的结合,促使金融科技为精准性普惠金融提供了有力的技术支撑。互联网金融为广大群众提供了数字化支付、互联网借贷和理财等丰富多样的金融服务,同时小额贷款公司不断发展,至今已发展至8000余家。普惠金融的精准性与农村经济高质量发展对于精准扶贫和乡村振兴战略实施尤为关键,由于我国经济发展在区域之间和城乡之间发展不平衡不充分的矛盾较为突出,使得发展精准性普惠金融对于化解地区金融普惠不均衡状况以及减缓城乡二元金融结构矛盾具有重要的作用。

第六节　城乡高质量融合发展历程总结

乡村振兴是党的十九大提出的重要发展战略,也是城乡高质量融合发展的重要抓手。城乡高质量发展,最大的短板在乡村。当前要认真学习中央和习近平总书记关于乡村振兴的指示要求,研究乡村振兴的目标、步骤,抓紧编制乡村振兴战略规划。在具体工作中,要分级分类、分时分段推进乡村振兴,推进产业、生态、文化、组织、人才等多个层面的振兴。特别是根据乡村不同发展水平与状态,采取切实有效的振兴举措。基于中华人民共和国成立70年来城乡高质量融合发展的演变历程,实行乡村振兴,推进城乡融合,我们还要做出以下努力,合理调配各类资源,统筹城乡产业、制度、要素等的发展或变革。

一、城乡产业融合发展是关键

把握城乡发展格局发生重要变化的机遇,培育农业农村新产业新业态,打造农村产业融合发展新载体新模式,推动要素跨界配置和产业有机融合,让乡村一、二、三产业在融合发展中同步升级、同步增值、同步受益。顺应城乡居民消费拓展升级趋势,结合各地资源禀赋,深入发掘农业农村的生态涵养、休闲观光、文化体验、健康养老等多种功能和多重价值,推动乡村资源全域化整合、多元化增值,增强地方特色产品时代感和竞争力,形成新的消费热点,增加乡村生态产品和服务供给。实施农产品加工业提升行动,支持开展农产品生产加工、综合利用关键技术研究与示范,推动初加工、精深加工、综合利用加工和主食加工协调发展,实现农产品多层次、多环节转化增值。

培育新产业新业态,深入实施电子商务进农村综合示范,建设具有广泛性的农村电子商务发展基础设施,加快建立健全适应农产品电商发展的标准体系。研发绿色智能农产品供应链核心技术,加快培育农业现代供应链主体。加强农商互联,密切产销衔接,发展农超、农社、农企、农校等产销对接的新型流通业态。实施休闲农业和乡村旅游精品工程,发展乡村共享经济等新业态,推动科技、人文等元素融入农业。强化农业生产性服务业对现代农业产业链的引领支撑作用,构建全程覆盖、区域集成、配套完备的新型农业社会化服务体系。

二、城乡要素融合发展是根本

让人才补齐农村发展的短板。大力推行乡村振兴战略,近年来城镇化的快速发展,农村人口大量流入城镇。一些传统农村常住人口减少,房屋荒弃、宅基地闲置、村容破败、"空心村"问题逐渐凸显出来。乡村振兴就是要在农村发展优势产业,用"引""用""留"三种方式留住本来的农村人口,并吸引外来人口进入农村。制定吸引人才、服务人才的政策,挖掘乡村致富带头人和农村的实用人才,通过他们来带领群众发展生产、搞好村庄建设,同时要发挥"乡贤"的引领带头作用,让在外有能力的人成为振兴乡村的带头人。

加强农村土地管理,完善城乡土地的管理制度。运用法律保护城乡土地流转,提高农村"农用地""农村集体经营性建设用地"和"宅基地"的合理有序流动,逐步建立和完善农村土地流转的成员权股份量化,打破成员权的土地固化而限制了农地资源的优化配置。同时,制定土地转让的优惠政策,吸引社会资本走入农村地区进行投资建厂,兴办新型产业,推进一乡一产业的建立,从发展动力上解决农村发展问题。

完善城乡金融服务体系,刺激资本流动。继续加大在农村地区的财政支持力度,缩减城乡财政支出的差距,将农业、农村、农民的问题作为重要问题,通过财政支持,切实解决相关问题。完善农村金融体系,发展多种类型的农村金融机构,完善农村金融服务体系,继续推动和不断深化农村信用社改革,加强其合作金融功能,加速推进农业担保和保险业务,分散和降低农业风险,建立农村利率定价机制,降低农民贷款成本,加强和改进金融监管,从财政和农村金融两个方面,推进城乡资本的流动。

三、城乡制度融合发展是保障

制度是一国发展的领导性纲领，城乡融合发展过程中涉及户籍、社保、土地、教育等多项制度层面的统筹协调，是一个系统工程。在不同的制度体系上减轻城乡二元分化，才能更好地推进城乡经济高质量融合发展。在户籍制度上，应当继续完善对流动人口的管理，促进人口劳动力流动，减少城乡户籍利益差别，缩小城乡居民的差距；在社保制度上，农村地区完善医保、养老保险、社会福利等社保体系，降低城乡社保制度之间的差异；在土地制度上，完善土地流转等相关法律法规，通过承包、租赁等方式提高农村土地利用效率，以此提高农地的经济效益，增加农民收入；在教育制度上，继续加大农村地区对师资和教学资源等的投入，改善农村地区的基础教育水平，放宽教育质量优质地区的招生限制，让更多农村学生与城市学生一样享受优质教育，为国家输送更多优质人才。

第三章 劳动力流动与城乡高质量融合发展

第一节 劳动力流动与城乡高质量融合发展背景

城乡高质量融合发展是经济体制改革的继续和深化,是破解新时代社会主要矛盾的必然选择,是实现乡村振兴的重要突破口,是农业农村现代化与国家现代化的重要标志。从国际发展趋势来看,在世界未有之大变局的复杂环境形势下,我国既面临着新的机遇也面临着前所未有的新挑战,城乡高质量融合发展为国际资本、人才以及货物贸易等提供了广阔的发展空间,也为增强综合国力和经济高质量发展提供有力的助益,是齐心协力应对挑战和推动经济全球化的需要。城乡高质量融合发展的关键在于人的城镇化和市民化,核心在于以农村劳动力非农转移为代表的劳动力流动问题。

劳动力流动对中国经济增长的贡献毋庸置疑。改革开放以来,中国工业化和城市化进程快速推进,经济发展取得了长足进步,其中人口红利成为经济社会发展的核心动力。截至2019年年底,中国的城镇化率水平已经达到60.6%,二、三产业占比达到GDP的92.88%。与之相伴,劳动力大规模从农村向城市、从农业向非农产业转移。1983—2019年,中国农民工数量实现了从200万人到接近3亿人的跨越式增长,人口流动已成为推动中国农民群体能力变迁的重要结构性力量(石智雷、杨云彦,2011)。流动和迁移有助于劳动力资源在全社会的有效配置,从而促进了中国经济的持续快速增长。郝大明(2015)测算了劳动再配置效应,发现劳动力流动是改革开放以来中国经济增长的重要源泉。此外,伍山林(2016)在二元经济结构和增长源核算框架下分析发现,1985—2011年劳动力流动与经济增长存在相似的波动特征,尽管对经济增长的贡献具有递减的趋势,但若实施相应制度创新,农业劳动力流动仍可为延续"中国奇迹"做出贡献。我国城市化和工业化在取得重要成就的同时,也深刻地改变着乡村社会的经济和人口等结构。在城市化和工业化过程中,数以亿计的人口从乡村流向城镇地区。这导致农村地区产生了许多"老人村""留守儿童村"等现象。农村资金、劳动力等资源大量向城市转移,还造成农村土地资源浪费,经济发展落后,农业发展空心化。需要说明的是,除了户籍制度改革促成的大量永久性移民,大部分流动人口仍以非户籍常住或暂住人口的身份在流入地工作和生活。然而,正是因为在户籍层面上,中国的人口流动中包含了大量农村户籍人口向非农地域的流动,不仅涉及地域和工作性质的转换,还更多触及以户籍制度为代表的社会管理等方面的制度改革。

中国劳动力的流动在实现劳动力资源优化配置时,是实现了城乡经济发展,有效促进了城乡融合还是进一步强化了城市对乡村的剥夺?又该如何发挥劳动力流动的作用和提升城乡融合发展水平?成为亟待加强研究的重要科学命题。深刻认识劳动力流动对城乡高质量融合发展的演进规律,剖析以农村劳动力非农转移为代表的劳动力流动与城乡高质量融合发展的互动机制,运用面板数据模型实证检验劳动力流动对城乡高质量融合的作用,以期从劳动力流动视角为城乡高质量融合发展提供一条可行路径。

第二节　劳动力流动促推城乡融合发展理论框架

一、劳动力流动历史变化趋势及现状

改革开放后,家庭联产承包责任制的推行促进了农村经济的稳步增长,推进城镇化建设,促进我国经济发展也成为重要任务,而户籍制度是我国城镇化绕不开的一个环节,1984 年国务院出台《国务院关于农民进入集镇落户问题的通知》,我国户籍制度开始了渐进式的改革步伐,使城乡二元户籍制度逐步瓦解。随着中国长达 20 多年的严格户籍制度逐渐松动,之前制度壁垒下积聚的大量农村人口逐渐以剩余劳动力的形式被挤出农村市场,并成为我国城乡劳动力流动的主力。

近年来我国的流动人口也日益显现出了一些新变化。流动人口的数量规模持续扩大;流动人口的结构日益复杂化,过去的流动人口基本上全部为农村人口,现在扩展到城市人口;过去流动的基本上是劳动力,现在扩展到未成年人、未就业人口和退休人员;过去基本是个体流动,现在举家流动的现象也在快速增多;过去流动人口主要是壮年劳动力,现在主要是青年劳动力,农村青少年正在成为中国流动人口的主体。2000—2019 年我国流动人口增加了 1.28 亿。其中,2005—2010 年流动人口规模增长最为迅速,15 年间增长 7400 万人左右,流动人口增量

占同期年平均人口的 4.9%。截至 2019 年年底,中国不含市辖区内的流动人口总量已经接近 3 亿人,占全部人口的 20.43%,而总流动人口占人口总量的比重甚至达到 24.52%。人口流动也基本反映了劳动力流动的规模和方向。尽管城镇和乡村均有人口迁出,但农村非农转移劳动力一直是我国流动劳动力的主体。总体来看,农村劳动力非农转移人数占总人口的比例在 40 年间实现了从 2% 到 20% 的上升。其中,21 世纪以来也是非农转移增速较为明显的时期。受金融危机影响,农民工数量在 2008—2009 年增量回缓明显,但随后两年小幅反弹之后以年均 400 万人左右的增幅平稳增长。可见,人口流动、劳动力迁移仍是中国当前乃至将来很长一段时间十分普遍和重要的社会经济现象。除了总量增长迅速,流动劳动力的就业分布主要集聚于二、三产业。2000 年之后,除了以制造业和建筑业为代表的第二产业占据流动劳动力就业的 25%~30%,近年来服务业也成为越来越多流动劳动力的就业新去处,如批发零售、住宿餐饮、社会服务和交通运输、仓储通信等吸收流动劳动力就业的比例高达 55% 左右。综合上述分析可以看到,制造、建筑以及一些低技能服务业以总计 80% 的占比成为流动劳动力的主要就业行业。总体来看,一直占据主体的农村劳动力非农转移则是历次城乡关系调整的直接产物,为我国城镇化和工业化做出了重要贡献。体量庞大且以农民工为主的流动劳动力结构决定了其行业分布的集聚特征,并在城市就业部门形成与户籍劳动力分野明显的就业格局。

二、劳动力流动对城乡高质量融合发展的影响

流动和迁移有助于劳动力资源在全社会的有效配置,从而促进中国经济的高质量发展。一些学者测算了城乡劳动力的再配置效应,发现劳动力流动是改革开放以来中国经济增长的重要源泉。劳动力流动对中国经济增长的贡献毋庸置疑,总体表现为劳动力资源从低效率部门向高效率部门转移产生的再配置效应。改革开放以来,中国的劳动力流动不仅促进了自身的经济改善,也为国家发展做出了巨大贡献,总体上来看是一种共赢之举。

在城镇化前期,乡村剩余劳动力向城镇流动,从事非农产业,提高全社会劳动生产率,促进城市经济增长。在城镇化中后期,农村剩余劳动力逐步减少,劳动力红利逐步消失。由于优质劳动力大部分已定居城镇,农村劳动力质量亟待提升,会出现农村凋敝现象。与此同时,也会出现"大城市病"与"小城镇病"(发展不足)等问题,客观要求对大城市功能进行疏解,从而减缓"大城市病"和消除"小城镇病"问题。由城市的"聚集效应"向乡村的"涓滴效应"转化,需要城乡融合发展,促进城镇质量提升与乡村振兴。

　　《中共中央国务院关于建立健全城乡融合发展体制机制和政策体系的意见》提出,建立健全有利于城乡要素合理配置的体制机制,有效深化户籍制度改革,放开放宽除个别超大城市外的城市落户限制,建立健全由政府、企业、个人共同参与的农业转移人口市民化成本分担机制;制定财政、金融、社会保障等激励政策,吸引各类人才返乡入乡创业。中国的户籍制度虽然已经不再限制劳动力的自由流动,但是在城市内部户籍制度门槛仍然犹如一道无形的墙,阻隔着进城务工的农村劳动力享受真正的"市民"身份所带来的福利。这种城乡分治背景下的劳动力流动存在着无法忽视的转移成本,不仅影响了城市化进程,而且阻碍城乡协调发展。另外,随着产业结构"服务化"倾向的高级化调整,服务业发展比工业发展更加需要集聚。因此,在城市化中后期,流动人口将主要向一、二线大城市、大都市圈和区域中心城市集聚。在我国,除了人口最为集中的几个流入地,如长三角、珠三角、京津冀、长江中游、成渝等城市群,大部分地市经济发展水平并不高,较为缺乏有竞争优势的产业集群,服务业发展层次普遍较低,支撑城镇化的产业基础不牢,因此在吸纳农业转移人口就业方面作用不强。近10年来,尽管全国各地尤其是中西部地区新城新区大量开建,企图将城镇化作为实现县域经济发展的主要抓手,但由于新城建设与劳动力流动的方向相背,且缺乏各经济要素的高效匹配,加之地方政府主导并依靠举债完成,因此不仅不能吸引足够的人口和产业进驻,反而转化成地方政府债务负担,严重影响经济的可持续发展。总体来看,在城市化中后期,城市"虹吸效应"虽然存在圈层外扩和空间溢出效应的趋势,但由于波及的往往只是周边部分中小城市,其他县域经济又在"造城运动"下供需错位、债务累积,因此长期来看区域非平衡发展仍将继续存在。

第三节　劳动力流动与城乡高质量融合发展研究趋势

　　城乡高质量融合发展关键在于处理好这个"融"字,推动城乡要素双向自由流动、平等交换,缩小城乡差距。而城乡收入差距是城乡融合发展的具体表现,缩小城乡收入差距,既是城乡融合发展的目的,也是结果。因此,城乡收入差距在一定程度上可以反映城乡居民收入融合发展水平。收入融合是权衡城乡高质量融合的关键。需要明晰的是城乡消费水平也是城乡融合发展的重要方面,并且城乡发展不是单纯由居民的收入水平或消费水平决定的,收入水平与消费水平综合作用下形成的财富剩余与资本积累也具有重要作用。为测算城乡高质量融合发展水平,借鉴陈坤秋(2019)测算城乡融合发展水平的模型,采用居民人均收支差反映城乡居民财富绝对剩余,居民人均收支差与收入的比值不仅能反映财富剩余状况,一定程度上还能刻画城乡发展潜力。城乡融合发展水平计量模型如下:

$$Uri = \frac{(\text{Rpci} - \text{Rpce})/\text{Rpci}}{(\text{Cpci} - \text{Cpce})/\text{Cpci}}$$

其中,Uri 为城乡融合发展水平指数,反映城乡发展的相对速率与城乡发展潜力的相对水平;Rpci、Rpce、Cpci、Cpce 分别为农村居民人均收入、农村居民人均支出、城市居民人均收入、城市居民人均支出。在农村发展相对滞后的背景下,Uri值越大,城乡融合发展水平越高。

由图 3.1 可知,劳动力流动总体呈稳步上升趋势,而城乡融合发展水平呈波动下降趋势。2000—2017 年劳动力流动数量呈波动上升态势,劳动力受教育水平上升态势明显,劳动力流动数量提升了 51.59%,劳动力流动质量提升了 20.12%,可见劳动力流动数量上升幅度较大,我国劳动力流动形势仍会逐步上升。2009—2015 年劳动力流动受教育水平上升速率较快,2015 年后逐渐稳定,整体呈上升趋势。但随着城乡发展不平衡加剧,协调发展水平下降,城乡差距逐步拉大,城乡融合发展水平呈波动下降态势。劳动力流动上升与城乡融合发展水平下降形成反差。

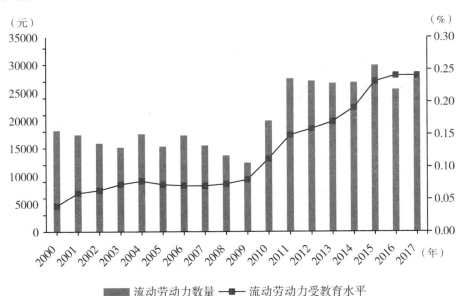

图 3.1　劳动力流动与教育水平结构

注:数据来源于《中国劳动统计年鉴》。

随着新型城镇化的快速推动,农村劳动力"无限供给"向"相对稀缺"转变,

"老人农业"成为农村经济发展的新常态。据统计,2000—2013年我国GDP年均增速保持在10%左右,城市化的快速发展也增加了第三产业对劳动力的强劲需求,加快了农村劳动力向城镇流动。从2003年开始,城镇人口占总人口的比重不断上升,农村人口占总人口的比重不断下降,到2010年城乡人口比重第一次基本持平,常住人口城镇化率达到50%。长期实施的外向型经济发展战略和东部优先发展战略,吸引大量中西部农村劳动力向东部流动,低工资、低诉求、以谋生为目的的第一代农村劳动力支撑了劳动密集型的加工贸易产业快速增长,2005—2008年出口这驾"马车"对GDP的贡献率达到9%～23%。该阶段劳动力的城乡流动对城乡统筹和城乡一体化发展起到了关键性的助推器作用。城乡融合发展演进态势如图3.2所示。

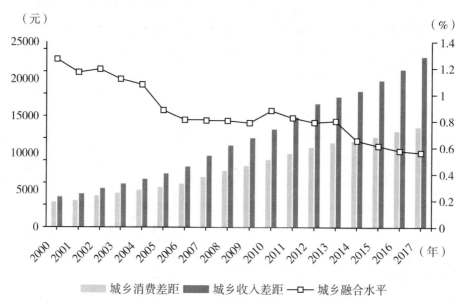

图3.2　城乡融合发展年度演进态势

首先,劳动力流动从"无限供给"向"有限供给"转变。从城乡劳动力流动规模来看,这一时期农村劳动力流动经历了"民工潮"到"民工荒"的发展阶段。2004年长三角、珠三角等地加工制造业都出现了不同程度的用工短缺,高学历、高技能的熟练劳动力尤为短缺。特别是受到国际金融危机的影响,2008年东部沿海地区出口加工企业大规模倒闭,大批无业可就的农民工被迫返回农村,这也直接和间接地造成农村劳动力结构发生一定的矛盾冲突,表现出返乡农民工的"高数量"与"低质量"结构性矛盾。同时,返乡农民工对返乡后较低的工资与高强度的工作及恶劣环境等造成的不公平就业待遇形成较大的抵抗情绪,使得农村劳动力从"无限供给"转向"有限供给",返乡农民工开始部分改造传统农村,一部分返乡农民工开始创业和建设幸福美丽新村,催生出较多的新产业新业态,特别是农村电商的快速发展,为农村与城市搭建了有效的融合平台,为打破返乡农民工"高不成低不就"的现实就业结构矛盾起到了较好的缓冲作用。

其次,新生代劳动力逐渐成为农民工的主体,农业劳动力"相对稀缺"。根据第五轮全国人口普查数据统计分析,1988—1999 年乡村人口中 20 ~ 49 岁的人口占乡村总人口数的比重为 46% 左右,这一群体是 1950—1979 年出生的第一代农村劳动力,"农民工 40 岁返乡现象"已说明这一群体的外出务工生涯即将终结。2001—2015 年,20 ~ 49 岁的人口数占乡村总人口数的比重约为 45%,2017 年约40.56%,这一群体是 1980 年后出生的第二代农村劳动力,是当前也是未来的农村劳动力主体。农村劳动人口结构及占比如图 3.3 所示。第二代农村劳动力具有较高文化水平,对职业的期望、物质和精神生活要求较高,但缺乏吃苦耐劳的精神,倾向于举家迁徙到城市居住。虽从农村流出,但大多数没有参加过农业生产,直接进入城市就业。从农村劳动力外出就业数据来看,2018 年全国农民工总量为2.88 亿人,其中外出农民工 1.72 亿,本地农民工 1.16 亿,比 2009 年分别增长了25.47%、18.79%、36.97%。2017 年 20 ~ 49 岁农民工占全国农民工总量的比重为 76.1%,其中 40 岁以下的第二代农村劳动力占比为 50.5%,比 2013 年增长了3.9 个百分点。留在农村从事农业生产的农村劳动力大多数为 50 ~ 60 岁的传统农民,导致 2013—2018 年第一产业增加值增长速度不足 5%。20 ~ 49 岁的农村劳动力相对稀缺,农业生产犹如工业生产出现了资本替代劳动的局面,颠覆了投入大量劳动力精耕细作、因地制宜种植农作物、充分利用自然界光合作用、人工沤肥种地养地的传统有机农业生产方式,取而代之的是"老人农业",对农业的可持续发展和粮食安全带来一定的隐患。但城乡融合的发展也促使新生代农民工更多地借助新科技和新的生产方式来逐步改造传统农业,一些新型农业经营主体逐步取代"老人农业"这种小农经济模式,城乡融合反过来也促使农村劳动力质量结构的转型升级。

最后,小农户与"三产"融合相衔接促使城乡劳动力流动频率和结构发生调整,为小农户增收创造了较好的条件。我国小农户数量占到农业经营主体的 98%以上,小农户从业人员占农业从业人员的 90%,经营耕地面积占总耕地面积的70%。若要增加小农户的收入,其核心必须是通过城镇化带动小农户的有效就业,而以家庭农场、农民合作社、农业企业、专业大户等为代表的新型农业经营主体为小农户本地就业和留住部分专业技能劳动力创造了有利条件。根据农业资源禀赋的不同,因地制宜引导小农户生产小而精的绿色有机农产品,迎合消费者

图 3.3　农村劳动人口结构及占比

的多样化偏好。小农户的小块土地适合精耕细作,鼓励小农户采用传统绿色生产方式,使用农家肥代替化肥、农药生产绿色有机粮食、杂粮、水果、蔬菜等农副产品。依托生态农业的纵向和横向产业链条,通过"企业＋农户""企业＋农民合作社＋农户"的方式,发展订单制生产。推广农民资金互助合作社,构建股份合作、利润分成、亏损共担等利益联结机制,有效利用社会资本,以实现社员利益最大化,带领小农户参与到"三产"融合中。完善并落实对小农户发展生态农业的生产补贴、奖励性补贴、生态补偿、风险补偿等政策,以政府托底保障小农户的收益。激发以家庭为单位的小农户的活力,共享"三产"融合的红利,留住农村劳动力。此外,小农户将实现空间上的集聚,重点发展县域经济,打造中心镇和特色镇,适度集聚特色村和中心村人口,将部分不适合人居和稀疏人口迁移至乡镇和县城,配套好集聚区域的公共服务配套,特别是医疗和教育等公共配套,强化基础设施建设,为小农户创造更多的本地就业机会,从而为城乡有机融合发展提供有利条件。

第四节　劳动力流动与城乡高质量融合发展策略

城乡劳动力融合的根本在于"人"的城镇化,目的在于打造城乡有效的劳动力双向自由流动的市场和环境,形成多数占比的中等收入人群,用城市化的手段最大限度地降低贫困人口,实现城乡要素、产业、制度的有效融合进而达到空间上的资源集聚,从而更好地配置资源。纵观拉美和东亚一些落入中等收入陷阱的国家经验发现,过大的收入和财产分配差距,往往成为社会不稳乃至陷入混乱的起因。部分美欧国家即使进入高收入社会,收入差距过大依然可能催生民粹主义,导致社会动荡和政治极端化倾向,这就促使城乡融合更多地需要强化"人"的融合以及附着在其身上的权益公平均享。特别是需要增强社会的流动性,提高低收入阶层向上流动的概率来降低收入阶层间的物质差距和精神差距,形成正向的阶层流动预期和较大的增长潜能。

首先,营造"软硬兼施"的社会环境,吸引返乡农民工回流。一方面,创建良好的就业、创业环境,保障返乡劳动力的收益。特别是积极引导大学生、技术人员、农民工、城镇退休居民、青年创业者等返乡人员从事生态农业产业、返乡创业,依托农村"双创"落实资金、技术、土地等扶持政策,充分整合农村的优势资源、闲置资源,创建良好的创业体系和创业环境。为发展体验农业、创意农业、文化农业等多种新型业态给予政策优惠,加快现代生产要素向农村流动,培育一批致富带头人,吸引各类人才流回农村就业。另一方面,针对城镇化发展带来信息农业经营主体雇用劳动力需要有明确的合同规范,保障返乡农民工的权益。优先雇用土地流转方、本地村民并给予基本养老、医疗等社会保障;鼓励、引导农户以土地、资金、资产入股,享受保底收益和股份分红,建设良好、公平的就业环境,让农户能够分享到生态农业链条各环节的收益;逐步规范靠土地养老的农户的后续分红机制,盘活土地资源,依托新型农村社会养老保险,解决农户的养老问题。以保底收益、工资收入、基本社会保障等"红利"吸引劳动力从城镇流回乡村,彻底解决"谁来种地"的难题。

其次,构建城乡融合的公共服务体系。推进全民社会保障体系的建设,形成劳动力流动的基础,促进劳动力更有效率更广泛地流动。依赖土地的社会保障观念影响流动劳动力的自我投资以及社会融入,长久来看不利于流动人口的稳定性以及城市内部新二元问题的解决。加之,流动劳动力在城市难以享受基本的社会公共服务,尤其是教育和医疗,有些城市甚至以教育门槛作为筛选机制来对异质性技能禀赋劳动力进行识别,实际上阻滞了劳动力的自由流动。为此,应努力消除以教育和医疗为代表的非政策性户籍歧视,为流动劳动力提供最基本的社会保障,使其愿意"流出来"并且能够"留得住"。公共服务建设是社会治理的重要内容之一,也是实现城乡社会治理融合发展的重要内容。公共服务在促进乡村资源开发、人口素质提高以及调节人口流动等方面发挥着重要作用,而城乡融合的公共服务建设将有利于实现城乡间资源、劳动力的良性互动。例如,在网络时代,公共服务的城乡融合首先表现在互联网相关基础设施的建设、互联网终端设备的普及等。具体而言,这就需要地方政府加大乡村地区互联网基础设施的投入、促进终端设备在农村居民中的普及等。建立全民覆盖、普惠共享、城乡融合的基本公共服务体系,有助于推动新型工业化、信息化、城镇化、农业现代化同步发展,也有助于加快形成工农互促、城乡互补、全面融合、共同繁荣的新型工农城乡关系。健全技能培训机制,保证素质教育水平。为了满足城市经济发展和农村经济发展的需要,职业技术学校要完善学校的软件设施和硬件设施,促进学生获得公平合理的就业机会。此外,还要在农村推行就业培训,依据劳动力市场和劳动者的就业需要,建立专门的职业培训学校,提高剩余劳动力的谋职技能。同时还要对他们进行市场经济和法律知识的教育,增强经济观念和法律观念,使劳动者可以依法维护自己的合法权益。各地方政府也可以征集拥有一技之长的农村教育志愿工作者,组织开展农村教育,提高农村剩余劳动力的素质。还可以发展高等职业培训学校,招收农村高中和中学职业毕业生,培养高级技术工人,并设立奖学金、助学金和助学贷款等,逐步提高高等职业学校的教师、学生的地位,使其与普通高等院校的师生具有相同的待遇,同时提高农村职业学校教师质量。

再次,围绕空间人口集聚配套相适应的农村基础设施投入,而非广覆盖低效率的公共基建投资。对于生态环境脆弱的中西部农村地区,需要围绕人口集聚规模(如特色镇、中心村等)进行道路修建、自来水引入、网络覆盖、农村清洁燃料推广、生活垃圾及污水处理等生态宜居的工程建设,提高基础设施配套和公共服务配套的利用效率。支持物流企业在农村构建物流网络,建设物流配送中心;加强网络设施建设,提高网络覆盖率,降低农村网络使用费,利用电商平台实现农业信息化、数字化;在保障居民饮水安全、低价饮水的前提下,合理引导社会资本建设生活垃圾及污水处理中心;通过政府财政补贴、奖励等方式,加快农村生物质天然气、沼气池等清洁能源的建设,让生态宜居成为农村劳动力回巢工作的"硬引力"。完善劳动力市场,健全信息网络建设。农村劳动力的转移没有组织性,大多是分散的,为了使他们有序自由流动,整个社会的劳动力资源可以合理有效地利用,政府要积极建立统一的城乡经济结构机制,使劳动力市场得到完善。由于不健全的信息服务系统,妨碍了农村剩余劳动力转移。政府要积极地传递有效信息,对农村剩余劳动力实现现代化管理,还要对转移过程实现科学管理,运用大数据等现代化信息技术手段对经济的发展进行趋势预测。比如,建立一个动态的"劳务流动信息网",这样就可以时刻监控全国劳务输入和输出动态信息,及时为农村剩余劳动力提供就业信息,完善劳务供给需求等信息。因此,健全农村剩余劳动者转移的信息服务,可以更好地为农村剩余劳动者提供就业信息,增加就业机会。

最后,培育人才提升人力资本积累,防范人力资本的城乡二元结构固化,进一步完善农村社会保障制度。增加农村医疗服务的有效供给,提升乡村医生的专业水平,发挥乡镇卫生医院的作用,解决看病难、小病拖成大病的问题;完善覆盖农村居民的医疗救助和大病医疗保险制度,提高家庭抗疾病的能力;实现覆盖全民的养老保险制度,积极探索多种途径筹集农村养老金,从政策上提高公共资源向农村的分配比例,提高农民养老金标准,减轻青壮年劳动力赡养老年人的负担,让有保障的生活成为"软制度引力"。发展生态农业,转变农业生产方式,需要有文化、有技能的新型职业农民,而大多数农村劳动力文化水平偏低,农村教育回报率低于城镇,必然会制约生态农业的发展。乡村绿色发展,人才是关键,振兴乡村教育是根本。农村人力资本的积累是乡村教育不断完善人才培养的长期积累,是完善的教育体制发挥溢出效应的结果,不可能通过短期理论学习、技能培训等流于形式的教育培训就可以实现。一方面,加大投入优先发展乡村基础教育,引导公共教育资源优先流向农村,改善农村办学条件,完善乡村教师的培养机制,保障义务教育的师资,从源头提升农村劳动力的素质;另一方面,改革乡村职业教育培养机制,建设以为农业服务为核心的人才培养机制。乡村职业教育应立足于农业农村发展的需要,培养实用型人才,与高等农业院校建立合作机制,将专业教育与现代农业发展理念、科学技术相融合,让绿色的农业科学技术能够落地于乡土,着力培养一批农业科技、科普人才、电商人才、营销人才等复合型人才。以"基础教育+职业教育+高等教育"为一体,培育农村人力资本,为乡村绿色发展提供持久的内生动力。

第四章　农地流转与城乡高质量融合发展

第一节　农地流转与城乡要素融合的现实背景

一、政策推动:城乡融合"三步走"战略推进

从 1984 年中央一号文件开始,就提出了鼓励土地流转的政策举措。2007 年出台《物权法》,进一步为推动土地流转提供了法律保障。根据现有资料,与"三权分置"有关的承包权或经营权首次出现在《农村土地承包经营法》(2003 年 3 月 1 日起颁布施行)。2004 年 10 月国务院下发了《国务院关于深化改革严格土地管理的决定》(国发〔2004〕28 号),提出在符合规划的前提下,村庄、集镇、建制镇中的农民集体所有建设用地使用权可以依法流转;2007 年《中华人民共和国物权法》规定了"土地承包经营权",确认了土地承包经营权人依法对其承包经营的耕地、林地、草地等享有占有、使用和收益的权利。大规模的流转比例逐渐上升出现在 2008 年之后,2014 年中央一号文件则明确指出,在落实农村土地集体所有权的基础上,稳定农户承包权、放活土地经营权。首次在中央文件中提出"农户承包权"和"土地经营权"的概念,及时对地方农地产权制度改革探索进行了回应,也为未来农地产权制度改革指明了方向。2019 年 8 月 26 日,第十三届全国人大常委会第十二次会议审议通过了关于修改《中华人民共和国土地管理法》(以下简称《土地管理法》)的决定,新修订的《土地管理法》坚持土地公有制不动摇,坚持农民利益不受损,坚持最严格的耕地保护制度和最严格的节约集约用地制度,依法保障农村土地征收、集体经营性建设用地入市、宅基地管理制度等改革在全国范围内实行。2020 年 4 月 9 日中共中央、国务院出台的《关于构建更加完善的要素市场化配置体制机制的意见》提出要建立健全城乡统一的建设用地市场,制定出台农村集体经营性建设用地入市指导意见。明确各个地方"农地入市"中的法律盲点

和制度制约政策,为更好地推进集体建设用地入市准入门槛和入市之后的土地增值收益分配问题,这些政策举措对促进乡村振兴和城乡高质量融合发展具有重大意义。

　　长期以来,城乡二元经济结构的存在制约了我国经济的进一步发展,内需主要靠城市拉动,农村生产力水平与消费水平都较低,还有很大的经济潜力尚未挖掘。城乡融合把工业与农业、城市与乡村、城镇居民与农村村民作为一个整体进行统筹谋划,以工促农、以农养民,实现城市与乡村在经济产业、生态环境、基础设施、社会管理等多方面的共同发展。目前我国正处于城乡融合的加速阶段,城乡融合发展目标的"三步走"战略指出,2018—2022 年是要迫切推动城乡体制改革的第一个五年。土地制度改革一直是农村体制改革的重头戏,中共十八届三中全会启动了新一轮农村土地制度改革进程,明确提出建立城乡统一的建设用地市场,推动"两权"抵押融资,在全国 33 个试点县实行"三块地"试点改革,针对农村宅基地、农户承包地、集体经营性建设用地的不同特点分别推进改革。土地作为人类赖以生存的生产要素,对于农业农村农民都发挥着至关重要的作用。在新时代发展的背景下,盘活土地资源,充分发挥土地价值,是农村制度深化改革的重点内容。土地问题始终是关系国家基础产业的重要问题,随着城乡融合进程中土地权利关系的逐步调整,将实现农村生产要素的活化利用,对于释放农村经济发展潜力具有重要作用。

二、社会背景:大量农村劳动力向外流动

　　劳动力是劳动的主体,土地是劳动的基础和对象,劳动力与土地在农业生产中必不可少,二者紧密相关。随着改革开放的深入和社会的变迁,二、三产业迅速壮大,农业生产产能相对下降,城市的工业服务业创造了更大的经济效益,迫切需要更多的劳动力且劳务报酬水平远高于绝大部分农业生产收入,因此大量农村劳动力向城镇地区转移,以寻求更多创造财富的机会,据 2019 年底统计显示我国农民工总量接近 3 亿人。现阶段我国农村土地面积与劳动力数量的失衡,使农村土地与劳动力配置正处于非均衡、不协调发展状态(李力行,2010),加剧了人地关系的矛盾。总体来看,目前我国城镇化耦合度、耦合协调度均持续性上升且呈融合的趋势,土地城镇化配置速度明显高于劳动力城镇化配置速度,且二者的绝对差距呈扩大趋势。而向外转移的劳动力主要为青壮年群体,大量年轻劳动力外流使我国农村劳动力结构表现为老龄化和女性化,老人和妇女的劳动能力较弱,使农村家庭农业生产规模缩小,对于土地资源的利用效率降低;同时,大部分文化素质水平较高的劳动力向外转移,导致农村的人才流失现象严重,土地生产要素的使

用效率进一步下降,农村地区经济增长动力缺乏。

三、制度制约:"城乡二元户籍制度＋家庭联产承包责任制"约束农地经营规模

历史上我国传统的农业生产方式属于精耕细作的小农经济,20 世纪 80 年代凤阳县小岗村正式拉开了全国土地改革的大幕,家庭联产承包责任制实行包干到户、联产承包的生产方式,农村地区每家每户的耕地面积与家庭劳动力数量基本相对应,鼓励农民积极发展生产,提高了劳动效率与生产积极性,解决了经济发展初期广大人民的温饱问题,适应了当时农村地区农业生产和社会发展的需求。但随着工业化和城镇化的不断推进,传统的农业生产方式难以适应新时代背景下农业现代化的发展要求。现代农业要求将农业建立在先进科学技术的基础上,用现代科学技术和现代工业来装备农业,用现代经济科学来管理农业,实现农业生产的高产、优质和低耗。农业现代化的发展是实现农业生产的集约化、规模化、科学化、技术化,而家庭联产承包责任制实行以家庭为单位的小规模经营,将整块土地划成许多小块,制约了农业的规模生产,农地经济分散,难以形成规模效应,同时也不利于农村基础设施的建设。且在当前的土地制度设计上,作为土地所有者的"农民集体"实际上并没有土地处置权,不能够自由买卖、租赁、转让和抵押土地。此外,家庭联产承包责任制下的农业生产还有生产成本高、效率低下以及对市场导向具有盲目跟风性的缺陷。因此在现代农业的发展要求下,深化土地制度改革,推动土地要素流转对于农村进一步发展具有关键作用。

四、社会现象:农地撂荒现象严重

大量劳动力的外流使农村家庭农业生产规模缩小,城镇化推进吸引更多农户家庭向城镇转移,农地的使用效率下降。同时社会的不断变迁使得二、三产业迅速发展,农民的非农收入比例逐步提高,据 2019 年中国社会科学院农村发展研究所发布的《农村绿皮书(2018—2019)》中国农民增收最主要来源为非农收入,全年工资性收入和转移净收入增加对农民增收的贡献率达到近 70%,这也导致农民的农业生产规模缩小,土地的使用效率逐步下降,农地撂荒现象严重。耕地的长期闲置和荒废容易导致农地生产能力退化,造成土地资源的极大浪费。土地的经济、社会及生态功能在农地这种利用形式上具有共生性和协同性,土地闲置不仅浪费土地资源和加剧人地矛盾,而且使农田基础设施的价值得不到体现,农业投入浪费,耕地质量和生态经济功能衰退,阻碍了社会经济的发展,也给构建和谐社会和建设社会主义新农村带来严峻的挑战。

五、产业结构:农村二、三产业发展迅速

传统的农村地区主要以农业为主导,但是随着我国农村改革的不断深化和社会生产力的不断提高,在农业这个基础产业之外,农村二、三产业也在逐渐形成和发展,如农村电商、乡村旅游业、农产品加工业等不断蓬勃发展。党的十九大确定的乡村振兴战略提出要推动实现乡村的产业振兴,伴随城乡一体化的深入发展,农村二、三产业的比重也在不断上升,乡村特色产业发展迅速。相对城市来说,农村地区土地租金便宜、劳动力丰富廉价,加之农村基础设施的不断完善,吸引了更多产业向农村地区转移,带动了农村产业园区的建设。在农村二、三产业发展过程中,土地作为产业发展的最基本的生产要素,大部分生产加工活动一般都需要集聚化、规模化经营,需要集中大量土地来作为产业发展的基础。而目前农村劳动力转移,规模化生产经营活动较少,闲置土地面积也比较多,土地可以在流转中实现更大的利用价值,同时满足农村地区产业发展的需要,促进当地二、三产业的协同发展,提高农村的就业水平和农民的收入。

第二节 农地流转与城乡要素融合发展案例镜鉴

一、政府主导型农地流转促推要素融合——泸县模式

四川泸县地处川南,泸县农业人口高达 96 万人,占全县总人口的比例高达88%,是典型的农业大县。劳务输出是农业人口转移就业的主要途径,转移人数达到全县总人口的 1/3,农民与其土地"权利结合又物理分离"(郭冠男,2019)。全县 26.9 万宗共计 24.3 万亩宅基地与 127.3 万亩耕地"插花式"分布;3.6 万宗共计 3.2 万亩闲置宅基地得不到有效利用,用地供需失衡,阻碍了农业的规模化经营。2015 年 3 月,泸县被确定为全国农村土地制度改革 33 个试点县之一,着力推进宅基地改革试点。2016 年新增农村土地征收、集体经营性建设用地入市两项试点内容。截至 2018 年,泸县土地试点改革成效显著,共形成了征改制度性成果6 个、入市改革制度性成果 5 个、宅改制度性成果 19 个。几年来,全县建立了 31万户农村宅基地台账,摸清了近 4 万户闲置宅基地的类型、结构、面积等。其中,因一户多宅、宅基地闲置自愿退出的农户分别占总户数的 30% 和 35%。退出宅基地及毗邻其他建设用地 1.8 万亩,退出农户的户均收益达到 4.2 万元;251 个行政村的村、组集体平均土地收益突破 100 万元,非农收入占比达到 70% 以上。234

宗宅基地及农房实现抵押贷款4197万元,落实征改面积2160亩,实现集体经营性建设用地入市505.3亩。建成嘉明、喻寺等安康公寓20个,882户2087名贫困人口实现房地置换。共建共享5户,置产经营512户。建成山河社区等农民聚居点35个,实现0.5万人进新村、10.5万人进城镇。泸县土地试点改革成效显著,当地农民收入显著提高,推动了农村传统散居向新型聚居、传统农业向现代农业、传统农民向城镇市民转变,实现了用地供需的平衡,使闲置的土地得到有效利用。同时当地的土地管理治理水平进一步提升,生态环境不断优化,公共设施数量快速增加。集体经济不断壮大,农业发展逐步迈向产业化、现代化,实现了土地生产要素的统一规划利用。

泸县推行政府主导型的农地流转模式,主要做法为:一是宅基地有偿退出和有偿使用机制。对于宅基地不同的退出方式,按不同标准给予补偿金,以宅基地使用权置换房屋居住权,鼓励农户退出旧房,统一安置。当农户申请使用土地,如宅基地建房面积超过结余的,按一定标准征收有偿使用费,有偿使用费用于各村的发展建设。二是宅基地退出结余指标有效利用。保证规定的宅基地退出指标后,将结余部分调整为集体经营性建筑用地入市交易,鼓励农房抵押融资,将宅基地改革试点与城乡建设用地增减挂钩制度相结合(刘守英,2018),实现了城乡建设用地资源的互动和配置,带动了土地的流转。三是允许宅基地跨区域流转。创新性鼓励宅基地在全县范围内跨村、跨区域流转,促进宅基地结余指标的有效利用,实现土地资源的最优配置和农民收益的最大化。

四川泸县的土地制度改革主要是依托政府管控来引导农户内生动力推进,试点政策呈现出旺盛生命力。在四川泸县的农村土地制度三项改革试点中,改革主要由市党委政府及其部门统筹推进。泸县的土地改革试点中,政府始终发挥着牵头领导的作用,积极引导农村宅基地的优化利用,以有偿退出和以地换房等方式鼓励农户流转宅基地承包权,统一规划建设新农村,将农户统一安置,与银行合作创新性地将宅基地指标抵押盘活土地资产;引导集体经营性建设用地分类入市,与集体和村民合理划分土地增值收益比例;土地征收方面规范了征地程序,征地流程更加公开透明。对于土地流转改革,乡镇政府主导型主要表现在政府在现有集体建设用地的基础上,打破村的界限,将多个村的集体经营性建设用地通过土地空间置换、增减挂钩等方式归并,再辅以配套建设等,形成较大规模的工业园区,进行土地流转。而对于宅基地改革,政府主导型表现为政府通过征收或拆迁农村土地,改变农村土地性质,再由政府统一规划定点安置拆迁户。在土地流转中,政府主导型利于政府发挥统筹指导的作用,减少土地制度改革的阻力同时推动土地的流转制度不断深入发展,更好地维护土地流转市场中的秩序。

二、村集体主导型农地流转——德清模式

浙江德清是一个改革大县,土地制度改革一直走在全国前列,有多达60多项国家和省级改革试点,其中有半数以上是"农字号"改革,从改革开放一直在不断探索土地改革的新道路。德清县自2015年承担农村土地三项制度改革试点工作,在宅基地"三权分置"改革、土地增值收益调节金征收管理、集体经营性建设用地使用权抵押贷款、土地征收制度改革等方面,都形成了一批具有创新性、实用性的制度成果。村集体带头推进集体土地入市交易,截至2013年5月,德清县已在全省率先完成村集体资产股份制改革,全县160个村集体经济组织的股份制改革达到100%,集体经济组织统一更名为村股份经济合作社。全县共核实经营性净资产2.47亿元,量化村级集体经营性净资产2.18亿元,确定股东人数30.01万人,并严格按照要求发证到户,共发放股权证书9.07万本。2015年三块地改革试点开始后,进一步规范了村集体股份经济合作社的管理办法。这些合作社具备市场主体资格,成为入市主体,以这些合作社为纽带实现村集体经营性土地和农户土地的入市交易。截至2018年9月,宅基地改革盘活闲置宅基地913宗,县累计完成农村宅基地有偿退出3571户,面积3213亩,每年为农户增加收入4565万元;土地征收改革完善多元化保障,落实留地安置925亩,将6.6万名被征地农民统一并轨到职工养老保障(人均1837元/月),农民保障更加稳固;在"农地入市"改革上,全县入市204宗,面积1527.24亩,入市总额4.03亿元,集体收益3.25亿元,将入市收益的80%返还给农民及农民集体,惠及农民群众近18万余人;培育形成酒店、创意、民宿等项目733家,每年为农户增加收入4565万元;鼓励偏远欠发达的村与集中入市区块的村合作,通过异地调整入市,实现资源互补。比如,洛舍镇东衡村与县内7个经济薄弱村联建小微企业众创园有力带动当地农户收入水平的提高。

德清的土地改革走在了全国前列,在全国农村土地制度改革试点地区中创下全国集体经营性建设用地入市"第一宗"、全国"三权分置"不动产权证书登记第一证、全国土地抵押贷款第一单等多个纪录;2017年,德清县被列入国内农村土地制度改革试点成效突出县,被自然资源部评为全国农村土地制度改革三项试点成效突出县;同时"德清新土改"作为全国土地制度改革领域唯一改革案例获评"中国样本——改革开放40周年经典案例"。

德清县通过村集体主导农地流转,具体做法为:一是以村集体为单位发展土地股份经济合作社。各股份经济合作社具有独立法人资格,实行独立运营、自主管理,有效解决了入市改革中主体和成员的关系问题,奠定了改革平稳推进的基

础。农户以土地经营权入股合作社,合作社集中整合土地资源进行统一规划利用,将土地转包给企业,或者将集体土地入市进行拍卖挂牌交易,实现农地的增值收益。在自愿的基础上积极引导村民入股,通过土地入市并进行股权量化,村集体与农户之间共享土地增值收益。二是设立了县级农村综合产权交易中心,将集体资产股权、土地承包经营权等纳入交易中心统一流转,交易地入市途径多样。鼓励调换土地所有权自行入市、建设用地复垦指标交易入市、集体经济组织之间的合作入市、镇级统筹整体规划统一入市等多种实现方式。推广"招拍挂"的公开交易形式,全面引入价格竞争机制,充分体现"市场定价",鼓励集体经营性建设用地使用权和农户宅基地的抵押贷款。三是土地增值收益核算方面,确定了"按类别、有级差"的调节金收取方式,明确了差别化征收比例。保证集体和农户在土地流转中受益,激发集体土地流转的积极性。

德清的农地改革模式首先打响了农村集体资产股份权能改革试点工作,将村集体全部转化为土地股份经济合作社,鼓励农户以土地经营权入股参与土地流转,将本村经营性资产量化到户到人,实现资产变股权,将土地资产集中,把农村建设用地或农业用地入股或参股流转给自治组织经营管理,农户在自愿条件下土地被流转。通过成立村集体合作社,实行独立经营、自负盈亏。农户入股合作社利于融合资产扩大经济效益,增加收入来源,发展农民合作社是"实现小农户和现代农业发展有机衔接"的一种重要途径。集体经济是属于劳动群众集体所有的、实行共同劳动、在分配方式上以按劳分配为主体的社会主义经济组织。有利于增强小农户抵御风险的能力,同时通过集合集体资本、集体管理、集体劳动创造更大的经济效益。土地作为农民必不可少的生产要素,整合和集中土地资源进行统一规划和利用,有利于农村产业形成集聚与规模效应,激发生产创造的产能,创造更多的生产力。此次土地改革中的集体土地入市,打破了只有国有土地入市流通的格局,能够盘活农村固化的集体土地,激发农村经济发展活力。

三、新型农业经营主体主导的农地流转——松江模式

20 世纪末第二轮土地承包中,上海松江每个农户人均土地仅 1.39 亩,每个家庭只有 4.33 亩。土地少了,收入也难以提升。年轻人进城务工,老年人劳动能力弱,将土地转包给外来户。土地的生产力无法激发,外来户为求短期经济利益,还大量使用化肥、农药,导致土地板结。

自 2004 年试点开始,到 2007 年开放家庭农场申请,再到 2009 年进一步对农民土地承包权的确认,松江区的土地流转率已达到 99% 以上。自 2007 年下半年以来,松江探索发展适度规模的粮食家庭农场。2008 年,粮食家庭农场户数 708

户,经营面积 11.5 万亩,占该区粮田面积的 70%。到 2012 年,粮食家庭农场户数达到 1173 户,经营面积增加到 13.38 万亩,占该区粮田面积的 77.4%。2007—2012 年,新浜镇的粮食家庭农场户数从 104 户发展到 259 户,总经营面积达到25759 亩,占全镇粮田面积的 90% 左右,户均经营面积 99.5 亩。叶榭镇的粮食家庭农场户数从 183 户增加到 307 户,经营面积从 24566 亩发展到 31354 亩,家庭农场经营土地占全镇粮田面积的 87.1%,家庭农场平均经营面积 102.1 亩。泖港镇的粮食家庭农场户数到 2012 年已发展到 167 个,经营土地达到 20300 万亩,家庭农场经营面积占全镇粮田面积的 88%,户均经营面积 121.6 亩。松江区农委也积极鼓励"农二代"接班,在松江区现有的家庭农场主中,55 岁以上的占 33.7%,51~55 岁的占 20%。由于家庭农场收益较为稳定,所以近年来吸引了大批农二代留乡发展,农二代为年轻劳动力群体,劳动能力较强,且有较高的文化素质水平,有利于提高农业生产的技术水平与规模经营,提高生产效率。松江的土地流转始终坚持"依法、自愿、有偿"的原则。在具体执行中,土地流转有着严格审慎的准入和退出机制。申请经营家庭农场的农民,必须满足男性 60 岁以下、女性 55 岁以下的条件,且持有本镇或本村农业户口。为避免兼业经营,家庭农场主申请前必须处于无业状态。针对申请者,各村委会举行农技理论及实践的笔试、面试。考试通过后,最终人选还要经过村民议事、集体讨论等方式选出。申报结束后,村委会还会组织监察队,一旦发现转包、转租、虚报面积等行为,家庭农场主将被取消经营资质。如果农场经营未按照统一要求管理,考核不合格后同样将失去经营权。

上海松江创新性地引入了家庭农场的发展模式,是典型的新型农业经营主导模式。所谓新型农业生产经营主体,强调的是"新",就是在农村新出现的生产模式,主要是指在完善家庭联产承包经营制度的基础上,有文化、懂技术、会经营的职业农民和大规模经营、较高的集约化程度和市场竞争力的农业经营组织,主要包括专业大户、家庭农场、农民合作社、农业产业化龙头企业四类。具体而言,一方面通过建立明确的家庭农场准入资格和退出机制。松江的家庭农场有严格的资格准入条件,还要由村委会层层审核,慎重选择家庭农场经营者,同时还建立了家庭农场考核机制,2011 年起按照生产管理考核结果发放补贴。明确的退出机制也监督家庭农场经营者认真经营。另一方面,建立多样化的家庭农场模式,包括粮食家庭农场、机农一体家庭农场和种养结合家庭农场。多种家庭农场的发展形式更能适应松江实际的发展情况,打造特色产业,结合当地特色。将分散化、小规模的土地经营模式化零为整,借助新型农业经营主体来实现农业现代化和规模化经营,进而提升我国农业的发展质量。新型农业经营主体有利于充分调动农民土地流转与农业生产的积极性,将经济收益直接分配给农民。

第三节　农地流转模式与城乡要素融合比较

一、农地流转的不同模式存在共通

农地流转中参与主体包括政府、集体与农户个人。虽然三种不同的模式中各自发挥的作用大小不同,但是政府、集体、农户在农地流转中关系紧密,缺一不可。农户是活化土地生产要素的最终受益者,同时也是农地流转制度的执行者与贯彻人,从改革开放初期的家庭联产承包责任制,以小农家庭的传统农业进行劳作生产,到允许农地流转,鼓励大面积集中土地进行农业生产。土地制度在时代发展中不断变革,但是其本质都是为了适应不同经济发展阶段农村的生产特点。推动农地流转是在当前的新时代背景下提出的,农地流转的最终收益权应归属于农民,因此离不开农民的积极参与。政府是农地流转的主导力量或者重要推动力量,政府参与具有统筹领导、统一规划的优点,便于相关政策的推进与实施。农村村集体是村民进行自我管理、自我服务的主要阵地,领导决策机构是村民大会,现阶段的主要形式有农民合作社,集中分散的劳动力、资本或者资产,遵循村民的意愿进行统一利用与规划,最大限度地实现农地使用价值,并促进个体农户的收益最大化。

此外,农村建设用地流转也为推动城乡统一建设用地市场形成、激活农村生产要素提供了有力的土地保障。农村土地资源只有基于自由流转的前提才能通过市场调节机制实现土地资源的合理配置和高效利用,进而实现土地利用效益的最大化,得以充分利用土地资源,提高土地利用效率。允许农村集体经营性建设用地出让、租赁、入股,实现农村集体经营性建设用地与国有建设用地同等入市、同权同价。打破了国有土地入市交易的局面,改变了土地供应的格局,强调了市场在土地资源流转中的决定作用,有利于建设统一的城乡建设用地市场。德清县将集体经营性建设用地纳入原国有建设用地交易平台,共同依托县"公共资源交易中心"平台发布信息、挂牌竞价,形成公平的竞争环境。江苏武进以出让方式取得集体经营性建设用地资产成功上市,首次在最高层级资本市场上得到认可。国有土地与集体土地的交易市场的统一,有利于促进集体经营性土地更加高效的流转与配置。土地作为一种资源,市场化的配置扩大了土地流转的范围,公平开放的土地市场流转机制利于实现农地的最优配置和反映农村土地真实的内在价值,引导土地价格更加趋向合理。同时农村土地入市交易不仅可以提高农地的使用效率,还有助于增加农户的财产性收入,实现集体土地的增值收益。

土地流转中强调了进行土地确权,我国《土地管理法》规定,我国土地的所有权属于国家或者集体,农民拥有土地的使用权与承包权,允许转让土地的使用权而禁止土地的买卖。但是在以往的农村地区,土地权属的划分不清楚,导致经常出现土地交易纠纷。而在现阶段的土地流转中,大部分地区都采取了为土地补发使用权证书的方式,明确各家各户的农地面积或者宅基地面积。农地"三权分置"的确立让土地流转更加便利,同时也为农地或者宅基地抵押贷款提供了担保。不同模式主导下农地流转与要素融合比较如表4.1所示。

表4.1　不同模式主导下农地流转与要素融合比较

模式比较		政府主导	村集体主导	新型农业经营主体主导
不同点	主导力量	国家、政府	村委会	新型农业经营主体
	土地流转路径	农民—政府	农民—村委会—企业/大户	农民—新型农业经营主体
	土地流转形式	土地征收、颁布土地政策法规	发展土地股份经济合作社	成立农民专业合作社、家庭农场等
	交易成本	征地补偿、后期农村建设	村集体组织运行成本	生产设备成本、劳动力成本、经营成本
	优势	保证土地流转的实施	充分尊重农民的土地权益	调动农民自主生产积极性,保留土地承包权
	不足	强制性,可能违背农民意愿	农民参与感可能不高	若政府组织能力不强或宣传力度不够,农民参与感可能不高
共同点	土地流转过程中都涉及农民、政府、村集体这几个主体			
	都在一定程度上促进了土地市场化			
	都建立在土地确权的基础上			

二、农地流转模式各具特色

一是主导作用不同。虽然政府、集体、新型农业经营生产主体在土地流转中都发挥了不可或缺的作用,但是在不同模式中各个主体的主导程度不同,发挥的作用大小、推行引导的方式都有所区别。在四川泸县的土地流转过程中,政府发挥着主导作用,引导土地制度改革的推行,政府通过出台相应的政策文件来推进土地集中规划,引导区域内土地市场的活跃,农地的流转效率较高;浙江德清主要是集体带头流转,集体通过建立合作社、入股、成立专门公司等形式实现农地的经营与流转,村民的土地权益与分红收益得到较大保障,农民的参与热情较高,有利于带动集体共同富裕。不同的主体领导下有各自的优势与特点,主体发挥作用的大小主要都是因地制宜、根据各地不同的情况而决定的,只有适合当地实际情况的发展模式才能有利于土地改革制度与农地流转的推行。

二是流转路径不同。政府主导型中,农地的主要流转路径为政府运用行政权力对农村地区下达土地征收的指令,将土地资源集中,给予被征地农户一定的经济补偿,而后将集中的农地转卖给工业生产或者房地产企业以获取相应的土地财政;新型农业经营主体为代表的集体主导型中,农地的主要流转方式为在不改变土地是使用权的情况下,遵循自愿原则鼓励农户以土地要素入股,集中土地进行生产或者转让给其他企业或个人以获取租金,租金收入针对农户的土地流转面积进行分红。政府与集体共同主导的模式中,政府征收与集体入股流转的情况都有出现。

三是交易成本不同。在政府主导型中,政府的交易成本主要为政府对被征地农户的经济补偿,《土地管理法》中规定的征地补偿主要有土地征收补偿费、地上附着物补偿费、青苗补偿费和安置补助费,按照土地被征收前3年年均产值的30倍以内的补偿标准,其中年均产值由各省自行决定,且征地之后对于土地的进一步规划与利用还需要一部分组织与建设成本;新型农业经营主体主导型中的成本主要为集体协商土地流转中的相关成本,包括机构管理成本、组织运行成本等。集体主导型土地流转下不改变土地的所有制结构,相较于土地征收来说,农民的流转意愿较强,对于征地的安置费用花费较少。总的来看,政府流转土地的成本高于集体主导型的成本。

四是流转效应不同。在政府主导型模式中,土地流转在国家或者政府的统一规划下完成,可能产生农户不愿意放弃土地或者由于征地的经济补偿较少而导致政府征收土地的过程中可能发生暴力征地的行为,侵犯了农民的权益与利益,使政府与农民之间的征地纠纷增多,产生不良的社会效应;而在新型农业经营主体主导型中,土地流转是在农民自愿的情况下自主参与的,尊重了农户的土地权益,较好的保障了农民流转土地的分红收益,农户参与土地流转的意愿可能更强。

第四节　农地产权改革对城乡要素融合趋势研判

在"三权分置"背景下,农地使用权的流转也不断加快,农地经营权的规模化经营将成为大趋势,而农地承包权股权量化的改革也随之持续深入推进。大部分外出务工农民和兼业农民会在经济利益的驱使下选择流转农地使用权,去获得土地租金。农地的使用权将会在市场要素的合理配置下,转移给农业生产大户、专业合作社或者相关企业,从而促进土地要素的规模化经营。农地流转受让方中,专业个体户或者集体企业为主要对象,这样将导致农地流转给少数人经营生产,有利于实现农业的规模化生产,提高农业生产的技术水平和专业化能力;同时提高农村土地的使用效率,使农地价值得到充分利用。而农地承包权随着城镇化的不断深入,也必将促使具有农地承包权的农户难以对农地进行有效的经营管理,而其承包权在第二轮到期后再延长 30 年的长久不变政策下,将促使难以流转变现的承包权逐步转化为可量化的股权,成为农户经济权益和财产性收入的重要体现,而村集体的农地所有权将其成员权、股权量化为农地承包权,激发农地承包权和经营权的活力和经济权能,这样既能保障农地农用的性质和国家粮食安全,也能进一步将农地所有权虚化,农地承包权、经济权能得到有效释放,促进农民可持续增收。

农地流转方式将更加多元化。目前土地流转的形式以转包、转让、入股、合作、租赁、互换等方式为主,其中转包约占总流转面积的 70% 以上,而转包中以外出打工或经商农户将土地转包给亲友或本村其他农户居多,转让收益较少,且流转后的土地权益归属问题容易引起纠纷。而农地实现"三权分置"后,土地的承包权与使用权归属问题划分清晰,利于引导土地流转方式多样化。

农地市场化水平不断提高。2003 年《中华人民共和国农村土地承包法》出台,对土地承包方和发包方的权利和义务做了明确规定。同时,对土地承包经营权流转也做了严格规定,标志着我国土地流转进入市场化阶段。市场能够促进资源的合理配置,土地资源作为一种重要的生产要素,在市场上的流转可以增加土地的经济价值,保障农户的利益,增加农民的财产性收入,同时促进土地资源流转,优化土地的配置,使之充分发挥使用效率,为生产发展创造更大的价值,且入市之后,当地的投资也会越来越多,带动当地产业园区或者产业链的发展,增加更多的就业机会,促进农民收入增加使内需扩大,使当地的生产总值增加,集体建设用地是农村未来经济发展的重要载体。现阶段农地市场刚刚起步,还需要不断的规范完善。

　　农地制度改革将不断深化和完善。中华人民共和国成立70年来,在逐步探索和调整中,形成了一套具有中国特色的农村土地制度体系。农村土地制度改革在不断推进,随着社会背景经济形势的不断变化,农村土地制度的改革还需要进一步完善与修订。对于农民的社会保障问题、如何更好地发挥市场作用等,在土地改革制度的某些方面还需要进一步规范与完善。"三块地"改革还缺乏整体的统筹,征地改革价值取向缺乏共识,政府改革动力还不够强。农村土地制度改革还需要在发展中摸索经验不断完善。遗憾的是,20世纪80年代仅针对农地承包制进行了成员分包,但围绕集体农地产权所有制的改革和转让问题一直未有效解决,相关产权界定也一直非常模糊,即使在"三权分置"背景下,虽然在第二轮农地承包时间到期后仍然面临农地所有权在成员之间的配置及流转问题,经营权的有效流转在实际中并未赋予其产权的完整性,未来可以探索在村集体成员权的基础上进一步将农地所有权在村集体成员间的股权量化,将所有权确权量化到股权上,剥离出本身固化的农地,村集体成员之间可以进行成员权的股份交易,甚至可以对外进行流转,但针对农地本身可以探讨农地用途的有效管制,相应的股权在于衡量成员权的收益物权,体现成员权的经济价值,从而提高农地流转的经济效率和规模经营效率,更好地促进新型城镇化发展来降低贫困和提高农民收入。

第五章　金融发展与城乡居民收入融合

第一节　金融发展与城乡居民收入融合现实背景

改革开放以来,我国经济社会发展迅速,成绩斐然,国民收入和城乡居民生活水平发生了翻天覆地的变化。但与此同时,我国城乡居民收入差距依然较为严峻。据统计,1978年改革开放初期,我国城乡居民基尼系数仅为0.16,远低于世界平均水平,而到了2019年我国城乡居民基尼系数却达到0.471,并且在相当长的时间内处于国际警戒线0.4以上,成为制约我国经济社会区域发展不平衡不充分的重要因素之一。金融作为经济发展的润滑剂和助推器,金融发展在城乡居民收入融合方面是扮演着推波助澜的作用还是激浊扬清的作用,在推进我国经济高质量融合发展方面如何发挥作用成为社会各界关注的重点。

金融与经济发展相辅相成,不同的经济发展水平会导致金融发展不平衡,金融发展不平衡又反过来制约经济的不平衡不充分发展,从而影响到城乡居民收入融合程度。近年来,我国农村金融体系持续完善,我国银行业金融机构、非银行金融机构和其他微型金融机构正在形成多层次、广覆盖且有竞争力的农村金融服务体系。与此同时,其他金融产品和服务方式也在不断创新和推进。最近几年,通过互联网和电子化技术开展金融业务的互联网金融发展迅速,部分互联网金融企业如蚂蚁金服在支持"三农"领域发展方面也开始积极探索,但城乡之间的经济发展差距却依然较大,且城乡金融需求的层次差别巨大,需要多元化的金融组织满足多层次的要求。

互联网金融发展在一定程度上对传统金融发展水平具有重要的促进作用,随着市场经济的不断发展,金融对城乡居民收入融合的影响也可能存在异质性,特别是随着互联网金融的快速发展,更使得社会经济形势发生较大的转变,互联网金融发展与城乡居民收入融合二者间的关系也值得深入探究。此外,传统商业银行在社会经济生活中仍然发挥着重要的作用,商业银行为我国经济建设筹集和分配资金,对国民经济各部门和企业的经营活动提供金融服务,是社会经济活动顺利进行的重要纽带。商业银行对城乡金融融合发展具有重要影响,特别是传统银行网点数量和业务拓展对城乡居民收入融合发展的影响也至关重要。

我国信贷规模发展迅速,新增信贷来源的结构变化有助于促进经济的全面增长和行业配置优化,农村金融机构新增信贷投放对象大多在农村地区,表明针对农业和农村经济的信贷支持力度在增加,这无疑有利于城乡二元经济的协调发展和经济增长。政策性银行信贷产业扶持的作用更加明显,在信贷总量不断增加的情况下,政策性银行信贷占比逐步上升,而且比重明显超过城市商业银行,这也与政策性银行向商业银行过渡的趋势相吻合。城市商业银行的迅速发展有利于信贷资源的区域配置,地缘优势决定的信息不对称程度相对较小,对地方经济和产业的支持能够在一定程度上弥补原来国有商业银行主导信贷所决定的信贷区域配置不均衡的状况,从而促进经济整体的协调发展并且提高信贷资源的配置效率。

随着农村金融市场准入条件的放宽,多种形式的农村金融机构和小额贷款组织将为新农村建设增添活力,农村金融市场将呈现组织多样化、竞争交错化的格局。目前,我国农村金融的需求呈现了新的特征:首先,从融资总量上看,融资需求规模不断扩大。随着农业产业结构的调整和生产技术的升级换代,农村资金需求总量仍然不断扩大。除去农民自筹和信用社贷款外,财政投入和农村积累远不能满足其需求。从现实情况看,农民缺乏可抵押、质押的物品来进行有效的融资。其次,从金融服务对象上看,不同服务对象的金融需求表现出不同的特征。随着传统耕作方式的逐渐改变,用在纯农业的投入农民一般都能自行解决,而家庭规模经营和个体工商户资金需求量大,超出了小额信用贷款的范畴但经营者又不能提供足额有效的抵押担保。对于乡镇企业和一些民营中小企业而言,由于经营风险大,加上信息不对称,其资金短缺问题突出。随着农村金融体系的日趋完善,在农村金融组织的业务运作过程中,相当一部分资金将会源源不断地回流到农村,农业和农民将从中受益,农民收入水平也不断提高,但城乡居民收入融合仍然较大,那么金融发展是否缩小城乡居民收入融合?金融发展对城乡居民收入融合具有何种作用?

第二节 金融发展与城乡居民收入融合理论机制

一、金融发展扩大城乡居民收入融合的作用机制

长期以来,金融作为经济发展的润滑剂,对城乡居民收入融合到底发挥何种作用一直存在争议。部分国外学者认为,金融发展更多的聚焦于城市地区,在空间上有利于城市而忽视农村(Goldsmith,1969),使得资本的"嫌贫爱富"倾向越发明显。初始财富的不同如何决定个人能力,从而影响到城乡居民之间的工资性收入,在金融发展初级阶段,信贷的不完善将导致个体的财富能力不同,金融发展会拉大收入差距,而信贷配给的不均衡则是影响个体财富差异和地区金融发展的重要因素(Habibullah,2006)。当金融发展到一定程度后将爆发经济危机,金融危机渠道和金融服务渠道二者之间存在较大的关联度,金融危机的发生可能会危及普通劳动者的收入(Aduda,2012),而对高收入者的影响则不会很大。金融危机还会减少服务于低收入者的社会服务项目,这将使低收入者的生活更加窘迫,特别是金融自由化提高带来的金融深化惠及低收入者和中小企业往往偏少,而大多被高收入者和大企业所享受(Park et al.,2018),不同地位的个体收入水平存在差异,金融发展会导致收入差距扩大。但金融发展在达到一定水平后也有利于促进我国城乡居民收入融合(姚耀军,2005)。一方面,农村地区金融资源的稀缺性和低效率阻碍了农民收入的增长,高度垄断的金融机构也失去了对项目的甄别能力(叶志强,2011),且金融发展差距与城乡居民收入融合之间存在较大的负向关系,金融发展的区域差异导致城乡居民收入增长的差异性。另一方面,城乡居民的金融素养和金融知识差异较大,在金融人力资本存量和学习能力上,存在较大的异质性,长期制约了农村地区获得像城市地区居民信贷可得性,从而影响到城乡居民收入的差异性,造成城乡金融发展的收入效应上的不平等(陈啸、陈鑫,2018)。金融发展与城乡居民收入融合理论框架如图 5.1 所示。

金融发展不仅会影响到城乡居民的收入水平,同时也会导致城乡产业发展上的差异性。我国当前城乡之间的产业差异以及各种制度性障碍使得非农化与城镇化进程相脱节,农村居民越来越不适应城镇非农产业发展的需要、农村第一产业生产效率难以得到提高都是拉大城乡居民收入融合的原因。刘玉光(2013)利用 1978—2008 年的中国省际面板数据分析了金融发展影响城乡居民收入融合的传递机制,发现中国金融发展确实发挥着拉大城乡产业生产效率进而扩大城乡居

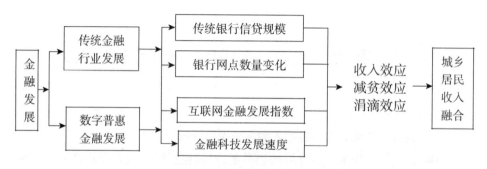

图 5.1 金融发展与城乡居民收入融合理论框架图

民收入差距的作用。此外,王征(2011)和张宏彦等(2013)学者所采用的研究方法虽然各不相同,但他们的研究结果都证明我国金融发展会扩大城乡居民收入融合,这也与我国金融发展所处的初级阶段相契合。

二、金融发展对城乡居民收入融合的影响机制

虽然金融发展确实在一定区域和范围内会对城乡居民收入差距造成一定的影响,但城乡之间职业选择对金融效率和收入差距扩大上具有跨期效应。在金融发展初期,初始财富多的人有机会享受到金融服务并将得到较多的金融资源投资于其人力资本积累,从而可以到收入更高的现代部门工作,间接导致高收入者和低收入者的差距越来越大,提高金融市场发展水平来提高低收入者的人力资本投资机会从而缩小他们与高收入者的差距。同时,金融发展也可以通过提供贷款降低收入分配差距。与市场主导型金融体系相比,银行主导型金融体系能够更好地解决委托代理和道德风险问题,公司在这种金融体系里也可以获得比在市场型金融体系重更多的款项,由于能够提供公司更多的款项来支持制造业,使得传统部门向现代部门的转变更加顺畅。传统部门的减少也使得高科技带来的效率提高红利可以被更多人享受到,从而有利于收入分配差距的降低,且金融发展可以降低收入不平等程度。此外,金融发展对信贷资金、产业发展也存在异质性影响,金融发展在一定程度上有利于缩小城乡行业之间的收入分配差距,降低城乡之间投资的价值洼地(吕诚伦,2019),从而抑制城乡居民收入分配差距扩大,政策效果初步显现。随着普惠金融通过多样化的金融服务、完善相关制度建设从而推进普惠金融发展战略的部署,增加政府的财政投入;创新金融机构产品、扩大普惠金融的规模,构建普惠金融体系,促进农村经济增长;加强落后地区的金融设施建设,平衡金融资源的配置,注重城市之间空间相互效应,以改善城乡居民收入融合。

三、金融发展与城乡居民收入融合之间"U"型关系

在20世纪70年代,金融发展对经济增长具有显著的推动关系。Greenwood和Jovanovic(1990)率先提出了G-J动态理论模型,认为个人投资者在选择投资方式时要么选择低收益率的无风险资产,要么选择高风险但高收益的企业投资,且二者之间存在门槛财富水平。在跨越该门槛之前,低收入者无力享受金融服务,所以小部分愿意支付金融服务成本的富人就通过获得信贷资源投资于企业而拉大了与低收入者间的收入差距;而当跨过该门槛后,金融中介随着经济增长而充分发展,低收入者通过积累跨过门槛后也可以享受到收益较高的金融服务,收入差距水平也会逐渐缩小,该研究结果扩展和延伸了库兹涅佐假说,反映出金融发展与收入分配存在"U"型关系,即二者存在门槛效应。当信贷市场尚不完善即处于发展的初级阶段,存在财富稀缺、分配不平等和高利率等问题,可以获得贷款的人稀少,但是借贷需求者众多。因为高利率的存在使得借款约束恶化从而进一步加大了社会升迁的难度。值得注意的是,这种财富稀缺和分配的不平等还会延续到下一期,当金融发展水平较低的同时生产效率也相对较低,因此就会产生财富分配不均等现象。当金融发展水平较高时,收入分配逐渐收敛于平等状态。这种过程就是资本积累的涓滴效应。收入分配与利率也存在最低门槛限制,低收入者只能把自己的财富以低利率出借给高收入者,而高收入者则会把借来的钱投向高收益领域。间接反映出高收入者和低收入者的收入差距在短期内是会扩大的,但长期内随着高收入者的信贷需求增加,向低收入者借款的利率也会水涨船高,低收入者的收入也会因此提高,最终收入分配趋于稳定。

国外学者通过门槛效应、涓滴效应分析得出金融发展与收入分配存在"U"型关系。从我国来看,东、中、西部地区的金融发展与城乡收入也存在"U"型关系,孙玉奎(2014)等基于1996—2010年20个省份的面板数据利用VAR模型从收入差距与收入水平两方面分析了我国农村金融对农民收入的影响。他们认为,我国东、中、西部地区的金融发展水平处于一个阶梯式下降的趋势,分别对应金融发展成熟期、中期和早期阶段。东部地区的农村金融发展在提高农民收入的同时还可以缩小收入差距,在西部地区会扩大农民收入差距,而对中部地区的收入差距则几乎没有影响。所以,如果把三大区域当作是同一地区的三个不同发展时期,则恰好说明农村金融发展与收入差距存在"U"型关系。我国农村发展的效率与城乡居民收入融合间存在"U"型关系,但发展的规模与城乡居民收入融合却不存在这样的关系,这也部分印证了农村金融发展与城乡居民收入融合的"U"型关系。

综合来看,从金融角度研究城乡居民收入融合时,大部分从宏观角度出发,构

建出相应指标,通过实证检验来探讨金融发展对城乡居民收入融合所产生的影响,缺乏专门的文献针对金融发展中的金融信贷水平、银行网点数量、互联网金融发展指数构建指标,来细致研究金融发展与城乡居民收入融合的关系。金融发展与城乡居民收入融合之间的研究观点仍然存在一定的差异性,这与不同区域、发展阶段以及不同的经济发展结构等存在一定的差异性有关,这也使得当前我国金融发展在城乡融合发展过程中发挥何种作用需要区别对待,结合各自发展实际和区域结构特征等,综合考虑二者的复杂关系。然而,随着乡村振兴战略的逐步深入实施,城乡融合趋势将是不可逆转的方向,金融资本在城乡之间的融合过程中也必将扮演更加重要的作用。但金融发展对城乡居民收入融合的研究很少从传统银行业与互联网金融双重角度出发进行探索,特别是金融发展水平测度已经跨越了传统物理的界限,互联网信息技术的快速应用使得金融发展在城乡居民收入融合中的作用及传导机制也将发生一定的变化,这也为相关政策调适提供了新的路径,需要进一步理论和实证加以深入探讨。

第三节　金融发展对城乡居民收入融合的影响分析

一、传统金融发展对城乡居民收入融合的影响分析

从我国金融机构信贷总量来看,2013—2017 年间全国金融机构信贷总额呈现快速增长趋势,从 2013 年117.47 万亿元增长到2017 年的 193.2 万亿元。信贷规模呈现扩张态势,能促进传统银行业发展,为金融发展带来活力。2013—2017 年金融机构信贷总额在增长的同时,全国城乡收入差距也在不断缩小(图 5.2)。2013 年全国城乡收入比为 2.81,2018 年全国城乡收入比下降到 2.706(唐琼,2020);金融机构信贷的不断增长与全国城乡收入比不断缩小呈现反方向变动情况,两者的相关系数为负,金融机构信贷总额与城乡收入比具有明显的负相关关系。

从银行网点数量来看(图5.3),通过对全国 31 个省市的银行网点数量变化研究传统银行发展与城乡居民收入融合的关系。

银行网点数量是传统银行业发展的重要表现,从数据中可以得知 2013—2017 年间全国的银行网点数量呈现逐年增加的态势;东部地区银行网点数量最多且高于全国平均水平;中部地区的银行网点数量与全国平均水平差距不大;西部地区的银行网点水平呈现缓慢上涨的态势且大大低于全国平均水平。

图 5.2　2013—2017 年全国城乡居民收入融合与金融机构信贷总额

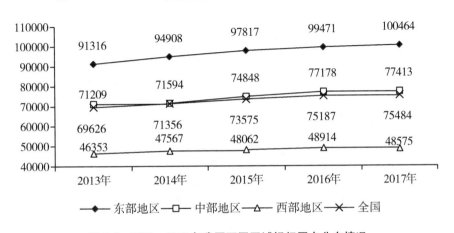

图 5.3　2013—2017 年我国不同区域银行网点分布情况

从 2013—2017 年的全国 34 个省(市、自治区)的城乡居民收入融合(图 5.4)与银行网点数量的对比,可以发现城乡居民收入融合与银行网点数量呈现反方向变动趋势,随着银行网点数量的增长,城乡居民收入融合不断缩小。东部地区银行网点数量最多,东部地区的城乡居民收入融合最小;中部地区的银行网点数量较多,中部地区的城乡居民收入融合较小且低于全国平均城乡居民收入融合;西部地区的银行网点数量最少,西部地区的城乡居民收入融合最大且远远大于全国平均城乡居民收入融合。东、中、西部地区情况从侧面反映城乡居民收入融合与银行网点数量呈负相关,即银行网点数量增大而城乡收入比减小的关系,两者的相关系数为负值。

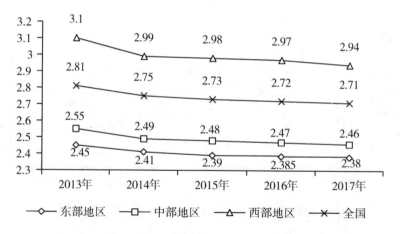

图 5.4 2013—2017 年中东西部地区城乡居民收入融合

二、数字普惠金融发展对城乡居民收入融合的影响

互联网金融是传统金融机构与互联网技术相结合的新兴领域,数字普惠金融发展对城乡居民收入融合发展也具有较大的地区差异性。从表 5.1 中可以发现,全国互联网金融发展指数呈显著上升趋势,全国互联网金融发展指数从 2014 年基期的 181.7 点增长到 2015 年末的 385.9 点;东部地区的互联网金融发展明显快于全国平均水平,从 2014 年 230.3 点增长到 2015 年 508.7 点,显著提升全国互联网金融发展水平;中部地区的互联网金融发展指数从 2014 年 120.9 点增长到 294.9 点且低于全国平均水平;西部地区的互联网金融发展指数最低,但增长速度较快。

表 5.1 各地区的互联网金融发展指数

年份	全国	东部地区	中部地区	西部地区
2014	181.7	230.3	120.9	120
2015	385.9	508.7	294.9	264.8
2016	507.5	610.4	421.7	317.7
2017	686.8	732.5	603.1	381.2
2018	939.7	1179	911	618
2019	1289.4	1625	1220	855

注:数据来源于各年度北京大学互联网金融发展指数报告。

互联网金融发展指数总体呈现快速增长态势,东部地区的互联网金融发展指数水平最高,中西部地区的互联网金融发展指数均低于全国平均水平。但全国城乡居民收入融合总体呈现减小的趋势,东部地区的城乡居民收入融合最小、中部地区城乡居民收入融合较小、西部地区城乡居民收入融合最大。从侧面反映,互联网金融发展指数与城乡收入比呈负相关,互联网金融发展指数上涨会影响城乡收入比下降,二者之间呈现反向变动关系且相关系数为负值。

此外,金融科技发展对城乡居民收入融合也存在异质性影响。金融科技包含IT系统、支付、信贷、大金融、生活等多方面业务,随着技术手段的丰富,科技之间的相互吸引力,使得金融与实际生活结合得更加紧密,最终实现无金融社会。

图5.5 2013—2018年中国互联网金融行业用户渗透率

注:渗透率＝行业实际用户÷互联网用户,数据来源于CNNIC,2016年后根据统计模型核算。

2016年中国金融科技所服务的目标客群中电子支付用户渗透率最高,其次是网络资管,二者渗透率都在60%以上,由于网络信贷的门槛问题,使得2018年网络信贷网民渗透率只有25.9%(图5.5)。但实际上,渗透率指标仅统计真实发生过网络借贷行为的用户。除此之外还存在大量准网络信贷用户,各大网络金融巨头均会对旗下所有用户做提前授信的工作,所以这部分准信贷用户也是金融科技在服务网络信贷行业时的目标客群,电子支付和网络资管用在很多层面上都是金融科技在网络信贷领域的用户。综上所述,不同于互联网金融,金融科技的行业地位更加靠前,所以它能够覆盖的用户客群更加广阔。

随着网络信贷余额的不断增加,网络信贷金融的发展也在一定程度上改写着城乡金融资源分配格局,特别是在业绩的背后也潜藏着更大的业务空间,互联网短平稳快速的特点,在交易规模上实际可将存量市场放大数倍。而且伴随着互联网高频的特点,金融科技的长尾价值将得到凸显。在行业高速发展的过程中,金融科技将更多的参与到优质资产生成的过程中。2013—2018 年中国互联网金融市场规模如图 5.6 所示。

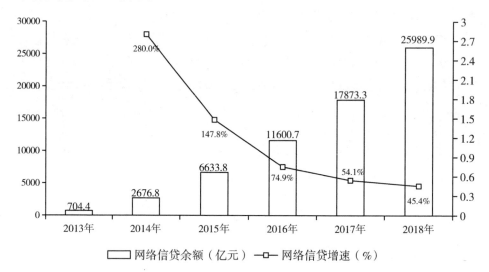

图 5.6　2013—2018 年中国互联网金融市场规模

注:数据来源于综合企业访谈、公开市场信息、证券投资基金协会等机构。

在行业待兴之初,只有关注被市场验证的金融科技平台才能够避免鱼龙混杂对行业带来的潜在伤害。2016 年金融科技概念非常火爆,但是 2016 年中国科技营收仅 4213.8 亿元,整体增速下滑至 42%,预计未来几年都将保持这一增速,如图 5.7 所示。究其原因,一是互联网金融收紧,尤其对网络信贷行业的收紧导致绝大部分围绕网贷行业的科技企业营收有所下降,影响了行业增速;二是金融科技的定位。这一原因与互联网金融收集相辅相成,金融科技服务具有互联网的裂变特性,且更加偏向于金融业务的后端,其增速并不会像行业增速那样快,对农业产业的转型也具有较大的促推作用。

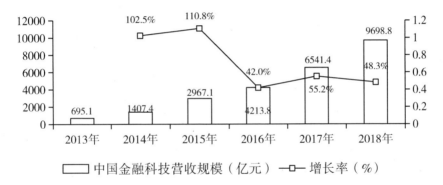

图 5.7　2013—2018 年中国金融科技营收规模

注:数据来源于综合企业访谈、公开市场信息、保险业协会等机构。

第四节　金融发展对城乡居民收入融合的
影响效应及对比

一、影响效应分析

1. 收入效应

城镇居民人均可支配收入呈现逐年增长的趋势,从 2013 年城镇居民可支配收入 26467 元增长到 2018 年的 39250.84 元;农村居民人均可支配收入也呈现增长态势,从 2013 年的 9429.56 元增长到 2018 年的 14617.03 元;城乡收入比呈现逐年缩小的趋势,从 2013 年的 2.81 减小到 2018 年的 2.68。如表 5.2 所示。

表 5.2　2013—2018 年全国城乡居民收入融合

年份	城镇居民人均可支配收入(元)	农村居民人均可支配收入(元)	城乡居民收入之差(元)	城乡居民收入差距比
2013	26467.00	9429.56	17037.44	2.81
2014	28843.85	10488.88	18354.97	2.75
2015	31194.83	11421.71	19773.12	2.73
2016	33616.25	12363.41	21252.84	2.72
2017	36396.19	13432.43	22963.76	2.71
2018	39250.84	14617.03	24633.81	2.68

由表 5.3 可知,2013—2019 年金融发展呈现增长趋势,其中金融机构信贷总

额从 2013 年的 71.9 万亿元增长到 2019 年的 153.11 万亿元;银行网点数量从 2013 年的 208923 个增长到 2019 年的 230211 个;互联网金融发展指数从 2013 年的 100 增长到 2019 年的 1289.4。传统金融与互联网金融的发展带来信贷规模的扩展、银行网点数量增加、网上银行发展加快的现状。金融发展发挥收入效应作用为增加城乡居民收入,促进城乡居民收入融合带来积极影响。

表 5.3 2013—2019 年金融发展趋势

年份	金融机构信贷总额(万亿元)	银行网点数量(个)	互联网金融发展(指数)
2013	71.9	208923	100
2014	81.68	214069	157.1
2015	93.95	220727	356.1
2016	106.6	225563	507.5
2017	119.03	226452	686.8
2018	141.75	227471	939.7
2019	153.11	230211	1289.4

注:数据源于金融统计年鉴、北大数字金融数据库、2016 和 2017 年互联网金融发展指数根据历史数据估算得出。

2. 减贫效应

金融发展不仅可以通过发展传统金融、数字普惠金融,为低收入者提供小额信贷、储蓄、汇兑和支付等金融服务,分享经济增长所带来的福利改善,降低贫困水平;还可以通过发展专门为农村低收入居民和乡镇企业提供小额度信贷的金融服务方式,提高农村贫困群体的收入水平,从而促进城乡居民收入融合。金融发展对贫困减缓有作用,银行网点数量增加可以促进交易,降低了储蓄的交易费用,从而提高贫困地区居民的收入。我国农村金融发展发挥减贫效应,但是这种作用更多的是减少绝对贫困而不是相对贫困。

金融发展对贫困减缓的作用主要是通过对贫困人口提供金融服务使其直接参与金融活动从而提高收入,这是减少贫困的重要渠道。此金融服务主要包括两个方面:储蓄和融资。从储蓄方面来看,金融机构向贫困群体提供储蓄类服务,相当于为其提供了一种安全的资金积累方式,不仅能够获得稳定的利息收入,还能帮助其应对风险。因此,储蓄服务在帮助贫困群体应对风险方面存在巨大价值。从融资方面来看,表现为资本在贫困中的作用。资本是贫困地区的稀缺资源,对于贫困家庭来说,信贷融资服务可以增加其对生产性资产或者教育的投入,提高自身的知识水平,以保证其长期收入水平的增加。

自精准扶贫开展以来,我国农村地区的贫困人口呈现逐年下降的趋势,贫困发生率呈现逐年递减趋势。从 2012 年我国农村贫困人口由 9899 万人减少到 2019 年农村贫困人口 550 万人,贫困发生率由 2012 年的 10.2% 下降到 2019 年的 0.3%(图 5.8)。在贫困区域分布上,大部分农村贫困人口仍集中在西部偏远贫困地区,特别是我国三区三州等深度贫困地区。2019 年,东部地区农村贫困人口 47 万人,贫困发生率仅为 0.03%,贫困人口占全国农村贫困人口的比重为 8.5%;中部地区农村贫困人口 181 万人,贫困发生率为 1.4%,贫困人口占全国农村贫困人口的比重为 32.84%;西部地区农村贫困人口 323 万人,贫困发生率为 3.1%,贫困人口占全国农村贫困人口的比重为 58.62%。2010—2019 年分地区农村贫困人口情况如表 5.4 所示。

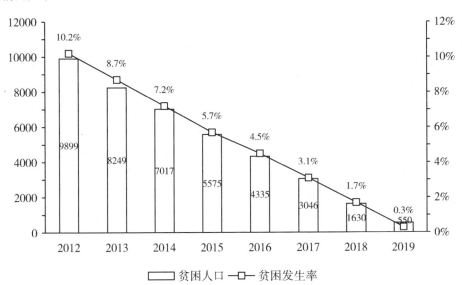

图 5.8 我国 2012—2019 年我国农村减贫变动情况

表 5.4 2010—2019 年分地区农村贫困人口情况

年份	贫困人口规模(万人)			贫困发生率(%)		
	东部	中部	西部	东部	中部	西部
2010 年	2587	5551	8429	7.4	17.2	29.2
2011 年	1655	4238	6345	4.7	13.1	21.9
2012 年	1367	3446	5086	3.9	10.6	17.5

年份	贫困人口规模（万人）			贫困发生率（%）		
	东部	中部	西部	东部	中部	西部
2013 年	1171	2869	4209	3.3	8.8	14.5
2014 年	956	2461	3600	2.7	7.5	12.4
2015 年	653	2007	2914	1.8	6.2	10.0
2016 年	490	1594	2251	1.4	4.9	7.8
2017 年	300	1112	1634	0.8	3.4	5.6
2018 年	147	597	916	0.2	2.3	4.2
2019 年	47	181	323	0.03	1.4	3.1

2013—2019 年间，我国互联网金融发展迅猛，对传统金融发展造成了一定的冲击，但互联网金融的快速发展也对精准扶贫工作开展提供了较大的便利，取得了较好的减贫效应。从表 5.4 可以看出，东部地区贫困人口不断缩减，贫困发生率逐年减小。此时，东部地区传统金融发展较快，银行网点数量增加，互联网金融发展指数增长。东部地区在金融快速发展的同时贫困人口不断缩减，两者呈现反向变化趋势，从侧面印证金融发展增长居民收入，缩减贫困人口的减贫效应；中部地区贫困人口较多，且传统金融发展速度及互联网金融指数均小于东部地区，但中部地区的贫困人口和贫困发生率均大于东部地区，说明金融发展越快速，越能降低贫困人口数量和降低贫困发生率；西部地区贫困人口数量最多，西部地区的传统金融发展规模及互联网金融发展指数均最低，较低的金融发展水平下贫困人口较多、贫困发生率较大。金融发展通过对经济发展的促进作用而提高贫困人口的生活水平，增加贫困人口的收入，促进城乡居民收入融合。

表 5.5　2013—2019 年传统金融与互联网金融发展变化

年份	传统银行：银行网点数量			互联网金融发展指数		
	东部地区	中部地区	西部地区	东部地区	中部地区	西部地区
2013	91316	71209	46353	150	101	100
2014	94908	71594	47567	230.3	120.9	120
2015	97817	74848	48062	508.7	294.9	264.8
2016	99471	77178	48914	610.4	421.7	317.7
2017	100464	77413	48575	732.5	603.1	381.2

续表

年份	传统银行:银行网点数量			互联网金融发展指数		
	东部地区	中部地区	西部地区	东部地区	中部地区	西部地区
2018	102897	91490	55901	1179	911	618
2019	105389	108126	64331	1625	1220	855

注:数据来源于金融统计年鉴、北大金融数据库、2016—2019 年互联网金融发展指数根据历史数据估算得出。

从表5.5 来看,我国东中西部地区金融发展影响居民收入水平、贫困人口数量、贫困发生率。东部地区金融发展快速,城乡居民收入融合最小,贫困人口最少,贫困发生率最低;中部地区金融发展较快,城乡居民收入融合较小,贫困人口较少,贫困发生率较低;西部地区金融发展最慢,城乡居民收入融合最大,贫困人口最多,贫困发生率最大。金融发展对促进城乡居民收入融合,对城乡居民收入带来减贫效应,随金融较快发展会减少贫困人口数量,降低贫困发生率。从表5.6 来看,2013—2019 年间,我国城乡居民收入差距比总体上呈下降趋势,反映出城乡居民收入融合趋势明显。但东中西部地区之间却存在差异,东部地区总体上城乡居民收入差距比要低于中部和西部地区,反映出东部地区城乡居民收入融合程度较高。

表 5.6　2013—2019 年城乡居民收入差距比

年份	全国	东部地区	中部地区	西部地区
2013	2.81	2.45	2.55	3.10
2014	2.75	2.41	2.49	2.99
2015	2.73	2.39	2.48	2.98
2016	2.72	2.385	2.47	2.97
2017	2.72	2.38	2.46	2.94
2018	2.72	2.41	2.46	2.93
2019	2.71	2.39	2.45	2.91

3. 涓滴效应

金融发展与贫困减缓之间的关系,并发现金融发展可以通过"涓滴效应"使低收入者享受经济增长的好处,减少贫困。涓滴效应是指在经济发展过程中并不给予贫困阶层、困难群体或贫困地区特别的优待,而是由优先发展起来的群体或地区通过消费、就业等方面惠及贫困阶层或地区,带动其发展和富裕,或认为政府财政津贴可经过大企业再陆续流入小企业和消费者之手,从而更好地使低收入者享受经济增长带来的福利。结合前文表5.5的数据来看,2013—2019年间,传统银行网点数量和互联网金融指数整体上均呈现出不断增长的态势,但相比较而言,互联网金融发展指数在该期间却翻了十余倍,传统银行网点增长幅度却相对缓慢,特别是东部和中部地区,反映出传统金融普惠程度未来仍难以有效快速扩大,而依托互联网金融和数字普惠金融可以有效地促进金融在中西部地区和偏远农村地区发展,更好地促进城乡居民收入融合。

东部地区领先发展,金融发展速度最快,利于发挥东部对全国金融发展的带动作用,加快中西部地区经济增长,缩小东西部金融发展水平差距。加快资本在中西部地区的流动,带动经济效益的增长,培育新的经济增长点和增长带。东西部地区加强合作交流,形成全方位的合作新格局,发挥金融发展对城乡居民收入融合的涓滴效应。东部经济快速增长,传统金融和数字普惠金融发展较快,缩小东部城乡收入差距。东部地区优先发展,带动资本、资源向中西部地区转移,丰富中西部地区的区域发展方式,加快中西部地区金融发展水平的提升。东部地区发挥区域经济的促进作用,能有效为中西部地区金融发展带来涓滴效应,促进中西部城乡居民收入融合。

二、中美韩城乡居民收入差距比较

美国的城乡收入差距经历了一个由扩大、再到缩小的过程。据统计,美国的非农业人口可支配收入与农业可支配收入之比,1935—1939年为2.49;1945—1949年为1.66;1955—1959年高达2.00。进入到20世纪60年代,城乡居民收入差距逐步缩小,至2001年城乡居民收入融合为1.33,如表5.7所示。

表5.7 1995—2001年美国城乡居民收入融合

年份	城市家庭收入(美元)	农村家庭收入(美元)	城乡居民收入差距比
1995	48166	36881	1.31
1996	49312	36922	1.34
1997	50825	38687	1.31
1998	52527	40679	1.29
1999	53888	42048	1.28
2000	55203	41829	1.32
2001	54657	41012	1.33

伴随着工业化的进一步推进和韩国政府于 1970 年开始启动的推动农村地区综合发展的"新村运动",进入到 20 世纪 70 年代之后,农民收入快速增长,农户年平均收入也由 1970 年的 824 美元,增加到 1978 年的 3893 美元,年均递增 18.8%;到 1988 年韩国城乡收入差距缩小至 0.86。进入到 1990 年后,由于经济全球化和韩国农村劳动力结构老化,城乡居民收入融合开始出现扩大的现象,虽然城乡收入比保持在 1 左右,但农民的收入相对于城市居民的收入比例下降了,由 1990 年的 97.4% 下降到 2004 年的 84%,这说明韩国城乡居民收入融合长期看起来缩小了,但状态还不稳定。1970—1988 年韩国城乡居民收入融合如表 5.8 所示。

表 5.8 1970—1988 年韩国城乡居民收入融合

年份	城市家庭收入 (千韩元)	农村家庭收入 (千韩元)	城乡居民收入 差距之比
1970	381.2	255.8	1.49
1975	859.3	872.9	0.98
1980	3205.2	2693.1	1.19
1985	6046.4	5736.2	1.05
1986	6735.0	5995.0	1.12
1987	6740.1	6535.3	1.03
1988	6031.0	6996.3	0.86

中国是一个正处于快速工业化过程的发展中大国,城乡居民收入差距较大是难以避免的,城乡居民收入融合的问题也是长期存在的。但与国际上的其他国家相比,我国的城乡居民收入融合确实较大,中国城乡居民收入融合基本都在 2 以上,中东西部地区的城乡居民收入融合还较大。中国城乡居民收入融合缩小要依靠工业化,也采取助农、护农的政策。推动金融发展有利于促进城乡居民收入融合,有助于促进城乡和谐,推动城乡高质量融合的进程。

三、城乡居民收入融合发展路径研判

综合来看,东中西部地区的农村收入增长率均快于城镇收入增长率,在这种趋势下,随着农村收入水平的不断提高,且农村收入增长率快于城镇收入增长率,未来将会不断推动城乡居民收入融合,达到更低的城乡收入比值,未来将达到城乡经济高质量融合的发展态势。中国城乡居民收入融合预判如表 5.9 所示。

表5.9 中国城乡居民收入融合预判

年份	东部地区		中部地区		西部地区	
	城镇收入增长率（%）	农村收入增长率（%）	城镇收入增长率（%）	农村收入增长率（%）	城镇收入增长率（%）	农村收入增长率（%）
2014	8.82%	10.82%	8.98%	11.29%	9.01%	12.51%
2015	8.10%	8.73%	7.96%	8.19%	9.79%	9.85%
2016	7.84%	8.20%	7.42%	7.84%	8.42%	8.97%
2017	8.22%	8.44%	7.90%	8.23%	8.67%	9.64%
2018	6.68%	7.33%	6.56%	7.33%	7.7%	8.25%
2019	5.14%	6.21%	5.22%	6.42%	6.73%	6.85%

在全国城乡居民收入融合发展态势下，城乡差距减速放缓。据历史数据可以预测未来城乡居民收入融合变动情况。全国城乡居民收入融合减速约为0.47%，东部地区城乡居民收入融合减速约为0.403%，中部地区的城乡居民收入融合减速约为0.4%，西部地区的城乡居民收入融合减速约为0.55%。中国城乡居民收入融合变动情况如表5.10所示。

表5.10 中国城乡居民收入融合变动情况（%）

年份	全国	东部地区	中部地区	西部地区
2014	−2.13%	−1.63%	−2.35%	−3.54%
2015	−0.727%	−0.829%	−0.401%	−0.334%
2016	−0.366%	−0.209%	−0.403%	−0.335%
2017	−0.367%	−0.209%	−0.404%	−1.01%

据历史数据可以预测未来全国城乡居民收入融合态势，未来城乡收入水平保持整体发展的趋势，但减速放缓（5.9）。城乡高质量融合要求城乡居民收入融合在1.5~2的范围内是高质量较好的城乡融合态势，但在目前水平下，还没有达到城乡高质量融合的要求。预测在21世纪下半叶全国城乡居民收入融合能达到接近于2的比值；预测在21世纪中叶东部地区城乡居民收入融合能率先达到城乡高质量融合的要求；预测在21世纪中叶中部地区也能跟随东部地区的步伐达到城乡高质量融合的范围；预测在21世纪下半叶西部地区能在全国带动作用下促进城乡高质量融合，西部城乡居民收入融合减小到2以下。

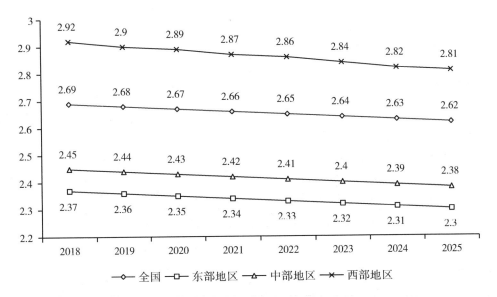

图5.9 全国城乡居民收入融合发展趋势

第五节 结论与政策启示

有效促进金融发展是推动城乡金融要素流动与城乡融合发展的重要路径。本文分析了金融发展如何促进城乡居民收入融合发展。结果表明:金融发展对城乡居民收入融合主要通过传统银行信贷普惠和数字金融普惠来促进城乡产业融合发展,实现城乡居民收入融合。银行网点覆盖率和互联网金融发展水平越高,越有利于促进城乡居民收入融合。金融发展对城乡居民收入融合的影响主要体现在收入效应、减贫效应和涓滴效应三个维度,具体表现为缩小城乡居民收入差距、减小城乡居民贫困人口和降低贫困发生率、促进东中西部区域经济协同发展、缩小城乡收入差距和降低城乡收入比,最终促进城乡居民收入融合发展和乡村振兴。在未来城乡高质量融合发展趋势上,随着乡村振兴的深入实施和相关成效的不断显现,城乡居民收入高质量融合将成为必然趋势,但该道路也必然面临较大的艰辛坎坷。预计在21世纪下半叶全国城乡居民收入融合能达到接近于2的比值,其中东部地区城乡居民收入融合能率先达到城乡高质量融合的要求,中部地区也能跟随东部地区的步伐达到城乡高质量融合的范围,而西部地区能在全国带动作用下促进城乡高质量融合,西部城乡居民收入融合减小到2以下,城乡居民收入融合,有助于推动城乡高质量融合进程。

在政策启示层面:第一,城乡金融资源配置差异是导致城乡经济发展差距的重要原因,发挥金融发展促进城乡居民收入融合的作用,要促进农村金融发展,提升农民收入水平。增加农村地区金融机构数量;拓宽农村地区金融机构业务范围;提升农村地区金融管理水平,防范金融风险。第二,目前农村金融工具单一,由于农村金融信用体系不完善,信用卡等信用工具普及率较低,积极发展农村金融市场,促进农村资本流动,让资本发挥增收增效的作用,提升农民收入水平,促进城乡居民收入融合。第三,互联网金融发展能有效促进城乡居民收入融合,积极发挥互联网金融助推农村发展的作用,深化农村金融体系改革,构建农村普惠金融体系,扩大农村金融服务的覆盖群体。使更多农村地区发挥互联网金融减贫效应的作用,逐步促进城乡居民收入融合。第四,降低农村金融服务门槛,鼓励社会资本积极参与建立多样化的小型金融机构,推动农村金融产品创新,提高农村金融服务的效率。发挥好金融发展对提高农民收入的作用。第五,大力完善农村社会保障制度,并积极发展以服务"三农"的农业保险,为提升农民收入水平,抵御风险提供支持和保障。第六,金融发展推动城乡高质量融合,以金融为先导,促进农村教育医疗事业的发展,推进乡村经济多元化发展,为支持乡村振兴、促进城乡高质量融合发展做出贡献。

第六章　城乡产业高质量融合发展

　　乡村振兴战略下城乡农业产业高质量融合发展,首要前提在于激活城乡要素流动,其核心在于通过城乡要素融合来推动城乡产业融合发展,进而实现乡村产业经济结构转型升级。作为城乡二元经济结构的重要组成部分,城乡产业之间的二元分割也是阻碍城乡经济融合的"拦路虎",是城乡经济发展差异的重要原因之一。作为世界上最大的发展中国家,我国当前正处于经济转型和换挡的关键时期,绝大部分乡村地区经济结构长期处于落后状态,传统经济增长模式和落后经济结构不仅难以满足新时代乡村发展的新需求,反而限制乡村振兴,偏离了城乡融合发展的初衷。因此,乡村必须改变现有经济增长方式,破除城乡二元经济结构,完成向现代经济结构的转变。乡村现代经济结构转换要注重加快推进农业产业结构调整、要素结构调整,深化农业供给侧结构性改革,在保障国家粮食安全基础上,提高农产品质量,构建现代农业经济结构体系,深度融合乡村一二三产业发展,实现综合农业产业链发展体系。还要注重城乡区域调整,充分发挥城镇在乡村振兴中的作用,以城带乡,在城镇带动下促进乡村现代经济结构转换。

第一节　城乡产业高质量融合发展特点与模式

　　城乡产业融合不仅包括乡村内部一二三产业融合,还包括城乡之间产业在空间上的逐步融合,形成城乡产业链、供应链、价值链的有序整合。在乡村内部一二三产业融合过程中,实现农业与二三产业的融合发展。在发展过程中首先要求农业达到一定的专业化水平,进而获得外部资金和技术支持,对农业生产要素进行有效整合,进一步提升农业生产、加工、销售多个环节效率。同时与其他产业进行有效互动和融合,以延伸农业产业链,扩大农业产业功能,实现农业、农村、农民的全面发展。

一、城乡产业融合发展的特点

乡村一二三产业融合发展呈现出新技术、新业态、新模式的特点。首先,乡村一二三产业融合发展,其核心推动力量就是现代农业技术,在现代科技推动下能够实现传统农业转型升级,通过创新农业技术使生产要素和生产工具更适合农业发展,对农业生产方式和结果产生深刻影响。其次,乡村一二三产业融合发展就是不同产业之间的功能渗透和技术互补,在传统农业融合发展基础之上催生出新业态,这种新业态既具有原来不同产业之间的资源配置方式和技术基础,同时也实现了产业融合之后新的技术形态和产品特征,是原来产业体系的拓展与升级。诸如生态农业、休闲农业是以农业为发展基础,结合旅游产业和生态产业所出现的新兴产业,既是对农业产业的分工与深化,也是传统农业在新的历史条件下的转型与升级。再次,乡村一二三产业的融合发展在一定程度上赋予了农民新的职业角色,使其从原来单一的生产者转变为综合的经营者,在新业态、新要素、新技术支撑下,依托一定的农业组织形成了新的商业模式,而这一商业模式能够与农业龙头企业实现竞争协作,进一步推动乡村一二三产业协调稳定发展。

二、城乡产业融合发展的主要模式

农村地区城乡产业融合发展出现了许多新业态,产业融合的模式也越来越丰富,按照经营主体进行划分,农村产业融合主要有以专业大户、家庭农场、农民合作社、龙头企业等新型农业经营主体主导下的产业融合发展模式;按照经营方式进行划分,出现了全产业链、生态农业、"互联网＋农业"等新产业新业态多元化的发展模式。

从经营主体视角划分的产业融合发展模式。从全国范围来看,农业产业融合主要有以下几种模式:一是专业大户主导型的产业融合发展模式。专业大户是已经具备了一定规模的农业生产主体,专业大户有可能是农户,也有可能是其他身份的经营者。专业大户由于其具有规模化和产业化优势,对于有效推进乡村一二三产业融合发展有着极其重要的作用。同时专业大户凭借自身优势可以直接对接市场,能够按照市场需求生产订单农产品,专业大户作为农产品的提供者通过规模化流转,能够实现规模收益。二是家庭农场主导型的产业融合发展模式。家庭农场在促进乡村一二三产业融合过程中也能够通过适当的土地流转实现土地规模经营,并凭借自身生产经营优势,密切与其他产业企业的合作,延伸产业链条。三是农民合作社主导型的产业融合发展模式。农民合作社能够融合各方力量,通过组织内部协同发展能够与外部形成良好的沟通机制,虽然具有一定的交易成本和生产成本,但在推动乡村一二三产业发展中也能够起到积极推动作用。四是龙头企业主导型产业融合发展模式。农业龙头企业在乡村一二三产业融合发展中占据重要地位,农业龙头企业主要存在于农产品加工和流通领域,通过自身优势与广大农户形成了利益联结机制,在与农户沟通协调过程中能够通过自身带动让农户进入市场参与到农产品生产、加工、销售的各个环节。

从经营方式视角划分产业融合发展模式。农村经济发展和经营方式要受到地理位置、农业资源、气候等因素的影响,因而各地的农村经济生产经营方式存在较大差异。为有效实施精准扶贫战略,近年来在推进产业融合中不断创新,主要表现为:一是打造全产业链。所谓全产业链是指基于某一产业,多方面延伸和拓展其内部的各个环节,进而形成更为完整的产业链条。通常情况下是借助农业龙头企业,将其他业态融入进来,基于生产、加工、运输、销售等为一体的全产业,实现了生产者、经营者、消费者多方受益。二是发展生态休闲农业。在城乡融合背景下,休闲农业越来越受到城市居民的欢迎,而生态休闲农业是对传统粗放式、漫灌式生产模式的摒弃,目前多个地区积极开发生态农业种植模式,打造了诸如兰考县南马庄生态农业基地,不仅带动了当地经济的发展,同时也实现了社会效益和生态效益的提升。三是"互联网 + 农业"发展模式,该模式是借助互联网的优势,在农业生产中融入互联网技术。较为注重农村电商的发展,并为农村地区提供了许多政策支持。

第二节　城乡产业高质量融合发展思路

城乡产业融合发展作为乡村产业振兴的重要途径,农业与其他产业的多层次、多维度交叉融合有利于进一步延伸产业链条,充分发挥主体功能,以技术创新和机制创新为城乡产业融合发展提供动力。通过拓展农业产业的功能,将其与服务业、金融业等有机融合,形成以农业为基础的新技术、新业态和新商业模式。这种新型的商业模式不仅能够带动农村经济的发展,成为农村扶贫工作的突破点,同时也有助于促进城乡之间的交流互动,加快城乡融合进程。纵观全国农村产业融合中的经验做法,可以将农村产业融合的基本思路归纳为两种:纵向延伸和横向拓展。

一方面,纵向延伸农业产业链,从农产品加工、销售、物流等多个领域入手,有力促进农业产业链延伸。诸如,在农村地区成立相关农产品加工企业,建立农产品直销店,进一步拓展农产品生产销售渠道,实现农业生产与农产品销售有机融合的产业链发展模式。充分利用农民专业合作社、农业龙头企业自身优势和作用,将其作为农业产业链延伸的重要主体,进一步提升农业合作社和农业龙头企业自主创新能力和科技研发能力,通过政策支持和科技支持推动农业龙头企业参与全球农业产业竞争。通过打造农产品品牌提升产品国际竞争力。通过提升农产品附加值增加农业产业链生产效益,同时也能够增加农户收入,提升整个农业产业链增值能力。要依托农产品加工和流通企业,通过规模化、优质化、生态化、高效化农产品生产基地建设,实现乡村一二三产业相融合,进一步延伸农业产业链条覆盖范围,借助农村电商和城市生鲜农产品网点建设,实现城乡农业产业的有机融合。政府要给予农产品加工和流通企业一定的政策支持,确保农产品加工和流通企业能够提供稳定的优质农产品供给和农产品运输,同时注重完善农产品质量安全保障体系,进一步深化农业产业链分工,借助现代信息技术深挖农业产业链条内部优势,丰富农业产业链条内涵。诸如,可以借助大型零售商和超市,加大自身品牌培养,实现产业链条逆向延伸,创新商业模式,通过引导和激发消费需求,实现农产品销售规模拓展,有效推动生产型农业向消费型农业转变,实现农业价值链升级。

另一方面,横向拓展农业多功能。大力推动农业产业集群发展,通过农业产业集群建设为乡村一二三产业融合创造有利条件。以农业龙头企业为产业集聚核心,以农产品加工企业和农产品流通服务企业为依托,注重发挥农业产业龙头企业和流通服务企业价值链核心作用,充分发挥自身在农产品生产、加工和流通领域优势,注重产业分工和企业之间配合,不断拓展农村经济发展空间,推动农村经济向集约化、功能化和效益化方向发展,进一步提升产业带动作用和辐射作用。进一步突出农业功能,农业文化传承功能能够开展乡村旅游产业,可以说,农村经济社会发展很大程度上依赖于农业功能拓展,农业与其他产业融合过程中为乡村一二三产业融合发展提供了契机和可能。同时反过来随着乡村一二三产业融合发展为农业与其他产业融合创造了有利条件,因此在农业产业融合过程中,应注重农业多功能作用发挥,基层政府要采取多种措施支持农业传统业态向新型业态转变。以旅游服务产业为例,如果在产业融合中能够充分发挥农业文化传承作用,进一步发展和继承中国农耕传统文化,保护农村文化多样性,注重农村传统文化创新,自然也能够更好地符合时代发展的要求,更好地推进农村产业的融合与发展。

另外,发展壮大村集体经济是农村一二三产业融合发展的经济保障,而加强农村基层组织建设则是促推农村一二三产业融合的核心。"村民富不富,关键看支部;村子强不强,要看'领头羊'"。在发展壮大村级集体经济中,只有建强党组织、育强带头人才能推动村级集体经济发展壮大。发展村级集体经济来促进产业融合，镇街和农村是责任主体，村级组织和村干部应承担第一责任。现阶段许多村级较多的是"能人治村"的现象比较突出，致富能人担任村级干部的比较多，在发展经济方面起了很好的引领和带动作用。但是，由于缺少有效的考核和激励机制，缺少宽松的政策环境和外部环境，难以调动村干部发展村级集体经济的积极性、主动性和持续性，村干部没有时间、没有精力、没有意愿投入到发展村集体经济中去。农村"三变"改革为农村产业融合发展提供了有效制度保障，"农民变股东"可以将个人的资源（包括土地承包权）入股到经营主体，成为股权投资人，传统农民一跃而成为公司等企业组织的股东，变革了农民、国家、集体、社会四者之间的生产关系，带来了乡村政治、经济、社会和文化全方位变革，必然引发乡村社会结构变迁，实现乡村产业振兴目标。"三变"改革以农民和工商资本合作为抓手，发展多种形式的适度规模经营，增加了农民组织化程度，增强了基层组织提供公共产品的能力，提升了乡村经济社会治理能力，夯实了基层政权。

在农村集体经济建设中，多种产业发展模式和融合路径也不断涌现，通过入股实体经济模式、综合服务创收模式、股份合作经营模式、发展乡村旅游模式、土地承包流转模式、盘活集体资产模式、产业扶贫带动模式等对于促推贫困地区稳定脱贫和产业融合发展方面的作用明显。但是，一些自然条件相对较差的地区和乡村集体经济的发展步履维艰，困难重重，村级集体经济发展面临诸多困难，主要包括：农村土地成片流转难、人才与技能匮乏、扶持政策严重不足等，都亟待解决。要继续深化农村土地、林权和基本经营制度的改革，并充分利用改革优势，着力构造农畜牧养循环、产加销一体、休闲旅游新业态交叉融合的现代化产业体系。要利用"三变"改革盘活农村"三资"（资源、资产、资金），激活农民"三权"，建立起农业增效、农民增收、集体资产增值的长效机制，为实施精准扶贫、防止脱贫又返贫，探索出一条农业强、农村美、农民富的农村改革新路。

针对不同产业融合发展的阶段（表6.1），强力推动农村集体经济发展，根据因地制宜、分类指导、一村一策的原则，做好以下方面的工作：一是全面盘活资产，努力实现资产的最优增值。二是根据自己的特色做优传统特色产业，提升有效供给质量。结合当地实际情况，大力扶持特色产业的发展，为农村集体经济发展增添新动能。要千方百计、挖空心思，甚至无中生有挖掘传统优势产业，做精产品加工，突出价值在地提升。三是在做通销售环节和渠道上下功夫，主动对接市场需求。包括实施电商工程，完善线上销售体系；开展农超对接、冷链配送、直营直销等模式，拓展线下销售模式，畅通农村经济发展成果转化为收益渠道，确保村集体经济和群众增收增富。四是加大政策和资金扶持，为农村集体经济发展提供政策和资金保障。随着市场化步伐的日益加快,农村经济社会发生了深刻变化,农村的大多数劳动人口外出务工,他们勤奋的身影留在城市的每个角落,给社会发展做出非常突出的贡献,却也因此造成地方村级集体经济发展严重滞后,出现了大量"无钱办事"的村级集体经济"空壳村",集体经济收入很难维持村务正常运转,要靠上级财政补贴才能正常运转。因此,对于村级集体经济发展,要因地制宜,精准扶持,才能有效推动,因村制宜,突出产业特色。

表6.1　产业融合发展不同阶段及其特征

	传统产业阶段	产业升级阶段	产业融合发展阶段
产业结构	一产	一产＋二产	一产＋二产＋三产
带动主体	传统农户	中坚农民、新型农民、经济能人	经济能人、返乡创业人员、外来资本金
农业产业	传统种养殖业	经济作物	特色农业产业
利润来源	满足生活、略有盈余	销售收入、以量获利	价值增值收益、以质取胜
经营特征	细碎化、异质性突出	规模化、标准化	规模化、标准化、专业化、特色化、品牌化
发展范围	个体发展	村庄发展	区域发展

注:韩旭东,王若男,郑风田.能人带动型合作社如何推动农业产业化发展?——基于三家合作社的案例研究[J].改革,2019(10):98－107.

第三节　城乡产业高质量融合发展体系

一、培育高质量新型经营主体队伍

积极培育农民经纪人、家庭农场、农民专业合作社、重点龙头企业,支持新型农业经营主体加快成为现代农业的骨干力量,通过土地经营权流转、股份合作、生产托管等多种形式,提升适度规模经营水平。不断壮大农业职业经理人市场,并实现与农村产权市场的有效对接,使其尽快成为农业经营主导力量。推进示范家庭农场、示范农民专业合作社、农业产业化示范企业等创建,提升新型经营主体素质,构建高质量的新型农业经营主体队伍,发挥示范带动作用。创建示范家庭农场,提升家庭农场管理服务能力,完善家庭农场认定制度,引导同产业同类型家庭农场组建家庭农场协会或者联合会。开展农民专业合作社示范创建,稳步推进国家、省、市示范社评定工作,建立市级以上示范社名录,引导同业合作社或产业密切相关合作社重组,组建专业合作社、发展联合社。开展农业产业化龙头企业示范创建,支持创建一批市场竞争力强、科技创新有力、产业链条精深、联农带农机制好的农业产业化示范龙头企业,鼓励龙头企业以资本或品牌作为纽带进行跨区域、跨行业合作,通过联合、兼并、资产重组等途径,扩能增效、拓展市场;支持有条件的农业企业上市,增强资本运作能力;探索创新与农户、家庭农场、合作社等有效联结的组织模式。

二、完善小农户与现代农业衔接机制

引导新型农业经营主体多元融合发展,鼓励农民以土地、林权、资金、劳动、技术、产品为纽带,围绕一二三产业融合发展,开展多种形式的合作与联合。整合农业产业链、要素链、利益链,培育以龙头企业为核心,专业合作社为纽带,家庭农场为基础的现代农业产业联合体,鼓励建立产业协会和产业联盟。创新发展订单农业,支持订单农业龙头企业建设为农综合服务中心,提供农资供应、技术指导、动植物疫病防控、土地流转、农机作业、农产品营销等综合服务。发挥新型经营主体辐射示范作用,引导新型农业经营主体多模式完善利益分享机制,总结土地经营权入股农业产业化经营试点经验,推广"保底收益 + 按股分红"等模式,让农户分享加工、销售环节收益,切实保障土地经营权入股部分的收益。创新农业经营模式,进一步探索和推广土地股份合作社、土地股份公司、家庭适度规模经营、"土地银行""农业共营制"、土地联合托管经营、"大园区 + 小农场"等多种土地流转规模经营模式。积极推广"龙头企业 + 专合组织 + 家庭适度规模经营"和"园区(基地) + 专合组织 + 家庭适度规模经营"等经营模式,综合采取"订单生产""股份分红""二次返利"等方式,建立农民与合作社、龙头企业利益有机联结、风险共担的经营机制,提高农业组织化程度。普通农户利益联结机制创新实践模式及案例如图6.2所示。

表6.2 普通农户利益联结机制创新实践模式及案例

主要模式	案例	与普通农户的利益联结机制
"订单农业＋X"升级模式类型	山东滨州"一次收购、三次返利"	在农业产业化龙头企业与农户建立订单基础上： 一次返利：加价收购，以高于市场价收购订单； 二次返利：按订单要求完成的农户，给予"免费供种、免费播种、免费收割"后补助资金； 三次返利：利润再分配，公司拿出粮食初加工利润的60%按"交售量"或"土地流转份额"给农户实施利润返还。
	江苏盐城"一次收购、二次结算"	农业产业化龙头企业采取保护价收购，建立对基地农户农产品收购的价格保护机制，切实保护农民基本收益。同时，在收购季节结束前，如果市场价格走高，在按市场将最高价与农户进行二次结算，确保农户价格得利最高。在此基础上，企业拿出一部分利润，按照订单农户与企业的交易量、产品质量等进行二次返还分配，实现带动普通农户享受到二三产业增值的收益。
股份合作模式类型	崇州市"农业共营制"：核心是"土地股份合作＋农业职业经理人"	组建土地合作社。在全面开展确权颁证基础上，以村(社区)为单位按照土地经营权作价折资等方式，组建土地股份合作社。股权量化确认，根据当地作物常年平均产量、入社土地的位置、地力状况等因素，对土地按质确定适宜的股权份额。按照300—500亩为单元划分经营小组，分别竞聘农业职业经理人，构建以农业职业经理人(农业CEO)为生产管理核心的"理事会＋职业经理人＋监事会"运行机制。对职业经理人"探索基本工资＋超奖短赔"的奖励机制，企业受益扣除成本与合作社公积金后，按照股份进行分配。
	贵州省"三变"改革：核心是资源变资产、资金变股金、农民变股东	如贵州铜仁市的"三社＋三变"： 成立供销社，负责统筹协调。以供销联社为中心，组建农业生产资料、农副产品统购统销责任有限公司，统筹盘活现有闲置资产，吸纳贫困户以土地、林地等资源入股。 成立股金社，负责资金调剂。建立"股金社＋有效资产＋金融机构＋贫困户"的捆绑抱团发展机制，股金社负责吸纳合作社入股，探索扶贫、农业综合开发等各类涉农项目财政资金折股量化途径。 成立合作社负责产业发展。以龙头企业为中心，以产业、行业为组带，打破行政区划限制，跨乡镇参与合作，发展各类专业合作社，将贫困户与企业有机地结合起来，通过组织贫困人口参与生产经营、产业发展、劳务服务等获得收入，带动贫困人口脱贫致富。

三、创新完善农业产业融合发展的经营管理体制机制

一方面，探索产业融合发展示范区和功能区的多元建设模式。发挥政府资金

的引导和撬动作用,采取直接投资、投资补助、财政贴息等多种方式支持功能区建设。统筹使用财政涉农资金,通过政府购买服务、贷款贴息、专项基金、"以奖代补"等财政支农方式,撬动金融资本、社会资本投向农业产业融合示范园区。鼓励以政府和社会资本合作(PPP)方式开展功能区公共服务、基础设施类项目建设,吸引龙头企业、农民合作社等新型经营主体以及科研机构投资、建设、运营产业融合示范园。倡导开放式建设,鼓励多元主体、全社会力量参与,吸引大学生、返乡下乡人员、复员转业军人和新型经营主体入园创业创新,形成功能区建设多主体、多元化的参与格局。

另一方面,探索建立"管委会+投资公司"运营模式。在功能区管委会组织协调下,探索"1+1+N"的组织管理模式。即一个现代农业产业园管委会,加一个实力雄厚的战略投资管理公司,N个科研机构、龙头企业、文创团队、新型经营主体等主体。贯彻"政府推动、企业主体、市场运作、效益优先"的原则,打造高效的招商引资平台,发挥企业竞争优势。由管委会组织协调各方对功能区进行统筹规划建设、统筹环境营造、统筹产业布局。在管委会指导下,由战略投资公司负责打造功能区建设投融资平台,统一开展功能区的土地整理、基础设施建设、物业管理等事宜;参与土地征转计划及征转补偿方案的拟定,承担土地征转过程中的土地整理成本,组织开展道路及供水、供电、供暖、供气、通信、排水等建设,以PPP模式开展功能区基础设施建设。组建农业产业融合招商机构,负责功能区招商引资、综合服务等。开展招商推介,形成广告发布、公关传播、形象包装、城市营销等全流程、多层面、系统化的品牌推广体系,实施产业链或产业生态圈招商。提供专业招商服务,对入驻企业提供环保审批、项目备案、注册登记、建设手续、消防手续、土地确权手续等投资服务,与金融机构建立合作关系,通过银行贷款、风险投资、信用担保、专项资金支持等,协助企业解决融资问题。

四、全面实施新型职业农民培训工程

大力开展新型职业农民培训,重点遴选家庭农场主、农民合作社带头人、农业企业骨干、返乡下乡涉农创业者、农业工人以及农业社会化服务骨干人员作为新型职业农民培训重点对象,加快构建一支有文化、懂技术、善经营、会管理的新型职业农民队伍,为现代农业产业融合发展提供坚实的人力基础和保障。

一是健全完善"一主多元"新型职业农民教育培训体系。统筹利用涉农院校、农业科研院所、农技推广机构等各类公益性培训资源,开展新型职业农民培育。鼓励和支持有条件的农业企业、农民合作社等市场主体,通过政府购买服务、市场化运作等方式参与培育工作。深化产教融合、校企合作,发挥农业职业教育集团

的作用,支持各地整合资源办好农民学院,拓宽新型职业农民培育渠道。鼓励农业园区、农业企业发挥自身优势,建立新型职业农民实习实训基地和创业孵化基地。改善培育基础条件,支持教育培训机构充实教学设施设备,改善办学条件,完善信息化教学手段,建设一批全国新型职业农民培育示范基地。

二是建立完善新型职业农民制度。规范新型职业农民的认定管理,制定认定管理办法,明确认定条件和标准,开展认定工作。鼓励、支持专业技能型和专业服务型职业农民参加国家职业技能鉴定。规范信息管理,完善新型职业农民信息管理系统,健全新型职业农民培育信息档案和数据库,并根据年度变化情况及时更新相关信息,提高新型职业农民信息采集、申报审核、过程监控、在线考核等信息化管理服务水平。探索新型职业农民注册登记制度,鼓励新型职业农民到当地农业部门注册登记,建立新型职业农民动态管理机制。

三是推进新型职业农民与新型经营主体融合一体。鼓励新型职业农民带头创办家庭农场、农民合作社等各类新型农业经营主体,发展多种形式的适度规模经营,通过土地流转、产业扶持、财政补贴、金融保险、社会保障、人才奖励激励等政策措施,推进新型职业农民和新型农业经营主体"两新"融合、一体化发展。支持新型职业农民在产业发展、生产服务、营销促销等方面开展联合与合作,组建新型职业农民协会、联合会、创业联盟等组织。提升新型职业农民发展能力,推动农技推广机构、农业科研院所、涉农院校等公益性机构定向服务新型职业农民,对新型职业农民培育对象开展一个生产周期的跟踪指导,建立跟踪服务长效机制。

第四节　城乡产业高质量融合发展路径

城乡产业融合发展要密切结合本地实际,特别是在推广和复制过程中需要考虑其适用性,既要选择合适的产业融合发展模式,同时也要为农村产业融合提供必要的支持和保障。

一、城乡产业融合发展载体

智慧农场、特色小镇、田园综合体是几种具有较大潜力的城乡产业融合发展新载体,在全国范围内已有积极的探索推广,且部分地区已经发展得较为成熟。

智慧农场。随着城乡产业融合的不断发展,科技创新在农村产业融合过程中的作用越来越大,不仅深刻影响农业规模和类型,同时也影响到了产业发展的多个环节。诸如,农业大数据、物联网、区块链等科学技术在农业生产环节中可以做到对整个生产环节的监控,以科学有效方式对农业生产进行自动化调节,进一步提升农药化肥的利用效率,保护土壤生态系统。通过农业生产工艺改进,不仅减少了人力投入,同时也提升了农业产出。在农业流通环节运用现代信息技术,可以提升农产品运输效率。同时消费者还可以通过二维码技术对消费食品进行追溯,对消费的农产品每一个环节都能够了如指掌。随着现代信息技术与农业生产经营的有效融合,智慧创新要素在其中发挥了重要作用,而智慧农场就是其中最为典型的代表。

特色小镇。随着国家对产业融合的不断重视,各地都开始对特色小镇发展模式进行创新,特别是政府积极引导农民专业合作社发展,实现了小城镇周围的土地大规模流转,并依托得天独厚的区位优势和自然环境优势通过特色小镇建设实现了二三产业带动第一产业发展的目标。通过农业、工业和服务业的有效融合,进一步加速了城乡之间的资源转换,推动了产业融合发展与新型小城镇建设的有效统一,使小城镇经济发展获得了多元化渠道。以特色小镇作为城乡产业融合发展的新载体,不仅能够充分利用其产业结构和接近城市的优势,发挥自身在农产品资源、土地资源等方面的优势,实现了农业产业转型升级。同时也提升了乡村价值,为城市居民健康产业和旅游产业提供了发展空间。

田园综合体。2017年国家首次对田园综合体进行了详细阐述,并指出该农业产业化载体适应现代农业产业和城乡融合发展趋势,能够将休闲旅游产业与新型城镇建设有机结合。这一新模式在一定区位优势和区位条件下,通过现代生产要素的有效汇集,实现了农业生产、居民生活、旅游发展、生态涵养等多种功能的有效组合,通过打造农业综合产业园,进一步提升了农业的多功能性。当前我国田园综合体已经成为推动乡村一二三产业融合发展的重要路径。从第一产业层面看,通过种植业、林业、畜牧业、渔业等农业产业的有效融合,运用现代科学技术将各种废弃物有效利用,形成生态循环利用系统,提升了农业资源的利用效率;同时也创造了丰富的农业景观,旅游者一年四季可以在此进行旅游观赏和体验。而第二产业是通过旅游业带动农产品加工业发展,通过对农产品加工进一步提升农产品附加值,同时也能够为旅游者提供多元化、多样化、多功能化的农产品,满足旅游者观赏需求和购物需求。第三产业主要是指餐饮、住宿、交通和服务产业,在田园综合体内实现了多个产业的多元化发展,以田园综合体为基础,对现代农产品进行有效开发和升级,不断满足消费者的多元化需求。

二、乡村产业融合发展的有效路径

一是因地制宜选择城乡产业融合发展路径。从世界各地现代农业的发展历程和模式来看,城乡产业融合发展对于促进区域可持续发展、统筹城市与乡村发展、保护农业资源环境、应对社会危机和保障城市和谐等方面的目标是统一的,但发展路径却因地域而异。阿姆斯特丹的园艺农业、设施农业开创了创汇农业的先河,这与其粮食市场的高度开放密切相关;东京社区农园是高度城市化发展的空间集约利用方式之一,有效地保障了城市的粮食空间和公共空间;伦敦的绿带既是大伦敦规划的生态环境绿地,亦是都市农业的主要载体。

二是高水平的农业科技化与组织化。农业科技化、产业化、市场化发展的内生需求具有一定的差异性,在突出农业文化特色的基础上,一方面要提高农业企业化、专业化程度,建立和完善有效地开放市场体系;另一方面要通过先进的科学技术提高都市农业技术含量,实现高度智能化、农业信息化、生产科技化。同时,注重发展以企业和农协为主的组织形式,发达国家在不断推进现代农业和现代都市农业过程中所采取的主要方式,就是不断增强农业和区域的自组织能力,通过协会和各行业组织加强内部之间的监管。

三是经济社会生态多元功能体系。通过对主要世界城市都市农业发展特点和历程的总结,可以看到,都市农业虽不是满足城市居民食品大宗消费的来源,却已成为世界城市生态涵养、安全食品生产、满足居民休闲、科普教育等多元功能的载体。世界城市都市农业不仅具备一定的粮食保障功能,而且具有丰富的生态保障、休闲旅游、科普教育等功能。并且世界城市土地的多功能利用正是建立在都市农业多元功能的基础上,如将农业与儿童看护和教育的设施相结合;芦苇种植与休闲活动和废水处理相结合;水产养殖业与水资源存储和休闲活动相结合;用于生产奶酪、果酱、化妆品等的高附加值农产品的生产与休闲活动和旅游相结合;城市林业(提供微气候环境、增进公众健康)与能源作物种植和休闲活动相结合,实现人口密集区土地的多功能利用。

四是农业产业融合发展的空间逐步拓宽深化。从世界城市的都市农业发展空间来看,都市农业发展的空间地域广阔,既有城郊广阔的农用地,又有城区紧凑的社区农场;既有高度开放的室外田园农场,又有健全的室内温室垂直农场。如东京、纽约等世界城市的垂直农业高度发达,与室外农业相比,位于摩天大楼的垂直农业基本上不需要土壤,而是通过有机栽培方式生长,并且融入了环保治污、能源再生、生物遗传等高科技因素。发展科技、节水、节地、节能的都市农业设施,探索资源的集约利用模式和更为广阔的高效农业发展空间。

五是农业产业融合政策扶持规范有力。从世界城市的发展经验来看,将都市农业置于城市可持续发展的框架下,将都市农业纳入城市规划、土地规划中,并且制定政策法规,保障都市农业的持续发展和规范化管理。同时要求人们有适宜的技能和方法来解决冲突,都市农业参与者也能因此组织起来进一步争取他们的合法权利。加强都市农业的制度建设,制定土地使用控制方针,以保护都市农业用地;鼓励对都市农业的投资,实现信贷服务。此外,将都市农业与城市重大发展项目相联系是促进农业与教育、休闲和环境问题相互融合的关键,将都市农业与其他城市项目联系起来,使得都市农业成为城市发展的重大项目,从而建立起一套更有效的融合都市农业的城市管理体系。

此外,地方政府应创新产业融合发展政策。在农村产业融合实践中依然会面临融资难、用地难等瓶颈,而农业产业化经营必然要扩大规模,因而需要从政府层面为产业融合提供助力。具体而言,一是要加速土地流转,创新流转方式。在城乡融合进程中,越来越多的农村居民向城市转移,农民流转土地的意愿也在发生转变,为此,地方政府应借助这一契机,为农民提供流转信息,切实推进土地流转工作进展。二是要创新金融扶持政策。资金不足是限制涉农企业发展的主要制约因素,从政府的角度来看,则应创新金融支持政策,尤其是要体现"精准",拓展产业链金融、政策性发展基金等渠道。

六是地方政府应完善涉农服务配置。农产品流通是延伸农业产业链条的关键环节,同时也是制约当前大部分农村地区经济发展的一个主要因素,此外,受信息不对称等的影响,农民的利益依然无法有效保障。为此,可以借助互联网平台,以政府为主导搭建公共服务平台,同时完善农村地区的信息基础设施建设,加强对信息技术、现代农业、生态农业等的教育和宣传,提高广大农民的文化素质和技术能力。此外,还应鼓励农民工、农二代等返乡创业,并为其提供必要的政策优惠和信息资源的支持。

总之,在城乡产业融合发展需要注重新技术、新业态、新商业模式的运用,在选择路径上要注重多个产业融合注重横向拓展和农业功能作用发挥,注重智慧农场、特色小镇、田园综合体建设,以更为多元化的方式推动城乡一二三产业融合发展。

第七章　城乡制度高质量融合发展

　　城乡二元结构明显、城乡差距过大是中国目前面临的主要结构性问题之一。进入21世纪初,中国在系统破除城乡二元体制机制,推进城乡融合发展方面采取了一系列措施,也取得了积极进展,但城乡二元分割的制度性障碍仍未完全消除。2019年,全国居民人均可支配收入30733元,其中,城镇居民人均可支配收入42359元,农村居民人均可支配收入16021元,城乡居民人均可支配收入比值为2.64∶1,与2018年相比,略有下降,但差距仍较为明显。长期以来,城乡要素双向流动不顺畅,多数农地劳动力、城郊农地、资本等要素从农村向城市单向流动,一部分城郊农民通过土地征用或房屋拆迁中获得了要素流动带来的巨大收益,但大多数远离城市的农民却很难从要素流动中获得丰厚收益,特别是城乡居民在教育、医疗等基本公共服务资源配置上的不均衡进一步冲抵了这点微薄的要素流动收益,造成城乡差距一直未得到根本性的改变,严重阻碍了中国农业现代化和城镇化进程。为加快破除城乡分割的体制机制障碍,重塑新型城乡关系,中共中央、国务院分别于2019年5月5日发布《关于建立健全城乡融合发展体制机制和政策体系的意见》和2020年4月9日发布《关于构建更加完善的要素市场化配置体制机制的意见》,进一步从城乡要素合理配置、基本公共服务普惠共享等方面做出指导意见。在推动城乡融合发展进程中,影响人口自由流动的户籍制度和国家、集体二元所有的土地制度无疑是急需破除的制度障碍,由于教育、医疗、保障性住房和就业等福利以及土地增值收益分配紧密挂钩,户籍和土地制度改革至今"步履维艰"。城乡融合发展的关键在于劳动、土地、资本等要素的自由流动和相关利益的合理有效分配,只有全面深化触及城乡利益分配的户籍、土地制度改革,引导各种要素合理流动,才能形成城乡融合发展新局面。

第一节 城乡要素自由流动的制度障碍

一、户籍制度障碍

改革开放以来的中国经济增长伴随着大量的人口流动,1982 年全国流动人口规模在 700 万人以下,2018 年流动人口规模已高达 2.41 亿人,其中多数是农村向城市的"乡—城"流动。农村居民向城市的大量迁移使劳动力资源得到重新配置,提高了劳动力效率,为经济增长做出了巨大贡献。1978 年,中国就业人口中从事第一、二、三产业的人数分别为 28318、6945、4890 万人,比值分别为 5.8:1.4:1,而第一、二、三产业人均产值比分别为 1:7:5,三产业从业人员比例和人均产值倒挂现象严重,大量劳动力在人均产值最低的第一产业就业,资源配置效率低下;2018 年就业人口中从事第一、二、三产业的人数比分别为 1:1:1.7,第一、二、三产业的人均产值比例分别为 1:5:4,同 1978 年相比,从业人员在三产业的就业比例明显改善。大量农村富余劳动力转移到城市就业,提高了资源配置效率,促进了劳动力的产业转移和城镇化进程。

常住人口城镇化率增长迅速,其中农业转移人口"功不可没"。截至 2019 年末,中国常住人口城镇化率为 60.6%,与 1978 年的 17.92% 相比,提高了 42.68 个百分点,增幅达 2.38 倍,城镇化率年均增长 1 个百分点。尽管大量农村居民不断流向城市,但并没有完成真正的迁移。从农村流动到城市地区的空间转移仅仅是劳动力转移的第一个过程,能够在迁入地长期居留才算完成真正的迁移。

2018 年,中国户籍人口城镇化率为 43.37%,与常住人口城镇化率相差 16.2 个百分点,意味着 2 亿多农村居民及其家属流动到城市地区,却尚未享受到城市化和经济发展带来的成果与收益。改革开放以来,中国户籍人口城镇化率始终低于常住人口城镇化率,两者之间的差距逐年增加(图 7.1),这两者之间的差距便是那些被统计为户籍人口却没有享受到城市基本公共服务的流动人口。这些流动人口居住"边缘化",生活"孤岛化",长期处于"半城市化"的状态。显然,户籍制度是阻碍其自由流动、平等享受社会福利的主要障碍。

随着户籍制度改革的推进,许多城市放宽户口迁移条件,取消农业户口和非农业户口类别,将城乡居民统一登记为居民户口,这种统一登记居民身份的做法是打破城乡居民户籍分割的重要进步,却没有提高农业转移人口的市民化率。由于户籍制度同福利分配和资源配置密切相关,将户籍登记身份由农业变为非农

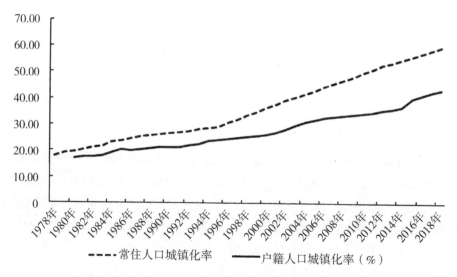

图 7.1　1978—2018 年常住人口城镇化率和户籍人口城镇化率

数据来源：由《2018 中国统计年鉴》、2016—2018 年《国民经济和社会发展统计公报》《1997 中国人口统计年鉴》、1997—2015 年《中国人口和就业统计年鉴》整理得到。

业,却不提供医疗、教育、就业、养老等服务,导致城镇内部出现城市居民和"半城市居民"新二元矛盾,随迁子女教育和老人养老问题凸显,给社会治理和经济发展带来巨大的压力。

根据 2018 年全国流动人口调查数据统计,3～6 岁儿童流动人口家庭人均教育支出为 1390 元/年,而城镇本地家庭人均教育支出仅为 1033 元/年,农业转移人口比城镇本地户籍人口家庭承担更大的教育支出压力。由于学前教育仍未纳入义务教育范畴,农业转移人口随迁子女进入公立幼儿园的比例远低于城镇本地家庭儿童,前者为 42%,后者为 68%,市场购买服务的方式导致流动人口家庭承担了更高的学前教育费用。医疗和社会保障方面,60 周岁以下流动人口参加城镇职工医疗保险、城镇居民医疗保险和城乡居民合作医疗保险的比例分别为 30.6%、4.6%、3.9%,参保比例较低。保障性住房方面,流动人口中居住在政府提供的廉租房、公租房或已购政策性保障房的比例仅为 0.7%,流动人口被置于主流的住房分配制度之外,买房、租房困难,住房稳定性较差。

二、土地制度障碍

除了阻碍农村转移人口平等享受基本公共服务的户籍制度,国家、集体二元所有的土地制度也阻碍了城乡融合的发展。土地二元所有制导致城乡土地的权利体系和配置方式均不相同,农村集体土地拥有的权能远远低于城市国有土地,城乡土地很难做到"同地同权同价"。

中国农村集体土地必须首先经过征收,转变为国家所有才能入市交易和流转。国家通过土地征收垄断土地供给,对农地转为非农用途和使用权的流转实施管控。城市建设占用农地,不管是否出于公共利益的需要,都被征收为国有,违反了《宪法》第十条"国家为了公共利益的需要才能征收或征用农民土地"的规定。此外,与土地增值收益和土地供应价格相比,农村居民从征地中获得的补偿较低,土地增值收益主要集中在县、市级政府,并用于城市建设和城市土地开发,使得本该属于农村集体和农村居民所有的土地增值收益大部分流向城市,严重侵害了农民的土地财产权益,扩大了城乡居民收入差距和不平等程度。

在承包地方面,大量农村富余劳动力选择到城市务工,将承包地出租给他人经营。截至 2017 年底,全国土地经营权流转面积达 5.12 亿亩,流转率 37%,流转合同签订率达 68.3%。2017 年流动人口的调查数据也显示,流动人口的承包地 74% 转包给了家庭成员或亲朋耕种,14.3% 转租给了集体、企业或个人,9.1% 撂荒或种树。土地承包权、经营权的分离已成为常态,但在现行土地制度下,承包权、经营权只能在集体组织成员内部发包和流转,影响了土地规模经营的进一步扩大。此外,进城落户转变为城市户籍是否意味着无偿放弃农村承包地和宅基地等权益,成为很多农转非居民的重要顾虑。相关调查发现,只有 11% 的农村居民愿意交回承包地进城落户,实现户籍非农化,无偿放弃附着在农村户籍上的各种权益降低了农村居民进程落户的意愿。

除了承包地转包和流转,农村居民外出务工也导致大量宅基地闲置。2000—2011 年,全国农村居民点闲置面积为 3000 万亩左右,每年因农村居民转移到城镇而新增农村闲置住房面积 5.94 亿平方米,折合市场价值约 4000 亿元。农民真正的财产除了承包地之外,就是宅基地。但现行《物权法》未赋予农民宅基地完整的用益物权和担保物权,农民对宅基地只拥有占有和使用权,没有收益权,亦不能抵押贷款。现行《土地管理法》也不允许宅基地在集体经济组织外特别是城乡之间流转,严重堵塞了农民获得财产收入的渠道。

第二节　城乡产业融合政策体系创新

以完善产权制度和要素市场化配置为重点,着力增强改革的系统性、整体性、协同性,深入推进农业农村"放管服"改革,破除一切束缚农民手脚的不合理限制,通过制度性创新安排和改革突破,推动农村资源要素"三激活",即激活要素、激活主体、激活市场;促进政府公共资源优先投向农业农村,逐步实现城乡公共资源配置适度均衡和基本公共服务均等化,发挥政府调控作用,实现城乡公共服务"四优先",即在干部配备上优先考虑,在要素配置上优先满足,在公共财政投入上优先保障,在公共服务上优先安排。

一、创新城乡劳动力合理流动转移机制

一是优化城乡劳动力自由转移环境,制定好农村劳动力转移规划,健全市场服务机构,构建统一的城乡劳动力市场,大力发展各级各类职业介绍和人才交流中心,健全全市统一的信息工作程序、制度及传输、交流系统,使之迅速形成部门分工协作、城乡纵横相连的劳动力供需信息网络,消除劳动力市场上的制度障碍,进一步改善农民进城就业的环境,形成以素质为主要标准的劳动就业准入机制;加大政策支持力度,优化农村环境,创新优化就业岗位,鼓励城市富余劳动力到农村创业就业,合理有序配置城乡劳动力资源。

二是继续深化城乡户籍制度改革。通过入户指标、差异化落户政策等手段,科学调控人口规模、优化人口结构;建立健全居住证和实有人口登记制度,实现基本公共服务向常住人口覆盖;完善农业转移人口落户政策、保障农民农村合法财产权利及加强服务保障,推进农业转移人口市民化。

三是构建城乡劳动力就业培训制度,针对农村剩余劳动力普遍综合素质不高、专业技术水平低的突出特点,要大力实施"千万农村劳动力素质培训"工程,加快农村劳动力向二三产业转移。把培训农民技能与促进农民就业结合起来,大力鼓励培训学校、企业和社会力量发展就业服务机构,加强对受训农民的就业指导和就业服务,形成以培训促就业、以就业带培训的机制。

四是构建城乡统一的劳动力社会保障制度,逐步推进农村劳动力医疗保险、失业保险、养老保险等社会保障全覆盖,提高保险标准,实现城乡劳动力同等待遇,同工同劳同酬。

二、推动农村集体产权制度改革

一是激活农村沉睡土地资源,推进农村(宅基地)"三权分置"改革,针对农村大量农房和宅基地闲置资源,出台《关于开展农村宅基地"三权分置"改革试点工作的若干意见》等系列配套政策,选择试点率先启动宅基地"三权分置"改革试点,落实村集体所有权,保障农户资格权,适度放活使用权,通过农房(宅基地)使用权流转权审批认证,发放证书等,盘活闲置农房,吸引更多优质项目在农村落地

生花。

二是推动农村土地三权分离,深化土地确权登记颁证工作,实施土地所有权、承包权、经营权分置,从落实农村土地集体所有权、保护农户承包权、放活土地经营权进行顶层设计,通过向农户发放《农村土地承包经营权证》《农村土地经营权证》等土地"身份证",变农村集体土地资源为农民资产,进行抵押、贷款和合理流转,激活农村沉睡土地资源将农村居民与城镇居民资产资源平等化,促进城乡资源流动与合理配置。鼓励以村集体经济带头,领办、创办土地股份合作社,鼓励农民将土地资源作为资产入股,实施"三变"改革,即将资源变资产、资金变股金、农民变股东,激发农民内生动力,壮大农村集体经济,最大化地实现土地产出的共享效益,实现共同增收。

三是推进城乡土地综合整治,对土地进行全域规划,利用开发、复垦、整理、修复等一系列手段,对"山水林田湖村城"七要素进行综合整治;以高标准农田建设、城乡建设用地增减挂钩、城镇低效用地再开发、工矿废弃地复垦、矿山环境整治、矿地融合等多种组织形式协同推进,并综合国土、农委、林业、水利、环保等部门合力推进。

三、创新资本要素城乡合理流动机制

创新投融资机制,加快形成财政优先保障、金融重点倾斜、社会积极参与的多元投入格局。

一是建立农业农村财政优先支持机制。创新财政支农制度,发挥政府作用,推动现代财政制度建设,构建制度化和合理化的公共资源和利益分配机制,形成效率驱动可持续发展的体制环境和支撑体系;强化城乡融合制度性供给,建立公共财政投入优先保障以及公共服务优先安排的体制机制和政策体系,完善支持"三农"的财政投入保障机制,确保财政投入持续增长,不断增大相关投入,扩大保障覆盖面,推进公共财政更大力度向"三农"倾斜;遵循市场规律,改革当前农业支持保护政策,推进农产品价格形成机制改革,通过财政合理引导金融和社会资本投入乡村领域,构建推动城乡要素双向流动与平等交换的体制机制,形成市场化推动城乡融合的可持续发展道路;推动公共财政向农村倾斜,公共服务向农村延伸;进一步完善财政下发制度,尽量减少中间环节,可以公开的一定要公开。

二是继续深化农村金融体制改革,提高金融服务水平,坚持农村金融改革发展的正确方向,健全适合农业农村特点的农村金融体系,在确保政策性金融供给的同时,开展金融制度创新,提高村镇银行的覆盖面,拓展商业银行对农村信贷业务范围,支持新型农村合作金融组织健康发展,推动农村金融机构回归本源,把更

多金融资源配置到农村经济社会发展的重点领域和薄弱环节。建立农村金融贷款抵押担保机制,针对农户和农村中小企业的实际情况,实施多种担保方法,探索实行动产抵押、仓单抵押、权益抵押等担保形式。应当建立多种所有制形式的农业担保机构,鼓励商业性担保机构开展农村担保业务,建立担保监管制度,以防范相关金融风险。

三是鼓励社会资本投入,制定相关扶持政策,优化农村市场环境,鼓励各类社会资本投向农业农村,发展适合企业化经营的现代种养业,利用农村"四荒"(荒山、荒沟、荒丘、荒滩)资源发展多种经营,开展农业环境治理、农田水利建设和生态修复。对社会资本投资建设连片面积达到一定规模的高标准农田、生态公益林等,允许在符合土地管理法律法规和土地利用总体规划、依法办理建设用地审批手续、坚持节约集约用地的前提下,利用一定比例的土地开展观光和休闲度假旅游、加工流通等经营活动。能够商业化运营的农村服务业,要向社会资本全面开放。积极引导外商投资农村产业融合发展。

四、完善城乡产业融合发展的配套政策体系

一是构建城乡融合与乡村振兴相辅相成的政策体系,在国家实施乡村振兴战略大背景下,把乡村振兴作为城乡融合发展的重要抓手,充分利用好国家乡村振兴的扶持政策,出台乡村人才振兴、产业振兴、文化振兴、生态振兴、组织振兴的实施意见和扶持措施,加快补齐农村发展相对滞后短板,事半功倍,一箭双雕。

二是加快出台促进资源要素流向农村的财政、金融和税收政策,设立乡村振兴财政专项,加大对农村的财政支持力度、大力支持农村基础设施建设;加强税收政策修订,对返乡创业、人才"双创"等给予税收减免或优惠,对社会资本投入农业公共事业和基础设施建设领域,给予税收优惠;对农产品交易和农村公共服务产品供给给予税收减免或优惠,吸引更多的人才和资本投入农村建设。完善农村信贷融资金融政策体系,增加金融信贷机构农村网点覆盖率,创新农村信贷抵押产品,对发展农业生产、农产品加工,创建现代农业产业园等现代农业经营主体贷款适当降低门槛,给予利率优惠。

三是制定完善的现代农业产业融合发展政策体系。加强农业产业融合发展的公共服务,建设综合性信息化服务平台,提供政策咨询、电子商务、休闲农业与乡村旅游、农业物联网、价格信息、公共营销等服务;优化创业孵化平台,提供设计、创意、技术、市场、融资等定制化解决方案等服务;建设农村土地产权流转交易市场,引导农村承包土地经营权有序流转、集体经营性建设用地入市等,满足农村产业融合发展用地需要;利用好国家"产业扶贫"政策,将产业扶贫政策纳入乡村

振兴和城乡融合扶贫予以支持,制定发展当地特色产业发展规划,培育当地致富带头人,创建高效的产业扶贫模式。

第三节 城乡制度融合发展的改革举措

劳动、土地、资本的自由流动和合理配置是影响城镇化发展的重要因素,城镇化进程的快速发展和城乡居民收入差距的缩小有赖于城乡二元体制的破除。为加快城乡共同发展,需打通劳动、土地、资本等要素城乡流动的制度性通道,全面推进户籍制度改革、深化土地制度改革,建立健全与之相配套的财政、金融、社会资本保障机制。

一、全面推进户籍制度改革

国际上许多发达国家和发展中国家经验均表明,劳动力自由流动是发挥地区间比较优势,促进经济发展的重要因素。第二次世界大战后,许多低收入国家城乡迁移过程都是劳动力从传统土地密集型产业向人力资本密集型产业的转移,流动迁移人员能够增加迁入地劳动力供给,调节通货膨胀,有助于扩大劳动力市场规模,提高全要素生产率,促进城市经济增长水平和经济效率。截至 2019 年底,中国仍有 25% 左右的劳动力在第一产业就业,第一产业增加值在国民经济中所占比重仅为 7.11% ,仍然高于发达国家平均一产 3.2% 的占比,中国劳动力的非农转移潜力巨大。今后应该继续鼓励农村劳动力自由迁移,全面推进户籍制度改革,优化劳动力的产业和空间配置。

首先,消除户籍身份和公共福利的关联。户籍制度改革需彻底消除户籍身份和基本公共服务的关联。农村转移人口为城市建设、发展和繁荣做出重要贡献,享受到的基本公共福利却严重不足。近些年中国流动人口的"家庭化"趋势明显,2017 年全国流动人口调查数据显示,流动人口家庭在流入地平均户规模为 2.7人,在流入地 3 人户的家庭比重最高,子女和老人随同迁移,对住房、教育和养老保险等公共服务需求旺盛,而户籍身份和住房、教育环环相扣却阻碍了流动人口家庭享受基本公共服务。目前,中国许多城市尤其是大城市和特大、超大城市,户籍身份及住房、子女教育直接关联,没有户籍身份就无法获得廉租房、公租房或政策性保障房,甚至许多商品房的购买也受到限制,而有无住房以及住房位置又直接影响子女入学。户籍制度更多地应该发挥的是人口登记、管理等功能,而不是阻碍基本公共服务的获取。因此,需解绑户籍制度和基本公共服务的关联,将农业转移人口能否和本市居民平等享受社会福利列入政府官员政绩考核指标体系，使提供均等化公共服务成为各级政府官员追求政绩的自觉行动，让那些为城市建设、发展和繁荣做出贡献的农业转移人口及其随迁家属住有所居、学有所教、病有所医、老有所养、心有所安，进而提高城市化水平和质量，增强城市竞争力和反哺农村能力，为最终完成工业化和农业现代化创造条件。

其次，逐步放开特大、超大城市的落户限制。2019 年 4 月 8 日，国家发展改革委员会公布《2019 年新型城镇化建设重点任务》指出，"全面取消城区常住人口 100 万~300 万的 Ⅱ 型大城市落户限制；全面放开放宽城区常住人口 300 万~500 万的 Ⅰ 型大城市落户条件；调整完善超大特大城市积分落户政策，大幅增加落户规模，精简积分项目，确保社保缴纳年限和居住年限分数占主要比例"。与 2014 年的改革意见相比，此次改革大幅度放宽了大城市的落户限制，可见政策意见的导向是鼓励农村居民向大中城市转移，在超大、特大城市人口落户方面，仍然趋于保守。2016 年流动人口落户意愿调查显示，超大、特大城市中流动人口愿意在当地长期居住，并在当地落户的比例高达 67%；较大城市中 63% 的流动人口愿意在当地长期居住，而落户意愿降低到 34%；中小城市中 58% 的流动人口愿意在当地长期居住，落户意愿只有 25%。农业转移人口和中小城市各类人才流入特大、超大城市的意愿远高于其他城市，与户籍改革的导向相反。与流动人口落户意愿相反的户籍制度改革对推动人口迁移和落户作用十分有限。现阶段，中国大城市数量明显偏少，人口比重明显偏低，在实现城乡基本公共服务均等化的基础上，应该逐步放开特大、超大城市的落户限制，构建公平的制度环境，保障流动人口自由选择特大、超大和中小城市定居的权利。

最后，惠及各个阶层，不搞选择性改革。长期以来，中国农村居民为工业化、城镇化做出了巨大贡献，不管进城还是返乡，其在农村的合法权益都不应受到任何损害，因此户籍制度改革的重点是针对已经进城就业生活的农业转移人口。各地政府应树立正确的整体人口观，摆正眼前利益与长远利益、经济利益与社会利益的关系，既要看到为吸纳外来人口而增加的财政支出，更要看到外来人口为城市发展可以做出的更大贡献，绝不能只盯住所谓的高端人才，为盲目争夺高端人才而忽视本地实际发展需要的人才。

二、深化农村土地制度改革，试点农地成员权的股份量化

促进土地要素的城乡流转需统筹推进、深化土地制度改革。为此，应缩小征地范围，推动农村集体建设用地入市，增加城市建设用地有效供给，降低农村居民市民化住房门槛；深化农村宅基地制度改革，赋予农民宅基地完整的用益物权，增

强农民土地财产收入;完善承包地"三权分置"改革,加快农村承包地流转,实现农地规模经营。在统筹推进农村土地制度改革的进程中,需始终坚持发挥市场在资源配置中的决定性作用,同时更好地发挥政府的作用。

首先,缩小征地范围,维护被征地农民和农民集体的权益。严格按照公共利益的需要限定征地范围,规范土地征收程序,对于非公共利益的农村集体土地使用,不应通过政府低价征收为国有,再进行高价拍卖,而应让农村集体土地直接入市,来满足非公共利益的用地需求。增加被征地农民的补偿金额,2018 年《土地管理法修正案(草案)》取消了征地补偿限额规定,补偿基准改为片区综合价,根据"土地原用途、土地资源条件、土地产值、安置人口、区位、供求关系以及经济社会发展水平等因素"制定片区综合价,"并根据社会、经济发展水平适时调整",同原来的补偿总和"不得超过土地被征收前三年平均年产值的三十倍"相比,农地征收补偿标准和金额更加合理。补偿金额的提高,一方面,能够增加政府征地成本,在一定程度上降低政府征地意愿;另一方面,可以提高农村集体和集体成员土地财产收益。但也应该看到,补偿金额的制定仍然是由政府定价,而要真正体现土地的市场价值,应直接由农村集体土地的使用者和出让者等市场交易主体协商确定补偿金额。

其次,推动农村集体建设用地入市。目前,中国土地改革的 33 个试点县市区仅允许农村集体经营性土地入市,主要是依法获得的、符合规划的工矿仓储、商服等农村集体经营性建设用地,只有很少的试点将其他用途的建设用地,通过规划整理转化为经营性用途。四川省泸州通过宅基地的退出来增加建设用地指标,通过规划将指标落到地块,再按照新地块的土地规划用途,将集体经营性土地入市。大部分试点区域都是存量经营性建设用地入市,像泸州这种结余调整方式和新增建设用地入市的情况很少。存量集体经营性土地,一方面数量有限,截至 2013 年底,中国农村集体建设用地面积为 3.1 亿亩,而经营性建设用地面积只有 4200 万亩,仅占农村集体建设用地面积的 13.5%;另一方面这部分土地绝大部分已经使用,这些土地的入市不能大幅度增加城市建设用地的有效供给。农村大量闲置的土地是宅基地,2018 年,140 个样本村庄的调查结果显示,农村宅基地闲置率平均为 10.7%,空置的宅基地可以用于整治 1 亿亩左右的土地,中共中央、国务院《关于建立健全城乡融合发展体制机制和政策体系的意见》首次提出,"允许村集体在农民自愿前提下,依法把有偿收回的闲置宅基地、废弃的集体公益性建设用地转变为集体经营性建设用地入市"。这意味着农村集体经营性建设用地可以通过动态调整扩大入市范围和规模,从而使大量闲置宅基地在城乡之间进行合理配置和有效利用。

再次，深化农村宅基地制度改革。完善宅基地集体所有权、农户资格权和使用权"三权分置"制度，允许宅基地在符合城乡统一规划前提下自主进入市场。加快完成农村宅基地确权颁证登记工作，目前中国农村承包地确权颁证登记进展较好，但宅基地确权颁证工作相对滞后，应加快产权确权，促进土地入市交易流转。允许农村宅基地使用权流转给集体外部的成员，中国农村宅基地实行"一户一宅"的分配制度，大多数村集体内部成员都拥有住宅，不存在对宅基地的有效需求，只有将宅基地的使用权流转给集体外部成员，才有可能增加农民的财产收入。目前很多农村地区利用当地自然、特色风光吸引外地人来本地旅游休闲娱乐，城市各类人才也选择下乡创业、就业，所以说只有将农村闲置宅基地盘活，使他们到农村住有所居，才能促进城市人口向农村流动，并带来大量资本注入，增加农村居民财产收入。

最后，完善农村承包地制度。完善农村承包地制度应在保障集体所有权和农地承包权的前提下，给予农村承包地抵押担保等更加完整的用益物权，促进了农地在更大范围内和更大程度上流转。对于进城落户、有稳定收入、有住房和社会保障的农民，不应强迫其无偿放弃土地承包经营权，而应建立合理的机制，鼓励他们有偿退出土地承包经营权。扩大农村务农人员的土地经营规模，实现农业机械化和现代化，应允许集体经济组织以外的成员依法获得农村集体土地的承包经营权，在自愿公平竞争的市场机制下实行有偿、有期转让，使交易各方共赢多赢。

三、建立健全财政、金融、社会资本保障机制

中国城乡融合发展，是一个长期的系统性综合工程，户籍制度、土地制度的改革，城乡公共服务均等化的推进，以及土地收益的再分配，都需要大量财力支持，因此在全面推进户籍制度改革、深化土地制度改革的同时，还应该建立健全与之相配套的财政、金融、社会资本保障机制。

首先，加大中央财政对农业转移人口市民化的支持力度。近些年来，中国财政支出对"三农"的支持力度不断增大。2018 年，全国财政一般公共预算对农林水的支出超过 2 万亿元；2019 年，财政预算拟安排农林水支出约 2.2 万亿元，同比增长 7%。中央财政政策对城乡融合的发展起着指导作用，应当全面实施"劳动力、土地、资本、技术、数据"挂钩政策，对于吸纳农村转移人口较多的城镇地区给予更多的财政政策倾斜，通过税收优惠、补贴等激励方式，引导金融部门、社会资本的进入，优化人口、土地、资本的合理配置。加大公共服务均等化方面的财政支出。在教育方面，将农业转移人口及其随迁子女纳入公共财政保障范围，逐步减免中等职业教育学杂费并实施普惠性学前教育政策。统一城乡教育经费保障机

制,确保农业转移人口子女享有平等的受教育权利。在医疗和社会保障方面,实施统一规范的城乡社会保障制度,中央和地方各级财政参照城镇居民的补助标准,给予农业转移人口相同的财政补贴。在就业方面,各级财政部门要统筹上级转移支付和自有财力,设立就业专项资金,确保农业转移人口享有职业介绍和培训等服务。

其次,完善农村金融服务体系。农村金融作为中国金融体系的重要组成部分,是支持和服务"三农"发展、促进城乡融合的重要力量。尽管中国农村金融已经取得长足发展,但从横向来看,仍是整个金融体系中最为薄弱的环节,在广度和深度上都有较大提升空间。为此,第一,应推动农村金融机构回归本源,保障金融机构农村存款主要用于农业农村,将更多的金融资源投向农村农业实体经济,完善乡村金融机构服务农村农业体系。第二,积极发挥差别化存款准备金作用,对涉农贷款余额达到一定比例的商业银行,降低其存款准备金率,激励金融机构增加"三农"服务业务。优先办理涉农票据、小微企业票据再贴现,并给予优惠利率支持。第三,扩大金融服务体系覆盖范围,完善农村金融市场准入机制,引入除四大行之外的开发银行、农业发展银行等金融机构以及非金融机构,在业务范围内为城乡融合发展提供融资支持。完善适合农业农村特点的金融服务体系,构建由政策性和商业性银行、保险公司、证券公司等金融机构组成的竞争性金融服务体系,加强信贷与保险、担保合作,为城乡居民提供多样化金融产品。

最后,引导社会资本向乡村流入。社会资本向农村流入,可以为农村带来人才、技术、资金等稀缺性资源。城市的各类人才,包括本科生、硕士生、博士生尤其是农业院校毕业的大学生很多有志于振兴乡村;已经进城落户、积累了一定财富和社会资源的农民企业家也希望衣锦还乡,回报父老乡亲;还有一些离退休干部拥有丰富的社会资源,希望到农村发挥余热和安度晚年。这些人才回到农村,通过创业、就业或者旅游休闲养老等可以把城市现代文化、科学技术、文明生活方式带到农村地区,提高农村居民收入水平,引导农村消费,故应鼓励、支持和引导这些社会资本向乡村的流入,不断优化乡村资源配置,全面增强公共服务供给,有效降低政府财政支出的压力,更好地助推城乡融合发展。

下篇 02

城乡高质量融合发展实证篇

　　本篇章内容重点聚焦于城乡要素、产业结构调整、制度改革等层面的城乡高质量融合发展进行计量实证分析,通过针对农地要素流转与农户消费融合探讨农村要素的有序流转是否带来农民消费水平和消费结构的提升;通过人力资本、社会保障、养老保险、非农就业等探讨城乡居民收入融合的影响,为城乡公共服务融合提供有效的经验证据支撑。在此基础上,农户家庭收入不平等是否带来农户内部的阶层异化、影响到居民的社会经济地位以及居民的健康不平等和幸福感认同的差异性,需要进一步更优化配置城乡居民的医疗和社保支出,这为我国调适城乡公共服务政策和资源配置提供有力的经验支撑。此外,城乡公共投资效率的差异性也促使区域融合的加快,促使要素配置更多地通过市场化手段来发挥资源配置作用。

第八章 农地流转与农户消费融合

第一节 农户土地流转的消费融合场景

在推进中国工业化和新型城镇化建设的进程中,土地流转成为农户基于家庭内部资源分配的重要生计选择。2017年中央一号文件中特别指出:"加快发展土地流转型、服务带动型等多种形式规模经营。积极引导农民在自愿基础上,通过村组内互换并地等方式,实现按户连片耕种。"促进土地经营权流转,激发农村生产要素的内在活力,发展农业适度规模经营,已经成为新时代乡村经济振兴和农业供给侧改革的重要抓手。尤其是21世纪以来,土地大量流转的背后农民进城现象"井喷式"涌现。无疑,通过土地流转确实能够促进土地资源的优化配置和规模化经营,实现农村劳动力资源、资金、技术等关键要素的更有效率的融合,助推我国农村经济发展。土地流转确实改变了很多农民的命运,但是,必须认识到,劳动力和其他生产性资产在不同农户间的不平等,使能力更强的农户选择性地转移就业(匡远凤,2018),实现了向上的流动性,农村越来越成为缺少进城能力的弱势农民群体的基本保障(贺雪峰,2018)。进一步地,土地流转引致农户生计状态的变化会在一定程度上影响农户消费的状态。在农村土地流转背景下,充分认识导致农户消费结构型低迷问题的原因对于促成农户高质量消费,更好应对解决、防范因"土地流转"而导致的社会分化加剧的风险和消费层次的"低端锁定"问题,对推动实现繁荣农村经济具有重要意义。

中国经济进入"新常态"阶段,实现经济内生增长目标最迫切需要解决的问题是居民消费水平的有效提升,尤其是农村"低消费、高储蓄"困境的破解(王小华、温涛,2015)。同时,农户消费水平作为判断农村居民生活质量和农户经济福利的重要标尺,已经成为百姓获得感、幸福感和满意度的重要标尺。但是,鲜有学者关注到当前中国农村地区存在的消费不平等问题,尤其是评估土地流转对农户消费的影响效应。2017年农村居民恩格尔系数为31.2%,比1978年的67.7%下降了36.5个百分点,农村居民消费率从1978年的46.7%下降到2017年的6.43%(国家统计局,2018)①,这意味着,改革开放以来,我国农村居民恩格尔系数不断减小,但是总体上来看,农村居民消费不足是居民消费率下降的重要原因,且农村居民仍未处于"幸福消费"区域(即食品消费占家庭消费开支总额的比例低于30%)②,农村居民消费能力和消费水平仍有待进一步提高。2018年,国务院印发了《国务院关于完善促进消费体制机制进一步激发居民消费潜力的若干意见》,并提出推动农村居民消费梯次升级的意见。农户消费分化现象和消费结构升级问题,已经受到党中央和国务院的高度重视。在此背景下,评估土地流转对农户消费的政策影响极具现实意义。因此,利用具有全国代表性的微观调查数据,使用计量模型对土地流转、社会资本的农户消费效应及其微观机制进行分析,为政府部门制定优化消费结构及繁荣农村经济的政策提供数据支撑和理论依据。那么,现行的土地流转经验做法是否抑制或促进了农村居民消费?土地流转背景下社会资本分布不均等对土地流转影响农户消费效应是否存在缓冲作用?如果确实有影响,那么作用路径如何?农户所处的家庭生命周期和消费阶层的差异对农户消费的影响是否存在明显的异质性?土地流转背景下如何促进农户消费振兴农村经济?

第二节　农地流转对农户消费融合的研究基础

农户消费理论一直是微观经济理论与实践研究的热点问题。已有大量学者基于不同方法、材料和模型,从不同视角对农户消费及其影响因素进行研究,在迪顿的早期研究中,个体收入与流动性约束被认为能在抑制不确定性与流动性约束下影响个人消费、贫困和福利(Deaton,1991),但由于家庭脆弱性,出于成本考虑,家庭更愿意利用预防性储蓄来抵御负向冲击的影响,Chetty&Szeidl(2016)进一步发现家庭层面的调整成本对总消费动态的影响,消费过度敏感和过度平滑受限于

---

① 根据2018年《中国统计年鉴》相关数据计算而得。其中,居民消费率是指一国居民一年中的消费额占国民生产总值的比重,恩格尔系数是食品支出总额占个人消费支出总额的比重。

② 目前,不同学者对恩格尔系数的判断标准并不统一。20世纪70年代中期,联合国粮农组织提出了恩格尔系数的数量界限,60%以上为绝对贫困,50%~60%为勉强度日,40%~50%为小康水平,30%~40%为富裕,低于30%为最富裕。

习惯形成和收入结构失衡(王小华等,2016)。中国的发展经济学研究同样认为影响农村居民消费的因素包括收入制约和流动性约束两个方面(王柏杰,2014),并且,初次分配格局的恶化直接影响到居民消费潜力的释放,同时也加剧了社会贫富分化(臧旭恒、贺洋,2015),而收入差距扩大均会显著挤压农户消费(刘雯,2018)。并且,随着近年来土地流转政策的实施推进,部分学者对农地流转的微观福利效应进行了探索性研究(冒佩华、徐骥,2015;冷智花等 2015),发现土地流转能显著提升农户收入并降低贫困发生率,不同地区土地流转体现为"富农"行动特征,低收入家庭对于土地的依赖程度较高,但土地流转对不同特征农户的家庭消费存在异质性影响,且对消费水平更高的农户影响更大,如果家庭成员有非农户口,将能显著提高低消费农户的消费水平,同时,流入农村土地的农户因为规模经营,使用先进农业机械设备实现农户劳动生产率,进而造成农户消费异质性。然而,大多数学者仅停留在描述阶段,注重结果却无视原因,对微观农户消费异质性问题的研究不够深入,学者们重点考察土地流转行为对农户福利和收入分配的影响,而对土地流转对农户消费的影响研究略显不足,尤其是缺乏完整的理论和经验分析框架考察土地流转对农户消费的影响。从既有的研究土地流转对农户消费和福利问题影响的文献来看,只有少数文献关注土地流转是否对贫困户更有利,或者是否能够缩小消费差距,从家庭生命周期探究农户消费异质性的文献更是缺乏。

还有部分学者研究了社会资本对农地流转的影响。例如,黄季焜等(2012)分析农地转入户和农地转出户关系发现,与亲属签订流转合同的事前、事中和事后交易成本都比较低,熟悉程度和信任程度等"关系"在农地流转中发挥了重要的作用。钱龙、钱文荣(2017)研究发现,社会资本没有有效促进农户的土地转出或转入,但会通过促进非农就业来正向影响土地转出。江激宇等(2018)认为农地流转本质上是土地转入者和转出者基于自身成本—收益做出的交易决策,它受双方社会资本的影响,且对农地转入户(如种粮大户)而言,所积累的人际关系、信任、社会网络等社会资本水平越高,转入户与转出户之间越容易发生土地流转行为。社会资本促进了农地流转,实证发现礼金支出越高,与邻居、亲朋交往越频繁,有族谱或家谱的农户租出土地的概率越高,但这类"强关系"对土地租入的影响不显著,而参与正式组织的农户更倾向于租入土地。贾晋等(2019)进一步证实了宗族网络对农地经营权流转的正向影响,且宗族网络能够抑制农地撂荒现象的发生。

综上所述,已有关于农户消费研究相对较多,但仍存在以下不足:第一,农户消费和家庭禀赋异质性问题在我国农村地区尤其严重。学者们重点考察农地流转行为对农户福利和收入分配的影响(张建等,2016;郭君平等,2018),但对农地流转在农户消费层面的研究还不够深入,且农地流转对农户消费的微观作用机制还有待进一步深入探讨。第二,大多数学者关注到社会资本异质性对农户消费的积极影响,但是既有研究对农地流转背景下社会资本对农户消费的影响效应关注明显不够。同时,鲜有学者将农地流转与社会资本纳入同一分析框架,构建其影响农户消费的作用机理。究竟社会资本是否促进或抑制了农户消费,还是社会资本通过直接或者间接的影响农户农地流转行为来发挥作用促推农户消费,二者的微观作用机制仍然相对模糊,有待进一步深入的实证检验。

第三节　农地流转影响农户消费融合的作用机理

理论上而言,农户土地流转行为和社会资本异质性引致不同家庭的不同消费水平是可以在某一时点上观察到的。土地流转影响农户消费的途径主要有以下两个:一是土地转出能够为个人及家庭带来更高的收入,进而释放了部分农民的消费能力,提高农户消费倾向。二是通过土地流转促进了劳动力转移,进而打破了传统的家庭消费模式,使家庭的消费偏好和消费模式发生改变。三是普通农户、种养大户和家庭农场通过"转入"获取相对集中的土地,在不同程度实现农业生产经营集约化、规模化、专业化或标准化发展,进而促使农户收入增长和消费提高(郭君平等,2018)。而贫困农户在土地流转方面往往受到很大的约束,对于处于"劣势"的农民而言,土地流转意味着最重要生计资本(土地)的流动,生计资产结构遭受外部冲击,维持其家庭基本生活的土地保障功能变迁,尤其是部分土地"流出"户可能由于社会资本劣势,无法获取外部就业机会和"农转非"增收渠道,逐渐被排斥到社会发展的边缘,沦落到农业利益链条的底端,造成生计不稳定和消费低水平波动。在这种情况下,如果农户土地流转无法使得农户获得稳定的生计来源,那么,部分农户可能因土地资本流动和社会资本不均等引致的多重效应,陷入"低储蓄和消费失稳并存"的消费流动陷阱。更为严重的是,从长远来看,土地的"流出"意味着农户可能获得的农业收入流的"丧失",并且,造成农户家庭禀赋的变化,又进一步促进和强化福利分布的马太效应(周义、李梦玄,2014)。土地流转冲击和社会资本欠缺可能使得部分农户尤其是贫困农户消费"低端锁定",进而造成部分农户消费"低水平波动",进而拉大消费福利差距,进而挤压农村消费潜力,诱发"高储蓄、低消费"的现象,且加剧中国农户消费的异质性。

社会资本对于农户家庭的消费可能存在两方面的影响:第一,社会资本通过非正规金融借贷渠道为农户家庭消费提高了农户的消费能力和消费倾向;第二,社会资本状况越好的家庭,越可能通过农户家庭扩展已有的社会网络,可能为其带来更多的增收渠道,收入的提升过程中转化为现实性需求。当收入增长时,农民用更多的收入改善生活和居住条件等,从而带动农户消费增长。但是,社会资本状况越好的家庭,其维系人情消费可能越高,因此,可能对农户其他方面的消费支出产生一定的"抵消作用"。究竟社会资本对农户消费发挥着正向作用还是负向作用,取决于以上几种效应的相互抵消。此外,流出农村土地的农户因为从事非农务工活动提升劳动效率,产生了对消费平滑的影响效应。土地流入对农户消费的净效应取决于预防性储蓄效应和收入效应两种效应力量的相对强弱,可以看出土地流入的总效应的符号不能确定。基于上述分析,提出如下有待验证的假设。

假设1:土地流转对农户消费产生了异质性影响,表现为土地转出通过家庭收入效应影响农户消费,土地转入并不必然提高农户消费。

假设2:社会资本促进了农户消费,表现为社会资本状况越好,农户消费水平越高,且通过非正规借贷可能使其在面临波动收入流的情况下挤入农户消费。

假设3:土地流转引发农户消费变化时,社会资本能够促进土地流转的消费效应,并且两者的影响存在分层效应。

第四节　农地流转对农户消费融合实证分析

一、数据来源

基于中国家庭动态跟踪调查(CFPS)2016年全国调查数据,该数据通过收集家庭、个体、社区这三个层面的样本数据,在一定程度上反映了中国经济、社会、人口、健康、教育的情况,为相关领域学术研究以及公共政策分析提供数据支持。其采用了PPS概率抽样法进行内隐分层的,与人口规模成比例的调查。样本涵盖了不包括新疆、内蒙古、西藏、宁夏、海南、青海、台湾、香港和澳门之外的25个省、市、自治区,约占我国人口(港、澳、台除外)总数的95%,调查对象包含样本家庭中的全部成员。CFPS问卷设计以时间性和社会嵌入性为基础理论。问卷包括村/居问卷、家庭问卷(包括家庭面访问卷、家庭电访问卷)、家庭成员问卷、个人确认问卷、少儿问卷(包括少儿面访问卷、少儿电访问卷)、成人问卷、共用模块问卷七个部分。村/居问卷的目的在于了解家庭所在的环境;家庭成员问卷和家庭问卷目的在于了解个体家庭所在的环境,包括家庭的收入支出,生活设施,资产,社会经济地位和活动,家庭的社会关系网络等;个人成人问卷的目的在于了解个体自身的状况,包括受教育的历史与现状,职业状况,代际关系,经济状况以及出生时的身体状况,个体的能力等。

基于CFPS2016的实证研究受访者个体特征、价值观念、就业信息以及父母的职业、特征、家庭消费、规模等信息,为考察农户土地流转、社会资本对农户消费的影响提供了非常好的数据支撑。由于家庭成员库中没有描述户主个体信息,因此在做实证之前,需要将受访户主(指代"经济上的户主",即财务负责人)编码匹配成人库里的个人编码以获取户主的年龄、性别、婚姻状况、职业、教育以及一系列特征,然后再按个人编码对应,就可以建立家庭与户主之间的关系,再通过家庭编码将CFPS2016数据库中的家庭模块、成人模块结合起来,把个人资料和家庭中的相关信息对应起来,同时根据分析的需要删除户主信息缺失的样本,最终得到的有效样本量为6645个。

二、变量选取

1. 农户消费

在经典的马克思主义经济学理论中,消费资料被划分为生存资料、发展资料和享受资料,后来的学者依据该理论尝试对家庭消费进行划分。国家统计局将我国农村居民的消费分为八大类:食品、衣着、居住、家庭设备用品、交通通信、文教娱乐、医疗保健以及其他。依据已有文献和研究目标,农户消费是指家庭全年日常生活消费性支出,包括生存型支出、发展型支出和消费型支出,涉及食品消费、衣着消费、居住消费等生存型消费,通信网络、本地交通费、医疗保健支出和教育培训等发展型消费,以及用于休闲娱乐、旅游及某些精神文化用品与服务的享受型消费,如水、电、燃料、日用品费用及服务、文化娱乐支出、旅游支出、取暖、物业费、美容、商业性医疗保险支出、其他用品及服务。为减少数据缺失并消除异方差,借鉴邹红等(2013)学者的做法,将农户消费中1%最低和最高的异常值缩尾处理,农户消费用人均农户消费加1的自然对数表示。

2. 土地流转

随着农村产业融合和土地流转政策在全国范围内地推开,土地流转已经在我国农村地区日益普遍。土地流转的模式有很多种,包括出租、互换、入股、转让等。农户土地流转变量主要是指土地出租,包括土地流出、土地流入两种模式:"土地流出",是指把土地等转给他人使用,无论是否收取租金。CFPS问卷中的问题为"过去12个月,您家是否将集体分配的土地出租给了其他人?",具体赋值为:"1 = 是,0 = 否"。"土地流入",是指"过去12个月,除去集体分配的土地,您家是否从别人或集体那里租用了土地,无论是否需要付租金?",回答"是"赋值为1,否定答案赋值为0。一方面是因为农村土地出租是农户经济行为的重要生计策略,随着人口老龄化日益普遍,土地出租行为在我国农村地区非常普遍,另外一方面是因为土地出租相关数据可获得性较强,能够代表我国农村土地流转的基本情况,满足研究的土地流转对农户消费影响研究的数据需求。

3. 社会资本

根据理论机制,社会资本通过影响非正规金融借贷的渠道,可能成为影响农户消费的重要变量。但社会资本作为其中一个解释变量,其在既往研究中衡量方法各异。综合以往研究,将社会资本区分为三种类型:一是纽带型社会资本。纽带型社会资本是指通过血缘、种族或家庭纽带而形成的一种紧密型社会关系。亲戚给的经济帮助能够反映家庭与非同住亲戚之间交往联络的频率,是以血缘和宗族关系为代表的结构型社会资本。筛选出的指标为"是否获得亲戚经济支持",该指标作为社会资本的代理变量。二是连接型社会资本。连接型社会资本是将不同社会层次的个人和团体连接起来的具有特定组织身份的社会关系,是一种比较弱的社会关系。组织身份在某种程度上反映其社会资源的状况,因此选用"是否为工会成员"作为连接型社会资本的代理变量,赋值为"否 =0,是 =1"。三是桥梁型社会资本。桥梁型社会资本是指通过同事、朋友或朋友的朋友等联系起来的社会关系。我国是一个人情关系型社会,礼顺人情是农村居民维护其社会网络和人际关系的重要途径,而礼顺人情通常会伴随着"人情支出"。一般来说,农户人情支出越多,意味着农户社会资源动员能力就越强,社会资本状况越好。因此,根据CFPS 问卷设计,选用调查年份"是否有人情礼支出"作为桥梁型社会资本的替代变量。在稳健性分析中,采用"人情礼金支出数额"衡量桥梁型社会资本对农户消费影响结论的可靠性。各变量初步说明如表8.1 所示。

表8.1　变量初步说明

变量类型	变量名称	变量说明	均值	标准差
被解释变量	农户消费	过去 12 个月在生存型、发展型和享受型消费的人均支出加总,连续变量(元,对数)	9.1287	0.8518
土地流转	土地流出	调查年份是否将土地出租他人,1 = 是,0 = 否	0.1324	0.3390
	土地流入	调查年份是否租用他人土地,1 = 是,0 = 否	0.1487	0.3558

续表

变量类型	变量名称	变量说明	均值	标准差
被解释变量	农户消费	过去 12 个月在生存型、发展型和享受型消费的人均支出加总，连续变量(元,对数)	9.1287	0.8518
社会资本	纽带型社会资本	调查年份是否获得亲戚经济支持,1 = 是,0 = 否	0.2185	0.4133
	连接型社会资本	调查年份是否是工会成员,1 = 是,0 = 否	0.0318	0.1754
	桥梁型社会资本	调查年份是否有人情礼支出,1 = 是,0 = 否	0.9133	0.2814
控制变量	户主特征 年龄	调查年份实际年龄,单位:岁	50.8564	14.2889
	教育	教育状况,初中及以上 = 1,其他 = 0	0.1105	0.3135
	健康	健康状况,健康 = 1,不健康 = 0	0.6029	0.4893
	培训	是否参加技术技能培训,1 = 是,0 = 否	0.0315	0.1745
	家庭特征 家庭规模	连续变量(人),取值范围:1 ~ 14	3.3136	1.7412
	经济资本	调查年份是否有定期存款	0.1935	0.3951
	社会保护 合同签订	是否与用人单位签订就业合同:1 = 是,0 = 否	0.0715	0.2576
	政府补助	是否收到政府补助,1 = 是,0 = 否	2.6477	1.9695
	医疗保险	是否参加医疗保险,1 = 是,0 = 否	0.9336	0.2489
	养老保险	是否领取养老金,1 = 是,0 = 否	0.2089	0.4065

4. 其余控制变量

户主特征及家庭劳动力供给、财富积累或者社会保险等因素也是农户消费平滑的重要渠道(邹红等,2013;李春琦、李立,2018)。因此,为了减少遗漏关键变量造成的估计结果偏误,进一步将户主个体、家庭和社会保护以及地区层面的一系列变量作为控制变量。个体层面的控制变量,具体包括:户主年龄、健康、技能培训以及工作状态,其中年龄为连续型变量,其余个体特征变量均为二分类变量。家庭层面的控制变量具体包括:家庭规模,用家庭人口数来表示;经济资本,即农户调查年份现金或存款数量。一般来说,家庭人口规模越大,消费规模也越大;经济资本越雄厚,农户消费能力越强,进而消费规模越大。另外,社会保护变量也可能会影响农户的消费倾向。社会保护层面的控制变量,具体包括:合同签订,即农户样本"是否与用人单位签订就业合同",赋值为"否=0,是=1";社会补助,用"是否收到政府补助"衡量,赋值为"否=0,是=1"。医疗保险,用"是否拥有稳定的医疗保险(6个月及以上)"衡量,赋值为"否=0,是=1";养老保险,用"是否领取养老保险"衡量,赋值为"否=0,是=1"。

三、统计性描述

由表8.2可知,总体而言,农户的人均总消费达到13289.14元,其中,生存型消费在三种基本消费中的占比最高,达到36.86%,其次是享受型消费的比重达到35.69%,而发展型消费的比重较低。进一步区分土地流出和土地流入两种类型来看,土地流出户的人均总消费明显高于其他类型农户,并且,其人均享受型消费占人均总消费的比重最大,达到36.85%。土地流入户的人均总消费也高于土地其他农户,且土地流入户的人均生存型消费的比重明显高于非土地流入户的比重,成为土地流入户的总消费的主要来源。非土地流入户的享受型消费比重则明显高于土地流入户的享受型消费比重。进一步测算农户人均消费的基尼系数可知,所有农户的消费基尼系数为0.4552,整体处于一个较高的水平;同时,区分不同农户类型可知,有土地流出的农户的消费基尼系数为0.5199,明显高于整体消费基尼系数和没有土地流出的农户的指标值;有土地流入的农户、没有土地流入的农户基尼系数明显低于土地流出分组下的同类指标值。从以上数据可知,不同类型主导消费来源存在一定的分化,并且,土地流转背景下农户消费层次呈现出较大的差距,土地流出可能是加剧农户消费不平等的重要因素。

表8.2 土地流转与农户消费结构

变量	类型	人均消费水平（元）	消费结构（%）			消费基尼系数
			生存型	发展型	享受型	Kakwani 指数
土地流出户	有（N=880）	14955.28	35.47	27.68	36.85	0.5199
	无（N=5765）	13034.82	37.10	27.41	35.49	0.5343
土地流入户	有（N=5657）	13302.08	37.65	27.34	35.01	0.4565
	无（N=988）	13215.06	32.32	28.06	39.62	0.4549
所有样本	（N=6645）	13289.14	36.86	27.45	35.69	0.4552

第五节 农地流转对农户消费融合的影响效果

一、研究方法

1. 基准回归模型

土地流转、社会资本对农户消费影响的基准模型表达式为：

$$lny_i = \alpha_0 + \beta_1 SC_i + \beta_2 LAND_i + \theta CV_i + \mu_i \qquad (8.1)$$

式（8.1）中，设定模型的被解释变量 lny_i 表示第 i 个被调查农户的基本生活消费情况（取对数），涵盖生存型消费、发展型消费、享受型消费；SC_i 为分组虚拟变量，表示农户社会资本状况（包括纽带型社会资本、连接型社会资本和桥梁型社会资本），为二分类变量。$LAND$ 为土地流转（包括土地流出、土地流入）虚拟变量，农户参加土地流转取值为1，未参加土地流转取值为0。CV_i 为一组可观测的影响农户消费的控制变量，μ_i 为随机误差项。

2. 交互效应模型

基于以上研究发展土地流出对农户消费具有平滑效应、社会资本具有消费促进作用，那么当土地流转引发农户消费变化时，社会资本能否促进土地流转的消费效应？土地流转与社会资本是如何起作用的呢？为了更好地探讨这二者是单独对农户消费产生影响还是交互式地发生作用，在具体分析中，试图构建土地流转、社会资本影响农户消费的交互项，以检验社会资本是否对土地流转存在交互作用。进一步地，通过模型验证两者的作用机制。

在回归模型中分别加入土地流转变量与社会资本变量的交乘项,然后再联合检验土地流转变量的系数以及所有交乘项的系数是否都等于 0,以反映可能存在的调节效应。基于理论机制,设计土地流出与社会资本的交互效应如下模型:

$$\ln y_i = C + \beta_1 SC_i + \beta_2 LAND_i + \lambda SC_i \times LAND_i + \gamma CV_i + \mu_i \qquad (8.2)$$

在式(8.2)中,各变量的定义与式(8.1)相同,重点在于考察土地流转和社会资本的交互项的系数 λ,如果交互项系数为 0,表示土地流转和社会资本两者各自独立影响农户消费。如果社会资本有利于促进土地流转对农户消费的影响,那么交互项的系数将为正,否则,该系数将为负数。

3. 中介效应模型

进一步地,在探讨土地流转、社会资本对农户消费的影响机制时,在公式(8.1)基础上逐步添加所关注的渠道变量(非正规借贷和非农工作),分析它们是否分别构成土地流转、社会资本与农户消费的关系机制。为此,重新估计如下模型:

$$Q_i = \alpha + \delta \times LAND_i + \lambda SC_i + \gamma CV_i + \mu_i \qquad (8.3)$$

式(8.3)中,假设农户消费是关于土地流转和渠道变量的函数。因变量为渠道关系变量,其他变量定义与上文相同。φ 和 λ 是机制检验中重点关注的结果,分别表示土地流转、社会资本与渠道变量的影响关系。如果交互项是异于零且在统计水平下显著,意味着渠道变量是影响土地流转与农户消费的机制渠道。社会资本 SC_i 的中介效应模型解释相同,在此不再重复。

二、基准估计结果

为了构建以农户消费作为因变量的实证模型,检验土地流转、社会资本对中国农户消费的异质性影响。表 8.3 的(1)、(2)栏仅考察土地流出、土地流入对农户消费的影响,并加入户主个体特征、家庭禀赋变量及社会层面变量;表 8.3 的(3)—(5)栏分开考察不同社会资本变量对农户消费的影响,均在控制以上变量的基础上,同时引入所有土地流转、社会因素,对土地流转、社会资本与发展型消费的关系进行实证分析。

1. 土地流转对农户消费的影响

从土地流转的衡量指标来看,土地流出确实对农户消费产生了显著的正向消费效应,意味着土地是否流转存在着消费效应。具体而言,土地流出户比土地未流出农户的消费水平显著高出 10.97%。但是,土地流入并没有对农户消费产生影响。其可能的原因在于土地流入对农户消费的影响取决于土地流入带来的财富效应和获取农业收入付出的成本对农户消费的"挤压"等多种效应的抵消。结合当前的土地实践可知,土地转入户为了进行农业生产活动,可能会抑制农户消费的欲望,以抵消土地流入相应的租金和生产成本。总体来看,"土地流出"变量的系数显著为正,从而验证了假说1,即促进土地流转有助于整体上增加农户消费。在农业机械化服务体系尚不完善的情况下,土地流出在农户消费决定中发挥着重要的作用,而土地流入对农户消费的促进作用并未显现。

2. 社会资本对农户消费的影响

由表8.3结果显示,不同类型社会资本均对农户消费产生了促进影响,均在1%水平上通过了显著性检验,证实了农户消费还可能受到社会资本的平滑作用影响。在控制了相关变量后,纽带型社会资本、连接型社会资本和桥梁型社会资本对农户消费的作用依然显著为正。这意味着,农户社会资本确实是农户消费增长的重要因素。具体来看,亲戚经济支持衡量的纽带型社会资本水平每提高1个单位,农户消费提高0.2886%。组织身份衡量的连接型社会资本水平每提高1个单位,农户消费提高0.3158%个单位。桥梁型社会资本衡量的社会资本水平每提高1个单位,农户消费提高0.3891%。上述结果某种程度上证实了社会资本在刺激农户消费具有重要的推动作用。事实上,在我国农村地区,亲戚经济支持、组织身份和人情礼支出等非收入因素已经对农户消费产生了重要的影响,表现为社会资本状况越好,农户消费水平越高,证实了研究假设2。从劳动力流动的角度而言,社会资本状况越好,意味着农户就业机会尤其是非农就业机会的提高,有利于家庭收入的增加以及减少贫困,而社会资本越强的农户通常有强烈的偏好将收入用于家庭消费。当社会资本状况改善时,农户消费支出增加的速度就越快。

3. 控制变量对农户消费的影响

从户主个体层面的控制变量来看,户主年龄、教育和技能培训均对农户消费产生了显著的影响,其中,年龄和健康状况对农户消费产生了显著的负向影响,而教育和健康水平对家庭消费的影响显著为正。可能的原因在于,随着家庭人口结构老化,其消费水平一般发生下降(赵周华、王树进,2018)。从农户家庭层面变量来看,经济资本水平是影响农户消费总规模的重要推动因素,即富裕家庭风险承受能力越强和消费能力越强,消费随着家庭经济状况的改善而增加,有助于短期内增加农户消费。而家庭规模对农户消费的影响显著为负,意味着农户消费(用人均来衡量)并未随家庭人口规模(在家吃饭人口)的扩张而提高。可能的原因在于,农户的储蓄性动机和生计担忧导致的消费倾向减弱。从社会保护层面变量来看,农户是否签订劳动合同对农户消费产生了显著的正向影响,而是否收到政府补助、是否参加医疗保险和是否参加养老保险均对农户消费产生了显著的负向影响,意味着社会政策支持对农户消费有重要影响。从以上结果来看,这支持了家庭经济社会特征对农户消费平滑的作用。

表 8.3 基准估计结果

	被解释变量:农户消费(lny)					
	(1)	(2)	(3)	(4)	(5)	(6)
土地流出	0.1317*** (0.0289)					0.1361*** (0.0278)
土地流入		0.0433 (0.0268)				0.0216 (0.0263)
纽带型社会资本			0.2886*** (0.0216)			0.2686*** (0.0215)
连接型社会资本				0.3158*** (0.0516)		0.2974*** (0.0510)
桥梁型社会资本					0.3891*** (0.0395)	0.3666*** (0.0393)
年龄	-0.0138*** (0.0009)	-0.0136*** (0.0009)	-0.0126*** (0.0009)	-0.0142*** (0.0009)	-0.0132*** (0.0009)	-0.0130*** (0.0009)
教育	0.2286*** (0.0297)	0.2320*** (0.0299)	0.2200*** (0.0292)	0.2068*** (0.0301)	0.2150*** (0.0297)	0.1802*** (0.0290)
健康	-0.0672*** (0.0203)	-0.0685*** (0.0204)	-0.0785*** (0.0202)	-0.0707*** (0.0203)	-0.0726*** (0.0201)	-0.0776*** (0.0200)
技能培训	0.2142*** (0.0512)	0.2154*** (0.0512)	0.1771*** (0.0509)	0.2046*** (0.0506)	0.2132*** (0.0508)	0.1570*** (0.0503)
家庭规模	-0.1367*** (0.0058)	-0.1388*** (0.0058)	-0.1346*** (0.0057)	-0.1388*** (0.0058)	-0.1446*** (0.0058)	-0.1395*** (0.0058)
经济资本	0.0837*** (0.0228)	0.0863*** (0.0228)	0.0694*** (0.0225)	0.0816*** (0.0227)	0.0711*** (0.0226)	0.0472** (0.0222)
合同签订	0.2955*** (0.0349)	0.3060*** (0.0351)	0.2827*** (0.0348)	0.2611*** (0.0356)	0.3184*** (0.0348)	0.2567*** (0.0356)
政府补助	-0.1294*** (0.0199)	-0.1272*** (0.0200)	-0.1231*** (0.0197)	-0.1215*** (0.0199)	-0.1367*** (0.0197)	-0.1371*** (0.0195)

	被解释变量:农户消费(lny)					
	(1)	(2)	(3)	(4)	(5)	(6)
医疗保险	−0.0588 (0.0399)	−0.0617 (0.0401)	−0.0749* (0.0396)	−0.0623 (0.0400)	−0.1002** (0.0393)	−0.1172*** (0.0391)
养老保险	−0.0998*** (0.0311)	−0.0924*** (0.0312)	−0.0844*** (0.0308)	−0.0869*** (0.0309)	−0.0720** (0.0307)	−0.0593* (0.0303)
常数项	10.3898*** (0.0634)	10.3973*** (0.0634)	10.2979*** (0.0633)	10.4287*** (0.0636)	10.0902*** (0.0696)	10.0244*** (0.0697)
观测值	6645	6645	6645	6645	6645	6645
$R-$ squared	0.1754	0.1730	0.1914	0.1766	0.1884	0.2115

注:1. ***、**、*分别表示 $P<0.01$、$P<0.05$、$P<0.1$。2. 括号内为标准误差。3. 教育、教育的对照组分别为"其他""不健康",其余分类变量的对照组为否定答案。下同。

三、稳健性检验

为了进一步验证农地流转、社会资本对农户消费支出的影响结论是否可靠,本文采取如下几种方式:

第一,表8.4模型(1)中纳入农地转出与农地转入变量,剔除调查年份同时转出和转入农地的农户样本,结果表明,农地转入促进农户消费的结论仍然成立,但农地转出仍未通过显著性检验,有待进一步研究。

第二,参考胡霞、丁浩(2016)的做法,使用"出租土地所得(元)"作为农地转出的替代变量,结果表明,农地转入和社会资本均能有效增加农户消费,而农地转出对农户消费的促进作用为正但依然不显著,实证结果见表8.4模型(2)。

第三,考虑到单一的社会资本指标所得到的结果可能会受到质疑,因此,参考刘雯(2018)的做法,本文以"调查年份是否有人情礼金支出"来衡量社会资本,其影响效应依然显著为正,进一步验证了社会资本影响农户消费结论的稳健性,估计结果见表8.4模型(3)。

第四,表8.4模型(4)和模型(5)分别使用"亲戚经济支持数额"和"人情礼金支出数额"衡量社会资本以检验社会资本提高了农户消费支出这一结论的稳健性,其估计结果基本不变:社会资本的影响效应依然显著为正,意味着社会资本因素在促进农户消费中具有重要作用。

因此,通过采用不同的指标衡量社会资本,得出基本一致结论,即社会资本对农户消费支出确实存在显著的促进作用,本文研究假说得到充分证实,故应重视社会资本在农户消费中的影响。

表8.4　稳健性检验结果

	(1)	(2)	(3)	(4)	(5)
农地转出	0.0039 (0.0287)	0.0000 (0.0000)	0.0075 (0.0267)	0.0071 (0.0267)	0.0095 (0.0268)
农地转入	0.0548 ** (0.0265)	0.0489 * (0.0255)	0.0540 ** (0.0253)	0.0567 ** (0.0253)	0.0537 ** (0.0253)
社会资本	0.0497 *** (0.0170)	0.0511 *** (0.0168)	0.1296 *** (0.0220)	0.0000 *** (0.0000)	0.0000 *** (0.0000)
户主年龄	− 0.0062 *** (0.0012)	− 0.0062 *** (0.0012)	− 0.0063 *** (0.0012)	− 0.0065 *** (0.0012)	− 0.0064 *** (0.0012)
婚姻状况	0.0714 *** (0.0252)	0.0711 *** (0.0250)	0.0715 *** (0.0249)	0.0764 *** (0.0249)	0.0724 *** (0.0249)
人口规模	− 0.2245 *** (0.0103)	− 0.2261 *** (0.0102)	− 0.2276 *** (0.0102)	− 0.2289 *** (0.0102)	− 0.2282 *** (0.0102)
人口规模的平方	0.0057 *** (0.0008)	0.0058 *** (0.0008)	0.0058 *** (0.0008)	0.0060 *** (0.0008)	0.0059 *** (0.0008)
收入水平	0.0284 *** (0.0036)	0.0287 *** (0.0036)	0.0290 *** (0.0036)	0.0293 *** (0.0036)	0.0289 *** (0.0036)
政府补助	0.0337 ** (0.0168)	0.0335 ** (0.0166)	0.0285 * (0.0166)	0.0330 ** (0.0166)	0.0320 * (0.0166)
常数项	8.4975 *** (0.3189)	8.5029 *** (0.3178)	8.1518 *** (0.2221)	8.1841 *** (0.2222)	8.1531 *** (0.2223)
省份固定效应	YES	YES	YES	YES	YES
时间固定效应	YES	YES	YES	YES	YES
R − squared	0.599	0.598	0.601	0.600	0.600
观测值	13876	14089	14106	14106	14106

注:(1) ＊＊＊、＊＊、＊分别表示 P＜0.01、P＜0.05、P＜0.1。(2)括号内为稳健性标准误差。(3)分类变量的对照组为否定组。

四、内生性讨论及处理

尽管本文使用的面板数据模型能在一定程度上减少了内生性问题所带来的偏误，但实证结论仍面临着模型中内生性问题的威胁。除了比较常见的因遗漏关键变量会导致内生性外，还可能由于农地转出与农户消费的相互影响而出现联立内生性问题。在本项研究中，在考察农地转出对农户消费的影响时，可能那些家庭收入较高、消费水平较高的农户更倾向于选择农地转出，因而直接使用 OLS 估计方法则容易导致模型估计结果偏误。为缓解农地转出相关变量可能存在的内生性问题，需要选取工具变量对农地流转相关变量进行内生性处理（何安华、孔祥智，2014；李龙、宋月萍，2016）。借鉴既有研究的做法（李龙、宋月萍，2016；杨子等，2017），村庄土地流转度越高，农户从本村进行土地租赁的机会就越大，而村级土地流转度并不会直接影响个体农户的消费状况。因此，本文分别以"村级农地转出度"作为内生变量农地转出的工具变量①。

并且，农户消费差异是社会资本分布不均的结果，社会资本状况越好，农户消费水平也越高（刘雯，2018），而建立或维持社会关系网也需要成本，农户收入和消费水平越高的农户，其社会资本状况可能越好（南永清等，2019）。进一步地，农户消费可能会进一步导致农户社会资本状况的分化，造成"物以类聚，人以群分"的联立内生性，即被解释变量农户消费与核心解释变量社会资本之间可能存在反向因果关系。因此，本文选取了"所在村庄的亲戚经济支持行为"作为"社会资本"的工具变量。其基本逻辑是，村庄层面的亲戚支持行为在一定程度上反映了该村的社交习俗，将影响到农户家庭社会关系积累，但其对于自身的消费行为而言具有较强的外生性，不会直接影响农户消费，是一个恰当的工具变量。

相应的工具变量法检验结果见表 8.5，在工具变量模型中，基本通过相关估计方程对工具变量的检验，即工具变量与内生性变量不相关的原假设，且不存在弱工具变量问题②。由表 8.5 模型（2）内生性检验结果（控制了个人、家庭和社会层

---

① 在内生性处理中，工具变量的选择应该满足两个条件：一是与内生解释变量高度相关，二是与被解释变量农户消费无关。选用村庄层面的行为均值作为个人行为的工具变量以避免模型内生性的做法，在以往的不少研究中都有体现（杨汝岱等，2011）。本文研究中，"村级农地转出度"和"村级农地转入度"根据被调查农户所在村庄农地转出水平和农地转入水平计算而得，该变量基本满足相关性和外生性要求。由于 2016 年的调查数据库未涉及到村级层面变量，本文对村级信息的测量主要依据 2014 年调查数据，考虑到村级层面信息的变动性较弱，这种处理不会影响文章主要结论。

② 根据斯托克和基博（Stock and Motohiro）的做法，一般认为，F 值大于 10% 偏误水平下的临界值为 16.38。

面等变量)可知,识别不足检验(underidentification test)LM 统计量为 54.132,拒绝了识别不足的原假设,由此说明工具变量与内生变量相关。弱工具变量检验(weak identification test)Cragg - Donald 统计量为 23.393,大于 10% 偏误下的临界值 16.38,表明使用面板数据工具变量方法控制内生性后,拒绝了模型存在识别不足和弱工具变量的假设,且工具变量选取具有一定的合理性。

进一步分析可知:其一,农地转出在农户消费影响因素模型中存在内生性,而处理内生性问题后,农地转出对农户消费的促进作用仍可被证实,这意味着不考虑内生性问题的实证结果会导致估计结果的偏误。其二,无论是面板数据双向固定效应估计,还是 FE - IV 估计,这些分析均有效支撑了本文基本结论:社会资本能够促进农户消费水平的提升。此外,如表 8.5 模型(1)和模型(2)实证结果所示,无论是否控制个人、家庭和社会层面等变量,都可以发现在处理模型内生性问题后,农地转出和社会资本促进农户消费的基本假设成立。

表 8.5　内生性处理:面板数据工具变量方法(FE - IV)

	(1)	(2)
农地转出	1.4517 *** (0.2957)	1.0382 *** (0.2870)
社会资本	3.8891 *** (0.6396)	3.7652 *** (0.6133)
其余变量	NO	YES
Prob > F	0.0000	0.0000
识别不足检验(Kleibergen - Paaprk LM statistic)	53.593	54.132
弱工具变量检验(Cragg - Donald Wald F statistic)	23.232	23.393
样本量	14106	14106

注:(1)＊＊＊、＊＊、＊分别表示 P < 0.01、P < 0.05、P < 0.1。(2)括号内的值为稳健标准误。

第六节　农地流转的消费融合机制检验

一、土地流转和社会资本的交互效应

土地流出、土地流入分别与社会资本产生交互作用(表 8.6)。从土地流出和社会资本的交互作用来看,第一,相对于对照组(无纽带型社会资本的非土地流出户)而言,非土地流出的纽带型社会资本水平越高的农户消费的规模也越大。同时,与对照组相比,纽带型社会资本水平低的土地流出农户消费的水平也相对更高。第二,从土地流出和连接型社会资本的交互作用来看,相对于无连接型社会资本的非土地流出的参照组农户而言,非土地流出户的连接型社会资本水平越高的农户消费也越高。但是,与对照组相比,连接型社会资本水平低的土地流出组的农户消费反而更低,以上交互效应的回归系数分别为 - 0.3713,且均通过了1%水平的显著性检验。第三,从土地流出和桥梁型社会资本的交互作用来看,相对于无纽带型社会资本的非土地流出农户而言,非土地流出户的纽带型社会资本水平越高的农户消费的水平更高,纽带型社会资本水平弱的土地流出户的农户消费水平反而降低,且通过了显著性检验。这证实了农户社会资本确实对土地流出影响农户消费存在交互效应,同时启示我们,土地转出且农户社会资本欠缺的农户大大降低,国家应当对这部分群体予以重点关注。

从土地流入和社会资本的交互作用来看,第一,相对于对照组(无纽带型社会资本的非土地流入组)而言,非土地流入组的纽带型社会资本水平越高的农户消费也越高。但是,与对照组相比,土地流入组的纽带型社会资本水平较弱,那么农户消费规模相对更低。第二,从土地流入和连接型社会资本的交互作用来看,相对于参照组(无连接型社会资本的非土地流入组)农户而言,非土地流入户的连接型社会资本越强,农户消费水平越高,且通过了1%显著性水平检验。但是,与对照组相比,连接型社会资本水平低的土地流入组的交互效应对农户消费的作用并不显著。第三,从土地流入和桥梁型社会资本的交互作用来看,相对于无纽带型社会资本的非土地流入农户而言,纽带型社会资本水平越高的非土地流入农户的农户消费水平也相对更高。同时,与参照组相比,纽带型社会资本水平弱的土地流入户的农户消费反而降低,且通过了显著性检验。这证实了农户社会资本确实对土地流入影响农户消费也存在明显的交互效应。

表8.6 社会资本对土地流转影响农户消费的交互作用

核心变量	(1)机制检验		核心变量	(2)机制检验	
土地流出	1.1167***	(0.1171)	土地流入	0.7557***	(0.1879)
土地流出×纽带型社会资本			土地流入×纽带型社会资本		
否×有	0.2670***	(0.0232)	否×有	0.2768***	(0.0234)
是×无	- 0.8481***	(0.1122)	是×无	- 0.2258***	(0.0527)

核心变量	（1）机制检验		核心变量	（2）机制检验	
土地流出×连接型社会资本			土地流入×连接型社会资本		
否×有	0.2877***	(0.0551)	否×有	0.3132***	(0.0524)
是×无	−0.3713***	(0.1056)	是×无	−0.1296	(0.1836)
土地流出×桥梁型社会资本			土地流入×桥梁型社会资本		
否×有	0.2998***	(0.0417)	否×有	0.3535***	(0.0411)
是×无	−0.7269***	(0.1053)	是×无	−0.5395***	(0.1405)

二、土地流转与社会资本的作用机制分析

1. 土地流转影响农户消费的机制

表8.7报告了土地流转的不同机制,据此验证土地流转对农户消费的影响关系。结果显示,土地租金收益、非农就业、农副产品总值和农业兼业等,这些关系到土地流出户生计选择及其生计结果的因素也会在一定程度上影响到农户消费能力和消费动机,以至于影响到农户消费状态。一般而言,农户的土地流转后租金收益越高,农户的非农业就业水平越高,家庭收入水平越高(肖龙铎、张兵,2017),对农户消费的影响越产生显著影响。同时,非农就业作为一种风险应对策略和生计方式,本身就存在很强的农户分化特征,与农业就业相比,土地流出后主要从事非农工作的农户收入差异也较大,进而不同特征农户消费也发生圈层分化。

表8.7中第(1)、(2)列的被解释变量分别为土地租金收益和非农就业,其系数均显著为正,说明相对于非土地流出户而言,土地流出户的土地租金收益大致高出1803元,进而更高的收入可能会增强农户消费倾向,进一步验证了前文的基本结论,土地流出通过"收入效应"提高农户当期消费。事实上,在我国农村地区,农户家庭劳动力进城务工从事非农就业,由于缺少正常经营所必要的劳动力,必然影响到农户耕种土地的能力和效率,因此非农就业农户将土地转出给具有农业生产经营比较优势农户,将有助于拓展多元化的农户收入来源,提高农户消费倾向和消费能力。表8.7第(3)、(4)列的实证结果反映了土地流入影响农户消费的机制渠道。农业兼业反映了土地流入户的兼业行为,以此考察收入来源多元化的作用,用"过去12个月,您家是否有人帮其他农户做农活(如帮人种田、养牲口等)或外出打工(如去城市打工)挣钱?"来衡量。研究结果表明,土地流入对农户的农

副产品总值和农业兼业均存在显著的积极作用,说明土地流入通过农副产品总值和农业兼业渠道对农户消费均有一定的影响。因此,基于上述分析,土地流转对农户消费效应的传导机制可以概括为两个方面:一方面,表现为土地流出→土地租金收益和非农就业引致的收入增加→农户消费提高;另一方面,表现为土地流入→农副产品总值和农业兼业→消费能力差异→农户消费状态异质性。

表8.7　土地流转影响农户消费的机制

	土地租金收益	非农就业	农副产品总值	农业兼业
	(1)稳健 ols	(2)二元 logit	(3)稳健 ols	(4)二元 logit
土地流出	1803.20 *** (155.2388)	3.0744 *** (0.3100)		
土地流入			11400.11 *** (2263.00)	1.1461 * * (0.0725)
观测值	6645	5939	6645	6645

2. 社会资本影响农户消费的机制

除了土地流转对农户消费产生影响外,人们从事工作的性质、工作所得以及个人收入相对状况和相对社会地位等,这些关系到不同人的层级差异的因素也会在一定程度上造成农户收入差距,以至于影响到农户消费。一般而言,无论是主观收入地位还是客观收入地位的优势,均可能会通过圈层效应影响到农户消费行为,进而造成农户消费异质性。同时,人们的工作性质、工作所有者也会影响到农户劳动回报,对个人收入的差异带来影响。拥有较强社会资本的农户更容易获得消费信贷,消费信贷可获得性有利于提升农户的家庭消费,社会资本通过提升农户消费信贷可获得性对农户家庭消费产生正向影响。此外,社会地位也可能会带来不同的阶层利益,拥有更多的非正规借贷资源也会对农户消费能力产生影响,增强农户消费倾向。表8.8中第(1)—(6)列的被解释变量分别为个人打工收入、相对收入状况、工作性质、工作所有者、社会地位和非正规借贷。其中,相对收入状况用"在本地属于哪个层次? 很低=1;较低=2;中等=3;较高=4;很高=5"表示,工作性质用"这份工作是农业工作还是非农工作? 农业工作=0,非农工作=1"表示,工作所有者用"为自己/自家干活=1,受雇于他人/他家/组织/单位/公司=0"表示,社会地位用"您在本地的社会地位? 很低—1—2—3—4—5—很高"表示,非正规借贷为二分类变量。

从表8.8中可以得出如下结论:首先,以是否获得亲戚经济支持衡量的纽带型社会资本对所有类型的被解释变量的影响系数均显著为正,说明纽带型社会资本状况越高的人,往往能够获得更多的资源,拥有更高的个人打工收入、相对收入状况,更可能从事非农工作以及自己为工作所有者,并且,农户的社会地位更高,非正规借贷能力越强,能从多个方面提高农户消费能力。其次,组织身份衡量的连接型社会资本对相对收入状况、工作性质、工作所有者三个被解释变量产生了显著的影响,进而改善了农户消费状况。第三,以人情礼金支出行为衡量的桥梁型社会资本,则对个人打工收入、工作所有者、社会地位和非正规借贷产生了显著的影响。证实了不同类型社会资本对农户消费的影响及其渠道机制存在明显的差异。总的来看,社会资本主要通过降低收入流动性约束、依据日常人情往来建立的社会网络内借贷和"圈层化"地位引致农户消费效应。进一步验证了前文提出的路径假设3:社会资本有利于增强土地流转对农户消费的助推作用,其可能的传导机制为生计能力差别和社会阶层差异的不同。具体表现为:工作性质及个人的主客观经济地位→导致不同的生计能力的存在→进而影响消费能力和消费倾向→平滑消费或抑制消费。第二条传到机制为:社会地位的不同和借贷能力的差别→导致不同的社会阶层存在→圈层效应→农户消费异质性。

表8.8　社会资本影响农户消费的机制

	个人打工收入	相对收入状况	工作性质	工作所有者	社会地位	非正规借贷
	(1)	(2)	(3)	(4)	(5)	(6)
纽带型社会资本	6185.00 *** (1522.92)	1.1634 ** (0.0633)	1.4579 *** (0.1194)	0.7441 *** (0.0662)	1.1534 ** (0.0632)	1.3242 *** (0.1071)
连接型社会资本	9260.94 (6660.42)	1.5272 *** (0.1974)	2.3132 *** (0.5458)	0.3828 *** (0.0968)	1.1982 (0.1566)	1.0655 (0.2403)
桥梁型社会资本	11972.84 *** (2026.25)	1.0996 (0.0947)	0.8024 (0.1144)	1.4646 ** (0.2191)	1.3015 ** (0.1100)	1.5235 ** (0.2184)
观测值	3423	6640	5939	5464	6618	6645

第七节　基于消费分层的分位数检验

为了更全面地刻画以上变量对不同分位点农户消费的分层效应,进一步使用分位数回归模型进行检验。表8.9反映了土地流转、社会资本对农户消费的估计

结果。其中 Q10～Q90 分别代表最低消费家庭—最高消费家庭,控制变量同表
8.2。限于篇幅,仅汇报了核心解释变量的估计结果。研究发现,越是在高消费阶
层的家庭中,纽带型社会资本和桥梁型社会资本所造成的消费分层和不平等也就
越弱。从分位回归结果来看,土地流出对所有分位上的农户消费均产生了显著的
促进作用,随着分位点由低向高移动,土地流出的影响呈现出了明显的"U"型分
布特征,且对最低消费家庭的影响最明显,即与没有土地流出的"最低消费家庭"
相比,土地流出户的消费规模提高了20.78%。但是,土地流入对所有分位上的农
户消费的影响依然并不明显。因此,不论土地流转对农户消费本身还是对消费分
位点,土地流转对农户消费的促进作用的结论依然成立,而且很显著。

表8.9　消费分层的分位数回归

被解释变量	核心解释变量	分位数回归估计结果				
		最低消费家庭	中低消费家庭	中等消费家庭	中高消费家庭	最高消费家庭
		Q10	Q25	Q50	Q75	Q90
农户消费	土地流出	0.2078*** (0.0299)	0.1543*** (0.0303)	0.1380*** (0.0325)	0.1361*** (0.0329)	0.1482*** (0.0388)
	土地流入	0.0367 (0.0500)	-0.0021 (0.0355)	0.0067 (0.0339)	0.0246 (0.0354)	0.0095 (0.0581)
	纽带型社会资本	0.2932*** (0.0348)	0.3025*** (0.0297)	0.2885*** (0.0214)	0.2258*** (0.0343)	0.1742*** (0.0335)
	连接型社会资本	0.3462*** (0.0798)	0.2657*** (0.0681)	0.2237*** (0.0836)	0.3116*** (0.0593)	0.2411*** (0.0706)
	桥梁型社会资本	0.5302*** (0.0952)	0.3620*** (0.0561)	0.2958*** (0.0387)	0.2693*** (0.0305)	0.2587*** (0.0733)

注:1.***、**、*分别表示 P<0.01、P<0.05、P<0.1。2. 括号内为标准误差。3.
其他控制变量同表8.3第(6)栏,限于篇幅未汇报,留存备索。

　　与对照组相比,以是否获得亲戚经济支持衡量的纽带型社会资本变量对不同消
费群体均产生了积极的助推效应,且均通过了1%的显著性水平检验,证实了社会资
本在提振我国农户消费中的重要地位,尤其对"中低消费家庭"的消费影响最明显,
其回归系数为0.3025,即与没有获得亲戚经济支持的农户相比,获得了亲戚经济支
持的农户消费提高了30.25%。但是,农户消费层次越高,以血缘关系衡量的纽带型
社会资本(调查年份是否获得亲戚经济支持)对提高我国农户消费水平的力度就越
有限。与对照组相比,以组织身份衡量的连接型社会资本(调查年份是否为工会成

员）对农户消费在 Q_{10}—Q_{50} 消费区间，呈现出了明显的梯次递减的趋势，且对中等消费家庭的影响最弱而对最低消费家庭的影响最强，参数系数分别为 0.3462、0.2237。此外，人情礼支出衡量的桥梁型社会资本对农户消费的影响依然显著为正，并且，随着分位点由低向高移动，桥梁型社会资本的边际效应随着消费水平的提高而逐渐降低，间接支持了"桥梁型社会资本"是穷人的资本这一研究发现。

第八节　本章小结

农村土地流出确实能够显著促进农户消费，对中国农村消费水平产生了推动效应，但土地流入的直接作用并不明显。社会资本对土地流转存在显著的交互效应，且社会资本主要通过促进非正规信贷和"圈层化"效应强化了消费效应，土地流出通过流转后土地租金收益和非农就业渠道实现农户消费平滑，土地流入则通过农业产值增加和农业兼业化实现消费平滑，对不同消费分位点的消费效应会呈现出一定异质性。

政策含义：在我国农村地区，土地流转的加速推进和社会资本水平的提高，对于农村减贫防贫起到了积极的作用。土地流出打破了土地资源的浪费和低效利用问题，提高了农户消费能力，土地流入则通过提高农村产品价值和农业兼业，提高了农户收益以及消费水平，这同国家的农村土地流转政策和消费政策遥相呼应，对农村土地流转和农户消费提质升级等一系列政策的实施也提供了进一步的实证支持。同时，在我国农村地区农户异质性和阶层异化非常严重，农户"理性不及"会诱致消费失衡和消费非理性扩张，但家庭消费仍以家庭生命周期和收入层次分化为微观基础。然而，在鼓励农村土地适度流转并鼓励农户利用社会资本提高消费能力的同时，如果不考虑农户收入层次和家庭生命周期，忽视农村弱势群体的利益和机会获取以及农户收入层次分化和消费分层对农户消费的影响，可能会在长期对农户消费提质升级造成损害，长期内可能加剧农户不平等和圈层分化问题，抑或导致农村消费结构"低端锁定"和农户贫困代际传递，在长期阻碍农村发展和乡村经济全面振兴。

为此，在精准扶贫和乡村振兴的背景下，应当健全农地流转利益联结机制，并通过提高农户社会资本和合理的土地流转，促进收入分配改革、缩小收入差距，为农户提供消费向上流动的机会，也要基于农户资源禀赋和生命周期特征，推进合理消费以提质升级，尤其需要进一步释放农村居民消费潜力，才能够有效地促进农村消费合理增长。具体可以从如下几方面着手：

首先,健全农地流转利益联结机制。鉴于土地流转是农村经济发展以及产业结构升级所必需的,因此,有必要通过利益调节措施降低土地的流出和流入对农户生计尤其是消费状态带来的负面影响。一是对于土地流出后已经稳定转移就业的农户进行引导,促进有条件的农户长期流转其承包地,进一步促进土地规模经营。从政策层面推进土地承包经营权抵押和担保试点,各地可以进行多种形式的经营模式创新。同时,对先进经验进行推广,将合理措施和方案引入到其他地区,加快其他地区的土地流转和适度规模经营步伐。二是对于土地流入户鼓励以生产经营为纽带,利用有效条件,把撂荒、效率差的土地资源进行深度整合,提高农业生产效率并实现兼业化,成为实现农户可持续生计的重要选择。三是保护分散经营的农户利益。探索财政、金融和税收等优惠政策支持向新型农业经营主体扶持,构建有经济和社会效应的利益联结机制,提高农民组织化程度,促进合作层次的提升,鼓励通过农业产业化,将分散的农户和农业经营主体联合起来,在一个地域、一个品种和一个产业链内形成规模效应,产生农业的集聚效果,形成内联农户、外接市场的紧密型合作组织,鼓励合作社农业产业拓展到农产品加工、营销等环节,打通服务型中介组织到土地流转市场的渠道,通过内外资源推动,提高农业生产的专业化、商品化和规模化。

再次,基于农户类型划分促进农村居民消费能力渐进式释放。前面的结论可以看出,提升社会资本水平,也是提高农户消费的重要方式,且我国社会资本对农户消费的影响呈现出了消费分层和圈层分化效应。并且,越是在高消费阶层的家庭中,土地流出对农户消费的影响发生缩减,社会资本强化了土地流转所造成的消费分层和不平等,尤其是对空巢型家庭更是如此。因此,提高弱势群体的社会关系资源,防止农户消费的"低端锁定",有效利用民间借贷体系以降低社会资本缺失对弱势群体消费向上流动带来的不利冲击。

此外,国家一系列的惠农政策能够减轻农民的经济负担,能够释放部分农民的消费潜力。在中央政府稳增长、调结构、促和谐的政策指引下,政府应当立足农村经济社会发展大局,聚焦农户发展的实质,关注与农民联系最直接的利益问题,着力推动乡村振兴、基础设施建设等国家宏观政策措施贯彻落实。在具体的实践中,关注空巢型家庭(老年农户)的消费不平等问题,引导扩张型家庭和经济能力较强的农户消费由数量规模向发展效益转变,改善公共服务如义务教育、医疗、养老等会大幅度提高农户消费倾向,将是一个有益的努力方向。

第九章 人力资本、社会保障与城乡居民收入融合

第一节 城乡居民收入融合的社会保障背景

收入分配改革关系到我国未来劳动力要素的供给以及经济的平稳健康发展，一直以来都是各地政府、学术界以及社会公众关注的焦点。2012 年十八大报告提出"初次分配和再分配都要兼顾效率和公平，再分配更加注重公平"的改革思路，2013 年国务院批转的《关于深化收入分配制度改革的若干意见》也明确了收入分配制度改革方向，2017 年中央一号文件则强调"要把改善农村民生作为调整国民收入分配格局的重要内容"。党的十九大报告进一步提出要"坚持按劳分配原则，完善按要素分配的体制机制，促进收入分配更合理、更有序"。然而，当前中国人均收入总体呈逐年上升态势的背景下，却存在低于人均平均收入的人数不降反增的现象，反映出当前中国收入增长的财富和成果更多的集中于少数富裕阶层手中。中国作为人口最多的社会主义国家，伴随着经济全球化和市场化改革的深入推进，经济保持持续快速发展的同时，收入分配矛盾也逐渐凸显，尤其是劳动者报酬、社会保障在整体上与经济社会财富增长不相匹配，阶层间收入分配水平呈现出明显的两极分化趋势（李汉林，2010；申广军、张川川，2016）。因此，城乡居民如何伴随着经济增长来降低富裕群体对低收入群体的收入的挤压和剥夺，扩大中产收入群体的比重，进一步遏制收入差距的扩大，改善收入分配不均，防止贫困脆弱性较高的居民陷入持续贫困，在根源上改善人民生活和促进社会和谐？将从收入剥夺的角度，从收入增长的内生动力人力资本和收入分配的外生动力社会保障这两个方面来进一步检验城乡居民个体的收入剥夺状况，以期为政府进行合意的收入分配改革和制定弱势群体的利益保障政策提供经验证据。

已有大量的学者对收入不平等和农村贫困问题进行了探讨。对部分发展中国家的实践研究发现，社会保障和人力资本已经成为收入分配差距的重要原因

（王延中等,2016;程名望等,2016）。然而,尽管在这一主题上已经有了大量的文献,但关于收入不平等背后收入剥夺问题的研究很缺乏。Atsushi(2014)等早期学者指出,剥夺是指人们在与他人比较后感觉到的不公平、被侵害及不满的矛盾心理状态。以后的学者进一步阐释并发展了这一理论,引入"参照群体"概念,认为个人与自己社会属性相近的"参照群体"比较时,发现自己应该拥有某种东西但没有时,就会产生相对剥夺,后来相对剥夺逐渐被引入收入分配领域。著名发展经济学家阿玛蒂亚·森(Sen)的多维度贫困测量指数(Multidimensional Poverty Index,MPI)将贫困的概念从收入不足拓展至多维度的可行能力(UNDP,2010)。另有学者 Kakwani 给出了和 Lorenz 曲线类似的相对剥夺曲线,以及明确了相对剥夺曲线的定义和性质(Kakwani,2010),认为基尼系数可以用相对剥夺来解释,并提出了一种数理分析方法。在后来的文献中,阿马蒂亚·森对基尼系数也给出了类似的解释,他认为在成对的比较中,低收入者由于收入层次低而被剥夺,所有这些成对比较所得到的关于剥夺的平均值就是基尼系数。按照阿玛蒂亚·森的理论,个体的福利或被剥夺不能仅从消费或收入单一维度进行测量,需要从可行能力和自由等多个维度进行考察。随着社会各界对收入剥夺问题的日益重视,我国著名学者李强(2005)也通过剥夺理论对农民工在经济收入、福利保障方面的绝对剥夺、相对剥夺、多阶剥夺等问题进行了较为全面的分析。此外,邓大松、胡宏伟(2007)研究认为,进城农民"流动但不定居、定居但不融合"的现象的最根本原因在于农民无法稳定获得与市民平等、无差异的包括基本社会保障权在内的基本公民权利,存在"权利剥夺"。Alkire – Foster(2012)构造了双截断值多维贫困指数。周兴、张鹏(2013)认为,居民家庭代际收入流动性的逐渐减弱是造成"富二代""穷二代"现象和居民收入分配恶化的重要原因之一。Rippin(2017)创建了相关敏感贫困指数(Correlation Sensitive Poverty Indices,CSPI),把贫困分解为三个部分,其中,贫困发生率是指剥夺的人头率,贫困强度指贫困家庭总的剥夺状况,不平等是剥夺家庭的贫困不平等。解垩(2017)研究了养老金与老年人口多维贫困和不平等的关系,并认为养老金制度并没有减少老年人多维贫困和不平等。以上文献从人力资本和社会保障角度研究我国城乡居民个体收入融合问题提供了有力的文献支持。

就研究方法而言,大多数相对剥夺问题的研究把测度收入不平等的视角从宏观整体转向微观家庭及个体,主要采用特定指标和计量经济模型,往往把收入作为相对剥夺的对象用在公式中,被看作是个体消费产品的能力指数(任国强、石玉成,2016)。理论上而言,如果制度性安排使受益在社会阶层中分配不均,则更加容易导致社会低收入家庭受益的概率远远小于社会中高等收入家庭。这也意味着,弱势群体占据多数的下层群体的相对剥夺要更加强烈。因此,有学者认为,绝对收入对多维贫困演变产生积极影响,而相对收入的作用不显著,原因在于收入地位的相对变动差异(高帅,2015)。Ren 和 Pan(2016)则提出了新的相对剥夺指数,更好地反映了相对剥夺的内涵,并利用 CGSS2008 农村数据检验了相对剥夺指数对极高收入更敏感,较高收入的增长使得收入剥夺更加激烈。将一个群的样本个体按收入的升序排列,由于不同个体收入地位分布状态不同,通过计算超出某一个体的其他收入个体的情况,就可以得到收入剥夺数量。Rodero – Cosano 等(2014)建立了包括教育、就业、收入、住宅、基础设施和健康六个域的结构方程模型,研究结果表明教育剥夺对就业剥夺有显著正影响,而就业剥夺会导致收入剥夺显著增加。

综上所述,大多数文献只能笼统地反映居民绝对收入及其不平等状况,而对收入分化背后的相对收入地位及其不平等问题关注不够,针对收入剥夺的研究还缺乏从社会保障及人力资本角度对收入剥夺影响的实证检验,尤其是对城乡分割和区域分割下收入剥夺差异及驱动因素的系统性分析。在人口老龄化背景下,社会保障制度和人力资本对防止农村老人陷入"贫困恶性循环"和缓解劳动力市场分割下的收入分配差距起到了调节作用(王甫勤,2010)。鉴于此,基于"相对剥夺"理论,采用 Kakwani 收入剥夺指数,剖析社会保障和人力资本对居民个体收入融合的内在影响机理。那么,中国现阶段居民个体收入融合状况是怎样的? 城镇和农村收入剥夺状况有何差别? 是个人能力差异还是社会保障制度因素恶化了居民个体收入融合? 城乡之间、区域之间人力资本积累、社会保障因素对居民个体收入融合的影响有何差异? 可能的创新点为:一是构建了人力资本和社会保障对居民个体收入融合的理论分析框架,从内生人力资本的增收效应和外生社会保障的收入分配效应检视了居民个体收入融合的作用机理。二是实证分析了城乡分割和区域分异下的居民个体收入融合的作用机制,计量得出人力资本主要通过收入增长和缩小收入差距来减缓居民个体收入融合程度。三是证实了精准扶贫背景下居民个体收入融合的重心在于扶智(人力资本)和社会保障(基本养老保障)等方面的作用来发挥精准扶贫的长效机制,增强居民收入阶层跃升和社会流动。

第二节　人力资本与社会保障对城乡
居民收入融合的作用机理

一、理论分析框架

相对剥夺理论(Relative Deprivation Theory)是一种起源于 20 世纪 40 年代的社会心理学理论,由美国社会学家 Stouffer 提出。社会学解释剥夺(deprivation)不是指剥夺的行为,而是指"被剥夺"的一种状态。因此,从相对剥夺理论视角研究收入剥夺来看,"收入剥夺"是指居民收入地位被剥夺的一种状态,即在特定群组内,将每个个体和所在群中比自己收入高的个体相比较,进而得出该个体的收入剥夺数值。基于群组划分,群组内平均收入剥夺值越大,意味着群组的收入剥夺状况越严重。家计调查是收入剥夺分析的核心要素和重要维度。由于收入地位的高低有别,因此,同群组的家庭在收入水平和收入结构呈现出的差别,必然会导致各居民家庭所属收入等级和收入位置的差异性特征。那么,与其他个体相比,比自身收入越低,高于自身收入的家庭数量越多,便造成了收入剥夺程度的差别。同一群组中不同家庭之间收入相关性不大,收入剥夺效应随居民收入地位的提高而弱化。理论上而言,一些具有明显贫困脆弱性的家庭,其收入地位呈现出劣势,收入剥夺程度越严重。并且,由于在相对收入位置的分割中,社会群体被逐渐分化,收入群体发生分异。

通过以人力资本理论、家庭经济学模型和相对剥夺理论为基础,重点围绕人力资本与社会保障是如何影响居民个体收入融合的作用机制来展开,从人力资本和社会保障两个层面来构建这个分析框架,不同层面的不同效应在图 9.1 中反映出来。如上所述,收入剥夺的测量,实际上是相对参照群体,被考察家庭的收入地位"被剥夺"的状况。基于一元性家庭模型假设,相对剥夺效应是参照群体的选择及预算约束下家庭总收入的刻画与收入剥夺程度的竞争性均衡。假设居民个体收入融合是一个综合性结果,可能受内外部多种因素的冲击和内在禀赋特征的影响。参考 Badham & Udry(2002)的家庭经济学模型,为了简化分析,单位劳动时间下的家庭收益受农业性收入、非农业性收入和闲暇区域以及制度等其他外部因素等的影响,它是一个由生产、时间和预算特征变量等组成的函数。其中,居民家庭农业性收入与从事的农业活动的产出价格、补贴,以及土地、资本和劳动力等农业生产成本等有关。非农业性收入由外生的工资水平和非农生产时间共同决定。

在家庭模型计量中,完善市场条件下家庭的生产决策与其消费的决策相互独立,家庭优先考虑最大化利润,然后在标准的预算约束下最大化其效用。同时,假设在确定一期模型中,一个家庭的效应取决于收入向量 c,以及劳动力质量及其健康程度 H,而后者又取决于收入向量 c 和花在生产"健康"方面的时间 l。基于此假设,居民个体收入融合将会受到生产、时间和预算等约束,故而家庭所面临问题为:$\underset{c,l,L^c\geq 0}{\mathrm{Max}}\, U(c,H,l)$,其约束条件为:健康的生产取决于偏好,对于分配给健康劳动的一阶条件为:$\partial H/\partial L^c = w\lambda\,(\partial U/\partial H)^{-1}$,其中,λ 为对应于预算约束的拉格朗日因子。家庭内部健康的生产取决于保持健康所用产品价格、工资率以及家庭效用函数的参数和土地、劳动力的禀赋条件(Badham & Udry,2002)。因此,为了提高家庭收入地位,极大化其效用,避免被过度剥夺,每个居民都会根据生计环境和自身成本收益,并基于家庭的偏好及资源禀赋做出生计决策。在此环境下,不同群体可能面临差异化的生计环境和政策冲击,导致人力资本积累程度的分化,以及社会保障制度参与的逆向选择问题,进而不同群体的人力资本积累和社会保障受益水平表现出"极化效应",养老金等制度性收入对其家庭收入状况也造成了重要影响,最终导致居民个体收入融合状况必然发生分化。居民个体收入融合不仅受到价格、成本等个体自身经济利益的影响,还涉及时间分配、人口、教育和健康风险等社会因素的影响。因此,按照收入剥夺测算方法,贫困居民在生计风险冲击下表现出更大的脆弱性,处于资源禀赋劣势(例如人力资源禀赋不佳)的居民往往容易陷入持续性低收入,产生贫困"固化"效应。同时,一旦遭受社会保障受益漏损或者遭受制度排斥的群体,会明显恶化农村居民的相对剥夺状况。反而言之,那些具有较强人力资源禀赋和社会保障政策吸纳能力较强的群体,其收入被剥夺程度轻的居民容易出现收入地位优势,产生收入"维持"效应。如果长期维持这种群组分割下的收入"分化"的排序格局,社会收入分配就会呈现出"阶级锁定"效应,从而相对贫困的居民家庭被剥夺的程度恶化,导致严重的贫富分化问题。

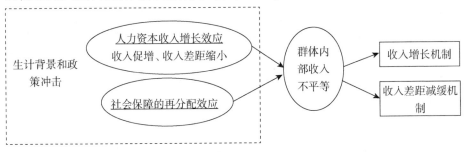

图9.1　理论分析框架

二、研究假说

1. 人力资本影响收入剥夺的机制假说

有研究认为,就业市场中的人力资本积累策略差异性及其"极化效应",而这又根源于被扭曲的就业市场(刘瑞明等,2017)。人力资本积累的层次已经成为社会阶层划分的重要标尺,个体人力资本积累的差距逐渐成为影响收入差距、社会地位乃至决定社会阶层分布的重要因素。由于人力资本类型及其收入效应在不同劳动力市场下存在差异,人力资本影响收入剥夺的机制较为复杂。因此,还需进一步检验人力资本对城乡居民个体收入融合的削弱效应是否显著。从微观层面来讲,教育对农村劳动力的收入水平具有直接的促进作用(张兆曙、王建,2017),教育人力资本方面的差异会导致居民收入的差异。同时,健康和职业技能培训方面所获改善也是凝聚在劳动者身上的人力资本要素积累过程中的中心问题。显然,一个身体越健康、受教育水平和综合能力越高的人,其生产力往往相对越高,而这种生产力的改善能够在劳动力市场获得相应的回报。因此,通过投入当前的资源改善个人的健康和教育水平,将会提高个人的未来生产力和收入。为此,我们提出如下假说:

假说1:人力资本积累能够通过提高个人的未来生产力和收入,从而降低居民个体收入融合水平。

2. 社会保障影响收入剥夺的机制假说

以养老保险制度为核心的社会保障政策是实现老年人减贫的重要举措(解垩,2017)。一般认为,社会养老保险制度具有明显的再分配功能,即社会养老保险制度促使财富在同一代人不同收入人群之间或代际之间转移的效应(彭浩然,2007;穆怀中,2014)。养老保险制度通过增加农民的转移性收入而给收入分配带来了直接的影响,医疗保险制度有助于减少个体医疗费用开支,即社会保障具有缩小收入差距的再分配功能。但是,处于制度上的弱势地位,社会下层对权力寻租、权钱交易等丑恶现象的存在所导致的不正当现象的改变感到无力。作为收入剥夺影响的重要变量,社会保障因素的作用究竟有多大,还需要进一步实证检验和论证。基于以上理论分析做出如下基本假设:

假说2:参加了社会保障项目(基本养老保险和基本医疗保险)的居民,其家庭收入状况更好,收入剥夺程度也越低。

3. 人力资本与社会保障交互影响收入剥夺的作用机制假说

然而,值得注意的是,城乡居民之间的社会经济差异已经成为中国社会最突出的不平等现象。从城乡关系来理解农村始终是中国农村研究的重要范式(张兆曙、王建,2017),一方面,留在农村的居民尤其是农村贫困人口的人力资本积累相对较弱,家庭收入结构相对较为单一,农业收入(包括种植业收入和养殖业收入)以及经营性收入已经成为其家庭生计的重要来源,缴纳了养老金的农村居民在其年老干不动农活后将成为其生活的重要来源之一。另一方面,相对来说,城镇有着较为健全的社会保障体系,但是农村以及外出务工的农民工群体在体制和政策层面依然较不健全。因此,社会保障和人力资本积累的城乡差异对于城镇和农村收入剥夺状况的影响可能并不一致。相对于城镇居民而言,农村居民的人力资本和社会保障资源的双重不足以及"报酬率"的巨大差别,可能成为拉大城乡居民收入差距的重要原因,且这种城乡人力资本的不均等呈现出了农民社会保障和人力资本的劣势特征,进而导致农村居民的相对剥夺状况恶化。而当农村居民离开农村进城务工,从事非农活动,农村的人力资本水平也因此而进一步下降,人力资本不均等对收入剥夺影响的城乡"分割"则可能会进一步显现。此外,基于地区之间经济社会条件差异,也可能带来各地区收入剥夺异质性,提出如下假设:

假说3:由于资源禀赋的差距,不同人群在人力资本积累和社会保障制度受益上存在差异性和阶层异化,在城乡和地区之间表现得尤为明显。

第三节 人力资本与社会保障对城乡居民
收入融合的影响实证

一、数据来源

中国综合社会调查数据(CGSS2015)是一个全国性、综合性、连续性的大型学术调查项目,涵盖了我国东、中、西三个地区28个省市,不包括海南、西藏和新疆。经过严格的数据梳理和筛选后,最终确定包含被调查对象人口学特征、家庭资源禀赋特征和收入指标的调查样本规模为10968户。由于中国综合社会调查(CGSS)调查数据并非追踪调查数据,且在人力资本层面的分析指标中,以往的CGSS调查问卷不涉及居民个体的技能培训方面的内容。因此,为了保持计量分析的完整性,仅将CGSS2015年的调查数据进行计量分析。此外,考虑到人口流动的影响,本节还将深入考察城市样本和农村样本的计量结果差异,具体做法为:根据样本类型(s1)变量选取"城市"的被调查对象6470个,选取"农村"的调查对象

4498 个①。

二、模型与变量

基于上述理论模型和研究假设,构建实证模型分析人力资本、社会保障对居民个体收入融合的影响。由于因变量(收入剥夺)是一个连续变量。并且,收入剥夺的取值在[0,1]之间,因此合理的统计方法应该是使用最小二乘法(OLS)来建立多元线性回归模型。在 OLS 回归分析的基础上,进一步使用 Tobit 模型进行回归。考虑到收入剥夺区间,选取了受限 Tobit 模型。基准模型设定如下:

$$Y_i = \beta_0 + \beta_1 X_i + \beta_2 C_i + \varepsilon_i \tag{9.1}$$

其中,X_i 代表人力资本、社会保障等方面的变量,C_i 是户主个体及家庭特征变量,ε_i 是随机扰动项。β_i 是各解释变量的偏回归系数,反映各解释变量 x_i 对居民个体收入融合状况的影响方向及程度,其值为正且具有显著性,其含义是在其他变量不变的情况下,随对应自变量增加而增加。变量界定如下:

1. 被解释变量——收入剥夺的度量

收入剥夺由被调查样本的家庭收入地位来反映,家庭收入位置排序越低,所在群组中比自己收入高的个体越多,因此,该家庭受到的相对剥夺程度越深。目前比较有代表性的客观收入剥夺测度指标包括 Podder 指数、Yitazhaki 指数和 Kakwani 指数等。对相对剥夺的测度中,通过测量个体间在某一领域内相对剥夺的客观程度,其测量结果用该领域相应的客观差距值进行计算。其中,Kakwani 指数能够克服基尼系数不满足加入可分解性的缺点。参考任国强、石玉成(2016)对个体客观收入剥夺的研究,将其改进的 Kakwani 指数作为个体收入融合的测度指标。令 Y 代表一个群组,样本数量为 n,将群内个体按收入的升序排列,得到这个群的总体收入分布为 $Y = (y_1, y_2, \ldots, y_n)$,根据定义,将每个个体和其他参照个体比较,进而得出该个体的收入剥夺指数:

$$RD(y_j, y_i) = \begin{cases} y_j - y_i & if(y_j > y_i) \\ 0 & if(y_j <= y_i) \end{cases} \tag{9.2}$$

称之为 y_j 对 y_i 的收入剥夺,把 $RD(y_j, y_i)$ 对 j 求和,并除以 n 个个体收入均值,则 y_i 受到的收入剥夺为:

$$RD(y, y_i) = 1/N \sum_j (y_j - y_i) = \gamma_{yi}((\mu_{yi} - y_j)/\mu_Y) \tag{9.3}$$

---

① 按照 CGSS"样本类型"而非"户口"划分的原因是,现阶段农村人口的大量外流,且户口变迁日益普遍。

进一步地,为了更准确地刻画收入剥夺状况,参考已有研究,收入剥夺指数 $RD(y, y_i)$ 可以用如下公式来表达:

$$RD(y, y_i) = \gamma_{yi}((\mu_{yi} - y_j)/\mu_Y) \tag{9.4}$$

式中,μ_y 是群组 Y 中所有个体收入的均值,μ_{yi} 是群组 Y 收入超过 y_i 的样本收入的平均值,γ_{yi} 是 Y 中收入超过 y_i 的样本数占 Y 中总样本的百分比。

通过测算可以得到相对收入剥夺指数(Relative Deprivation In Income),测算结果如表9.1所示。分析发现:第一,农村样本家庭的收入剥夺等级主要分布在 (0.8,1] 这一个等级,占比 39.64%,而城镇样本大多数分布在 (0.4,0.6] 这一个剥夺等级上,占比大约为 30.97%。第二,进一步统计收入剥夺指数的平均值可以知道,全国样本家庭收入剥夺指数的平均值为 0.637,城镇样本家庭收入剥夺指数为 0.5641,而农村样本家庭收入剥夺指数的平均值达到了 0.7176。第三,随着农村样本家庭收入剥夺等级的提高,农户所占的比重也越大。城镇样本家庭随着收入剥夺等级的提高,样本比重呈现出明显的倒"U"型变动关系。这也意味着农村居民内部的收入剥夺指数普遍较高,而城市居民的收入剥夺程度较低。由上面的分析可知,我国城乡之间存在明显的收入不平等及收入剥夺上的城乡二元结构现象。

表9.1 收入剥夺等级分布

类型		[0,0.2]	(0.2,0.4]	(0.4,0.6]	(0.6,0.8]	(0.8,1]	合计
农村 (N=4498)	户数(户)	33	417	974	1291	1783	4498
	百分比(%)	0.73	9.27	21.65	28.7	39.65	100
城镇 (N=6470)	户数(户)	127	1925	2004	1191	1223	6470
	百分比(%)	1.96	29.75	30.97	18.42	18.9	100
合计 (N=10968)	户数(户)	160	2342	2978	2482	3006	10968
	百分比(%)	1.46	21.35	27.15	22.63	27.41	100.00

2. 人力资本因素

健康和基础教育是影响农户收入的核心人力资本变量(程名望,2016)。人力资本是以教育、健康和移民等方面投资所形成的资本,而教育和健康并列为人力资本的重要组成部分,还有学者将人力资本分为两种形式:一是接受正规教育的时间,受教育时间越长则劳动力本身的能力和素质越高;二是在职培训,劳动者接受相关技能的培训可以提高自身专业技能。参考以上研究,引入广义的人力资本概念,将其操作化为教育水平、技能培训、健康①,并将上述三个方面定义为"文化性人力资本""技能性人力资本"和"健康人力资本"。当经济增长时,相对于非熟练劳动力,熟练劳动力的回报会上升。具体来看,以"文化程度"来计算"文化性人力资本",计算标准为"小学及以下 = 3,初中 = 6,高中(中专、技校、职高) = 9,大专 = 12,本科及以上 = 15"。CGSS2015 调查了被访者及其家人在其从事的劳动领域是否拥有某种有助于提高收入的劳动技能或技术职称,因此,对"技能性人力资本"的测量是通过二分变量来实现的,即"1 代表过去一年参加过劳动技能培训,0代表过去一年没有参加过劳动技能培训"。此外,重病、慢性病等疾病是影响身体健康水平的重要因素,健康能衡量其人力资本状况,健康状况较好的劳动者,更容易获取较高收入。结合以往研究,假设教育、培训、健康体现出来的人力资本水平能够"削弱"对居民的收入剥夺效应。

同时,为能够科学地、全面地反映人力资本的内涵,基于教育、培训、健康三个维度构建人力资本测度指标体系,并基于主成分分析法(Principal Componet Analysis)构建因子分析模型,并按照所有因子的方差贡献率进行加权,得到城乡居民人力资本综合指数(F),计算公式如下:

$$F = \sum_{i=1}^{n} (f_i \cdot \lambda_i / \sum_{i}^{n} \lambda_i) \tag{9.5}$$

其中,n 为保留的因子个数,λ_i 为第 i 个因子的方差贡献率,f_i 为第 i 个因子的因子得分,$\lambda_i / \sum_{i=1}^{n} \lambda_i$ 为各分的权重。具体来说,人力资本保留三个成分。以各因子的方差贡献率为权,由各因子的线性组合得到人力资本综合评价值。

3. 社会保障因素

有学者认为,社会保障和公共教育支出对居民收入具有挤入效应(丁忠民、玉国华,2017)。选取是否参加基本养老保险和是否参加基本医疗保险来考察社会

---

① 实际上,这些强调健康在人力资本中重要作用的理论并没有得到更多学者的关注和深入研究,关于人力资本的研究在很长一段时间里一直是以教育人力资本为主,关于健康人力资本的研究长期处于缺位状态。

保障制度因素对居民个体收入融合的影响。在我国，社会养老保险是老年人口的重要生活来源，参加了社会养老保险的家庭，其转移性收入越高，而没有养老金收入来源的城乡家庭，其养老收入水平相对更低。因此，假设养老保险制度对居民个体收入融合有重要的影响。同时，已有研究发现，总体上医疗保险制度不但没有发挥调节收入再分配的作用，反而扩大了基本医疗保险对居民个体收入融合程度。为此，将基本养老保险制度和基本医疗保险制度纳入实证分析模型，以阐述不同类型社会保障制度安排对收入剥夺的影响效应是否存在显著差异性①。

4. 其余控制变量

户主对一个家庭内资源分配以及生计决策制定和收入最大化的过程，发挥了决定性作用。户主的个体特征，例如，户主性别、年龄、婚姻状况，可能影响居民收入状况，进而影响居民个体收入融合（表 9.2）。其中，年龄采取直接测量法，婚姻状况为二分类变量。同时，考虑到收入剥夺可能受到其家庭经济水平和阶级背景等影响收入的变量的影响。引入了一些家庭层面的变量，例如，采用非农工作经历询问被访者目前的工作状况②。一般而言，金融资源越富裕的家庭，收入状况更好，家庭经济水平越高的样本收入剥夺指数可能越低。因此，选用经济地位和是否有以下资产（包括存款、债券或者外汇）来分别反映居民的经济资本和金融资本状况。根据 CGSS2015 问卷设计，经济地位相关的问题是"与同龄人相比，经济状况如何？"。此外，社会资本也可能对收入剥夺产生缓冲作用，在某种程度上反映其连接型社会资源状况。

表9.2　变量定义及描述性统计

变量	定义与赋值	农村	城镇	组间差异显著性
收入剥夺	由 Kakwani 的收入剥夺指数，取值范围：0 ~ 1	0.7176	0.5641	0.0000
养老保险	是否参加基本养老保险，参加组 = 1；未参加组 = 0	0.6743	0.6976	0.0047

---

① CGSS2015 问卷中，医疗保险包括城市基本医疗保险/ 新型农村合作医疗保险/ 公费医疗，养老保险主要是指城市/农村基本养老保险。

② 被访者从"目前从事非农工作、目前务农但曾经有过非农工作、目前没有工作，曾经有过非农工作、目前务农且没有过非农工作、目前没有工作且只务过农、从未工作过"等进行回答，将前面两项并为"非农就业"，其他合并为"农业就业"。

变量	定义与赋值	农村	城镇	组间差异显著性
医疗保险	是否参加基本医疗保险,参加组=1;未参加组=0	0.9266	0.8951	0.0000
人力资本	根据基于主成分的因子分析计算而得	0.8908	1.3680	0.0000
户主性别	男=1;女=0	1.5235	1.5377	0.0721
户主年龄	被调查者实际年龄(岁)	51.2396	48.1163	0.0000
婚姻状况	离婚或丧偶=1;其他=0	0.1012	0.0856	0.0028
家庭人口规模	家庭实际劳动人口数量	3.0305	2.7784	0.0000
非农就业	非农就业=1;农业就业=0	0.3999	0.8484	0.0000
金融资产	是否有以下资产(包括存款、债券或者外汇)	0.0569	0.0737	0.0000
经济地位	与同龄人相比,经济状况如何? 较差=3;一般=2;较好=1	2.3326	2.2539	0.0000
社会资本	工会成员。是=1;否=0	0.0280	0.1357	0.0000

第四节 人力资本与社会保障对城乡居民收入融合的影响效果

一、基准结果与稳健性检验

1. 基准估计结果

人力资本对居民个体收入融合的影响。由表9.3回归结果可知,居民人力资本对居民个体收入融合的影响效应均显著为负,这意味着,人力资本禀赋确实在缩小居民收入差距中发挥了非常重要的作用。表9.3第(1)栏为仅引入养老保险变量的回归结果,结论表明养老保险对收入剥夺有显著的影响,医疗保险对收入剥夺没有显著影响;第(2)栏给出仅仅引入人力资本变量的模型估计结果,第(3)

栏引入了所有变量。对比可知,人力资本状况每变动 1 个单位,其收入剥夺指数平均减弱 0.11 个单位,且均在 1% 水平上通过了显著性检验,验证了人力资本积累对收入剥夺的削弱效应。

社会保障对居民个体收入融合的影响。分析可知,与对照组相比,养老保险制度对居民个体收入融合产生了显著的负向影响。具体而言,参加基本养老保险的家庭,其收入被剥夺的程度越弱。这与假设基本相符,社会保障制度在调节收入分配差距过程中,产生了明显的横向再分配作用,能够抑制过度收入剥夺,缓解同一代人收入之间的不平等。而基本医疗保险制度对收入剥夺的影响并不显著,意味着不同社会保障制度安排对收入剥夺的作用存在较大的差异性,这也反映出社会保障对收入剥夺方面作用方向和路径可能因具体项目而不一致。此外,在引入人力资本层面变量之后,养老保险和收入剥夺状况的关系会被弱化,意味着养老保险对收入剥夺的影响很大程度上是通过人力资本提升来发挥作用。

控制变量对居民个体收入融合的影响。控制变量估计系数的数值和符号表明,在其他条件不变的情况下,户主性别、婚姻状况、家庭人口规模、非农就业、金融资产、经济地位和社会资本均对收入剥夺产生了显著影响。具体来说,户主性别为男性的家庭收入剥夺指数更低,婚姻状况为"丧偶或离婚"的样本家庭收入剥夺程度更高,意味着居民个体收入融合的性别差异和婚姻溢价是非常明显的。在其他条件不变的情况下,与从事农业活动的家庭相比,从事非农就业的家庭,其收入剥夺程度更低,这意味着非农生产活动对提高居民收入来降低收入剥夺程度具有显著的促进作用。此外,金融资本和社会资本对居民个体收入融合存在负向影响,经济地位偏弱对居民个体收入融合具有显著的正向影响。这意味着家庭资源禀赋的异质性,也是影响收入剥夺状况分化的重要原因。

表 9.3 基准回归结果:受限 Tobit 回归和稳健 ols 估计

	受限 Tobit 回归:收入剥夺指数			稳健 ols 估计:收入剥夺指数取对数		
	(1)	(2)	(3)	(4)	(5)	(6)
养老保险	− 0.0385 *** (0.0048)		− 0.0287 *** (0.0047)	− 0.0679 *** (0.0095)		− 0.0477 *** (0.0093)
医疗保险	− 0.0070 (0.0074)		− 0.0074 (0.0072)	− 0.0057 (0.0151)		− 0.0064 (0.0149)

续表

	受限 Tobit 回归：收入剥夺指数			稳健 ols 估计：收入剥夺指数取对数		
	（1）	（2）	（3）	（4）	（5）	（6）
人力资本		−0. 1146 ***	−0. 1122 ***		−0. 2357 ***	−0. 2318 ***
		（0. 0043）	（0. 0043）		（0. 0088）	（0. 0088）
户主性别	−0. 0008 *	−0. 0074 *	−0. 0069 *	−0. 0010 *	−0. 0181 **	−0. 0173 **
	（0. 0041）	（0. 0040）	（0. 0040）	（0. 0082）	（0. 0080）	（0. 0079）
户主年龄	0. 0019	−0. 0000925	0. 0002	0. 0037	0. 0004	0. 00006
	（0. 0001）	（0. 0001）	（0. 0001）	（0. 0003）	（0. 0003）	（0. 0003）
婚姻状况	0. 0443 ***	0. 0456 ***	0. 0438 ***	0. 0623 ***	0. 0654 ***	0. 0625 ***
	（0. 0069）	（0. 0068）	（0. 0067）	（0. 0134）	（0. 0130）	（0. 0130）
家庭人口规模	−0. 0101 ***	−0. 0147 ***	−0. 0145 ***	−0. 0171 ***	−0. 0264 ***	−0. 0261 ***
	（0. 0014）	（0. 0014）	（0. 0014）	（0. 0028）	（0. 0030）	（0. 0030）
非农就业	−0. 1332 ***	−0. 1025 ***	−0. 1004 ***	−0. 2291 ***	−0. 1648 ***	−0. 1614 ***
	（0. 0045）	（0. 0046）	（0. 0046）	（0. 0085）	（0. 0087）	（0. 0086）
金融资产	−0. 0312 ***	−0. 0259 ***	−0. 0249 **	−0. 0577 ***	−0. 0464 **	−0. 0447 **
	（0. 0082）	（0. 0079）	（0. 0079）	（0. 0174）	（0. 0165）	（0. 0166）
经济地位	0. 0856 ***	0. 0690 ***	0. 0679 ***	0. 1736 ***	0. 1388 ***	0. 1369 ***
	（0. 0038）	（0. 0037）	（0. 0037）	（0. 0077）	（0. 0076）	（0. 0076）
社会资本	−0. 0879 ***	−0. 0465 ***	−0. 0424 ***	−0. 1759 ***	−0. 0884 ***	−0. 0819 ***
	（0. 0072）	（0. 0072）	（0. 0072）	（0. 0145）	（0. 0143）	（0. 0144）
常数项	0. 4879 ***	0. 7311 ***	0. 7408 ***	−0. 8693 ***	−0. 3583 ***	−0. 3473 ***
	（0. 0161）	（0. 0175）	（0. 0184）	（0. 0367）	（0. 0387）	（0. 0412）
观察值	10967	10967	10967	10966	10966	10966
pseudoR2				0. 1886	0. 2384	0. 2406
Prob > chi2	0. 0000	0. 0000	0. 0000	0. 0000	0. 0000	0. 0000

注：*P<0. 1，* * P<0. 05，* * * P<0. 01。括号内为标准误差。

2. 稳健性检验

为了证明回归结果的稳健性，考虑几种检验方式。采用受限 Tobit 模型和有序 Logistic 模型，分别采用增加控制变量和变换数据等方法进行稳健型检验。此外，考虑到养老保险覆盖的并非"随机样本"，因此，进一步采用倾向得分匹配法

(Propensity Score Matching, PSM)进一步消除内生性进行计量检验。

(1)增加控制变量

同时选取房屋数量(house)、政治面貌(poli)、社会保障满意度(social)和工作满意度(work)作为新增变量,并加入省份控制变量(Province)。结果发现,在增加控制变量后,人力资本、社会保障与居民个体收入融合之间的关系及其显著性并未发生变化。养老保险对收入剥夺显著的负向影响,人力资本对收入剥夺也存在明显的削弱效应,说明了基本结论的稳健性。

(2)变换数据

原模型所有变量未取对数进行回归分析,现对因变量数据做分类变量进行回归。如上文所述,收入剥夺指数可以取值为[0,0.2]表示受轻微剥夺,(0.2,0.4]表示受一定剥夺,(0.4,0.6]表示受较强剥夺,(0.6,0.8]表示受严重剥夺,(0.8,1]表示受极度剥夺。由于变换数据后的变量为有序多分类变量,因此采用有序Logistic模型进行分析较为合理。由表9.4可见,人力资本、养老保险与收入剥夺仍然存在显著的负向影响关系,且结论并未发生改变,表明回归结果依然是稳健的。

表9.4 稳健性检验

	Tobit(增加控制变量)		有序Logistic(变换数据)	
	回归系数	回归系数	风险比	风险比
	(1)	(2)	(3)	(4)
养老保险	−0.0338*** (0.0050)	−0.0266*** (0.0048)	0.7163*** (0.0302)	0.7744*** (0.0329)
医疗保险	−0.0029 (0.0077)	−0.0041 (0.0075)	0.9890 (0.0645)	0.9899 (0.0650)
人力资本		−0.1076*** (0.0047)		0.3400*** (0.0136)
其他控制变量	Yes	Yes	Yes	Yes
观测值	10180	10180	10968	10968
Prob > chi2	0.0000	0.0000	0.0000	0.0000

注:*P<0.1,**P<0.05,***P<0.01。

二、拓展性分析:城乡差异

分城市样本和农村样本来看(表9.5),人力资本变量对城镇居民和农村居民个体收入融合的影响均十分显著,这意味着人力资本积累对家庭收入剥夺的削弱效应在城市和农村普遍存在。并且,值得注意的是,这种影响对城镇家庭的贡献要大于农村。这意味着农村和城镇样本家庭的人力资本积累可能是影响收入剥夺的重要原因。进一步分析认为,受户口身份差异造成的城乡人力资本削弱效应存在差异有关。这证实了,在我国"城乡二元"经济社会结构下,城乡之间人力资本非均衡流动,使得在远离城市的偏远农村居民的人力资本水平普遍低于城镇居民。再由于我国农业劳动与非农业劳动的劳动回报率存在巨大差别,使得人力资本积累对城镇和农村居民个体收入融合的削弱效应存在不同。

从社会保障因素来看,不同社会保障项目对不同户籍类型家庭收入剥夺程度也存在一定的异质性。一方面,对农村家庭而言,基本养老保险制度对收入剥夺的影响在10%水平上显著,回归系数为 - 0.0115,而基本养老保险对城镇家庭的影响强于农村样本,且在1%水平上显著,证明了假说2的结论,即有基本养老保险的城镇家庭收入剥夺程度比没有养老保险的家庭明显较轻。可能的解释是,农村居民基本养老保险的覆盖水平和待遇水平普遍低于城镇地区,且大量进城务工的农民工群体面临与城镇职工有区别对待的社会排斥问题,难以融入城市社区,可能恶化农村居民个体收入融合状况。同时,这也意味着我国城乡养老保险制度对居民个体收入融合的影响存在城乡二元结构差异。进一步地,城乡分割和经济社会政策的城镇偏向引致的制度分割,使得农村地区基本养老保险远低于城镇养老保险带来的收入效应增加,引起社会保障对收入剥夺削弱效应的城乡不均等。

另一方面,医疗保险有利于缓解城镇居民的收入剥夺,但对农村居民影响不显著。可能的原因为,在偏远的农村地区,医疗卫生服务可及性和供给相对不足,严重制约了他们对卫生服务的利用,当前基本医疗保险造成农村参保人受益的劣势,相反城镇居民的基本医疗保险的普及性更高,故而与基本没有医疗保险的城镇居民而言,有医疗保险对居民个体收入融合的影响相对明显。此外,所有类型的社会保障对农村居民个体收入融合的消减效应弱于城镇居民。一方面,在我国,基本医疗保障制度受益的城镇倾向可能会成为引起社会保障权益的城乡差别,加剧城乡居民之间的阶层不平等和收入不公平现象。另一方面,城乡之间、不同省份之间养老保险缴费基数和待遇给付存在差距,影响了其家庭收入分配的效果,从而造成收入剥夺状况分化。因此,人力资本和社会保障因素对居民个体收入融合的影响呈现出明显的城乡差别,为进一步建立城乡一体的社会保障制度安排提供了有力的佐证。

表9.5　分城镇和农村的居民个体收入融合 Tobit 实证结果

	农村			城市		
	(1)	(2)	(3)	(4)	(5)	(6)
养老保险	-0.0113* (0.0064)		-0.0115* (0.0063)	-0.0573*** (0.0068)		-0.0416*** (0.0067)
医疗保险	0.0094 (0.0111)		0.0084 (0.0111)	-0.0216** (0.0096)		-0.0181* (0.0094)
人力资本		-0.0548*** (0.0082)	-0.0548*** (0.0082)		-0.1124*** (0.0054)	-0.1067*** (0.0055)
其他控制变量	Yes	Yes	Yes	Yes	Yes	Yes
观察值	4497	4497	4497	6470	6470	6470

注:*P<0.1,**P<0.05,***P<0.01。

三、地区异质性比较分析

表9.6 展示了基于区域维度的收入剥夺 Tobit 回归结果:第一,从东部地区样本来看,基本养老保险、基本医疗保险,以及人力资本因素对东部地区样本家庭的收入剥夺的影响效应显著为负,这意味着社会保障对东部地区居民家庭收入剥夺发挥了积极的调节作用。社会保障对居民家庭收入剥夺状况都具有非常显著的影响,已经成为缓解东部地区居民个体收入融合的重要手段。第二,从中部地区来看,社会保障因素和人力资本因素对居民个体收入融合的影响都显著为负,再次佐证了社会保障和人力资本对抑制居民个体收入融合的积极作用。但是,基本养老保险、人力资本对缩小东部地区居民的收入剥夺的调节作用较弱,且中部地区医疗保险因素对收入剥夺的影响并不明显,反映出不同社会保障项目和人力资本因素对居民个体收入融合的影响也存在异质性。第三,从西部地区来看,人力资本变量均对西部地区居民个体收入融合产生了非常显著的负向影响。分项来看,基本养老保险对居民个体收入融合产生了明显的负向影响,而西部地区医疗保险对居民个体收入融合的减缓效应并不明显,表明西部地区医疗保险制度的社

表9.6　基于区域维度的居民个体收入融合 Tobit 回归结果

| | 东部 | | | 中部 | | | 西部 | | |
	(1)	(2)	(3)	(4)	(5)	(6)	(7)	(8)	(9)
养老保险	-0.0611*** (0.0088)		-0.0443*** (0.0085)	-0.0151** (0.0071)		-0.0108* (0.0071)	-0.0203* (0.0086)		-0.0217** (0.0084)
医疗保险	-0.0185 (0.0123)		-0.0165 (0.0118)	-0.0134 (0.0112)		-0.0139 (0.0111)	0.0115 (0.0155)		0.0117 (0.0151)
人力资本		-0.1211*** (0.0068)	-0.1153*** (0.0068)		-0.0615*** (0.0073)	-0.0605*** (0.0073)		-0.1118*** (0.0088)	-0.1122*** (0.0088)
其他控制变量	Yes	Yes	Yes	Yes	Yes	Yes	Yes	Yes	Yes
观察值	4388	4388	4388	3863	3863	3863	2716	2716	2716

注：＊P＜0.1，＊＊P＜0.05，＊＊＊P＜0.01。

会化进程还有较大的提升空间,医疗保险制度并没有产生明显的收入效应。这一结论支持了人力资本积累能够通过提高这个人的未来生产力和收入,从而降低居民个体收入融合水平的假说。但中国各地区收入剥夺及其影响因素实际上存在着明显的地区差异性,不同社会保障程度和人力资本水平对居民个体收入融合的影响也呈现出较大的城乡"分化"和区域异质性,反映出不同群体居民个体收入融合程度在空间上受到区域和城乡发展不平衡的影响。

四、作用机制分析

与前面分析框架和假说一致,社会保障是调节收入分配的重要工具,已经得到大量实证研究的支持,尤其是作为社会保障的关键组成部分,社会养老保险通过对参保家庭的养老金给付,提高了居民家庭转移性收入水平,并产生显著的减贫增收效应(张川川等,2015;王延中 等,2016),进而对收入剥夺效应产生削弱作用。那么,人力资本影响收入剥夺状况的作用机制是什么?基于收入增长和收入差距缩小双重视角,对假说2提出的作用机制进行实证检验。

1. 收入增长

表9.7第(1)和第(7)栏为控制养老保障变量的全样本模型估计结果。总体来看,居民人力资本对居民收入的影响效应均显著为正,说明人力资本禀赋确实存在明显的增收效应。同时,对比发现,不同类型人力资本因素的收入效应还呈现出了"分化"的特征。具体而言,文化性人力资本对全样本家庭收入的影响在1%水平上显著,但是这种影响对农村居民的收入效应并不明显。技能性人力资本仅对城镇居民的影响显著为负,意味着与没有参加技能培训的城镇居民家庭相比,参加了技能培训的样本家庭的收入水平更高。可能的解释是,当经济增长时,相对于农村非熟练劳动力,熟练劳动力的回报会上升,故而对居民收入产生非常重要的影响。健康人力资本对家庭收入的影响效应也非常显著,且对农村居民家庭收入的影响要强于城镇居民家庭和全样本。总的来看,健康人力资本状况越好的家庭,其收入水平越高,故而农村居民个体收入融合对健康人力资本具有高度敏感性,证实了家庭人力资本越高越有利于减缓家庭收入剥夺程度。

表9.7第(2)和第(3)栏分别反映了城镇居民和农村居民样本的人力资本对居民个体收入融合的影响结果。一方面,反映出健康人力资本已经成为农村居民收入增长的重要决定因素,而收入增长越低收入被剥夺的概率显著更高。另一方面,反映了受教育水平越高的居民家庭获得高收入的概率更大,而农村居民由于受教育程度普遍低于城镇家庭,所以更可能获得较低的收入水平。因此,居民个体收入融合状况会由于人力资本异质性(如文化性人力资本、技能性人力资本和

健康人力资本)而产生较大的差异性。不同人力资本类型由于收入"回报"的差异最终会影响居民个体收入融合状况。那些居民家庭由于教育程度较低、未参加劳动技能培训和健康状况较差,其收入剥夺状况更容易恶化。

进一步地细分地区而言,由表9.7中(4)—(6)列可以发现区域分割下,养老保险对人均家庭收入的影响始终为正。而不同类型人力资本对人均家庭收入影响因素实际上存在着明显的异质性特征。具体而言,健康人力资本因素对所有地区样本家庭的收入的影响效应显著为正,这支持了人力资本积累能够通过提高个人的未来生产力和收入水平,从而降低居民个体收入融合水平的假说。而文化性人力资本仅对东部地区和西部地区样本产生了明显的增收效应,但对中部地区样本的影响并不显著。此外,技能性人力资本仅对中部地区人均家庭收入的影响显著,主要原因在于参加劳动技能的样本偏少和部分样本家庭成员过去的工作经验或技能难以有效应用到目前工作中(占比94.03%)。因而,劳动技能培训所反映的技能性人力资本积累并没有产生明显的收入效应。

表9.7 人力资本影响居民个体收入融合的收入增长作用机制分析

被解释变量	人均家庭收入(取对数)						
模型范围	全样本	城市	农村	东部样本	中部样本	西部样本	全样本
模型编号	(1)	(2)	(3)	(4)	(5)	(6)	(7)
文化性人力资本		0.0716***	0.0044	0.0840***	0.0049	0.0393**	0.0510***
			(0.0139)	(0.0127)	(0.0123)	(0.0159)	(0.0076)
技能性人力资本		0.3676*	0.4399	0.3049	0.4137**	0.5940	0.2958
		(0.2274)	(0.3818)	(0.2853)	(0.1794)	(0.3844)	(0.1962)
健康人力资本		0.3149**	0.4101***	0.4260**	0.1568*	0.5253*	0.3901***
		(0.1235)	(0.1126)	(0.1508)	(0.1204)	(0.1515)	(0.0809)

被解释变量	人均家庭收入（取对数）						
模型范围	全样本	城市	农村	东部样本	中部样本	西部样本	全样本
模型编号	(1)	(2)	(3)	(4)	(5)	(6)	(7)
养老保险	0.4478*** (0.0721)	0.4381*** (0.1057)	0.2921** (0.0965)	0.5479*** (0.1379)	0.2366** (0.1026)	0.4328** (0.1396)	0.4043*** (0.0721)
医疗保险	0.2626** (0.1201)	0.3343** (0.1595)	0.0023 (0.1734)	0.0753 (0.1931)	0.4232** (0.1842)	0.2133 (0.2777)	0.2595** (0.1197)
其他控制变量	Yes	Yes	Yes	Yes	Yes	Yes	Yes
样本数	10967	6470	4497	4388	3863	2716	10967
Prob > chi2	0.0000	0.0000	0.0000	0.0000	0.0000	0.0000	0.0000

注：$* \ p < 0.1$，$* * \ p < 0.05$，$* * * \ p < 0.01$；其他控制变量同 3 第（3）栏。

2. 缩小收入差距

人力资本水平越高不仅削弱了居民个体收入融合效应，居民收入差距也是造成收入剥夺恶化的重要原因。受教育程度高和接受过劳动技能培训的居民，人力资本状况越好，获得更高收入的概率也越大。但是，人力资本是否通过影响居民收入差距，进而抑制了居民个体收入融合？在控制了个体特征、家庭层面特征以及社会保障因素后，使用分位数回归模型对贫困家庭和非贫困家庭进行检验，并引用系数差显著性检验变量重点考察人力资本缩小居民收入差距，从而削弱收入剥夺（表 9.8）。按照 2011 年不变价格计算的 2300 元为贫困标准，将样本家庭划分为贫困家庭和非贫困家庭两类，由此得到总样本中贫困样本比例为 15.98%，非贫困样本比例为 84.02%。表 9.8 第（3）栏给出"分位数系数差"。无论是对贫困家庭还是对非贫困家庭，人力资本的增收作用均十分显著。人力资本系数差检验仍为显著,意味着人力资本存在显著地减缓收入差距效应,反映出人力资本积累可以通过缩小贫困家庭与非贫困家庭的收入差距,进而抑制居民个体收入融合。此外,分位数回归的结果也表明养老保险确实存在显著的缩小收入差距效应,且"系数差检验"显著为负,验证了养老保险不仅提高了家庭人均年收入,而且还显著缩小了贫困家庭和非贫困家庭之间的收入差距。与对照组相比,医疗保险对家庭人均年收入对数呈显著正相关,但是并没有显著缩小贫困家庭和非贫困家庭之间的收入差距。

表9.8　人力资本对收入剥夺影响的减缓收入差距作用机制分析

被解释变量	人均家庭收入(取对数)		
模型分类	分位数回归		
模型范围	贫困家庭	非贫困家庭	系数差检验
模型编号	(1)	(2)	(3)
人力资本	0.7331*** (0.0457)	0.5323*** (0.0303)	−0.2008** (0.0993)
养老保险	0.4997*** (0.0829)	0.0658** (0.0455)	−0.4338*** (0.5472)
医疗保险	0.5861** (0.2137)	0.0199 (0.0201)	−0.6060 (0.0643)
其他控制变量	Yes	Yes	Yes
样本数	10966	10966	10966

注:* $p < 0.1$,** $p < 0.05$,*** $p < 0.01$。括号中是标准误。第(1)—(3)栏的人力资本是基于主成分的因子分析得到的综合指数,这些回归的控制变量不包含该变量。

第五节　本章小结

基于中国综合社会调查数据(CGSS2015),以 Kakwani 收入剥夺指数测度我国居民个体收入融合状况,并将人力资本增收效应、社会保障再分配效应纳入收入剥夺分析框架,构建实证模型系统检验了城乡分割与区域分割下居民个体收入融合的影响因素及其作用机制。研究结果表明:(1)我国农村居民总体收入剥夺状况较为严重,超过了城镇和全国平均水平。(2)从人力资本和社会保障的视角来看,我国人力资本积累和基本养老保险都对居民个体收入融合产生了显著的"抑制效应",且稳健性检验仍然支持该结论。(3)文章证实了不同类型社会保障项目和人力资本因素对不同群组居民个体收入融合的作用机制上存在城乡和地域上的异质性。其中,基本医疗保险仅对城镇、中部和西部居民的收入剥夺有显著影响,对偏远农村地区的影响却不显著;健康人力资本对所有群组的收入剥夺有显著负向影响,文化性人力资本对城镇和东部地区的影响相对较强,而技能性人力资本对居民个体收入融合的影响呈现出了由东向西梯次递增的空间分布特征。

上述分析结论对新时期我国精准扶贫、精准脱贫战略,尤其是实现我国低收入家庭的阶层流动,防止贫困脆弱性较高的居民个体收入融合持续恶化具有很强的政策含义。党的十九大报告进一步指出要"提高就业质量和人民收入水平""加强社会保障体系建设",为了构建一个更加合理、有序的收入分配结构,需要加强民生、社会保障、基本公共服务以及收入分配的深度改革,实现我国低收入家庭的阶层流动,防止贫困脆弱性较高的居民个体收入融合持续恶化。具体的政策启示有:

第一,放大人力资本要素集聚和生产效率提升的增收效应,进一步缩小不同收入阶层以及城乡之间的居民收入差距,有效削弱贫困人口收入剥夺水平。人力资本能够提高家庭收入水平和拓展多元化增收渠道,因此,应当重视人力资本在预防居民个体收入融合状况恶化中的作用。一方面,提高中低收入分层家庭子女的人力资本水平(周兴、张鹏,2013),削弱富裕阶层在收入分配中的非竞争性优势,为人力资本贫弱者的贫困者开拓收入渠道、实现收入向上流动创造有利的条件和机会。通过国家"精准扶贫"和"乡村振兴"战略,整合扶贫部门和行业扶贫部门资源,着重改善贫困人口健康状况和正式教育水平,并为贫困人口开展有效率的培训,帮助其提高生计能力,实现减贫增收。另外,完善城乡反贫困政策体系,加强对深度贫困人口技能培训和医疗兜底保障的支持力度,妥善解决乡城转移贫困和农民工排斥问题,进一步将农民工及其随迁子女纳入城镇正规职业技能培训和文化素质教育体系内,带动庞大的进城农民工群体正常"嵌入"非农创收活动中来,进而防止群体固化和收入剥夺恶化问题,实现低收入阶层的有序流动及阶层跃升。

第二,按照党的十九大提出的"兜底线、织密网、建机制"的要求,尽快实现养老保险全覆盖,建立城乡统筹、更加公平、更可持续的社会保障制度。鉴于养老保险对收入剥夺产生了显著的抑制效应,政府部门应当在进一步扩大参与率的同时,完善城乡一体化为导向的多支柱养老保险制度和减贫治理体系,并发挥基础养老金"累进"机制,通过养老保险的横向再分配,削弱居民之间的收入剥夺状况。

同时,要兜底全覆盖,通过为生计脆弱居民贫困兜底,缓解居民贫困状况,遏制贫困代际传递。另外,依托完善的城乡居民就业和社会保障体系,消除劳动力市场歧视和社会保障缴费中的"断保"现象,确保贫弱群体不受高收入者的过度收入剥夺。

　　第三,在精准扶贫背景下,坚持"以人为本"的发展理念,加强对丧偶女性和生计能力缺失群体的社会保护,防止贫困脆弱性较高的居民个体收入融合持续恶化。此外,考虑到区域经济发展不平衡的现实条件,各区域应采用因地制宜的消减收入剥夺的政策措施。根据不同类型贫困人口的地区和城乡差异,实施分类和有选择性的政策措施,破解乡村要素流动和资源瓶颈。凝聚起举国上下全面深化改革,进一步减缓城乡和地域差异带来的居民个体收入融合程度上的深化。

第十章　养老保险、非农就业与农户收入融合

第一节　养老保险与非农就业影响农户
收入融合现实背景

改革开放 40 多年来,随着我国经济社会的快速转型,城市快速发展和农民大量进城,1978—2018 年我国城镇就业人数增加到 43419 万人。2018 年全国农民工总量 28836 万人,其中外出农民工 17266 万人[①]。流动已成为推动中国农民群体能力变迁重要的结构性力量(石智雷、杨云彦,2011)。毋庸置疑,农村剩余劳动力的转移对缓解农村贫困和促进农村经济增长发挥了十分重要的作用。数据显示,同期我国农村贫困人口从 1978 年的 7.7 亿人减少到 2019 年的 551 万人,贫困发生率下降到 0.6%,实现了"迄今人类历史上最快速度的大规模减贫"。然而,必须认识到,我国农村正经历着一个深刻而痛苦的转型:除城乡不平衡以外,大量农村能力强收入高的农民及家庭进城,农村越来越成为缺少进城能力的弱势农民群体的基本保障(贺雪峰,2018)。并且,农业由于优质人力资本的流出而大大延滞了其发展速度,这种"一促一抑""一荣一损"的内在机制引致城乡收入差距的扩大(匡远凤、詹万明,2018)。另外,全国农村贫困监测调查显示,截至 2017 年末,我国农村居民人均可支配收入仅占城镇居民的 51.71%,贫困地区农村居民人均可支配收入是全国农村平均水平的 69.8%,基尼系数不断扩大并维持在 0.4 左右的较高水平。这些数据充分揭示了城乡二元经济结构下农户收入差距及不平等问题的严峻性。与此同时,作为保障农民生存和发展的重要途径之一的社会保障制度却过度向城市倾斜,城乡之间制度发展不平衡及农村内部分化问题备受人们

---

① 中华人民共和国人力资源和社会保障部.2018 年度人力资源和社会保障事业发展统计公报[R].中华人民共和国人力资源和社会保障部管网,2019 – 06 – 11.

诟病(贺雪峰,2018)。

为打破养老保险的城乡二元制度,充分发挥社会保险对保障人民基本生活、调节社会收入分配、促进城乡经济社会协调发展的重要作用,2014年国务院颁布《国务院关于建立统一的城乡居民基本养老保险制度的意见》(国发〔2014〕8号),将新型农村社会养老保险(新农保)和城镇居民社会养老保险(城居保)合并为城乡居民基本养老保险制度(以下简称"城乡居保"),并在全国施行,由此建立了全国统一的、覆盖城乡居民的养老保险体系。党的十九大报告也再次明确提出"调节收入分配差距""尽快实现养老保险全国统筹"。但是,随着中国同时正面临着经济下稳、老龄化加剧和贫富差距分化问题依然严重的经济社会背景,在城乡二元经济结构下中国养老保险制度是否能够充分发挥收入再分配作用一直受到人们质疑。对于养老保险政策在多大程度上促进了农户增收,学界的意见并不统一。朱火云、丁煜(2017)采用倾向得分匹配方法(Propensity Score Matching Method,PSM)消除选择性偏差之后,城乡居民养老金制度覆盖下的老年人贫困发生率比没有享受养老金待遇的情况下低8.7%。然而,少有文献探究养老保险对于位于收入分布中不同位置的影响。

部分文献充分肯定了非农就业对提高居民收入的积极作用,究其缘由在于农村劳动力迁移和外出务工不但可以直接、间接地提高外出打工户的劳动生产率和家庭收入水平,而且外出务工的增加和非农化程度的提高促进了低收入组和中等收入组农户收入向上流动,抑制农村居民收入差距的扩大、对缓解城乡居民收入差距的扩大发挥积极的作用(李实,1999;丁士军等,2016)。章元等(2012)认为贫困农户能够进入劳动力密集型的工业部门就业并获得更高收入,这是他们分享工业化所带来的经济增长"蛋糕"并脱离贫困陷阱的关键渠道。农村剩余劳动力外流,促进家庭非农就业程度提高,对家庭收入水平和收入位置的提高影响显著(严斌剑等,2014)。因此,劳动力外流不仅给农村居民带来了可观的经济收益,而且非农就业程度提高打破了原有固化的社会阶层,降低了收入不平等,优化了绝对收入状况,进而实现社会经济地位向上流动,防止农村居民贫困的代际传递性(刘一伟、刁力,2018)。除此之外,还有学者认为,户籍对收入分布的影响可能存在着明显的门槛效应,越是处于农业户口越容易进入收入水平较低的行业和职业序列中(金成武,2009)。Reardon et al. (2010)却认为非农就业安排实际上并没有解决收入不平等问题,也没有使得穷人受益,其原因在于非农活动所需资产的分布不均等以及低资本进入门槛的非农活动的稀缺性。阮素梅(2014)认为,受资源禀赋、历史文化等因素影响,工资决定模式存在着较大差异,主要表现为性别差、城乡差、区域差等。

此外,大部分研究养老保险、非农就业对农户收入的影响文献,主要采用双重差分方法、线性回归模型等方法。这些文献探索了控制组和对照组在条件均值上的差异,而针对养老保险对整个分布上收入差异状况却鲜有论及。同时,由于实际中数据服从高峰厚尾的分布或者有显著的异方差,故而基于均值分析的普通最小二乘法得到的结果往往有偏,同时也掩盖了非农就业对于不同收入分布的作用大小和显著性,难以全面的刻画条件分布的大体特征。并且,非农就业究竟对不同收入群体的农户增收效应是否存在显著差异,已有研究目前尚未形成统一认识。我们有理由相信,在条件分布的不同区间,养老保险和非农就业可能对整个分布上的收入分配效应会存在某种波动规律,引起其差异的根源也会存在区别。更重要的是,条件分布不同区间的收入分配差异,蕴含着不同的政策启示。

第二节 养老保险与非农就业影响农户收入融合实证分析

中国健康与养老追踪调查(CHARLS 2015)作为全国基线调查数据,是一套代表中国45岁及以上中老年人家庭和个人的高质量微观数据,用以分析我国人口老龄化问题,推动老龄化问题的跨学科研究。问卷内容包括:个人基本信息,家庭结构和经济支持,健康状况,体格测量,医疗服务利用和医疗保险,工作、退休和养老金、收入、消费、资产,以及社区基本情况等。通过研究养老保险制度、非农就业对农户的收入效应。为了对比研究养老保险制度的微观再分配效应,对CHARLS数据进行了如下处理:考虑到年龄需要在60岁以上的农村老年人才会获取养老金,故而样本仅限于户主为60岁及以上的农业户口家庭。并且,由于通过考察城乡居民基本养老保险制度对位于收入分布中不同位置的农村居民家庭收入的影响,因此样本不包括机关事业单位养老保险、城镇企业职工养老保险和企业年金的覆盖群体。

根据标准Mincer模型,收入函数的公式可以表示为:

$$Ln(收入) = f(土地,劳动力,资本,\cdots\cdots虚拟变量) \qquad (10.1)$$

式(10.1),f代表线性函数关系。参考Shorrocks and Wan(2008),由于收入变量是符合正态分布的,适合采用半对数模型。具体参数选择如下:

被解释变量:用60岁以上被调查农村居民家庭收入(取对数)来衡量被解释变量农户收入效应。

解释变量(表10.1)包括:(1)养老保险。根据调查设计,由于研究对象是年龄大于60岁的老年家庭,并且,中国城乡居民基本社会养老保险具有"家庭捆绑"

机制,因此,文中的养老保险决策(Pension)选取了农村老年人"参加养老保险"作为影响农村居民收入分配的关键变量,Pension = 1 表示参保家庭,Pension = 0 表示无保家庭。(2)非农就业。另一个需要验证的核心变量是非农就业。农户生计活动是影响居民收入的重要因素,已有研究发现户籍职业选择无形中拉大了收入差距。由于职业分割下劳动回报存在巨大差别和可能存在的"低端锁定效应",因此,假设有家庭成员从事农业就业的农户的收入更低。依据此假设,非农就业是农户收入的重要决定因素。非农就业样本是指调查年份"没有从事农业工作但是从事非农工作"的农村样本。(3)控制变量:通过对各类文献的分析,可以发现老年人家庭收入状况与家庭社会经济综合特征影响密切相关。进一步控制了当事人个体特征和家庭特征变量,例如,性别、年龄、婚姻状况、健康状况、是否被征地等相关的特征变量。通常以男性为户主的家庭收入高于以女性为户主的家庭,尤其对中低收入农户而言,以男性为户主可明显促进家庭收入的增加。户主年龄越大在生计决策上越保守,家庭收入可能越低。此外,当事人家庭耕地面积、人口规模的差异可能会与家庭收入决定存在明显的正向关联。本节将这些控制变量纳入实证模型中,以期考察控制家庭异质性特征后,核心解释变量(养老保险、非农就业)对农户收入的影响是否仍具稳健性。VIF 多重共线性检验如表 10.2 所示。

表 10.1　变量说明与统计性描述

变量名称	定义	均值	标准差	最小值	最大值
农户收入	家庭年总收入(取对数)	7.68	1.65	0	13.16
养老保险	参保家庭 = 1;无保家庭 = 0	0.13	0.34	0	1
养老金数量	元/月	46.09	214.34	0	2500
非农就业	是 = 1,否 = 0	0.09	0.29	0	1
家庭耕地面积	连续变量,单位:亩	1.75	3.46	0	30
人口规模	单位:人	2.55	1.91	0	15
是否被征地	是 = 1;否 = 2	1.76	0.45	1	2
性别	男性 = 1;女性 = 0	0.53	0.49	0	1
年龄	连续变量	69.34	6.99	60	100
婚姻状态	已婚 = 1 其他 = 0	0.71	0.45	0	1
健康状况	很好 = 1,其他 = 0	0.19	0.40	0	1

表 10.2　VIF 多重共线性检验

变量名称	VIF	1/VIF
养老保险	1.02	0.9816
非农就业	1.07	0.9378
家庭耕地面积	1.06	0.9420
人口规模	1.06	0.9473
是否被征地	1.02	0.9807
性别	1.09	0.9197
年龄	1.22	0.8194
婚姻状态	1.22	0.8213
健康状况	1.01	0.9935
MeanVIF	1.08	

第三节　养老保险与非农就业影响农户收入融合的实证设计

拟采用分位数回归方法(Quantile Regression)探索养老保险、非农就业对不同收入群体农户收入增长的边际贡献。分位数回归最早由 Koenker 和 Bassett (1978)率先提出,这种方法扩展了普通的最小二乘估计,可提供条件分布的全面信息。如前所述,以前的回归分析中,主要考察解释变量对被解释变量的条件均值的影响,但是容易受到极端值的影响。与最小二乘估计(OLS)相比,分位数回归模型有很大的优势,主要体现在能够更加清晰细致地对各变量之间的关系进行分析,因为其回归参数是根据因变量的不同分位点变动的。并且,分位数回归的估计结果更加稳健,因为其没有对误差分布项进行具体的假定,同时也能更好地应对非正态性和异常值,精确描述解释变量对于被解释变量的变化范围以及条件分布形状的影响(郭君平等,2018)。近些年来,关于农民工工资差异或农户收入决定的实证文献经常采用此方法。参考郭君平等(2018)的研究方法,假设农户收入 Y 为连续型随机变量,其累积分布函数为 $F_y(\cdot) = \text{Prob}(Y \leq y)$,则农户收入 Y 的 τ 分位数为收入状态为 y_τ,满足如下定义公式:

$$Q(\tau) = \inf\{y : F(y) \geq \tau\}, 0 < \tau < 1 \tag{10.2}$$

其中,y_τ 被 τ 分为两部分:变量 y 的分布中存在比例为 τ 的部分小于分位数 y_τ,而比例 $(1-_\tau)$ 的部分大于分位数 y_τ。对于任意的 $0<_\tau<1$,定义"检验函数" $\rho_\tau(\cdot)$ 为:

$$P_\tau y_i - \mu = \begin{cases} \tau|y_i - \mu|y_i \geqslant \mu \\ (1-\tau)|y_i - \mu|y_i \leqslant \mu \end{cases} \tag{10.3}$$

上式中,μ 为样本均值,而 $\rho_\tau(\cdot)$ 表示被解释变量 y 的样本点处于 τ 分位以下和以上时的概率密度函数关系。为了考察养老保险、非农就业对中国农户收入差异的影响,采用半对数的形式建立回归模型。基于 Koenker 和 Bassett 提出的分位数回归估计方法,采用残差加权平均作为最小化的目标函数。β_τ 被称为"τ 分位数的回归系数"。其估计量可由以下最小化问题来定义:

$$\min_{\beta_\tau} \sum_{i:y \geqslant X'_i\beta_\tau}^n q|y_i - X'_i\beta_\tau| + \sum_{i:y_i < X'_i\beta_\tau}^n (1-q)|y_i - X'_i\beta_\tau| \tag{10.4}$$

为了进一步地比较政策因素对不同收入群体的影响差异,参考已有研究(丁士军等,2016),我们将对 q10、q25、q50、q75、q90 处的分位数分别进行回归分析。其中,q10 表示较低收入组,q25 表示低收入组,q50 表示中等收入组,q75 表示较高收入组,q90 表示高收入组。因此,分位数回归模型可进一步表示为:

因此,建立分位数回归计量模型如下:

$$Q_\tau[lny|X] = \alpha_{0,\tau} + \beta_{1,\tau}pension_i + \beta_{2,\tau}nonagri + \sum \gamma_{i,\tau}CV + \mu_\tau \tag{10.5}$$

在该模型中,设定模型的被解释变量 y_i 为表示第 i 个被调查家庭的年收入水平的对数值(lny)。下标 τ 代表不同分位数。pension 代表参加养老保险制度情况,其中,pension=1 表示参保家庭,pension=0 代表对照组,即无保家庭。nonagri 为非农就业情况,其中 nonagri=1 表示非农就业组,nonagri=0 表示其他组。协变量矩阵是其他解释变量的集合,包括家庭特征和户主体特征等。β 是待估计的回归参数,是半弹性系数(semi-elastic coefficient),γ 表示其他控制变量不同分位数回归的系数向量,μ 是随机扰动项。

第四节 养老保险与非农就业影响农户收入融合影响效果

一、基准回归结果

为便于比较,在数据平稳的前提下,基于卡方分布和 z 检验的结果,选用普通最小二乘回归(稳健 OLS)模型进行参数估计。表 10.3 列出了均值估计结果。为了详细检验养老保险、非农就业对居民收入分配的影响并验证其稳健性,在方程 1 中去掉了所有关心的养老保险、非农就业变量,并把它作为基准方程。然后,在引入以上控制变量的基础上,方程 2 和方程 3 逐步引入养老保险变量和非农就业变量。其中,方程 2 考察了参加养老保险制度与农村居民家庭收入的关系的估计结果,方程 3 考察了非农就业对农村居民收入分配的影响。从四个方程的回归结果来看,所有模型整体拟合效果良好。通过比较方程结果可知,就全样本而言,养老保险、非农就业、家庭耕地面积、人口规模、性别变量的系数显著为正;而总体上是否被征地、年龄变量负向影响农户。此外,老年人婚姻状况、健康状况的收入效应并不显著。

表 10.3　实证结果分析

	方程 1	方程 2	方程 3	方程 4
	稳健 OLS	稳健 OLS	稳健 OLS	稳健 OLS
养老保险		0.5534** (0.1924)		0.5626** (0.1893)
非农就业			0.8092*** (0.2491)	0.8073** (0.2557)
家庭耕地面积	0.0454** (0.0209)	0.0474** (0.0178)	0.0856** (0.0179)	0.0562** (0.0180)
人口规模	0.0906** (0.0381)	0.1007** (0.0429)	0.0892** (0.0413)	0.0927** (0.0426)
是否被征地	-0.2991* (0.1558)	-0.3184** (0.1535)	-0.2787* (0.1544)	-0.2979* (0.1520)
性别	0.3913** (0.1483)	0.3883** (0.1477)	0.3915** (0.1468)	0.3751** (0.1456)
年龄	-0.0431* (0.0109)	-0.0450*** (0.0113)	-0.0352** (0.0111)	-0.0343** (0.0113)
婚姻状况	-0.2309 (0.1734)	-0.2325 (0.1757)	-0.2105 (0.1718)	-0.2064 (0.1737)
健康状况	0.1163 (0.1779)	0.1178 (0.1968)	0.0814 (0.1765)	0.0722 (0.1964)

续表

	方程 1	方程 2	方程 3	方程 4
	稳健 OLS	稳健 OLS	稳健 OLS	稳健 OLS
Constant	10.8262 *** (0.8608)	10.3039 *** (0.8503)	10.1639 *** (0.8766)	10.0396 *** (0.9095)
observation	501	501	501	501
R – squared	0.0742	0.0931	0.0918	0.1199

注: $*$ $p < 0.05$, $**$ $p < 0.01$, $***$ $p < 0.001$。

二、分位数回归结果

全面细致观察回归结果(表 10.4)发现:第一,从农村居民养老保险政策的影响来看,是否参加农村居民养老保险制度这一政策变量对各分位点农户收入的影响均存在显著的正向影响。这说明我国养老保险制度对农户收入有较显著促进效应的结论是可靠的。进一步对比发现,养老保险变量对处于收入分布两端的农村居民的增收效应更强,例如,在 Q_{10}、Q_{75} 分位点上的收入效应较为明显,而 Q_{50}、Q_{25} 分位点上最弱,可能的解释是,在我国现行的城乡居民基本养老保险待遇计发机制下,缴费与养老金待遇挂钩,实行多缴多得、长缴多得的缴费政策,月养老金标准为个人账户养老金、基础养老金、缴费年限养老金之和。低收入家庭的收入来源更依赖于养老金,而高收入老年群体选择缴费档次越高,缴费越多,政府补贴越高,年老后老年人领取的养老金越多,因而对其经济收入有更为显著的影响。因此,养老保险对低收入农户生计具有非常重要的意义,而对高收入群体带来了明显的缴费"激励"效应,并最终作用于不同类型家庭影响到最终的收入分布。因此,养老保障制度对两端农户收入的影响非常显著,验证了养老保险制度的"益贫效应"基本结论成立。这从侧面反映出我国城乡居民基本养老保险制度明显降低了农村居民的收入不平等程度。

第二,非农就业对农户收入的影响也非常显著,并且不同收入群体之间存在显著差异。具体而言,与对照组相比,家庭主要生计活动为"非农就业"的家庭收入明显高于主要从事农业活动的家庭。进一步地,在不同条件分布下,非农就业对高收入群体的影响高于中等收入群体和低收入群体,尤其对低收入群体的影响最低。非农就业对中高端收入农户产生了显著的收入增长作用,而对底端收入组农村居民家庭的收入效应并不显著。并且,从方程 1 到方程 5 均出现"先小后逐步增大又回落"的倒 U 型分布特征,对此的经济解释是,理论上而言,由于城乡之间收入回报的巨大差别,因而目前农村对农业收入的依赖性更强的农业就业家庭往往收入更低,而从事非农经营和务工的非农就业家庭的收入往往更高。此外,非农就业对农户增收的影响并非平均分布,不同群体获益情况不同,尤其是中高收入群体获得了更高的收入回报。这意味着,鼓励农户非农就业,尤其是降低农村地区低收入农户非农就业进入门槛,是防止中国农户收入差距扩大的有效措施之一。

第三,其余几个控制变量对农村居民收入的影响呈现出了差异性特征。相比较而言,户主层面变量中,户主性别、年龄两个变量对中等收入老年居民家庭收入产生了显著的影响,户主为"男性"和岁数较低的家庭,其收入水平普遍较高,这意味着,户主年龄越大,家庭收入水平可能更低,而婚姻状况对农户收入的影响并不普遍。家庭层面变量中"家庭耕地面积"对农户收入的影响随着分位点的提高而逐渐降低,但在 Q_{75}、Q_{90} 分位上并不显著,而土地征收对中高收入家庭存在着显著收入削弱效应,而在低收入分位(Q_{10}、Q_{25})上对农户收入的削弱效应并不显著,这意味着土地被征收的中高收入群体收入水平显著高于对照组。此外,调研样本中健康状况的增收效应并不显著,这意味着,不同收入组家庭收入水平影响因素存在很大的差别。

进一步研究发现,对中等收入群体而言,是养老保险、户主年龄高低、非农活动、家庭耕地面积多寡、征地等变量均对其家庭收入有显著的影响,并且呈现出了一定的性别和年龄差异。而对高收入家庭而言,家庭耕地面积多寡、性别、年龄高低、婚姻状况对其家庭收入没有显著性影响。而对低收入群体而言,除了养老保险制度变量和家庭耕地面积多寡对其家庭收入的影响有显著的影响,其余变量的影响并不显著。除此之外,家庭耕地面积在任一收入分位数水平上的收入回报依次降低。这意味着,养老保险、非农就业对不同收入群体产生了异质性影响。基于此,要想全面实现养老保险和非农就业对农户增收的正向促进作用从而减缓贫困,只有在政策上针对不同状态的作用对象制定出不同类型的社会救助帮扶政策,例如,加强对健康状况差、低收入等贫弱群体的保障,优化就业分布状态(崔宝玉等,2016),才能有效帮助不同类型贫困家庭走出贫困,阻断贫困的代际传递。

表10.4　分位数回归结果

	方程1	方程2	方程3	方程4	方程5
	Q_{10}	Q_{25}	Q_{50}	Q_{75}	Q_{90}
养老保险	0.940 *** (3.903)	0.352 ** (2.077)	0.360 * (1.881)	0.741 * (1.843)	0.536 ** (1.987)
非农就业	0.453 (1.304)	0.635 (1.529)	1.439 *** (3.337)	0.964 *** (2.891)	0.557 *** (2.626)
家庭耕地面积	0.078 ** (2.243)	0.058 ** (2.087)	0.054 * (1.837)	0.048 (1.580)	0.017 (0.553)
经济人口规模	−0.017 (−0.309)	0.009 (0.196)	0.090 (1.847)	0.140 * (1.876)	0.317 *** (3.887)
是否被征地	−0.161 (−0.693)	−0.069 (−0.457)	−0.372 * (−1.687)	−0.507 * (−1.767)	−0.623 *** (−2.624)
性别	0.106 (0.384)	0.129 (0.962)	0.345 ** (2.044)	0.427 (1.620)	0.351 (1.519)
年龄	−0.020 (−0.864)	−0.017 (−1.438)	−0.033 *** (−2.637)	−0.047 *** (−2.973)	−0.015 (−0.772)
婚姻状况	0.065 (0.192)	−0.139 (−0.793)	−0.495 ** (−2.410)	−0.277 (−1.143)	0.089 (0.261)
健康状况	−0.106 (−0.320)	0.180 (0.899)	0.144 (0.758)	0.078 (0.240)	0.320 (1.163)
constant	7.198 *** (4.070)	7.590 *** (8.123)	10.247 *** (9.221)	12.132 *** (9.783)	10.655 *** (7.007)

注:1. * * * 、* * 、* 分别表示 P<0.01、P<0.05、P<0.1。2. 括号内为标准误差。

三、稳健性检验

进一步,为了验证养老保险和非农就业对农村居民收入影响的稳健性,表10.5 使用领取养老金数量作为养老保险决策的替代变量①。结果表明养老保险对农村居民收入的影响始终为正。并且,养老保险对底端农村居民家庭的增收效

---

① 受篇幅限制,稳健性检验结果中控制变量未在文中列示,留存备索。

应依然强于高端收入家庭,这说明,当采用养老保险金衡量养老保险情况时,仍然可以得到与是否参与养老保险制度衡量的相同结论。因此,稳健性检验结果表明,养老保险制度对农户收入差异的影响效应仍然得以显现。

表 10.5 稳健性检验

	方程 1	方程 2	方程 3	方程 4	方程 5	方程 6
	均值	Q_{10}	Q_{25}	Q_{50}	Q_{75}	Q_{90}
养老金数量	0.0020 *** (0.0001)	0.0026 *** (0.0003)	0.0023 *** (0.0002)	0.0020 *** (0.0002)	0.0016 *** (0.0002)	0.0009 * (0.0005)
非农就业	0.734 (0.2452)	0.2587 (0.3828)	0.0911 (0.3994)	1.1781 ** (0.4545)	1.1317 *** (0.3226)	0.5423 ** (0.2247)
其他变量	控制	控制	控制	控制	控制	控制

进一步考察发现,采用 Winsor 缩尾处理法(表 10.6),对农户总收入等所有连续变量上下 1% 的样本进行缩尾处理,以减弱极端值的影响,或未处理缺失值的样本进行稳健性检验,虽然部分变量的回归系数存在些许差异,但核心解释变量的作用方向和显著性水平与前文结果基本一致,主要结论并未发生实质性变化。

表 10.6 缩尾处理结果

	方程 1	方程 2	方程 3	方程 4	方程 5	方程 6
	均值	Q_{10}	Q_{25}	Q_{50}	Q_{75}	Q_{90}
养老保险	0.4918 *** (0.1890)	1.0840 * (0.2587)	0.3512 * (0.1813)	0.2655 * (0.2258)	0.7357 * (0.4355)	0.1752 * (0.2953)
非农就业	0.7974 (0.2693)	0.3477 (0.4290)	0.3853 (0.5529)	1.1943 ** (0.4259)	0.9103 ** (0.3168)	0.3221 * (0.2877)
其他变量	控制	控制	控制	控制	控制	控制

第五节 本章小结

基于中国健康与养老追踪调查数据(CHARLS 2015),使用分位数模型对养老保险、非农就业和中国农户收入差异的关系进行了数理统计分析,考察了养老保险制度的增收效应及其微观作用机制。研究发现,参加养老保险制度对各分位点农户家庭收入的影响均为显著的正向影响,而非农就业对各分位点农户增收的效应具有异质性,进而验证了养老保险制度确实存在显著的"益贫效应",同时说明非农就业的增收效应对不同利益群体发生了分化。此外,研究同时证实了不同家庭禀赋条件下家庭收入水平影响因素存在很大的差别。其余控制变量,例如,家庭耕地面积多寡明显提高了农户收入;经济人口规模在 Q_{50}、Q_{75}、Q_{90} 分位点上的增收效应较为显著,而是否被征地对家庭收入增长产生了显著的抑制效应。户主性别、年龄对农户增收的影响并不普遍。基于以上分析,得出如下政策启示:

第一,按照党的十九大提出的"兜底线、织密网、建机制"的要求,尽快实现养老保险全覆盖,建立城乡统筹、更加公平、更可持续的社会保障制度。鉴于养老保险对收入剥夺产生了显著的抑制效应,政府部门应当在进一步扩大参与率的同时,完善城乡一体化为导向的多支柱养老保险制度和减贫治理体系,并发挥基础养老金"累进"机制,通过养老保险的横向再分配和兜底全覆盖以及为生计脆弱居民贫困兜底,来缓解居民贫困状况,遏制贫困代际传递。另外,通过建立动态甄别机制将养老保险资源向高龄、丧偶、健康状况差的老年群体倾斜。强化养老保险制度效果在老年人口再分配公平中的作用,实现养老保险资源配置的帕累托改进。

第二,增加农户收入的一项非常重要工作是创造更公平的非农就业制度环境,在鼓励非农就业的同时,建立一套保障适度、契合度高的城乡一体化的城乡居民就业保障长效机制,使低收入家庭劳动力获得优质的参与非农就业的机会,进入到城市服务行业,从而改善劣势农户的收入分布状态,对农户内部收入差距的扩大及贫困具有缓解作用。

此外,通过完善城乡反贫困政策体系,加强对深度贫困人口技能培训和医疗兜底保障的支持力度,妥善解决乡城转移贫困和农民工排斥问题,进一步将农民工及其随迁子女纳入城镇正规职业技能培训和文化素质教育体系内,带动庞大的进城农民工群体正常"嵌入"非农创收活动中来,进而防止农村居民群体固化和收入分配恶化问题,实现不同阶层收入融合。

第十一章　农户家庭收入不平等与阶层异化

第一节　家庭收入不平等与阶层异化背景

改革开放以来,中国的农村经济发生了巨大的变化,农民的收入差距也从20世纪90年代以来开始持续扩大(万广华、张茵,2006)。虽然绝对贫困数量在不断减少,但相对贫困现象仍比较突出。2015年诺贝尔奖得主安格斯·迪顿(Angus Deaton)教授在2013年出版的 *The Great Escape* 一书中,重点聚焦了收入差距和健康不平等问题,进一步分析了收入流动的影响(Deaton,2013)。经济史学家格雷戈里·克拉克(Gregory Clark)在2014年出版的 *The Son Also Rises* 一书中也关注了长时期下人们收入流动的代际传递,得出的结论令人震惊(Clark,2014)。这些研究都表明全球化的今天仍然存在较为严重的收入不平等现象,不得不引起社会的高度关注。中国在十八届五中全会上也重点聚焦减贫,强调在2020年实现全面脱贫和全面小康的目标,提出了限制高收入群体收入的过快增长,大力提高低收入群体收入的战略(简称"限高提低"),农民作为最主要的低收入群体和弱势群体,研究农民家庭长期以来的收入流动性问题对于更好地实施精准扶贫具有重要的现实意义。

如何降低贫困率,不断完善国家扶贫机制,当前的扶贫工作和相关研究大多集中于贫困发生率的降低,而往往忽视了注重精准扶贫,特别是瞄准到村、到户甚至到人,对贫困的个体长期的动态收入和脆弱性关注还不够。一方面受研究方法和研究数据的限制,另一方面国家扶贫只聚焦到贫困县一级,缺乏从贫困农户层面的关注,这两方面的原因使得目前对动态贫困的研究相对滞后。家庭收入流动水平则是反映动态贫困和动态收入机会与风险的一种有效方法,能够较好的克服静态贫困研究中的不足。

一些学者指出,收入的流动水平提高在一定程度上会造成收入波动和经济风险(Piraino,2007);另一些学者则认为收入流动水平的提高更多的是体现在社会机会的均等和公平,是减少收入差距的一种积极信号(Atkinson,1992;Fields,2002)。但是这种积极信号背后的作用机制是什么,人们较多关注的是静态的收入差距问题,而动态的收入差距则较多的聚焦于代际间的收入流动上。这一问题虽然重要,但往往隐藏了在转轨经济时期中国的收入流动水平受到外界政策的冲击较小,即收入流动水平在个体上是相对静止的,而这意味着社会结构也将逐渐固化,平等就业的机会将被剥夺,并进一步影响经济增长和社会稳定(孙三百等,2012)。虽然这种观点也得到较多学者的认同,但比较缺乏从微观层面的数据对其长期的动态跟踪观察来进行实证。此外,相关分析主要针对的是家庭总收入的流动水平,而缺乏对家庭内部不同收入来源下的流动水平结构差异进行细致深入的分析。比如,农户家庭收入流动是否受到亲属亲密程度、近邻区位和就业机会等便利化程度的影响? 如何解释农村家庭内部收入流动水平的结构差异?

为此,基于农业部农村固定观察点川渝地区近30年的面板数据,对农户家庭收入的流动水平进行了结构差异分析,然后对控制变量进行约束后,从农户家庭亲属亲密程度和近邻便利程度的视角进一步分析影响农户家庭收入流动水平结构差异的原因,对于更好地理解农户家庭收入流动和完善精准扶贫政策具有重要的理论和现实意义。

可能的创新点为:一是分析了农户家庭收入流动水平在结构和时空上的演变差异,有利于刻画农民收入流动水平结构差异的原因。二是通过农户家庭亲属亲密程度和近邻便利程度这一全新的视角,分析了这二者对农户家庭收入流动水平的影响。三是考察了以家庭亲属关系为纽带的基础上家庭之间的关系在收入流动水平上是否存在传递强度差异和异质性,这一研究不同于以往只关注家庭内部之间的代际收入流动传承,具有一定的创新性。

第二节　农户家庭收入流动与阶层异化发展现状

目前,国内外在理论和实证方面已有较多对收入流动的研究。在理论研究上,主要基于收入流动的测度方法和福利与边际效应两个方面进行了较为广泛的研究。在收入流动的测度方法上,Shorrocks(1978)和Fields(1999)等对收入流动进行了开拓性的研究,通过构建一系列公理化测度方法(包括相对收入流动性和绝对收入流动性两方面的公理化测度),为流动性研究的深入奠定了方法论基础(王朝明,2008)。在收入流动的福利与边际效应方面,Chakravarty(1985)和 Formby(2004)衡量了收入不平等与贫困问题对人们收入流动的影响,进而构建福利函数和边际函数分析了对社会福利的边际效应。这两方面理论研究对收入流动的探讨仍存在截然不同的观点,前者认为收入流动性本身只是一种单纯的测度方式,主要强调收入流动测度的公理化构建;而后者则强调收入流动对收入分配的重要意义,是反映社会是否公平的重要参考指标。

在实证研究方面,由于研究视角的不同,国内外相关研究也存在较大分歧,最后的结论也存在较大的差异。大多数文献集中于以下三个方面的研究:一是对我国居民收入流动的总体状况及趋势分析,大多数学者的观点基本上认同我国经济转轨时期城乡居民都发生了较快的收入流动,且农村家庭收入流动要高于城市(Khor,2006;Nichols,2010)。二是对我国居民家庭代际收入流动之间的研究。Becker(1964)最早研究了代际收入流动性的影响,认为父母透过财富传承和教育等人力资本的投资增强后代的自身禀赋,从而使得子代保持父代的优越性。Mulligan(1997)在此基础上引入个人能力的差异到代际流动模型,并对其进行修正,得出人力资本投资和公共投资的相互作用也会对代际收入弹性产生影响。随着面板数据在代际收入流动的跨国比较中的不断完善和展开,各国间的代际流动差异越发明显,尤其在发达国家表现更为突出(Lee和Solon,2009;Hansen,2010)。陈琳和袁志刚(2012)采用CHIPS数据研究发现财富资本在代际收入流动传承中远远大于社会资本和人力资本的投资。但对于大多数居民而言,保障教育机会和就业机会的平等是目前推动社会代际收入流动和收入分配合理化的根本途径(邸玉娜,2014)。三是从微观数据探析家庭收入流动的原因。章奇等研究发现家庭抚养人口、人力资本以及土地流转等因素对收入流动存在显著影响(章奇等,2007)。石雪华(2010)和严斌剑等(2014)学者认为,农民的初始收入水平、年龄、非农产业人员数、受教育程度的改善、非农就业机会的提高等都会对农户家庭收入流动具有不同程度的影响,而制度变迁和各种惠农政策因素也是影响农村居民收入流动的重要因素之一(张玉梅,2015)。

总体而言,目前收入流动方面的研究文献在以下方面还存在不足并有待完善:第一,已有研究未能考察所研究家庭纽带之间的差异,即有亲缘关系的家庭对其收入流动水平之间的影响未能予以反映,因为不同家庭收入流动的传递强度具有异质性。第二,已有研究未具体落到村级之间的就业机会和地理位置所带来的收益差异上,使得越来越多的家庭亲属间即使生活在同一地区,但彼此之间也存在收入流动的差异性,亲属关系网络和地区便利程度二者间存在较大偏差也许在一定程度上也会导致家庭收入流动性的不一致。第三,已有研究未考察家庭收入流动的结构差异,特别是缺乏长期的微观面板数据进行支撑,虽然一些经济史学家从横跨几个世纪甚至多个朝代进行了跨区域的细致研究,但却缺乏家庭层面的微观数据予以支撑,不同的家庭收入结构也有可能改变原有的家庭收入传递机制(Clark,2014)。为此,利用农业部农村固定观察点川渝地区的长期入户调查数据,能够较好地反映农户家庭收入流动在结构上的差异。透过家庭亲属亲密程度和近邻便利程度这一全新的视角,分析了农户家庭收入流动水平的结构差异的原因,对于构建合理的社会制度以及政府在中国经济转型和社会可持续发展方面,如何更好地精准扶贫和调控收入差距,提高低收入人群的收入流动水平,减少农户家庭收入阶层的固化所带来的社会隐性的不稳定因素具有重要的理论和现实意义。

第三节　农户家庭收入流动与阶层异化实证设计

一、数据来源

数据来源于农业部农村固定观察点四川省和重庆市的长期监测调查数据,时间起止于1986—2014年,问卷内容相对全面丰富,能够较为客观地反映农户家庭收入流动的变迁状况,总样本农户数为1200份。农户家庭调查内容包括家庭特征、收入结构、农业生产、消费变迁等方面,村级调查内容包括村庄特征、村级治理状况、人员变迁等方面。由于1992年和1994年未调查导致相关数据缺失,将其予以剔除。同时,1986—1991年间问卷中缺失合作组织相关问题导致后续原因分析中无法使用,因此只采用1993—2014年间的数据对其原因进行分析。由于调查中有部分农户中途退出和重新进入,为保持数据的连续性和可靠性,实证分析中也将其予以剔除。此外,由于从2003年之后的问卷中新添加了农户家庭成员数,将其家庭总收入进行人均化处理,防止家庭成员的过多和过少导致总收入的波动差异较大。数据的基本处理方式为,首先对家庭成员数据和住户数据根据户主标识码(ID)进行对接,然后对数据中的缺失值和异常值进行清洗干净,最终得到实证分析有效的核心数据683户近30年的家庭有"洞"非平衡面板数据(Unbalanced Panel Data)。从表11.1中可以看出,根据三个阶段农户家庭的基本人均年收入、家庭人均年龄和家庭人均受教育年限等的变迁状况,基本上可以发现农户家庭总体人均年收入呈不断上升的趋势,但中低收入家庭还是占多数。从家庭人均年龄和家庭人均受教育年限上来看,农户家庭人均年龄和人均受教育年限随着经济的发展也呈逐渐上升的趋势,可以进一步用于分析农户家庭收入流动水平的结构变迁及其影响因素的检验。

表11.1 样本描述性统计

样本农户家庭基本情况		均值	标准差	25%中位数	50%中位数	75%中位数
1986—1996	家庭人均年收入	3546.87	3259.61	1103.14	2246.31	4125.18
	家庭人均年龄	40.12	7.68	32.51	40.18	48.67
	家庭人均受教育年限	5.93	3.71	3.2	6.08	9.34
1997—2006	家庭人均年收入	9124.35	11064.29	3962.45	6078.35	12431.62
	家庭人均年龄	42.97	8.23	36.76	43.19	49.89
	家庭人均受教育年限	7.28	3.47	4.92	8.97	9.84
2007—2014	家庭人均年收入	16497.49	15643.28	5764.46	16384.67	29746.58
	家庭人均年龄	48.97	9.13	40.37	49.66	57.39
	家庭人均受教育年限	8.72	3.61	7.38	9.25	11.31

二、模型设计

收入流动水平测度。在收入流动水平研究中,最常见的分析工具为收入转换矩阵法,阿特金斯(Atkinson)认为一般意义上的转换矩阵为双随机矩阵(Bi‑stochastic Matrix):$P(x,y) = [p_{ij}(x,y)] \in R_+^{m \times m}$,其中 $p_{ij}(x,y)$ 代表某农户家庭在第 t 期第 i 类的收入水平流动到第 t+1 期第 j 类收入水平的概率,m 代表收入在按照从低到高进行排序后进行分类的等级数,这个等级数按照实际需要划分,形成如五分位数、十分位数或二十分位数等不同等级的分位数。该矩阵由于是以概率表示,所以取值范围为[0,1]。根据双随机矩阵的性质,每行和每列之和为1,其主对角线上的数值越大意味着上一期农户家庭处于某一收入水平在本期仍处于同一收入水平的概率越大,即流动性越小。

在转换矩阵的生成机制中,首先假定 x,y 的一阶矩存在并且是有限的,然后对 x,y 进行平均划分为 m 个收入级别:$0 < \beta_1 < \beta_2 < \cdots < \beta_{m-1} < \infty$ 和 $0 < \eta_1 < \eta_2 < \cdots < \eta_{m-1} < \infty$,假定最低收入等级为 $\beta_0 = \eta_0 = 0$,最高收入等级为 $\beta_m = \eta_m = \infty$,则转换矩阵 $P(x,y) = [p_{ij}(x,y)]$ 中的元素 $p_{ij}(x,y)$ 是从收入分配向量 x 中的 i 级别转换成收入分配向量 y 中的 j 级别的条件概率:

$$p_{ij} = \frac{p_r(\beta_{i-1} \leqslant x < \beta_i \& \eta_{j-1} \leqslant y < \eta_j)}{p_r(\beta_{i-1} \leqslant x < \beta_i)} \tag{11.1}$$

由于式(11.1)中样本数未确定是否有限,在的计量分析中,由于样本总量有限,所以对上式经验估计式进行转换为:

$$\hat{p}_{ij} = \frac{(1/n)\sum_{t=1}^{n} I(\beta_{i-1} \leqslant x_t < \beta_i \& \eta_{j-1} \leqslant y_t < \eta_j)}{(1/n)\sum_{t=1}^{n} I(\beta_{i-1} \leqslant x_t < \beta)} \tag{11.2}$$

其中 $p_{ij}(x,y)$ 为收入分配向量转换的条件概率,函数 $I(\cdot)$ 代表指示函数,如果括号内的条件满足要求时则取值为 1,反之则取 0。因此,转换矩阵就能够根据向量层级计算出一系列的代表收入流动水平的指标,通常采用惯性率(Immobility Ratio)来表示。惯性率可以根据主对角线上各元素之和与收入等级数进行计算得出。其表达式为:$R = \sum_{t=1}^{n} A_{ij}/\beta_i$,其中,R 代表惯性率,A_{ij} 代表主对角线上的元素,β_i 为收入等级。这种方式也是目前采用最为常见,争议最少的测度方式,成为目前测度收入流动性和相关经验研究的学者所偏爱(王朝明,2008)。

收入流动水平的分解。设农户家庭 i 在 t 时期的人均年收入为 Y_{it} ,对其进行分解为经营性收入 O_{it} 、工资性收入 S_{it} 、财产性收入 W_{it} 和转移性收入 F_{it} 部分。则 $Y_{it} = O_{it} + S_{it} + W_{it} + F_{it}$,其中 $W_{i,t+1} = \rho W_{i,t} + e_{i,t+1}$ 。假设经营性收入 O_{it} 服从一阶自回归过程,$\rho(0 \leqslant \rho \leqslant 1)$ 主要反映了收入的收敛速度,该值越大,说明经营性收入变动所带来的冲击越明显,更容易加深收入的固化。同时,假定 $O_{it} \sim N(0, \sigma_\gamma^2)$,$S_{it} \sim N(0, \sigma_S^2)$,$W_{it} \sim N(0, \sigma_W^2)$,$F_{it} \sim N(0, \sigma_T^2)$,并且 $e_{i,t+n}$ 不存在序列相关性,可以把上式转变为:

$$Y_{it} = \rho^t(S_{i0} + W_{i0}) + \sum_{n=0}^{t-1} \rho^{t-n-1} e_{i,t+1} + O_{it} + F_{it} + \mu \tag{11.3}$$

根据式(11.3),借鉴 shorrocks(1993)对收入流动水平的分解,可以得到总收入流动水平的方差表达式为:

$$var(y_{it}) = \begin{cases} \rho^{2t}(\sigma_{\omega 0} + \sigma_{g0})^2 + \sigma_\gamma^2 + \sigma_\tau^2 + \dfrac{1-\rho^{2t}}{1-\rho^2}\sigma_e^2, if\rho \neq 1 \\[2mm] (\sigma_{\omega 0} + \sigma_{g0})^2 + \sigma_\gamma^2 + \sigma_\tau^2 + t\sigma_e^2, if(t \neq 1) \end{cases} \tag{11.4}$$

根据式(11.4),借鉴 shorrocks(1993)对收入流动性测度定义的界定,把 0 - t

之间的收入流动水平界定为"1 - (0 - t 之间的收入相关系数)"。其中 $\sigma_{y_{i}} = \sqrt{\text{var}[y_{i0}]}$，$\sigma_{y_{it}} = \sqrt{\text{var}[y_{it}]}$。因此，发现收入流动水平的大小主要跟 σ_e^2、σ_γ^2、σ_τ^2、ρ 这四个参数有关系。工资性与财产性收入（ σ_e^2 ）以及经营性收入（ σ_γ^2 ）的参数越大，收入流动水平越强；转移性收入 σ_τ^2 越多，反映出农民当期收入受到外界带来的收入冲击越明显，收入流动水平反而越弱。

$$m_t = 1 - corr(y_{i0}, y_{it}) = 1 - \frac{\text{cov}(y_{i0}, y_{it})}{\sigma_{Y_{i0}} \sigma_{Y_{it}}} \tag{11.5}$$

其中，m_t 这一参数值直接决定着收入流动水平的大小。根据克雷布斯（krebs）等人的研究，可以将 σ_e^2、σ_γ^2、σ_τ^2、ρ 这四个参数对收入的影响并入到随机误差项中，然后在此基础上，构建收入流动水平决定方程，通过采用影响各不同收入流动水平的重要解释变量进行回归，得到回归方程的残差，即不同收入流动水平的残差，而该残差收入流动水平就包含了 σ_e^2、σ_γ^2、σ_τ^2、ρ 这四个待估参数（Krebs,2013）。具体表达式为：

$$y_{it} = \alpha + \sum_i \beta_i x_{it} + \nu_{it}; \text{其中} \nu_{it} = \omega_{it} + \xi_{it} \tag{11.6}$$

接下来，采用明瑟（Mincer）方程来估计得到的残差收入流动水平进一步计算出其方差 $\text{var}(\nu_{it})$ 和协方差 $\text{var}(\nu_{it}, \nu_{it+1})$。具体做法如下：首先根据农户 i 在每一个时间截面 t 的组内方程得到式（11.7）被解释变量样本，然后根据农户家庭 i 在不同时段 t 之间的组间协方差得到式（11.8）被解释变量的待估样本。进一步地，采用非线性似不相关（NL - SUR）回归法同时估计式（11.7）和式（11.8），从而得到了 σ_e^2、σ_γ^2、σ_τ^2、ρ 这四个待估参数值（Krebs,2013）。

$$\text{var}(\nu_{it}) = \text{var}[(\omega_{it} + \xi_{it})] = \sigma_\gamma^2 + \rho^{2t}(\sigma_{\omega 0} + \sigma_{\xi 0})^2 + \frac{1 - \rho^{2t}}{1 - \rho^2}\sigma_e^2 \tag{11.7}$$

$$\text{var}(\nu_{it}, \nu_{it+1}) = \text{cov}[(\omega_{it} + \gamma_{it}), (\omega_{it+1} + \gamma_{it+1})]$$
$$= \rho^{2t+1}(\sigma_{\omega 0} + \sigma_{\xi 0})^2 + \frac{1 - 2\rho^{2t}}{1 - \rho^2}\rho\sigma_e^2 \tag{11.8}$$

三、变量设计及说明

为了反映农户家庭收入流动水平的结构差异性，采用常用的惯性率进行分析，并把家庭收入分为工资性收入、经营性收入、财产性收入和转移性收入分别纳入被解释变量进行实证考察。格雷戈里·克拉克（Gregory Clark）在他的 *The Son Also Rises* 一书中曾指出，一个家庭收入流动水平不仅受到家庭自身禀赋的约束，同时还受到外部环境的约束。为此，从家庭收入流动水平的外部约束环境"远亲"

和"近邻"的视角分析其收入流动水平的结构差异原因。在自变量(表11.2)设置方面,重点选取了"远亲"与"近邻"两个系列指标来进行测度农户家庭收入的流动水平。"远亲"方面,选取了家庭亲属性质、自评亲戚关系层级、城市亲友赠送收入等来重点测度。家庭亲属性质用来反映家庭之间的关系亲密程度;自评亲戚关系层次则从农户层面来评价家庭亲属之间的关系;城市亲友赠送收入的大小则可以间接反映出农民可以利用的亲属资源强弱程度。"近邻"方面,重点从村级层面选取了近邻是否有合作组织、近邻是否有乡镇企业或公司以及离县城或市区的距离。是否加入合作组织主要能够反映农户能否借助合作组织的网络便利为其家庭收入带来益处;近邻是否有乡镇企业或公司则主要用来反映农户的就近就业机会成本。一般而言,近邻有乡镇企业或公司能够为农户提供一些就业机会,进而提高农户的收入水平;离县城或市区的距离则主要用来反映城市化的发展成果能否惠及农户家庭收入变动。特别是财产性收入方面,一般而言,离市区越近的农村,随着城市化的扩张,农户因土地征用或者增加其就业创业的机会,间接提升农户的收入水平,从而有利于农户家庭从低收入级别跃升到高收入级别,提高其流动水平。为了减少其他可能影响被解释变量的因素造成的影响,加入了一些控制变量进行约束,包括家庭劳动力比例、家庭是否有外出务工人员、家庭是否拥有大型农业机械、家庭是否为乡村干部户以及家庭人均受教育程度等。

表11.2 变量的描述性说明

变量名称	变量符号	变量说明	
被解释变量	家庭总收入流动水平	y_{it}	惯性率来反映
	家庭工资性收入流动水平	ω_{it}	惯性率来反映
	家庭经营性收入流动水平	γ_{it}	惯性率来反映
	家庭财产性收入流动水平	ξ_{it}	惯性率来反映
	家庭转移性收入流动水平	τ_{it}	惯性率来反映
亲属亲密程度	家庭亲属性质	nature	直系亲属 =1;旁系亲属 =0
	自评亲戚关系层级	kindred	不好 =1;一般 =2;好 =3
	城市亲友赠送收入	Giving – income	单位:元
近邻便利程度	是否有加入合作组织	organization	有 =1;没有 =0
	近邻是否有乡镇企业或公司	company	有 =1;没有 =0
	离县城或市区的距离	distance	单位:km

变量名称	变量符号	变量说明	
控制变量	家庭劳动力比例	labor	年满16岁的家庭劳动力占家庭总人口比重
	家庭是否有外出务工人员	Migrate	是=1;否=0
	家庭是否拥有大型农业机械	Industrial machine	是=1;否=0
	家庭是否乡村干部户	Village cadres	是=1;否=0
	家庭人均受教育程度	education	小学及以下=1;初中=2;高中=3;大专及以上=4

第四节　农户家庭收入流动水平结构差异的阶层异化效果

一、农户家庭收入流动水平的结构差异分析

农户家庭收入结构趋势变化。从图 11.1 中可以看出,30 年间农户家庭经营性收入呈不断下降的趋势,从"七五"时期的 80.34% 下降到"十二五"时期的 41.59%;而农户家庭工资性收入、财产性收入以及转移性收入都呈不断上升的态势,分别从"七五"时期的 15.37%、0.78%、3.51%上升至"十二五"时期 46.46%、3.97%、7.98%。这也间接说明农户的收入结构在逐渐发生调整优化,农户不再单纯地依赖农业生产经营性收入作为其家庭的主要收入,收入来源也不断多元化。为了进一步分析农民收入结构的差异程度,接下来对农户家庭收入流动水平的结构差异进行贡献度分析。

农户家庭收入流动水平结构差异的贡献度分析。根据前文说明,农户家庭总收入流动水平为 y_{it},具体包括经营性收入流动水平 γ_{it}、工资性收入流动水平 ω_{it}、财产性收入流动水平 ξ_{it} 和转移性收入流动水平 τ_{it}。假设 θ_k 为各分项收入流动水平占总收入流动水平的份额,则有: $\theta_\gamma + \theta_\omega + \theta_\xi + \theta_\tau = 1$。则农户家庭收入流动水平分解的公式可以改写为: $G = \sum_{k=1}^{K} \theta_k G_k$,其中 G_k 表示 γ_{it}、ω_{it}、ξ_{it}、τ_{it} 中的任意一个。假设 Φ_k 为第 k 项收入对总体收入的贡献率,则 $\Phi_\gamma = \left[\dfrac{\theta_\gamma \times \gamma_{it}}{y_{it}} \right] \times 100$;$\Phi_\omega$

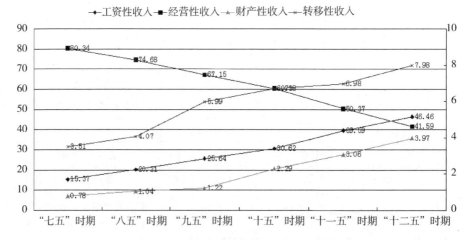

图11.1 农户家庭收入结构趋势变化图

注:家庭经营性收入和工资性收入参照图左侧比重(%),财产性收入和转移性收入参照右侧比重(%)。

$$= \left[\frac{\theta_\omega \times \omega_{it}}{y_{it}} \right] \times 100 \; ; \; \Phi_\xi = \left[\frac{\theta_\xi \times \xi_{it}}{y_{it}} \right] \times 100 \; ; \; \Phi_\tau = \left[\frac{\theta_\tau \times \tau_{it}}{y_{it}} \right] \times 100 \; ; 并且 \; \Phi_\gamma + \Phi_\omega + \Phi_\xi + \Phi_\tau = 100 \; 。$$

在农户家庭不同来源收入流动水平(图11.2)中,家庭经营性收入流动水平对于家庭总收入流动水平的贡献率最大,贡献率平均达到60%;处于第二位的是工资性收入,对总体收入流动水平的贡献率约为30%左右;财产性收入流动水平和转移性收入流动水平的贡献率较小,分别不足5%。从变化趋势上来看,工资性收入流动水平、财产性收入流动水平和转移性收入流动水平呈不断上升的趋势。由于财产性收入流动水平和转移性收入流动水平在总收入流动水平中的比重较小,其贡献率虽然上升但影响不大。家庭经营性收入流动水平的贡献率呈下降的趋势,而且下降的幅度也不断加快,主要与家庭经营性收入占比本身也呈不断下降趋势有关。

农户家庭收入流动水平的边际效应分解。根据 $G = \sum_{k=1}^{K} \theta_k G_k$,分别在其两边对 t 进行求导,可以得到:

$$\mathrm{d}G/\mathrm{d}t = \sum_{k=1}^{K} dG/dt * \theta_k + \sum_{k=1}^{K} d\theta_k/dt * G_k ; \qquad (11.9)$$

在式(11.9)中, $\sum_{k=1}^{K} dG/dt * \theta_k$ 表示不同来源收入流动水平的变化造成的总收入流动水平的变化,称之为流动效应; $\sum_{k=1}^{K} d\theta/dt * G_k$ 表示不同来源收入流动水平

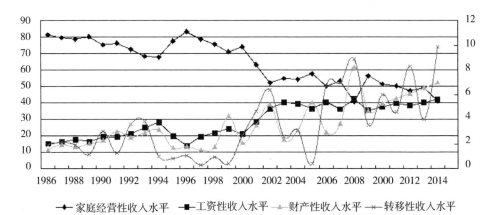

图 11.2 农户家庭不同来源收入流动水平对总收入流动水平的贡献率(%)

注：家庭经营性收入流动水平和工资性收入流动水平参照图左侧贡献率(用折线表示)，财产性收入流动水平和转移性收入流动水平参照右侧贡献率(用平滑曲线表示)。

比重的变化造成的总收入流动水平的变化,称之为结构效应。具体的分解结果见表 11.3。

表 11.3 农户家庭收入流动水平差异中的边际效应分解

各项来源收入	流动效应(A)		结构效应(B)		各项收入总效应(A+B)	
	数值	比重(%)	数值	比重(%)	数值	比重(%)
经营性收入流动水平	0.0182	38.89%	−0.0283	−60.47%	−0.0101	−21.58%
工资性收入流动水平	0.0379	80.98%	0.0051	10.90%	0.043	91.88%
财产性收入流动水平	0.0028	5.98%	0.0037	7.91%	0.0065	13.89%
转移性收入流动水平	0.0016	3.42%	0.0058	12.39%	0.0074	15.81%
总收入流动水平	0.0605	129.27%	−0.0137	−29.27%	0.0468	100.00%

从表 11.3 中可以看出,流动效应是导致农户家庭收入流动水平差异的主要因素,对收入流动差异变化的贡献率高达 129.27%,即各收入来源内部收入流动的差异变动,是引起农民家庭收入流动水平差异的主要原因。总体结构效应为负数,表明不同来源收入流动水平比重的变化是导致家庭总收入流动水平差异缩小的原因。进一步考察发现,在流动效应中,工资性收入流动水平差异是导致总收

入流动水平差异扩大的最主要原因,贡献率高达 80.98%;家庭经营性收入流动水平次之,为 38.89%;财产性和转移性收入流动水平的流动效应比重较小,分别占比为 5.98% 和 3.42%。在结构效应中,家庭经营性收入流动水平是导致家庭总收入流动水平差异缩小的最大贡献者,贡献率达到 −60.47%,弥补了其他来源收入流动水平差异的扩大,从而最终导致总的结构效应为负值。从总效应来看,工资性收入流动水平是导致总收入流动水平差异变化的主要因素,其贡献率达到了 91.88%;转移性收入和财产性收入流动水平对总收入流动水平的贡献差距不大,分别占比 15.81% 和 13.89%;而家庭经营性收入流动水平是导致家庭总收入流动水平缩小的主要因素,其贡献率为 −21.58%,意味着家庭经营性收入流动水平能在一定程度上起到均衡收入流动,降低收入差距扩大的作用。

二、农户家庭收入流动水平期限结构分析

农户家庭收入流动水平的期限结构反映了收入分配格局的变迁,同时也能间接地反映出一种制度变迁对收入分配格局的影响。通过追踪不同收入阶层收入水平在各年间的动态演化,透过这一演化来进一步了解农户家庭收入流动的机理。在表 11.4 中,通过分析不同时间期限的收入转换矩阵,根据时间划分为三个阶段,分别以 1997 年重庆独立成直辖市为一个节点和 2006 年全面免除农业税为一个节点进行分析,大致期限为 10 年一个阶段。然后根据分析需要,采用五分位数法计算得到收入流动水平的转换矩阵,前二十百分位代表低收入层级的农户,越往后收入水平层级越高。表 11.4 报告了农民收入流动水平的三期动态转换矩阵。从该转换矩阵中可以发现,在 1986—1997 年间第一期阶段,前二十百分位惯性率为 0.468,然后到第二期阶段,该惯性率变为 0.442,最后到第三期,该惯性率变为 0.396。发现随着时间的推移,最低收入层级的农户家庭收入流动水平呈不断下降的趋势,间接反映出最低收入阶层的农户流动性在增强。另外,从最高收入阶层的惯性率来看,在第一阶段期内,最高收入层级的收入流动水平为 0.371,第二阶段是变为 0.392,到第三阶段期内变为 0.523,最高收入阶层的收入流动水平呈不断增强的趋势,高收入阶层农户家庭流动性较差,这也表明最高收入阶层有不断固化自身收入的能力,即高收入阶层农户稳固其既有收入水平的能力也在不断增强。该结果总体反映出低收入阶层流动增强和高收入阶层稳固其地位的能力增强两者同时并存,间接表明低收入阶层收入流动主要是处于低收入到中高收入阶层的流动较多,但要流动到高收入阶层的难度却越来越大。

表 11.4　农民收入流动水平转换矩阵(三期动态)

		\multicolumn{5}{|c|}{1997}				
		Ⅰ	Ⅱ	Ⅲ	Ⅳ	Ⅴ
1986	Ⅰ	0.468	0.224	0.136	0.105	0.068
	Ⅱ	0.154	0.277	0.256	0.222	0.090
	Ⅲ	0.155	0.191	0.258	0.194	0.202
	Ⅳ	0.099	0.189	0.187	0.256	0.269
	Ⅴ	0.124	0.119	0.163	0.223	0.371
		\multicolumn{5}{|c|}{2006}				
		Ⅰ	Ⅱ	Ⅲ	Ⅳ	Ⅴ
1997	Ⅰ	0.442	0.177	0.215	0.081	0.085
	Ⅱ	0.270	0.257	0.219	0.142	0.113
	Ⅲ	0.135	0.198	0.231	0.242	0.193
	Ⅳ	0.088	0.247	0.204	0.245	0.217
	Ⅴ	0.065	0.121	0.131	0.290	0.392
		\multicolumn{5}{|c|}{2014}				
		Ⅰ	Ⅱ	Ⅲ	Ⅳ	Ⅴ
2006	Ⅰ	0.396	0.201	0.177	0.113	0.113
	Ⅱ	0.221	0.352	0.221	0.132	0.075
	Ⅲ	0.165	0.272	0.260	0.202	0.102
	Ⅳ	0.148	0.153	0.211	0.301	0.187
	Ⅴ	0.071	0.022	0.132	0.252	0.523

　　为了进一步反映农户家庭收入流动水平差异的期限结构,分别根据国家制定五年计划一个周期对居民家庭收入流动水平进行划分。从表 11.5 报告的农户家庭收入流动水平的期限结构分析结果可以看出。以工资性收入流动水平和财产性收入流动水平的冲击 σ_e^2 在"七五"和"八五"期间不显著,而从"九五"之后开始呈现明显的显著水平且相关系数呈逐渐变大的趋势。可能的原因为自从"九五"时期开始,农户家庭收入受市场化改革的冲击逐渐增大,较多的农民开始选择外出务工,同时通过家庭财产获取收益的意识也逐渐增强,从而在一定程度上影响到农户家庭总收入流动水平。家庭经营性收入冲击 σ_γ^2 在各时期都在10%以上的置信区间水平显著,而且在"八五"时期的系数值达到最大,然后呈逐渐下降的趋

势,这一结果也许跟农民家庭经营性收入占家庭总收入的比重不断下降有关,家庭经营性收入所带来的收入流动影响往往相对较小,特别是在人多地少,农产品缺乏特色的农村,家庭经营性收入往往显得微不足道。家庭转移性收入流动水平受 σ_τ^2 的冲击在农民家庭经营性收入中的影响只有在"十一五"和"十二五"时期在 10% 以上的置信区间水平显著,可能在一定程度上受农业税减免以及国家对三农扶持力度不断加大政策的冲击有关,但这种冲击影响也非常有限。

表 11.5　农户家庭收入流动水平的期限结构分析

	σ_e^2	σ_γ^2	σ_τ^2	ρ	$\bar{R}^2$
"七五"时期	1.359	1.864**	0.033	0.675**	0.385
	(0.000)	(0.037)	(0.169)	(0.032)	
"八五"时期	1.126	1.879**	0.036	0.697*	0.396
	(0.002)	(0.062)	(0.027)	(0.072)	
"九五"时期	1.218***	1.857**	0.012	0.676**	0.413
	(0.001)	(0.035)	(0.268)	(0.022)	
"十五"时期	1.127***	1.649*	0.0648	0.644***	0.421
	(0.000)	(0.064)	(0.378)	(0.003)	
"十一五"时期	1.1187***	1.644*	0.068*	0.643**	0.416
	(0.003)	(0.075)	(0.077)	(0.041)	
"十二五"时期	1.1124***	1.617*	0.066*	0.646*	0.443
	(0.000)	(0.067)	(0.085)	(0.083)	

注:本表受篇幅所限,解释变量和控制变量的相关系数未予以报告,只保留了常数项系数。括号内为 P 值,＊＊＊、＊＊、＊分别表示在 1%、5% 和 10% 的显著性水平。

第五节　农户家庭收入流动水平结构差异的阶层异化因素

一、估计结果分析

为了估计出 σ_e^2、σ_γ^2、σ_τ^2、ρ 这四个待估参数值,借鉴 Mincer 模型的设定方法,首先估计出其残差项,作为残差收入;然后利用非线性似不相关回归法(NL-SUR)同时估计出式(11.7)和式(11.8),即可得到上述四个参数估计值。Mincer 模型设计如下:

$$y_{it} = \alpha + \beta_1 \times nature + \beta_2 \times kindred + \beta_3 \times giving\_income + \beta_4 \times org$$

$$+ \beta_5 \times company + \beta_6 \times distance + \beta_7 \times Regional + \sum_{j=1}^{5} \theta_{jt} X_{jt} + \sum_{k} T_k + \mu_{it}$$

$$(11.10)$$

在式(11.10)中，y_{it} 表示家庭总收入流动水平(惯性率)，α 为常数项，β_i 为对应变量的待估系数，X_{jt} 代表控制变量，$Regional$ 为地区虚拟变量，以控制地区收入差异；t 为时间虚拟变量，用以控制收入随时间所呈现出的趋势性特征。采用面板数据常用的混合估计法(Pooled OLS)进行分析。

表 11.6 报告了不同因素对不同来源收入流动水平的 Mincer 回归分析结果。由于采用的数据横跨 21 年，首先通过 Hausman 检验确定是采用固定效应模型还是随机效应模型。Hausman 检验结果表明，五套计量回归结果均应采用固定效应模型。同时，还加入了时间哑变量和地区哑变量进行控制来更好地分离异常因素的影响和检验不同属性类型对因变量的作用，进一步提高模型的精度。

从表 11.6 中的回归结果来看，亲属之间的亲密程度("远亲")对农户家庭总收入流动水平都不存在显著性影响，说明农户家庭总收入是否变化与家庭亲属之间的关系是否密切没有太大的关系。但是，家庭亲属关系在家庭总收入惯性率的影响中，家庭亲属性质、亲属关系层级分别对家庭经营性收入惯性率、工资性收入流动惯性率存在一定的显著影响。从农户的不同收入来源来看，家庭亲属的性质对农户家庭经营性收入惯性率在 5% 的显著水平上显著。一般而言，亲属关系越直系的，往往具有较为紧密的互帮互助意识，在农业生产经营中也表现得较为明显；而自评亲属关系层次则对农户家庭工资性收入惯性率具有显著的正向影响。可能的原因为农民亲属关系越密切，在外出务工方面，亲戚之间能够互帮互助，能够互相抱团发展，对工资性收入增长起到了一定的促进作用。比如，某一农户外出务工发展较好，往往会一定程度上起到示范效应，带动周边的亲戚朋友也一起出去务工，从而有利于农民整体的工资性收入流动。

相反，农户家庭近邻的便利程度("近邻")却对农户家庭总收入惯性率存在不同程度的显著影响。近邻就业机会越高，组织程度越强，地区区位优势越好，越有利于农户家庭收入惯性率的降低。其中，加入合作组织有利于降低农民家庭工资性收入惯性率和经营性收入惯性率，说明当地合作组织能否在一定程度上发挥减少贫富差距的作用，可能的原因为合作组织能够较好地组织农户进行农业生产、销售等，在推动农民共同致富方面有较为积极的作用，在一定程度上能够缓解农户之间的收入不平等(张晋华，2012)。邻近有乡镇企业或公司能够较大的提高当地农民的就业机会，从而有利于提高其家庭工资性收入，导致农户家庭工资性

表 11.6 Mincer 回归结果分析

被解释变量	总收入惯性率		工资性收入惯性率		经营性收入惯性率		财产性收入惯性率		转移性收入惯性率	
	(1)	(2)	(3)	(4)	(5)	(6)	(7)	(8)	(9)	(10)
model	FE	IVFE	FE	IVFE	FE	IVFE	FE	IVFE	FE	IVFE
亲密程度("远亲")										
nature	-0.678	-0.682	-0.381	-0.363	-0.156**	-0.157*	-0.154	-0.164	-0.167	-0.153
	(0.015)	(0.016)	(0.102)	(0.101)	(0.015)	(0.016)	(0.169)	(0.171)	(0.171)	(0.156)
kindred	-0.192	-0.198	-1.203**	-1.209**	-1.019	-1.027	-0.046	-0.057	-0.014	-0.011
	(0.013)	(0.017)	(0.453)	(0.467)	(0.545)	(0.547)	(0.002)	(0.004)	(0.002)	(0.001)
Giving-income	-0.026	-0.032	-0.021	-0.022	-0.022	-0.031	-0.017	-0.015	-0.017	0.015
	(0.018)	(0.021)	(0.084)	(0.085)	(0.383)	(0.402)	(0.003)	(0.001)	(0.012)	(0.010)
便利程度("近邻")										
organization	-0.037**	-0.027**	-0.037*	-0.034*	-0.107***	-0.083**	-0.125	-0.142	-0.639	-0.642
	(0.033)	(0.021)	(0.429)	(0.421)	(0.102)	(0.088)	(0.042)	(0.044)	(0.519)	(0.521)
company	-0.319*	-0.322**	-0.186***	-0.135**	-0.318	-0.309	-0.329	-0.338	-0.247	-0.229
	(0.172)	(0.175)	(0.107)	(0.094)	(0.504)	(0.503)	(0.028)	(0.031)	(0.024)	(0.028)
distance	-0.263**	-0.268**	-0.416***	-0.422**	-0.027	-0.023	-0.107**	-0.126**	-0.349	-0.315
	(0.045)	(0.47)	(0.316)	(0.327)	(0.062)	(0.066)	(0.048)	(0.057)	(0.083)	(0.075)

续表

被解释变量	(1)	(2)	(3)	(4)	(5)	(6)	(7)	(8)	(9)	(10)
	总收入惯性率		工资性收入惯性率		经营性收入惯性率		财产性收入惯性率		转移性收入惯性率	
hausman 检验	chi2(9)=25.397 prob>chi2=0.003		chi2(9)=68.371 prob>chi2=0.000		chi2(9)=51.371 prob>chi2=0.000		chi2(9)=108.34 prob>chi2=0.005		chi2(9)=81.37 prob>chi2=0.000	
年度虚拟变量	yes	yes	yes	yes	yes	yes	yes	yes	yes	yes
地区虚拟变量	yes	yes	yes	yes	yes	yes	yes	yes	yes	yes
观测值数	683	683	638	638	682	682	672	672	667	667
pseudo R2	0.331		0.326		0.308		0.315		0.339	
一阶段估计F值		286.31		285.64		119.54		120.38		118.84
工具变量t值		12.79		12.63		11.37		11.65		11.16
DWH Chi²/F值		44.79		18.17		61.25		21.33		31.08
(P值)		(0.00)		(0.00)		(0.00)		(0.00)		(0.00)

注：受篇幅所限这里只报告了关注变量的相关系数，其余控制变量与上文相同未予以报告，具体结果可向作者索取。年度虚拟变量和地区虚拟变量都进行了控制，括号中的数值均为"稳健"标准误。***、**、*分别表示在1%、5%、10%的置信区间水平上显著。

213

收入惯性率显著正向影响。离县城越近的乡村,越容易降低家庭工资性收入和财产性收入的惯性率,可能的原因为区位优势可以带来较大的便利程度,农户不仅可以较好地就近务工获取工资性收入,同时还能够让自己的自有住宅、承包地等财产性资产通过租赁、入股等多种方式获取财产性收入,增强其收入流动水平(程名望等,2014)。

此外,由于第(1)、(3)、(5)、(7)、(9)列估计总收入惯性率、工资性收入惯性率、经营性收入惯性率、财产性收入惯性率、转移性收入惯性率都可能存在内生性问题,这样估计的结果有可能存在偏误。从(2)、(4)、(6)、(8)、(10)列DWH检验显示P值为0.00,说明因变量指标存在内生性问题,因而未添加工具变量的基准回归结果是有偏的。为解决这一问题,采用1993年相对早期的家庭总收入惯性率指标作为工具变量进行二阶段估计。第(2)、(4)、(6)、(8)、(10)列报告了用Durbin-Wu-Hausman检验(简称DWH检验)家庭总收入惯性率的内生性的结果均在1%水平上拒绝了不存在内生性的假设,因而家庭总收入惯性率、工资性收入惯性率、经营性收入惯性率、财产性收入惯性率、转移性收入惯性率存在内生性。在两阶段工具变量估计中,一阶段估计的值分别为286.31、285.64、119.54、120.38、118.84,工具变量F值分别为44.79、18.17、61.25、21.33、31.08。根据斯托克(Stock)等人的做法,F值大于10%偏误水平下的临界值为16.38,因而采用早期的家庭总收入惯性率作为工具变量是比较合适的,不存在弱工具变量问题(Stock etal,2005)。因此,第(2)、(4)、(6)、(8)、(10)列进行的两阶段估计结果是可靠。通过工具变量得出的结论也与前文估计结果基本一致。在农户家庭的总收入流动水平上,解释变量中亲属的亲密程度没有近邻便利程度所带来的效果明显,即在收入流动水平上,确实存在"远亲"不如"近邻"的现象。

二、稳健性检验

为保证估计结果的可靠性,把样本分成几个部分重新估计,即经全部样本分成三组不同时间段的数据后,重新进行横截面回归(表11.7)。三组回归分别以1997年、2006年和2014年农户家庭总收入惯性率为被解释变量,对1997年、2006年和2014年的自变量进行回归。每组分别采用OLS和IV两种估计方法,对于每一组的估计,Hausman检验结果显示OLS和IV回归结果存在基本一致,从带有工具变量的估计回归结果来看,1986—1997年和1997—2006年的子样本显示,近邻就业机会、组织程度、地区区位优势的回归系数均为正且在5%的水平上显著;就2006—2014年的子样本而言,近邻就业机会、组织程度、地区区位优势的回归系数均为正且在1%的水平上显著。至此,不管是采用混合截面回归、面板数据回归还是截面数据分组回归,这与前文结果一致,因此的估计结果是稳健的。进一步表明农户家庭在收入流动水平上,确实存在"远亲"不如"近邻"的现象。

表11.7　分阶段截面数据的回归结果

被解释变量	(1)	(2)	(3)	(4)	(5)	(6)
	t = 1997 年		t = 2006 年		t = 2014 年	
Model	OLS	IV	OLS	IV	OLS	IV
亲密程度("远亲")						
nature	0.511 (3.75)	0.563 (3.84)	0.437 (3.03)	0.457 (3.18)	0.357 (2.84)	0.368 (2.91)
kindred	0.160 (1.31)	0.163 (1.37)	0.192 (1.61)	0.185 (1.57)	0.236 (2.04)	0.279 (2.14)
Giving-income	0.024 (0.96)	0.025 (0.97)	0.042 (1.13)	0.045 (1.19)	0.073 (1.617)	0.076 (1.721)
便利程度("近邻")						
organization	-0.457^{**} (1.27)	-0.466^{**} (1.28)	-0.243^{**} (0.96)	-0.229^{***} (0.94)	-0.167^{***} (0.112)	-0.183^{***} (0.118)
company	-0.668^{**} (1.73)	-0.674^{**} (1.81)	-0.174^{**} (0.107)	-0.137^{**} (0.094)	-0.318^{***} (0.634)	-0.309^{**} (0.621)
distance	-0.047^{**} (1.24)	-0.049^{**} (1.26)	-0.415^{***} (0.516)	-0.458^{**} (0.524)	-0.537^{***} (0.562)	-0.553^{***} (0.576)
Hausman Test	chi2(6) = 82.337		chi2(6) = 76.291		chi2(6) = 71.371	
	prob > chi2 = 0.000		prob > chi2 = 0.000		prob > chi2 = 0.000	
观测值	672	672	683	681	683	680

注:回归中所有其他控制变量均与前文相同,为节省篇幅,没有报告其他控制变量的结果,具体结果可向作者索取。括号中为该系数的稳健性标准误,＊＊＊、＊＊和＊分别表示变量在1%、5%和10%的置信水平下显著。

第六节　本章小结

随着转轨时期我国经济从高速增长转为中高速增长的"新常态"发展阶段后,必须采用新思维、新路径、新方法来解决现实中面临的困难问题。特别是在全面建成小康社会和实现全面脱贫攻坚战的背景下,研究农户家庭收入流动水平的结构差异及其原因对于进一步降低农户家庭间的收入差距和阶层收入固化具有重要的理论和现实意义。通过采用农业部农村固定观察点川渝地区近30年的面板数据,刻画了农户家庭收入流动水平的结构性差异及其影响因素。首先,分别对农户不同收入来源的流动性水平对总收入流动水平的贡献进行分析发现,流动效应是导致家庭收入流动水平差异的主要原因,对收入流动差异变化的贡献率高达129.27%,其中工资性收入占比最大。在结构效应中家庭经营性收入流动水平是差异缩小效应的最大贡献者,贡献率达到 - 60.47%,弥补了其他收入流动水平差异的扩大。其次,通过农户家庭收入流动三期动态转换矩阵反映出目前低收入阶层农户家庭收入流动在增强,高收入阶层群体稳固其地位的能力也在逐步增强,高收入阶层之间的收入固化趋势现象较为明显。最后,从农户家庭亲属亲密程度和近邻便利程度的视角进一步对分析了农户家庭收入流动水平结构差异的影响因素,发现家庭亲属亲密程度对家庭总收入流动水平不存在显著的影响;但在不同收入来源结构中,家庭亲属性质、亲属关系层级分别对家庭经营性收入、工资性收入流动性存在一定的显著影响。在近邻便利程度方面,近邻就业机会越高,组织程度越强,地区区位优势越好,越有利于降低农户家庭收入惯性率,从而提高农户家庭收入的流动。其中,加入合作组织有利于提升农民家庭工资性收入,就业机会越强越有利于增强家庭工资性收入,离县城越近的乡村,越容易增加家庭工资性收入和财产性收入的流动水平。从农户家庭总收入流动水平系数的显著水平来看,"远亲"不如"近邻"的现象确实存在。

通过相关结论,可以得出以下几点政策启示:一方面,在既定农户家庭收入差距存在的背景下,积极采取措施促进低收入农户阶层收入流动进而获得更多向上流动的机会,才能更好地降低收入阶层的固化。而这就需要在长期内拓宽中低收入农户群体的增收路径,提高中低收入群体的增收能力,以促进合理收入流动。另一方面,在农村地区家庭收入流动方面,"远亲"不如"近邻"现象确实存在,增加对乡镇企业和农民就近就业的扶持力度,创造更多的非农就业机会是有利于促进农户家庭收入向上流动的重要途径。比如,采取对乡镇企业降低税费,积极培育农民工就近创业,提升农户组织化程度、引导农业企业在贫困地区建立农业生产基地等措施,不断提高农户当地就业的机会来提高农户家庭收入的流动性,间接促进农户家庭收入阶层的合理流动。

第十二章 社会经济地位、收入差距与城乡居民健康水平融合

第一节 城乡居民健康水平融合的现实背景

改革开放以来,中国经济发生了巨大的变化,但人们的收入差距也从 20 世纪 90 年代以来开始持续扩大。收入差距的扩大,也直接或间接地导致了一系列的社会经济问题,甚至影响人们的健康状况。现有研究大多认为收入差距的扩大将对个人的健康产生负面影响。但也有一些研究认为收入差距的扩大能够带来整个社会健康水平的提升(Deaton,2013)。收入差距的拉大一方面使得少数富人用于医疗的投资不断加大,另一方面收入差距的扩大带来累进税的提升使得政府具有更多的财政用于扩大公共医疗资源配置,从而提升整体健康水平。总体而言,收入差距的扩大对人们健康水平的影响还存在一定的分歧,观点也未达成一致。

社会经济地位对个人健康的影响在不同年龄结构群体中可能随着年龄的差异而出现分化,在年龄的临界点之前,社会经济地位对个人健康的影响表现出发散效应,而超过该临界年龄后将表现逐步收敛的现象(Ross,1996)。但该结论也得到了一些学者的批评,由于不同时期不同地区具有不同的人口以及社会环境,因此会存在不同的健康影响程度和影响模式(李建新等,2014)。那么,对于社会经济地位提升的人们,他们的健康水平是否随着相应的提升了呢? 也有一些研究表明,如果一些年幼时家境贫寒的人通过后天努力获取了较高的社会经济地位,他们的健康水平并没有随着相应的提高,反而出现职业压力过大,工作时间较长,直接导致这部分人群生理和心理上的控制感增强,进而容易患上抑郁症、心脏病等,对人们的健康水平反而有害。

收入差距和社会经济地位二者之间也可能存在较强的作用关系,较强社会地位的人们可以带来各种物质或非物质上的收益,导致社会差距的拉大,而这种差

距的扩大也进一步导致健康的不平等(金烨等,2011);但收入差距的扩大也使得收入高的人群进入社会上层可以获得更高的收益,同时提升地位需要更多的财富,获取较好的医疗资源配置从而提升健康水平。因此,这两者的作用机制还相对模糊,研究收入差距、社会经济地位与健康水平的影响以及收入差距与社会经济地区的交互作用对健康的影响具有重要的理论价值和现实意义。同时,健康也是一项重要的人力资本,是推动经济长期发展的重要因素之一,对于新常态下的经济长期增长提供重要的启示意义。

第二节　城乡居民健康水平融合的发展现状

关于健康水平的研究,最早起始于20世纪六七十年代的欧美国家,随着二战结束后人们生活水平的提高和医疗技术的提升,人们普遍对健康的预期也不断提高。随着Black(1980)的一份对英国居民人均健康水平的报告引起了当时人们的热烈讨论,该报告指出英国的人均健康水平并没有随着经济的发展和医疗技术的提升有所提高,而有所下降。这一结论导致越来越多的学者关注人们的健康水平,也形成了大量的研究成果(Bartley,2004)。其中,社会因果论和健康选择论成为众多观点中比较被认同的两种解释健康水平差异的论据,但两者却存在较大的争议。以Williams(1990)为代表的社会因果论认为社会经济地位是影响个人健康状况和预期寿命的重要决定性因素,而二者之间也存在稳健和持续的平行关系(Mackenbach et al,2008)。这一结论表明人们的健康差异很少受其他因素的影响,这也导致社会经济地位同健康水平之间的因果关系应当如何确定仍存在争议(Warren,2009)。

在社会经济地位的衡量指标方面,收入水平、受教育程度、职业以及声望等都在一定程度上起着非常重要的作用。Ross和Mirowsky(2010)认为教育对于人们的生活和健康调控至关重要,它能够让工作变得更充实和收入更高,成为社会经济地位的主要参照指标。社会经济地位对健康的影响还存在累积效应,长期的具有较好社会经济地位的人往往相对具有更好的健康水平。但Lowry和Xie(2009)认为这种累积效应在青年阶段则不太明显,随着年龄的增大,这种累积效应将逐步显现出来,这也得到李建新等(2014)的认同,认为中国社会经济地位随着年龄的增长既表现出"收敛"效应也存在"发散"效应,该作用效果具有长期性,贯穿不同年龄阶段。此外,王甫勤(2012)认为人们健康水平的差异主要源于社会经济地位的差异带来生活方式的不同,而且当前社会等级和预期未来高的社会等级也会对个人健康产生积极的影响(徐淑一、王宁宁,2015)。

关于收入差距对健康水平的影响,目前的研究基本认为收入不平等对居民健康水平差异有显著的负向影响(Subramanian&Kawchi,2004),但也有一些研究认为收入不平等对健康水平差异之间不存在显著的关系(Mellor&Milyo,2002;Gerdtham&Johannesson,2004)。国内对收入差距和个人健康水平之间的关系研究,目前还未形成统一结论。Li和Zhu(2006)认为基尼系数和自评健康之间存在倒"U"型曲线关系,在达到临界值之前时,收入差距扩大将使得自评健康变差,当收入差距超过一个临界值时,自评健康将有变好的趋势。而关于该影响机制,封进和余央央(2007)认为是公共医疗的供给不平衡导致的结果,而齐良书(2006)则认为主要是由于教育的不均引起就业的差异带来收入的不平等,进而导致健康的不平等。

综上所述,目前对社会经济地位与收入差距对个人健康水平的影响研究还存在较大的争议。而且,这两者的交互作用是否对个人健康水平产生影响的相关文献还相对较少,同时社会经济地位的衡量指标相对主观,客观性较差且缺乏可对比性。与以往文献相比,可能的创新点在于:一是从收入差距和社会经济地位两者的交互作用以及时间趋势的交互作用对居民个人健康水平的影响进行了实证分析。二是通过构建个人的社会经济地位指数,较为客观衡量个人的社会经济地位状况,在指标的分析上具有一定的创新性。

第三节　城乡居民健康水平融合的计量设计

一、数据来源

基于北京大学负责实施的中国家庭追踪调查(CFPS)2010—2012年间的数据,该数据库涵盖了全国25个省(市、自治区)、105个县(区)、416个行政村居,可用样本个数为16923,样本代表性较强。CFPS问卷通过搜集个体、家庭和社区三个层面的数据,反映了中国社会、经济、人口、教育和健康等方面的变迁,为学术研究和公共政策分析提供了翔实的数据基础。其中,成人问卷中,对样本个体的健康状况有详细的调查,我们采用自评健康作为分析的被解释变量。根据成人问卷中的问题P201"您认为自己的健康状况如何?"的回答结果重新进行自评(表12.1)。

二、主要变量说明

一般而言,针对社会地位的测量包括多个维度,比如,个人财富、权利、职业或者声望等,是社会成员在社会经济系统中的综合衡量指标。目前针对社会地位的测量方法的研究相对较少,为保证结果的可信度,采用基于职业测量社会地位的指标国际社会经济地位指数(International Socia – Economic Index,ISEI)来衡量。该指数通过对各职业的群体社会经济特征,然后根据多种社会经济因素统计结果进行排序和赋值,对其收入和教育水平与相应权重的乘积来计算而得,它更多的是反映一个人的客观地位而不是主观地位(李强,2005)。我们以被调查对象14岁时父亲和母亲的职业及本人现在的职业进行匹配。具体而言,在样本分析中通过STATA程序将问卷数据中本人现在的职业及其父亲的职业ISCO – 88代码转换为ISEI值。最后得到的ISEI指标为取值16—90的连续型变量。

此外,进一步控制了收入差距对个体健康状况的影响,具体通过基尼系数来衡量。通过同一区县或村居内居民的收入/支出来测算不同层面的基尼系数。由于不同的社会关系网络也会造成人们心理健康上的差异。我们采用"礼金来往"来体现社会关系网络的代理变量,礼金来往主要包括家庭当年送出或收到的礼金或礼物(以人民币计价)。为了控制其他可能影响个人健康的因素对结果造成的偏误,表12.1中还加入了居民的年龄、性别、职业收入、大学学历、户籍、党员身份、基尼系数和礼金来往等作为控制变量。

表 12.1　变量的描述性统计

	观测值	变量解释说明	均值	标准误	极小值	极大值
自评健康 1	16409	不健康 = 1,一般 = 2,比较健康 = 3,很健康 = 4,非常健康 = 5	2.76	1.213	1	5
自评健康 2	16409	不健康、一般和比较健康 = 0;很健康和非常健康 = 1	0.27	0.446	0	1
本人的社会地位	16923	很低 = 1,比较低 = 2,一般 = 3,较高 = 4,很高 = 5	2.84	1.245	1	5
本人社会经济地位指数	15237	——	43.28	14.37	16	88

续表

	观测值	变量解释说明	均值	标准误	极小值	极大值
父亲社会经济地位指数①	15039	——	35.46	12.79	16	87
年龄	16923	单位:岁	47.35	15.621	17	85
性别	16923	男=1,女=0	0.48	0.506	0	1
职业收入	16829	单位:元	22451	61527	180	580000
大学学历	16912	接受大学教育=1;未接受大学教育=0	0.07	0.249	0	1
户籍	16915	农村户籍=0,城镇户籍=1	0.52	0.5	0	1
党员身份	16923	党员=1;非党员=0	0.15	0.35	0	1
基尼系数	16923	——	0.52	0.074	0.31	0.68
礼金来往(对数)	14745	单位:元	10.22	3.897	1.1	20.94

注:①根据调查数据统计得知,父亲的社会经济地位指数均值为35.46,高于母亲的社会经济地位指数32.86,因此,计量分析中选取父亲的社会经济地位指数作为解释变量。

第四节 城乡居民健康水平融合的实证分析

一、本人社会经济地位对个人健康水平的影响

首先,为了检验本人的社会地位对自评健康水平的影响,我们构建如下计量模型如式(12.1)所示:

$$Health_{icj} = \beta_0 + \beta_1 \text{status}_{icj} + \beta_2 GINI + \beta_3 \text{status}_{icj} \times GINI_{icj} + \beta_4 ISEI_{father} + \theta \times X_{icj} + province_j + \mu_{icj} \tag{12.1}$$

$$Health_{icj} = \beta_0 + \beta_1 ISEI_{self} + \beta_2 GINI + \beta_3 ISEI_{self} \times GINI_{icj} + \beta_4 ISEI_{father} + \theta \times X_{icj} + province_j + \mu_{icj} \tag{12.2}$$

其中,$Health_{icj}$ 为位于省份 j 区县 c 的第 i 人的自评健康水平;status_{icj} 代表位于省份 j 区县 c 的第 i 人的自评社会经济地位水平;$ISEI_{self}$ 表示本人的社会经济地位指数;$ISEI_{father}$ 代表父亲的社会经济地位指数;$\text{status}_{icj} \times GINI_{icj}$ 代表位于省份 j 区县 c 的第 i 人的社会地位与其基尼系数的交叉乘积项,用于反映交互项对个体健康水平的影响程度;$ISEI_{self} \times GINI_{icj}$ 代表本人的社会经济地位指数与基尼系数的交叉项乘积,反映这二者对个体健康状况的影响程度;X_{icj} 代表控制变量,具体包括居民的年龄、性别、职业收入、大学学历、户籍、党员身份和礼金来往,$province_j$ 为省份虚拟变量,μ_{icj} 为残差项。

表 12.2 报告了本人社会地位对个人健康的影响结果。第(1)列中以自评健康 1 为因变量的 ordered probit 回归结果,结果表明,本人的社会地位对个人健康有积极的显著正向影响。第(2)列以自评健康 2 为因变量的回归结果也显示出明显的正向影响。为了进一步证实本人社会地位对健康的影响,我们使用本人的社会经济地位指数和父亲的社会经济地位指数两个衡量指标对其进行稳健性检验,表 12.2 第(3)—(4)列的回归模型中,结果都表明社会地位对个人健康状况都会产生积极的显著影响。

表 12.2 社会经济地位与基尼系数对健康水平的影响

被解释变量	自评健康 1	自评健康 2	自评健康 1	自评健康 2
解释变量	(1)	(2)	(3)	(4)
本人的社会地位	0.4619***	0.5326***		
	(0.0811)	(0.1147)		

被解释变量	自评健康 1	自评健康 2	自评健康 1	自评健康 2
解释变量	（1）	（2）	（3）	（4）
本人社会经济地位指数			0. 4368 ***	0. 4556 ***
			（0. 0457）	（0. 0727）
父亲社会经济地位指数	0. 4825 ***			
	（0. 0798）			
基尼系数	− 3. 0645 ***	− 3. 3724 ***	− 3. 01745 ***	− 3. 612 ***
	（0. 5613）	（0. 5851）	（0. 65114）	（0. 9799）
本人社会经济地位 × 基尼系数	0. 6179 ***	0. 7023 ***	0. 8282 ***	0. 7884 ***
	（0. 8015）	（0. 0267）	（0. 0235）	（0. 0678）
本人社会经济地位指数 × 基尼系数	0. 4508 ***	0. 4246 ***	0. 4581 ***	0. 4196 ***
	（0. 0508）	（0. 0537）	（0. 0728）	（0. 0738）
年龄	− 0. 167 ***	− 0. 2667 ***	− 0. 4246 **	− 0. 736 ***
	（0. 1208）	（0. 231）	（0. 153）	（0. 347）
性别	0. 42229	0. 7624	0. 8282	0. 617
	（0. 5028）	（0. 496）	（0. 2235）	（0. 1608）
职业收入	0. 018 ***	0. 0102 ***	0. 058 ***	0. 0738 **
	（0. 041）	（0. 0545）	（0. 0728）	（0. 054）
大学学历	0. 809	0. 612	0. 1188	0. 2667
	（8. 227）	（3. 9799）	（7. 0678）	（0. 0231）
户籍	0. 7216	0. 7298	0. 7196	0. 7624
	（0. 0793）	（0. 0204）	（0. 0738）	（0. 0962）
党员身份	0. 4076	0. 4186	0. 4321	0. 4102
	（0. 754）	（0. 1721）	（0. 021）	（. 5454）
礼金来往（对数）	3. 178 *	3. 428 *	1. 4527 *	1. 7298 **
	（0. 3612）	（0. 3754）	（0. 3478）	（0. 0204）
地区	yes	yes	yes	yes
是否抽烟	yes	yes	yes	yes
是否喝酒	yes	yes	yes	yes

续表

被解释变量	自评健康1	自评健康2	自评健康1	自评健康2
解释变量	（1）	（2）	（3）	（4）
观测值	14595	14548	14595	14595

注：除第（2）列采用的是 Probit 回归，其他各列我们采用的是 order probit 模型。括号内为稳健性标准误群聚到县级层面，＊＊＊，＊＊，＊分别代表 P 值在 1%，5% 和 10% 的水平显著。

从本人社会经济地位与基尼系数的交互项以及本人的社会经济地位指数与基尼系数的交互项来看，二者都对自评健康水平分别在 1% 的显著水平存在正向的显著影响。从二者交叉项的系数来看，二者系数都比基尼系数对个人自评健康水平的影响较小，说明本人的社会经济地位的提升有利于减缓收入差距扩大对个人健康水平的不利影响。基尼系数都会对个人健康产生负向的影响，收入差距的拉大造成心理的不平衡会导致人们心理的不健康程度会增大，影响人们的心理健康。基尼系数每扩大 1 个标准差，个人自评健康的概率将下降 16.8%。

此外，从控制变量来看，年龄也会对个人健康产生负向的影响，这也反映出随着年龄的增大，人们身体本身的体质下降在一定程度上不利于人们的生理健康。而职业收入和礼金来往都对个人健康产生积极的正向影响，反映出经济条件的优越程度有利于人们医疗保障水平的提升，同时人们社会关系网络越强也越有利于人们心理上的满足程度，提升人们的健康水平。

然而，本人社会地位对自评健康之间也可能存在双向的因果关系，即本人社会地位对个人健康水平产生影响，而健康水平也会通过人力资本的提升来影响其收入、职业、教育等衡量社会地位的指标。为了降低这种潜在的内生性对结果导致的偏误，我们通过联立方程的三阶段最小二乘估计模型同时考虑社会经济地位和健康的影响因素进行回归。进入自评健康 2 的决定因素有表 12.2 中的显著影响变量本人社会地位、年龄、职业收入、基尼系数和礼金来往等，进入本人社会地位的决定因素为自评健康 2、大学学历、党员身份等。从表 12.3 结果可以看出，列（1）和（2）在不控制其他变量的条件下，（3）—（4）列加入了其他控制变量，结果表明本人社会地位对自评健康都存在显著的正向影响，与表 12.2 中的结果一致。

表 12.3　联立方程的三阶段最小二乘估计

因变量	回归设定 1		回归设定 2	
	本人社会经济地位	自评健康 2	本人社会经济地位	自评健康 2
自变量	(1)	(2)	(3)	(4)
本人社会地位		0.459 ***		0.497 ***
		(0.687)		(0.782)
年龄		−0.127 ***		−0.216 ***
		(0.016)		(0.014)
职业收入		0.246 ***		0.187 ***
		(0.025)		(0.023)
基尼系数		−0.541 ***		−0.477 ***
		(0.021)		(0.019)
礼金来往		0.007 ***		0.012 ***
		(0.473)		(0.427)
自评健康 2	0.742		0.684	
	(3.127)		(3.039)	
大学学历	0.041		0.051	
	(0.018)		(0.037)	
党员身份	0.134 ***		0.139 ***	
	(0.022)		(0.034)	
地区	No	yes	No	yes
是否抽烟	No	yes	No	yes
是否喝酒	No	yes	No	yes
其他控制变量	No	No	yes	yes
观测值	14595	14595	14595	14595

注:其他控制变量包括表 12.2 中未显示的其他变量,括号内为稳健性标准误群聚到县级层面,＊＊＊,＊＊,＊分别代表 P 值在 1%、5% 和 10% 的水平显著。

二、加入时间趋势的估计结果分析

为了检验本人的社会地位对自评健康程度的影响,我们进一步地加入时间虚拟变量来测度社会经济地位随着时间的变化对个人健康状况的影响,为此,构建如下计量模型如式(12.3)所示：

$$Health_{icj} = \beta_0 + \beta_1 status_{icj} + \beta_2 year_{2012} + \beta_3 status_{icj} \times year_{2012}$$
$$+ \theta \times X_{icj} + province_j + \mu_{icj} \tag{12.3}$$

其中，2010年为对照的基年，我们设置了2012年数据的虚拟变量 $year_{2012}$，$Health_{icj}$ 为位于省份 j 区县 c 的第 i 人的自评健康状况；$status_{icj}$ 代表省份 j 区县 c 的第 i 人的社会地位；$status_{icj} \times year_{2012}$ 代表本人社会地位与年度虚拟变量的交互项，主要反映2012年相对2010年人们社会地位对个人健康状况的影响趋势。X_{icj} 代表控制变量，具体包括居民的年龄、性别、职业收入、大学学历、户籍、党员身份、基尼系数和礼金来往。$province_j$ 为省份虚拟变量，μ_{icj} 为残差项。

首先，我们通过极大似然法(MLE)来估计线性 Probit 模型(LMP)，并对其进行考虑异方差稳健性标准误的做法，分别对 CFPS2010、CFPS2012 和两年混合数据进行回归。这样做的主要目的在于比较不同年份的回归结果，同时有利于通过更换样本来检验模型的稳健性。为了更好地检验城乡间是否存在地域差异，我们把样本进行户籍地域划分，分为城市和农村两部分，分别对其进行计量分析，具体结果见表12.4。

从表12.4中我们可以看出，不管是城市还是农村，不管是单年数据还是混合数据，社会经济地位对自评健康都在1%的水平显著为正且比较稳健。从交互项的系数来看，相比2010年而言，本人社会地位在2012年城市地区中的显著水平上升了1.9%(5%水平显著)，而在2012年的农村地区中的显著水平上升了3.1%(5%水平显著)。相比城市而言，农村居民社会地位的上升，能够更好地提高人们的自评健康水平，这可能的原因为农村居民社会保障水平往往相对较弱，农民社会地位提升更多的是通过收入来体现，从而间接地提高农民的医疗保障水平，提升农民的自评健康状况。

从控制变量来看，不管是城市还是农村，年龄和基尼系数都对自评健康在1%的显著水平都显著为负，这也和上文中所得结果一致。但从城乡基尼系数的回归系数值来看，城市基尼系数对个人健康的负向影响没有农村基尼系数对个人健康状况的影响大，可能的原因为农村的医疗基础设施条件远不如城市地区，收入差距过大导致医疗资源的配置不均使得城乡居民健康水平的差异性(封进、余央央，2007)。从职业收入来看，在城乡之间都表现出显著的正向影响(1%的显著水平)，说明收入越高，越有利于个人获取更好的医疗资源从而较好的保障个人健康状况。此外，礼金来往收入只对农村居民的个人健康状况存在显著的正向影响，而对城市居民则不存在显著的正向影响(5%的显著水平)，可能的原因为农村地区更加注重社会关系网络，特别是邻里乡亲之间互帮互助，这些社会资本丰厚的人能够更好地找人帮忙获得更好的医疗资源,从而获得更高的概率在"看病"的时候找到人来帮助。这也侧面反映出目前我国的医疗资源分配还存在较强的人为干预现象(周广肃,2014),特别是在农村地区,这种现象更为明显,使得医疗资源更多的流向于社会资本较多的群体,而不是更为需要救治的群体,造成医疗资源的错配。

表 12.4　社会地位对个人健康的城乡差异(极大似然估计结果)

被解释变量: 自评健康 1	城市			农村		
	(1)	(2)	(3)	(4)	(5)	(6)
数据	2010	2012	两年混合	2010	2012	两年混合
本人社会地位 ×2012 年度 虚拟变量	0.397*** (18.642)	0.376*** (19.374)	0.359*** (17.954)	0.419*** (16.748)	0.423*** (17.567)	0.384*** (18.105)
2012 年度 虚拟变量		0.019** (2.451)		0.031** (2.518)		
基尼系数	−0.172*** (−9.937)	−0.177*** (−11.534)	−0.165*** (−10.655)	−0.212*** (−13.217)	−0.244*** (−11.069)	−0.249*** (−13.249)
本人的社会 地位 × 基 尼系数	0.4979*** (5.8145)	0.5018*** (5.7364)	0.5162*** (6.3379)	0.7784*** (4.6388)	0.7834*** (4.6335)	0.8124*** (4.7987)
本人的社会经 济地位指数 × 基尼系数	0.3708*** (7.7908)	0.3876*** (5.5791)	0.3987*** (6.0562)	0.6456*** (4.3678)	0.6517*** (4.2248)	0.6647*** (4.2354)
年龄	−0.834*** (7.548)	−0.679*** (7.431)	−0.722*** (5.828)	−0.736*** (6.567)	−0.717*** (8.245)	−0.687*** (5.338)
性别	0.479 (0.546)	0.426 (0.562)	0.482 (0.523)	0.518 (0.941)	0.529 (0.957)	0.547 (0.914)
职业收入	4.657*** (14.41)	5.337*** (13.467)	5.528*** (12.728)	6.267*** (17.457)	5.347*** (13.816)	5.367*** (11.371)

被解释变量： 自评健康1	城市			农村		
	（1）	（2）	（3）	（4）	（5）	（6）
大学学历	0.834 （0.247）	0.737 （0.954）	0.828 （0.766）	0.697 （0.591）	0.428 （0.537）	0.538 （0.719）
户籍	0.345 （1.134）	0.329 （0.984）	0.319 （1.175）	0.464 （0.952）	0.428 （0.835）	0.428 （0.979）
党员身份	0.746 （0.754）	0.786 （0.751）	0.762 （0.771）	0.623 （1.044）	0.587 （1.223）	0.519 （1.376）
礼金来往 （对数）	1.224 （1.167）	1.488 （1.177）	1.456 （1.178）	1.129** （2.304）	1.196** （2.167）	1.087** （2.289）
地区	yes	yes	yes	yes	yes	yes
是否抽烟	yes	yes	yes	yes	yes	yes
是否喝酒	yes	yes	yes	yes	yes	yes
观测值	7264	7264	7264	7331	7331	7331

注：本表均采用 Order Probit 模型，括号内为相应系数的 t 统计量，＊＊＊、＊＊、＊分别代表 P 值在 1%、5% 和 10% 的水平显著。

三、稳健性检验

为了避免主观自评健康水平误差对前文实证结果的影响，我们进一步对其进行稳健性检验。估计方法仍然使用工具变量的两阶段最小二乘法，并采用了考虑异方差的稳健标准误。从表 12.5 方程（1）—（3）的实证结果来看，基尼系数对自评健康水平 2 在 1% 的显著水平还是存在显著的负向影响。基尼系数的回归系数绝对值从 2010—2012 年间呈逐年上升的趋势并在 1% 的显著水平显著，表明收入差距的扩大确实不利于个人健康水平。本人的社会地位及其社会经济地位指数与基尼系数的交互项的系数都在 1% 的显著水平显著正向影响于自评健康水平，且相应系数绝对值呈不断上升的趋势,也进一步表明了社会经济地位的上升有利于减缓收入差距扩大对自评健康水平的不利影响。从两年和三年的混合数据的回归系数仍显示为正,表明本人社会经济地位的提升确实能够减缓收入差距的负向影响。此外,在方程(4)和方程(5)中加入了父亲的社会经济地位指数与基尼系数乘积的交互项,父亲的社会经济地位指数与2011年的交互项回归系数为0.4732(1%的水平显著),而父亲社会经济地位指数与2012年的交互项回归系数则为0.4225(1%的水平显著),说明相比于2010年而言,父亲的社会经济地位影响在2011年和2012年都显著下降了。在方程(4)中,父亲的社会经济地位指数与2012年交互项的回归系数为0.4237(1%的水平显著)。意味着相对于2010年而言,父亲的社会经济地位对子代的影响在2010年、2011年和2012年间依次显著地降低了。这也进一步说明父代的经济地位对子代的健康状况还是存在一定的影响,虽然影响在逐年降低,也验证了社会经济地位对个人自评健康水平确实存在显著的正向影响,证实了相关结论是稳健可靠的,也从侧面反映出我国社会经济地位的社会流动性趋于逐步上升的趋势,阶层的固化现象也有逐步降低的迹象。

表12.5 两阶段最小二乘估计结果

被解释变量:本人自评健康水平2	(1)	(2)	(3)	(4)	(5)
数据	2010	2011	2012	2011&2012	三年混合
基尼系数	−0.237*** (−6.547)	−0.244*** (−6.551)	−0.251*** (−4.595)	−0.251*** (−7.586)	−0.245*** (−7.346)
本人的社会地位×基尼系数	0.3157*** (3.5719)	0.3194*** (3.7319)	0.3245*** (3.6487)	0.3208*** (3.5116)	0.3212*** (3.6519)
本人的社会经济地位指数×基尼系数	0.5309*** (6.3479)	0.5347*** (6.2381)	0.5411*** (6.4122)	0.5387*** (6.7429)	0.5417*** (6.2147)

续表

被解释变量：本人自评健康水平2	（1）	（2）	（3）	（4）	（5）
数据	2010	2011	2012	2011&2012	三年混合
父亲的社会经济地位指数×2011年度虚拟变量					0.4732***（4.2079）
父亲社会经济地位指数×2012年度虚拟变量				0.4237***（3.5719）	0.4225***（3.2249）
2011年度虚拟变量					0.42344***（3.4672）
2012年度虚拟变量				0.1137（0.9085）	0.0217**（2.2571）
年龄	-0.5419***（-4.1877）	-0.5427***（-4.5741）	-0.5466***（-4.5184）	-0.5431***（-4.9181）	-0.5438***（-4.579）
性别	0.5392（0.546）	0.5402（0.5724）	0.5421（0.5527）	0.5414（0.5633）	0.5468（0.5948）
职业收入	0.8272***（6.2473）	0.8276***（9.2549）	0.8313***（6.3144）	0.8283***（6.0277）	0.8527***（6.3218）
大学学历	0.1234（0.2547）	0.1286（0.2634）	0.1321（0.2454）	0.1315（0.2527）	0.1407（0.2534）
户籍	0.2344（1.134）	0.2331（0.8585）	0.2346（0.9185）	0.2332（0.9274）	0.2355（1.0721）
党员身份	0.2711（0.5754）	0.2716（0.6956）	0.2757（0.5766）	0.2743（0.5746）	0.2798（0.5789）

被解释变量: 本人自评 健康水平2	(1)	(2)	(3)	(4)	(5)
数据	2010	2011	2012	2011&2012	三年混合
礼金来往 (对数)	0.6324 (1.5211)	0.6464 (1.5234)	0.6458 (1.5517)	0.6431 (1.0472)	0.6515 (1.5648)
地区	yes	yes	yes	yes	yes
是否抽烟	yes	yes	yes	yes	yes
是否喝酒	yes	yes	yes	yes	yes
观测值	14595	14595	14595	14595	14595

注:括号内为相应系数的 z 统计量,＊＊＊、＊＊、＊分别表示在1%,5%和10%的水平显著。

第五节 本章小结

通过 CFPS 数据验证了社会经济地位和收入差距对居民个人健康水平的影响。结果表明:社会经济地位的提升,有利于提高个人的健康水平;而且社会地位的提升有利于减缓收入差距扩大对个人健康状况的不利影响,基尼系数的扩大 1 个标准差,其对居民个人自评健康负面影响的概率下降了16.8%;采用国际社会经济地位指数进行稳健性检验也表明,社会经济地位指数对个人健康状况的影响在 2010—2012 年都依次显著呈下降趋势。从城乡对比来看,农村地区居民社会经济地位的上升,能够更好地提高人们的自评健康水平,而且对收入差距扩大造成的负面影响缓冲作用也更大。

综上所述,收入差距的扩大确实会造成个人健康状况的不利影响。我国民众在追求更高的收入过程中,也在不断地追求政治和经济等各领域的社会经济地位的参与水平。而改善医疗卫生水平和提高居民接受教育的可获得性以及提高社会阶层之间的流动性成为民众获取社会经济地位认同感,提升整体健康水平的重要途径。因此,在政策层面,主要蕴含了以下几方面的启示:一是不断完善和提高医疗保障水平,特别是不断建立健全农村地区的医疗养老保障体系,积极提高低收入贫困群体的收入,从而不断降低收入差距,降低城乡居民健康水平不平等。

二是积极加强对城乡居民的培训教育的扶持力度,特别是企业对社会急需技能工人的培训补贴力度,从而间接地提高人们的社会经济地位指数,缓解收入差距对居民健康状况的负面冲击;三是逐步加强对医疗资源的分配和规范,防止优质医疗资源流向于特定的社会地位和经济高的民众,降低医疗资源分配的不平等导致健康水平在城乡内部之间的不平等程度。

第十三章　收入不平等与农民幸福感剥夺

第一节　收入不平等对农民幸福感剥夺的现实背景

改革开放 40 多年来,农村贫困发生率由 1978 年的 97.5% 下降到 3.1%,农民人均可支配收入和生活水平大幅提升[①]。在中国特色社会主义进入新时代和全面建成小康社会的关键时期,党的十九大报告明确指出,"在发展和改革中保障民生"。2018 年习近平总书记主持中共中央政治局会议审议《乡村振兴战略规划》和《关于打赢脱贫攻坚战三年行动的指导意见》,进一步明确提出"让广大农民在乡村振兴中有更多获得感、幸福感、安全感"。其中,幸福作为生活质量改善状况的一个重要指标。尤其对于农村人口占总人口绝大多数的中国而言,农村居民幸福感是衡量中国幸福水平和全面建成小康社会成果的重要尺度。然而,在经济社会转型背景下,中国却面临"幸福增长停滞"的困境:2017 年中国幸福指数远落后于 2017 年中国名义 GDP、人均 GDP 以及经济竞争力的世界排名[②]。为何国民幸福感并未随经济发展和国民收入增加而同步提升,该问题已经引起国内外学者的广泛关注(Knight & Gunatilaka,2011;李树、陈刚,2015;周钦等,2018)。不断提高农村居民幸福感已经成为顺应新时代亿万农民对美好生活的向往,进而实现国家富强、民族振兴、人民幸福和全面建成小康社会的重要抓手。因此,研究农村居民幸福感及其决定因素,有助于为政府部门制定提高农村居民福利的政策提供数据

---

① 国务院扶贫办. 中国扶贫改革 40 周年座谈会在京召开 刘永富主持会议并讲话[EB/OL]. 人民网,2018 - 12 - 09.

② 2017 年中国名义 GDP 总量为 12.243 万亿美元,位居世界第 2 名,数据源于世界经济信息网;2017 年中国人均 GDP 为 8643 美元,位居世界第 71 名,数据源于世界货币基金组织(IMF)发布的《世界经济展望》;2017—2018 年中国的全球竞争力排名为 27 名,数据源于世界经济论坛(WEF)发布的《2017—2018 年全球竞争力报告》。

支持和经验证据。与既有研究相比,可能的创新之处在于:通过 *Kakwani* 相对剥夺指数测度了农村居民个体层面的收入相对剥夺状况,将相对收入剥夺纳入农村居民幸福感分析框架,验证缩减个体层面的相对剥夺对农村居民幸福感的抑制作用及其机制渠道。

随着社会经济的快速发展与居民物质财富的不断积累,幸福感这一作为"隐形的国民财富"在全球范围内得到越来越多的关注(成前等,2017)。自从 Easterlin 提出"幸福—收入悖论"后①,幸福感研究成为主流经济学关注的又一焦点(李树、陈刚,2015;Shams,2016),相对收入、收入差距、适应性、性格因素等方面是幸福经济学的重要解释视角。总体来看,较多文献着重考察并解释了收入等经济因素对幸福感的影响,主要包括绝对收入论(Knight & Gunatilaka,2011,Oshio & Kobayashi,2011)、相对收入论(Wolbring et al.,2013)、收入不平等论(Wang et al.,2015)、收入—消费论(Headey et al.,2008)等。一般认为,收入增加使得个人效应最大化决策点处于更高水平的无差异曲线,意味着更大的效用,也意味着更高的福利水平。然而,在早期的研究中,收入往往是衡量幸福感的主要指标,但是忽略了对生活质量的考量。周钦等(2018)从相对收入视角认为,当个人绝对收入增加而相对收入不变时,总效用水平将保持不变。还有学者(岳经纶、张虎平,2018)认为,收入不平等感知对幸福感具有显著的消极影响,预期对收入不平等感知具有缓冲效应,但从长期来看,收入不平等感知强烈必然会导致人们幸福感的下降。事实上,收入与幸福并非简单线性相关。此外,越来越多的学者逐渐关注到幸福方程中婚姻、社交、健康等非经济因素也会对人们的主观幸福感产生重要影响(Jackson et al.,2013;苑鹏、白描,2013)。

影响农村居民幸福感的因素也颇多,其中收入状况作为一种物质因素尤其受到关注。一般认为,收入是实现农村幸福最重要的前提条件,同时,主观收入不平等对农民幸福感的影响,也得到了大量实证的支持。廖永松(2014)和吴菲(2017)基于农户微观数据的分析表明,绝对收入或相对收入均对农民主观幸福感具有显著的正向影响,而 Ludwig(2012)研究发现当居民从高贫困地区进入到低贫困地区,其幸福感会显著增强,这进一步证实了相对收入对幸福感有着更强的影响程度;朱帅、郑永君(2018)得出农户拥有的房屋产权数量越多以及在城镇有房或从事非农就业将有利于提高农村居民主观幸福感的结论。但是,另有学者(熊彩云等,2014)基于中国 31 个省份 260 个村庄的农户调查分析表明,随着农民生活水

---

① 由于个人收入与主观幸福感存在正相关关系,而参照组内其他成员的收入与自己的幸福感负相关,即"收入—幸福"之谜。

平的提高,物质经济条件对农民幸福感最为重要的假设变弱,村民自治、惠农政策等非经济因素已逐渐成为农村居民幸福感最为重要的来源。另一方面,非经济因素对农村居民幸福感的影响也日益受到学者们的关注。陈前恒等(2014)研究表明,村庄民主发育程度的提高能够显著增加农村居民的主观幸福感;霍灵光(2017)和成前等(2017)则分别研究了"新网工程""新农合"与户籍制度改革对农民幸福感的影响,结果表明,这些惠农政策的实施与农村公共服务的改善均对农村居民幸福感有着显著的正向作用。

社会网络资源作为一种非正式制度因素也被国内外学者认为是影响农村居民幸福感的重要因素(Shams,2016;Hommerich & Tiefenbach,2018)。社会资本是指基于社会关系而产生的内在的社会资源,主要包含网络、互惠、信任、社会规范、社会行动要素。Bjornskov(2003)是较早地将社会资本引入幸福感研究的学者,其研究表明,社会资本是分析不同国家居民幸福感差异的强有力解释因子,并进一步将社会资本归纳为"亲缘资本""桥梁资本""垂直资本"与"链接资本"。张梁梁、杨俊(2015)还发现,中国式分权背景下城乡居民从个人或群体社会资本获得幸福感的方式各有侧重。"社会资本"渠道假说又可以分为与社会网络相关的"邻里效应""同侪效应"以及与社会认知相关的"信任效应"(Uphoff & Wijayaratna,2000)。例如,薛新东、刘国恩(2012)认为社会资本可以形成有益的社会交往和相互信任的社会环境,从而降低个人面临的压力。而社会资本能够减缓收入差距对居民幸福感的不利影响,而这种积极效果主要发生在农村地区。周广肃等(2014)使用 CFPS 数据考察了社会资本、收入不平等与居民健康之间的关系,发现个体社会资本能够起到促进居民健康的作用。在整个社会收入差距不断拉大的情况下,提升居民的社会资本有利于缓解收入差距对居民健康的不利影响。

审视既往研究,已有文献侧重于考察收入及收入分配差距等经济因素对居民幸福感的影响,而忽视非经济因素对农村居民幸福感的影响。并且,现有国外研究并未对社会资本是否能促进农村居民幸福感形成一致的结论,对中国文献而言,则缺乏相应的实证研究。尤其对社会信任、社会公平感和相对剥夺等非经济因素是否影响农村居民幸福感的机制研究还较为缺乏。通过综述还发现,在收入分配对居民幸福感影响的研究文献中,大多数学者侧重于使用收入、收入基尼系数、收入分位数之比等整体层面的收入及不平等测度方法来考察其对居民幸福感的影响。遗憾的是,这些测算方法只能从整体上,笼统地反映收入不平等状况,无法充分反映个体层面的收入不平等影响农村居民幸福感的微观机制,而个体相对剥夺理论为研究农村居民个体收入不平等问题提供了一个新视角。

第二节　收入不平等对农民幸福感剥夺的作用机理

一、收入不平等对农村居民幸福感的影响

"相对剥夺"（Relative Deprivation）最早由 Stouffer 等（1949）学者提出,是社会学"冲突"理论的一个基本概念,指被剥夺者的一种主观心理状态。在我国,"攀比现象""不患寡而患不均""不公平厌恶"（Inequality Aversion）在农村地区尤为严重（李江一等,2015）。相对剥夺对农民幸福的制约作用日益受到学者们的关注（任国强等,2012;成前等,2017;周钦等,2018）。然而,鲜有学者研究收入相对剥夺对农村居民幸福感的影响和作用机制。在幸福经济学领域,广义上"相对剥夺"被称为"攀比效应"或"相对剥夺效应",即人们在与他人比较后感觉到的不公平、被侵害及不满的矛盾心理状态。后来"个体相对剥夺"概念被广泛应用于收入分配领域,反映个体层面收入不平等程度,即客观相对剥夺（收入上的个体相对剥夺状态）。尝试引入 *Kakwani* 指数作为相对收入剥夺的测度指标,探索农村居民个体层面的收入不平等对农村居民幸福感的影响分析进一步拓展和分析。基于上述分析,提出如下有待验证的假设:

假设 1:收入不平等对农村居民幸福感具有抑制效应,即收入不平等程度越深,农村居民幸福感越低。

二、社会资本对农村居民幸福感的影响

在中国转型经济背景下,农民"离土离乡"是城镇化进程中的普遍现象,家庭社会资本与国民主观幸福感存在显著影响。尤其是农民在"流动"过程中可能更容易因遭受生活挫折而产生的悲观情绪,这对幸福感会有负面作用（裴志军,2010;吴奇峰等,2017）。而以邻里关系或熟悉程度衡量的社会资本产生的"信任效应",可以帮助居民缓解其负面情绪,即有助于平衡因压力和焦虑产生的对农村居民幸福感的负面影响。此外,社会公平感和政治信任是传统意义上的认知型社会资本的衡量指标,直接影响农村居民主观评价,可能成为农民幸福感的重要因素。与社区邻里的熟悉程度可以反映个体层面的社会网络型社会资本,而社会公平和社会信任反映了国家层面的社会资本状况,有必要对两类社会网络加以区分。并且这两类放在同一个框架下来分析问题的较少,提供了一定的借鉴基础。基于此,将农民个体认知层面的社会公平、社会信任和社会关系网络层面的结构

型社会资本纳入统一的分析框架中,探讨不同类型社会资本因素对农村居民幸福感的影响,并提出假设2。

假设2:社会资本对农民幸福感具有正向促进作用,即表现为认知型社会资本水平越高,农村居民幸福感越高,结构型社会资本能够提高农民社交心理获得感来提升其主观幸福。

然而,农村居民内部的收入不平等往往会使得居民之间存在一定的心理落差,这种心理不平等往往会造成居民主观幸福感上的异质性。如何有效的强化乡风文明和村社治理来构建良好的村民自治和优良社会风气,形成健康良好的社会关系网络,成为乡村振兴战略有效实施的关键。在传统的乡风文明村落,以"差序格局"为表征的中国人际交往在邻里风气和村民自治层面发挥有效的作用。特别是良好的家风、民风、社风以及村社治理的公平公正性能够加强农村居民之间的信任感和心理获得感,提升农民居民整体的社会资本效率和质量,从而降低乡村内部收入不平等带来居民心理不平衡感(幸福感剥夺)。为此,收入不平等与居民社会资本之间是否存在交互效应,共同影响居民主观幸福感,幸福感剥夺效应是否存在差异也值得深入的计量检验。为此,提出如下假设3。

假设3:良好的乡风文明和有效的村社治理可以有效提升农民社会资本质量,从而降低村社居民收入不平等带来的心理落差而造成的幸福感剥夺,即社会资本可能调节收入不平等对农民幸福感的剥夺程度。

第三节　收入不平等对农民幸福感剥夺的机制设计

一、数据来源

基于中国综合社会调查数据(CGSS2015),通过采用分层的四阶段(区、县为一阶段,街道、乡镇为二阶段,居民、村民委员会为三阶段,家庭住户为最终阶段)不等概率抽样方式,其调查涵盖全国28个省/市/自治区的478个村居,包含10968个样本。研究对象是农村居民,样本覆盖25个省,剔除缺失值后,得到有效受访样本数为4451家户。从样本的基本特征来看,初中以上样本达到42.9%,男性样本占到52.2%,被调查样本的平均年龄达到51.2岁,离婚或丧偶等的比重仅为11.2%,大多数家庭的人口规模在3人以上,75.6%的农村居民的健康状况较好,94.9%的农村居民家庭参加了基本社会保险。被调查样本基本符合我国农村居民的基本特征,适合开展农村居民幸福感研究。

二、实证模型与变量选取

因变量为农村居民幸福感,属于有序多分类离散变量,选用具有极限值的逻辑分布最为适合,因此,使用 Ordered Logistic 回归模型对数据进行分析。同时,为考察回归模型的稳健性,我们进一步还设定 OLS 估计模型,与 Ordered Logistic 模型形成对照。

将基本回归方程设定如下:

$$Happiness_i = C + \alpha SOC_i + \beta DEP_i + \gamma X_i + \mu_i E(\mu) = 0 \qquad (13.1)$$

其中,潜变量 $Happiness_i*$ 为农村居民幸福感,SOC_i 代表社会资本指标,DEP_i 代表相对剥夺(由 $Kakwani$ 指数计算得出收入相对剥夺和主观经济地位两个关键指标来反映),α、β 分别表示不同类型社会资本(SOC_i)、相对剥夺(DEP_i)对农村居民幸福感的影响。协变量矩阵 X 是其他控制变量的向量组,γ 代表协变量的影响。μ_i 是服从逻辑分布的随机误差项。β 是重点关注的系数,反映了社会资本对农村居民幸福感的影响。如果在统计水平上显著为正,则说明解释变量对农村居民幸福感影响为正。反之则意味着解释变量降低了农村居民幸福感。对于排序数据,仍可以使用潜变量法来推导出最大似然(MLE)估计量(陈强,2014),其选择规则如下所示。

$$Happiness_i = \begin{cases} 1, & Happiness_i* \leqslant r_1 \\ 2, & Happiness_i* \leqslant r_2 \\ \cdots \\ 5, & Happiness_i* > r_4 \end{cases} \qquad (13.2)$$

其中 $r_1 < r_2 < r_3 < r_4$,称为"切点"(cut points)。$Happiness_i$ 的取值跨越一个临界点 r_i 时,便导致个体做出不同的评价。当 $Happiness_i*$ 低于临界值 r_1 时,农村居民的幸福感赋值最低($Happiness_i* = 1$),表示农村居民非常不幸福;高于 r_1 小于 r_2 时,表示农村居民不太幸福($Happiness_i* = 2$),以此类推,当 $Happiness_i*$ 高于 r_4 时,幸福感赋值最高表示农村居民最幸福($Happiness_i* = 5$)。

进一步地,在探讨收入相对剥夺对农村居民幸福感的影响机制时,在模型(1)基础上逐步添加我们所关注的渠道变量(娱乐活动、社交互动和健康束缚),分析它们是否构成收入相对剥夺与农村居民幸福感的关系机制。为了考察相关变量(表13.1)的影响机制,变量如下:

农村居民幸福感。在本节中,农村居民幸福感是一个有序多分类变量。根据问卷中的问题"总的来说,您觉得您的生活是否幸福?",对农村居民幸福感定义如下:非常不幸福 = 1;比较不幸福 = 2;说不上幸福不幸福 = 3;比较幸福 = 4;非常幸福 = 5。表 13.1 所有样本的幸福感评价均值达到 3.834,总体上,我国农村居民幸福感较高。

收入不平等。本节选取了"收入相对剥夺"和"主观经济地位"两个指标来分别反映客观层面和主观层面的相对剥夺状况:使用"主观经济地位"来反映农村居民主观层面的相对剥夺;参考任国强、石玉成(2016)的研究方法,使用"收入相对剥夺"(Kakwani 指数)来测量客观层面的相对剥夺,即个体层面收入的相对剥夺(Deprevation in Income)。根据客观相对剥夺的参数含义,令 Y 代表一个群组,样本数量为 n,将群组内的个体按收入的升序排列,得到这个参照群的总体收入分布为向量 $Y = (y_1, y_2, \ldots, y_n)$,$y_1 \leqq y_2 \leqq \cdots \leqq y_n$。根据定义,将每个个体和其他参照个体比较,进而得出该个体的收入相对剥夺指数: $RD(y, y_i) = \gamma_{y_i}^+ ((\mu_{y_i}^+ - y_j)/\mu_Y)$。式中,$\mu_Y$ 是群组 Y 中所有个体收入的均值,$\mu_{y_i}^+$ 是群组 Y 收入超过 y_i 的样本收入的平均值,$\gamma_{y_i}^*$ 是 Y 中收入超过 y_i 的样本数占总样本数的百分比。在地区异质性检验和年龄异质性检验中,由于不同地区、不同年龄组的农村居民参照群体变化,各群体收入剥夺指数需要重新计算。方法同上,在此不赘述。

社会资本。中国是一个典型的关系社会,尤其是建立在地缘与血缘基础上的社会关系,不仅仅是信息分享跟资源配置的替代机制,也是一切制度运行的基础。认知型社会资本是反映出个人对社会关系形成的一种主观上社会关系。筛选出的指标为"社会公平感"和"社会信任"。

其他控制变量。参考已有研究的做法,在实证模型中纳入户主及家庭禀赋的基本特征,例如,健康状况、受教育年限、性别、年龄、婚姻状况、金融资源、人口数量、互联网使用、基本社会保险。此外,引入年龄的平方,据此考察被调查样本年龄变化与农村居民幸福感的非线性关系。

表 13.1　指标说明及统计性描述

变量名称	定义与赋值	均值	标准差
农村居民幸福感	"总的来说,您觉得您的生活是否幸福?"非常不幸福 = 1;比较不幸福 = 2;说不上幸福不幸福 = 3;比较幸福 = 4;非常幸福 = 5	3.834	0.853

变量名称		定义与赋值	均值	标准差
认知型社会资本	社会公平感	"总的来说,您认为当今的社会公不公平?",回答从"极不公平=1"到"非常公平=5"	3.311	1.000
	社会信任	"总的来说,您同不同意在这个社会上,绝大多数人都是可以信任的?",回答从"非常不同意=1"到"非常同意=5"	3.55	0.95
结构型社会资本	社会网络	"您和邻居,街坊/同村其他居民互相之间的熟悉程度是怎样的?",回答从"非常不熟悉=1"到"非常熟悉=5"	4.267	0.868
相对剥夺	收入相对剥夺	由全样本家庭总收入和Kakwani指数计算得到,取值范围:0~1	0.675	0.224
	主观经济地位	"与同龄人相比,经济地位如何?",相对较高=3;差不多=2;相对较低=1	1.668	0.542
个体特征	健康状况	"您觉得您目前的身体状况是?",健康=1;不健康=0	0.756	0.429
	受教育年限	初中及以上=1,其他=0	0.429	0.495
	性别	男=1;女=0	0.522	0.500
	年龄	被调查者实际年龄(岁)	51.212	16.008
	婚姻状况	离婚或丧偶等=1;未婚=0	0.112	0.315
家庭禀赋	金融资产	家庭是否有存款、债券或者外汇等金融资产	0.057	0.232
	人口数量	调查年份家庭同吃住的人口数量	3.034	1.501
	互联网使用	过去12个月使用互联网的频率,回答从"从不使用=1"到"非常频繁=5"	1.678	1.412
	基本社会保险	是否参加农村基本养老保险和基本医疗保险,是=1;否=0	0.949	0.220

变量名称		定义与赋值	均值	标准差
中介变量	娱乐活动	如果被调查者日常生活中经常观看电视、书报,听收音机,则为1,否则为0	0.798	0.402
	社交活动	在过去一年中社交/串门频繁程度,经常＝1,不经常＝0	0.346	0.476
	健康束缚	"在过去的四周中,由于健康问题影响到您的工作或其他日常活动的频繁程度",经常＝1,不经常＝0	0.180	0.385
	精神健康	"在过去的四周中,您感到心情抑郁或沮丧的频繁程度是",不经常＝1,经常＝0	0.401	0.490

第四节　收入不平等对农民幸福感剥夺的影响效果

一、收入不平等、社会资本对农村居民幸福感的估计结果

1. 社会资本对农村居民幸福感的影响

表 13.2 的模型(1)—(3)采取 Ordered Logistic 方法对社会资本、相对剥夺与居民主观幸福感的关系进行实证分析。模型(1)仅考察不同类型社会资本对幸福感的影响,并加入户主个体特征、家庭禀赋变量及社会层面变量;模型(2)在社会资本和所有控制变量的基础上加入相对剥夺变量;模型(3)为引入所有变量的全样本回归结果。结果显示,社会资本对幸福感有显著正向影响,在控制了相关变量后,所有类型社会资本的作用有所下降,但依然在 1% 的水平上显著,这意味着收入相对剥夺对农村居民幸福感可能是通过其他机制渠道发挥作用的。具体来看,农村居民认知性社会资本水平衡量的社会资本水平的提高能够显著提升农村居民的主观幸福感。农村居民社会公平感衡量的社会资本水平每提高 1 个单位,农村居民幸福感提高 0.90 个单位。社会信任衡量的社会资本水平每提高 1 个单位,农村居民幸福感提高 0.50 个单位。结构型社会资本衡量的社会资本水平每提高 1 个单位,农村居民的幸福感也提高 0.35 个单位。上述结果从某种程度上证实了通过社会网络关系来缓解其面临的精神压力,可能成为提升农村居民"幸

福感"的非制度诱因,对农村居民的主观评价具有重要的导向作用。事实上,在我国农村,社会公平感、社会信任和社会网络建设等非收入因素已经对幸福感产生了重要的影响。因此,不同类型社会资本具有促进效应,表现为社会资本状况越好,农村居民幸福感越高。并且,研究假设2得到了充分证实:参加邻里之间的社交活动(邻里效应),对外界信息抱有积极的心态(信任效应和公平效应),有助于提升农村居民幸福感。但是,不同农村居民社会资本对其幸福感的影响及其作用机制呈现出了一定的地区差异性。

2. 相对剥夺对农村居民幸福感的影响

表13.2的模型(4)、(5)汇报了相对剥夺与农村居民主观幸福感的关系的实证分析结果。研究发现,相对剥夺确实对农村居民幸福感具有抑制效应,表现为相对剥夺程度越深,农村居民幸福感越低。

具体来看,模型(4)仅考察收入相对剥夺对农村居民幸福感的影响,其余依次加入个体特征、家庭禀赋和社会层面变量。结果显示,收入相对剥夺对幸福感有显著负向影响,收入相对剥夺指数每提高1个单位,农村居民幸福感将会降低0.70个单位。在控制了相关变量后,收入相对剥夺的作用有所上升,依然在1%的水平上显著。理论上而言,收入相对剥夺与农村居民家庭收入呈负相关,而农村居民家庭收入的增加能够显著提升农村居民的主观幸福感。目前我国总体收入水平还不高,尤其是农村居民对收入更加敏感,在社会保障还不健全的情况下,基本上依靠自己的农业劳作和子女的接济,收入来源比较单一,财产性收入占比较小,并且容易受到通货膨胀等因素的影响。这与 Knight & Gunatilaka(2011)的研究结果一致,从某种程度上来说"金钱可以购买幸福"。从相对剥夺的另一个核心变量"主观经济地位"来看,如模型(5)所示,与对照组("相对较低")相比,主观经济地位"差不多"和"相对较高"的样本幸福感均显著增大。这意味着,特定群组内的收入比较(攀比效应),可能是农村居民幸福感不高的重要诱因。可能的解释是人们尤其重视相对的社会经济地位,倾向于与他人进行比较,农村居民贫富差距随着经济的发展而不断扩大,而当出现"比别人差"的情况时,则会大大降低"低收入"农村居民的主观幸福感。

3. 其余控制变量对农村居民幸福感的影响

对于农村居民来讲,健康与农村居民幸福感存在显著的正相关性,可见,"健康是人快乐幸福的基础"得到了充分证实;教育、婚姻的稳定性可以显著提高农村居民的主观幸福感,而丧偶和离婚的样本幸福感更低;人口规模也是影响农村居民幸福感的重要源泉,而年龄变化与农村居民幸福感呈现出了非线性关系。以上发现为政府实施差异化的政策措施提供了有力的证据。

表 13.2　社会资本、相对剥夺对农村居民幸福感影响的回归结果

	模型(1)	模型(2)	模型(3)	模型(4)	模型(5)	模型(6)
	引入社会公平感	引入社会信任	引入社会网络	引入收入相对剥夺	引入主观经济地位	引入所有变量
社会公平感	1.9035 *** (0.0635)					1.7178 *** (0.0599)
社会信任		1.5045 *** (0.0501)				1.2588 *** (0.0440)
社会网络			1.3513 *** (0.0489)			1.2883 *** (0.0475)
收入相对剥夺				0.3043 *** (0.0466)		0.4333 *** (0.0475)
主观经济地位						
差不多					2.7338 *** (0.1850)	2.3214 *** (0.1609)
相对较高					5.8042 *** (0.9981)	4.6207 *** (0.8247)
健康状况	2.2512 *** (0.1701)	2.2961 *** (0.1731)	2.3605 *** (0.1773)	2.2702 *** (0.1709)	1.9814 *** (0.1505)	1.7923 *** (0.1383)
受教育年限	1.2086 ** (0.0896)	1.1714 ** (0.0864)	1.2609 ** (0.0929)	1.1766 ** (0.0866)	1.1194 * (0.0828)	1.1699 ** (0.0780)
性别	1.2152 ** (0.0757)	1.2082 ** (0.0749)	1.1997 ** (0.0741)	1.2016 *** (0.0743)	1.1868 *** (0.0737)	1.2667 *** (0.0113)
年龄	0.9695 ** (0.0113)	0.9628 *** (0.0112)	0.9594 *** (0.0112)	0.9617 (0.0112)	0.9627 *** (0.0112)	0.9497 *** (0.0001)
年龄的平方	1.0002 *** (0.0001)	1.0005 *** (0.0001)	1.0006 *** (0.0001)	1.0006 *** (0.0001)	1.0005 *** (0.0001)	1.0006 *** (0.0001)
婚姻状况	0.7377 ** (0.0787)	0.7967 ** (0.0842)	0.7685 ** (0.0811)	0.7545 ** (0.0794)	0.8068 ** (0.0852)	0.7800 ** (0.0838)

	模型(1)	模型(2)	模型(3)	模型(4)	模型(5)	模型(6)
	引入社会公平感	引入社会信任	引入社会网络	引入收入相对剥夺	引入主观经济地位	引入所有变量
金融资产	1.1636 (0.1503)	1.2086 (0.1546)	1.1852 (0.1514)	1.1241 (0.1441)	1.0853 (0.1398)	1.0875 (0.1421)
人口规模	1.0959*** (0.0239)	1.0992*** (0.0239)	1.0833*** (0.0236)	1.0618** (0.0233)	1.0756*** (0.0234)	1.0562*** (0.0236)
互联网使用	1.0245 (0.0296)	1.0378 (0.0298)	1.0200 (0.0293)	0.9964 (0.0288)	0.9998 (0.0291)	0.9972 (0.0295)
省份虚拟变量	YES	YES	YES	YES	YES	YES
$Prob > F$	0.0000	0.0000	0.0000	0.0000	0.0000	0.0000
样本数	4451	4451	4451	4451	4451	4451
$R-squared$	0.0801	0.0570	0.0489	0.0481	0.0684	0.0939

注:分类变量中,社会公平感、社会信任、社会网络的对照组分别为最低赋值项,主观经济地位的对照组为"相对较差",控制变量中分类变量的对照组分别为不健康、小学及以下、女、未婚、无金融资产、从不使用。括号中的数值为标准误,＊＊＊、＊＊和＊分别表示参数的显著性检验在1%、5%和10%的水平上显著。下同。在回归分析中,使用变量所对应的风险比OR(Odds Ratio)来解释其对被解释变量发生概率的作用。

二、稳健性估计

第一,添加"宗教参与、住房面积、基本养老保险、基本医疗保险"变量作为新增控制变量。研究发现,在控制遗漏变量的偏差问题后,社会资本、相对剥夺与农村居民幸福感之间的关系及其显著性并未发生变化,二者依然存在显著的负向影响。第二,在定量分析中,对社会公平的测量比较困难,仅凭单一指标得出的结论往往会遭遇怀疑。为验证模型结果的可靠性,采用对政府在"帮助穷人,维护社会公平"方面表现的满意度,回答"满意=1",否定答案赋值为0,将其作为"社会公平感"的替代指标衡量基准模型中的认知型社会资本。同时,还以被调查者对"总的来说,您同不同意在这个社会上,您一不小心,别人就会想办法占您的便宜"的回答作为认知型社会资本另一个替代指标,赋值"同意"为1,否定答案为0。通过采用不同的指标衡量社会资本,得出一致结论,即社会资本对农村居民幸福感确实存在显著抑制作用。第三,由于农村居民幸福感指数的取值范围为1~5,将农村居民幸福感转换为三个等级来表示"1 = 较不幸福,2 = 一般;3 = 较幸福",发现结果不变,以上各稳健性检验的结果见表13.3模型(1)—(3)估计结果。与整体性检验结果基本一致,社会资本、相对剥夺与农村居民幸福感仍然存在显著的负向影响关系,所有解释变量的影响方向不变。第四,采用稳健OLS进行稳健性检验,结果见表13.3模型(4),得到与Ordered Logistic估计基本类似的回归结果。一系列的稳健性结果表明,社会资本积累会提高农村居民幸福感,同时,社会资本水平降低能够降低农村居民幸福感是稳健可靠的。

表13.3 稳健性检验

	模型(1)	模型(2)	模型(3)	模型(4)
	稳健OLS模型/增加控制变量	稳健OLS模型/替换核心变量	二元Iogistic模型/变换被解释变量形式	稳健OLS/变换估计模型
社会公平感	1.7186*** (0.0599)	1.8356*** (0.1143)	1.7906*** (0.0732)	0.1993*** (0.0147)
社会信任	1.2611*** (0.0442)	1.2119** (0.0753)	1.2324*** (0.0509)	0.0746*** (0.0147)
社会网络	1.2839*** (0.0474)	1.3179*** (0.0483)	1.2858*** (0.0563)	0.0923*** (0.0155)
收入相对剥夺	0.4483*** (0.0710)	0.4452*** (0.0700)	0.3329*** (0.0680)	− 0.3475*** (0.0589)
主观经济地位				
差不多	2.2944*** (0.1595)	2.4573*** (0.1692)	2.5603*** (0.2075)	0.3231*** (0.0266)
相对较高	4.4635*** (0.7993)	4.5893*** (0.8084)	4.5908*** (1.4176)	0.5200*** (0.0601)
控制变量	YES	YES	YES	YES

	模型（1）	模型（2）	模型（3）	模型（4）
	稳健 OLS 模型/增加控制变量	稳健 OLS 模型/替换核心变量	二元 Iogistic 模型/变换被解释变量形式	稳健 OLS/变换估计模型
省份虚拟变量	YES	YES	YES	YES
Prob > *F*	0.0000	0.0000	0.0000	0.0000
样本数	4451	4451	4451	4451
R − *squared*	0.1146	0.1027	0.1446	0.2309

注：受篇幅限制，稳健性检验结果中控制变量未在文中展示。

三、异质性检验：地区维度和人口老龄化的幸福效应

收入不平等会导致农民主观幸福感被剥夺，而社会资本增强农村居民幸福感。那么，不同地区、不同年龄段人口的幸福效应是否存在显著差异？如果存在显著差异，收入不平等、社会资本的主要作用机理是什么？

1. 基于地区维度的进一步检验

由于地区发展条件的不充分不均衡，不同地区的农村居民幸福感的决定因素可能存在差异。为此，依次从东、中、西部分别对社会资本、相对剥夺与农村居民幸福感进行回归，模型均加入了前文中所提到的控制变量。结果如表 13.4 所示，社会网络对东部以及中部农村居民幸福感有显著影响，且对东部的影响程度较大，在其他条件不变的情况下，东部农村居民社会网络每提高 1 个单位，其幸福感提高 0.35 个单位；而社会网络对西部农村居民的幸福感却没有显著影响，说明之于西部而言，社会网络对农村居民幸福感的增减并未发挥明显作用。收入相对剥夺、主观经济地位对东、中、西部农村居民幸福感均有显著影响，但两者对西部地区农村居民幸福感的影响程度皆相对较小，可能的原因在于，与其他地区相比西部地区农村居民内部间的收入差距或相对剥夺程度较低，因此，收入相对剥夺、主观经济地位对农村居民幸福感变动所发挥的作用较小。从以上模型估计结果可知，社会资本、相对剥夺因素对农村居民幸福感的影响呈现出明显的地区异质性，因此，培育农村居民幸福感的政策设计应当注重区域发展条件的不平衡对农村居民的形塑效应。

2. 基于年龄段的进一步检验

为了进一步厘清社会资本、相对剥夺对不同年龄段农村居民幸福感影响的异

质性,将样本分为60岁以下(农村劳动力)、60—75岁(中高龄老人)和75岁以上(高龄老人),结果见表13.4。研究发现,第一,社会公平感和社会信任对所有年龄阶段的农村居民幸福感均有显著的影响,具体而言,农村居民的社会公平感和社会信任程度越高,农村居民幸福感越高,并且社会公平感对75岁以上老年居民幸福感的影响最明显,社会信任对中高龄老年农村居民的幸福感影响较显著。随着年龄层次的提高,社会网络对农村居民幸福感的影响呈现出了梯次递减的趋势,但对75岁以上(高龄老人)的影响程度并不明显。第二,从收入相对剥夺视角来看,收入相对剥夺对农村居民幸福感的影响呈现出了年龄异质性。并且,收入相对剥夺对60—75岁(中高龄老人),75岁以上(高龄老人)农村居民的作用并不显著。而农村居民主观经济地位对所有年龄阶段农村居民幸福感均有显著影响,且均在1%水平上通过了显著性检验。可见,培育农村居民幸福感的政策设计应当注重年龄差异,且要重点消减农村居民主观上的收入差距对其幸福感的恶化作用。

表13.4　基于地区和年龄阶段的异质性检验结果

	模型(1)	模型(2)	模型(3)	模型(4)	模型(5)	模型(6)
	东部	中部	西部	60岁以下	60—75岁	75岁+
社会公平感	1.6385*** (0.1232)	1.5757*** (0.0841)	1.9395*** (0.1149)	1.6750*** (0.0708)	1.7809*** (0.1247)	2.3614*** (0.04176)
社会信任	1.1595* (0.0905)	1.2775*** (0.0668)	1.2911*** (0.0773)	1.1863*** (0.0497)	1.5310*** (0.1126)	1.3890* (0.2434)
社会网络	1.3513*** (0.1034)	1.2399*** (0.0676)	1.3433*** (0.0913)	1.3165*** (0.0599)	1.2942*** (0.0946)	1.0680 (0.1641)
收入相对剥夺	0.4553** (0.1616)	0.5071*** (0.1051)	0.2829*** (0.0920)	0.3069*** (0.0571)	0.6379 (0.217)	0.5698 (0.7060)
主观经济地位						
差不多	2.5857*** (0.4106)	2.6542*** (0.2841)	1.8512*** (0.2095)	2.1725*** (0.1855)	2.5271*** (0.3470)	3.1849*** (0.9276)
相对较高	3.7937*** (1.4634)	4.9985*** (1.4504)	4.6784*** (1.3336)	4.0099*** (1.0048)	5.9219*** (1.7799)	4.6520** (2.7712)
控制变量	YES	YES	YES	YES	YES	YES

	模型(1)	模型(2)	模型(3)	模型(4)	模型(5)	模型(6)
	东部	中部	西部	60岁以下	60—75岁	75岁+
省份虚拟变量	YES	YES	YES	YES	YES	YES
$Prob > F$	0.0000	0.0000	0.0000	0.0000	0.0000	0.0000
样本数	917	1949	1584	2966	1184	300
$R-squared$	0.0994	0.1097	0.1282	0.1095	0.1417	0.1967

注:括号中的数值为标准误,＊＊＊、＊＊和＊分别表示参数的显著性检验在1%、5%和10%的水平上显著。

第五节　收入不平等对农民幸福感剥夺的影响机制

综上所述,收入不平等损害个人的幸福感,而社会资本增强农村居民幸福感。那么,不同类型社会资本是否能够缓解收入不平等对农村居民幸福感的不利影响? 社会资本在收入不平等影响农民幸福感中发挥调节效应还是中介效应?

1. 相对剥夺影响农村居民幸福感的进一步探讨

进一步地通过引入收入相对剥夺与娱乐活动、社交活动、健康束缚这三个指标的交互项来探讨收入相对剥夺对农村居民幸福感的影响机制,回归结果如表13.5所示。模型(1)显示,在控制了收入相对剥夺和娱乐活动的交互项后,收入相对剥夺对居民主观幸福感的负面影响依然在1%的水平上显著,且交互项为正,说明收入相对剥夺的越低、娱乐活动越多,农村居民幸福感越高。这与鲁元平和张克中(2014)的研究结果相似:居民收入越高就越有时间和精力从事闲暇娱乐从而幸福感越高。模型(2)显示,社交活动和收入相对剥夺的交互项为正,且回归系数明显变小,意味着社交活动的农村居民越容易感到幸福。模型(3)显示,在控制了收入相对剥夺与健康束缚的交互项后,收入相对剥夺的影响依然显著,交互项显著为负。因此,收入相对剥夺对农村居民幸福感的影响可以是通过健康束缚来实现的。由此推测,收入相对剥夺弱化了农村居民健康状况,进而影响农村居民工作和其他日常活动,因此,受到健康束缚导致的工作和生活状况更糟糕,显然会恶化农村居民幸福感。模型(4)控制了全部交互项后,收入相对剥夺的负面影响依然显著,说明收入相对剥夺不仅可以直接地通过加剧收入不平等来降低幸福感,而且还具有间接的效应。

进一步考察不同地区、不同年龄段下收入相对剥夺对农村居民幸福感的影响机制由模型(5)—(7)可以发现,东部地区收入相对剥夺的影响主要是通过参与娱乐活动、健康束缚所产生的效应,中部地区既有直接效应又通过影响娱乐活动和社交活动产生间接效应,而西部地区更多的是通过健康束缚和娱乐活动来影响的,且社交活动对幸福感的影响不大。由于表 13.4 得出收入相对剥夺并不是 60 岁以上农村居民幸福感的主要影响因素,因此,表 13.5 中的模型(8)着重考察了收入相对剥夺对 60 岁以下农村居民幸福感的影响,证实了个体从事娱乐活动和社交活动的时间受到"挤压"和健康束缚是收入相对剥夺影响农村居民幸福感的主要渠道与机制。坚持缩小收入不平等和缓解收入差距的政策措施,防止相对剥夺状况恶化,对进一步培育农村居民幸福感有重要意义。

2. 社会资本影响农村居民幸福感的进一步探讨

认知型社会资本对农村居民幸福感的直接影响已经得到了充分的证实,因此,接下来将着重探析结构型社会资本影响农村居民幸福感的机制。理论上而言,结构型社会资本(社会网络)对精神健康(心情抑郁或沮丧的频繁程度)产生影响,减轻抑郁程度,成为社会资本的影响渠道。

表 13.6 中模型(1)显示,在控制了社会网络和精神健康的交互项后,社会资本对农村居民幸福感的正面影响依然在 1% 的水平上显著,且交互项为正,说明社会网络状况好越容易释放精神健康方面的压力和缓解个人面临的精神负担,从而幸福感越高。表 13.6 模型(2)—(4)估计结果表明,以社会网络衡量的结构型社会资本和精神健康的交互项为正,且均通过了 1% 显著性水平检验。表 13.6 模型(5)—(7)结果表明,对 60 岁以下、60—75 岁而言,在控制了社会网络与精神健康的交互项后,以社会网络衡量的结构型社会资本的影响依然显著,且交互项显著,依然为正。

表13.5　收入相对剥夺对农村居民幸福感影响机制的探讨

	模型(1)	模型(2)	模型(3)	模型(4)	模型(5)	模型(6)	模型(7)	模型(8)
	全部样本	全部样本	全部样本	全部样本	东部样本	中部地区	西部地区	60岁以下
收入相对剥夺	0.2763*** (0.0483)	0.3463*** (0.0558)	0.4612*** (0.0737)	0.2531*** (0.0453)	0.3278*** (0.0771)	0.2935*** (0.0783)	0.3535** (0.1392)	0.2080*** (0.0462)
收入相对剥夺#娱乐活动	0.5116*** (0.0821)			1.6971*** (0.1764)	1.8418*** (0.3408)	2.3871*** (0.5364)	1.5057* (0.3745)	1.4432** (0.2196)
收入相对剥夺#社交活动		0.6856*** (0.1166)		1.8570*** (0.1750)	1.5623*** (0.2316)	1.6793** (0.3426)	1.4729 (0.3428)	1.9015*** (0.2477)
收入相对剥夺#健康束缚			0.3288*** (0.0623)	0.7609*** (0.0979)	0.5969*** (0.1323)	0.3604*** (0.1105)	0.4936** (0.1681)	0.5190*** (0.1021)
其他变量	YES	YES	YES	YES	YES	YES	YES	YES
省份虚拟变量	YES	YES	YES	YES	YES	YES	YES	YES
Prob > F	0.0000	0.0000	0.0000	0.0000	0.0000	0.0000	0.0000	0.0000
样本数	4451	4451	4451	4451	4451	4451	4451	4451
R − squared	0.1154	0.1171	0.1125	0.1202	0.0856	0.0845	0.1092	0.1149

注：交互项的对照组为：收入相对剥夺#无。括号中的数值为标准误。***、**和*分别表示参数的显著性检验在1%、5%和10%的水平上显著。

表13.6 社会资本对农村居民幸福感影响机制的探讨

	模型（1）	模型（2）	模型（3）	模型（4）	模型（5）	模型（6）	模型（7）
	全部样本	东部地区	中部地区	西部地区	60岁以下	60—75岁	75岁以上
社会网络	1.7843*** (0.2290)	3.0890*** (0.9474)	1.2161 (0.2578)	2.0693*** (0.3994)	1.9456*** (0.3146)	1.5860* (0.3880)	1.072 (0.5354)
社会网络#精神健康							
不熟悉#健康	2.6229*** (0.4099)	4.5098*** (1.4859)	1.9007** (0.4753)	2.8592*** (0.7862)	2.2376*** (0.4208)	2.9217*** (.9787)	5.0426** (3.3055)
熟悉#健康	3.5301*** (0.4534)	6.6191*** (1.9931)	2.5222*** (0.5329)	3.6356*** (0.7079)	3.3362*** (0.5294)	3.4117*** (0.8558)	6.9512*** (3.7541)
其他变量	YES	YES	YES	YES	YES	YES	YES
省份虚拟变量	YES	YES	YES	YES	YES	YES	YES
Prob > F	0.0000	0.0000	0.0000	0.0000	0.0000	0.0000	0.0000
样本数	4451	917	1949	1584	2966	1184	300
R-squared	0.1223	0.1148	0.1163	0.1365	0.1148	0.1513	0.2485

注：交互项的对照组为：不熟悉#不健康。括号中的数值为标准误，*、**和***分别表示的显著性检验在1%、5%和10%的水平上显著。CGSS中问题设置的四项中，您感到心情郁郁或沮丧的频繁程度"，将其赋值为"经常=0，不经常=1"。

第六节 本章小结

文章利用 CGSS2015 微观调查数据,通过 *Kakwani* 相对剥夺指数测度农村居民个体层面的收入相对剥夺状况,并探究不同类型社会资本、相对剥夺因素对农村居民幸福感的影响及其作用机制。研究发现:社会资本因素对农村居民幸福感有显著影响,而个体遭到的相对剥夺程度的加深对农村居民有严重负面影响。社会公平感衡量和社会信任衡量的认知型社会资本水平越高,社会网络衡量的结构型社会资本越强,收入相对剥夺程度越低和主观经济地位评价越高,对我国农村居民幸福感的抑制作用越弱。进一步地,参加邻里之间的社交活动(邻里效应)、社会信任和社会公平效应以及精神健康维持,是社会资本提升农村居民幸福感的渠道;而个体参加的娱乐活动和社交时间的"挤压"和健康束缚引致的相对剥夺加深给农村居民幸福感带来不利影响。相对剥夺给农村居民幸福感造成的不利影响主要作用于 60 岁以下和西部地区群体。因此,在乡村全面振兴和精准扶贫背景下,培育我国农村居民幸福感应着重提升百姓社会信任和社会公平感,遏制收入分配差距扩大和社会资本不正当对农村居民幸福感的"挤压"。主要政策启示如下。

一是充分重视农民关注的对公平、正义的追求和自我价值的实现,在实施乡村振兴战略的过程中要深入挖掘乡村熟人社会蕴含的道德规范,加强农村伦理建设和农村基层民主的建设,加强公民道德建设、精神文明建设,引导农村社区治理,组织形式多样、农民参与的集体文化娱乐活动,以促进形成睦邻友好、共同幸福的和谐关系,减少农村居民的无力感、无助感和疏离感。二是通过加大农村社会资本投入,通过政府推动和社会组织介入,提高弱势群体的社会关系资源,建立合理的帮扶关系,克服人际关系的"差序格局"对弱势群体带来的严重影响,并鼓励农村居民合理利用亲戚、朋友和组织身份等结构型社会资源,改善就业并增强自身应对压力事件的能力和风险防御能力。三是要理性全面看待相对剥夺这一问题,通过乡村经济全面振兴,加快收入分配制度改革促进低收入群体农村居民收入水平提升和收入向上流动,让农民能够充分分享国家经济发展的红利。四是重视提高农村居民身体健康状况,为农村居民的娱乐活动创造有益的环境,是实现"最大多数人的最大幸福"的重要方式。另外,引导农村居民充分利用社交关系稳定家庭生计、拓展家庭收入来源,使农村居民获得更加满意的收入,缓解社会阶层地位认知和经济地位相对分割对农村居民幸福感的抑制作用。此外,政府应当更加关注与农村居民联系最直接的利益问题,如改善健康、普及教育、延长寿命、稳定家庭婚姻关系,提高农村家庭劳动力素质,继续深化社会保障制度改革。

第十四章 收入差距、社会资本与城乡 居民幸福感融合

第一节 收入差距、社会资本与城乡居民幸福感融合背景

改革开放以来,我国经济发展取得了令人瞩目的成就,居民收入水平不断提高,而城乡居民收入差距的扩大也引起了社会各界的关注。据世界银行2011年全球贫富差距的一项排名指出,中国位列第27位①,相比世界多数国家而言,中国收入不平等现象已经非常严峻。北京大学发布的《中国民生发展报告2014》得出的结论更为严峻,报告指出2012年我国家庭净财产的基尼系数高达0.73,远远高于国家统计局2014年公布的基尼系数0.469。此外,据盖普洛咨询有限公司的消费者调查数据发现,中国消费者的幸福指数从1994年的69分降到2014年的62分(满分为100分),而同期中国居民的可支配收入却从1994年的3496.2元增加至2014年的20167元,增加了5.77倍。收入差距的扩大和"伊斯特林悖论"现象的并存(Easterlin,2001),已经严重影响到社会的和谐稳定。

长期以来,人与人之间建立的以彼此信任为基础的社会关系网络和规则在人们幸福感的主观评价中发挥着重要的作用(Helliwell,2004),Putnam et al(1993)则把这种基础性的社会关系网络和规则界定为社会资本的范畴。幸福感作为个人效用的一种主观评价,往往受到物质和精神两个层面的因素影响。为了更好地理解幸福感的作用机理,我们从以下两条主线出发:第一条从收入差距对幸福感的作用机制为主线,重点探讨物质层面的收入差距如何作用于人们对幸福感的主观评价。物质条件和身心健康在人们的幸福评价中都占有非常重要的地位,根据马斯洛的需求层次理论可知,大多数的人首先必须满足物质性的需求然后才会考虑

---

① 收入差距或贫富差距越大,其排名也靠前。

精神层面的需求。人们不免会产生联想,收入差距和社会资本对于居民幸福感之间是否存在一种重要的作用机制,会使得居民幸福感产生不同的主观评价。因此,如何提高人们对生活的幸福认同感,分析收入差距、社会资本影响幸福的作用机制显得尤为必要。那么,要回答这个问题,首先需要回答以下几个命题:收入差距和社会资本是否会影响居民幸福感的主观评价? 二者的作用方向如何? 城乡之间的居民是否存在幸福感的偏差? 幸福感的主观感受通过什么路径来传导? 对于上述问题的解答,首先不仅有利于厘清收入差距、社会资本与幸福感之间的内在关系和作用机理,而且对于构建和谐社会,实现全面小康的幸福生活目标以及为相关部门制定公共政策具有重要的理论和现实意义。

基于以上考虑,采用北京大学中国家庭追踪调查数据(CFPS)2010 年和2012年的数据,检验了收入差距与社会资本对居民幸福感的作用机制。相比以往研究而言,主要贡献在于:(1)分析了收入差距与社会资本的交互作用对居民幸福感的影响,探讨了社会资本是如何减缓收入差距对居民幸福感的不利影响。(2)解读了社会资本对居民幸福感的城乡差异原因,有利于为城镇移民、流动人口等相关公共政策制定提供经验证据。(3)从收入差距和社会资本这两条主线实证检验了影响居民幸福感主观评价的作用机制及其传导路径。结构安排如下:第一部分为引言;第二部分为相关文献回顾及研究假设;第三部分为数据来源及变量的描述性说明;第四部分为主要的回归结果分析;第五部分为居民幸福感的作用机制分析;第六部分为结论与政策启示。

第二节　收入差距、社会资本与城乡居民幸福感融合机理

目前,学术界对收入与居民幸福感之间关系的文献较为丰富,大致存在“必然论”“怀疑论”以及“拓展因素论”三种观点(吴丽民、陈惠雄,2010)。但对收入差距和居民幸福感方面的研究,大多数文献采用一些跨国数据和跨区域数据,甚至包括世界价值观调查(WVS – EVS)等微观数据进行分析,基本上取得了一致的结论,认为收入差距会降低居民的幸福感。相关文献包括 Ruut(1992),Smyth et al(2008),Easterlin(2012),Maurizio Pugno 等(2012),但 Néstor Gandelman et al(2013)的研究却认为收入差距和幸福感之间存在双向的因果关系,幸福的不平等也会导致收入的不平等。研究中国收入差距对居民幸福感的文献相对较少,亓寿伟(2010),王鹏(2011),何立新等(2011),汤凤林(2011)等分别从收入差距对居民的年龄、机会不均等以及财政公共支出对幸福感的影响等方面进行了研究,相

关结论意见也不统一,还未形成统一定论,仍然需要采用更为系统的方法和更全面的数据对其进行检验。

目前研究社会资本对居民幸福感影响的文献还不算多,相关结论因研究视角的不同也不太一致。社会资本作为一种增进组员信任和责任、促进沟通交流与协作的有效途径。在正式制度缺失的情况下,社会资本能够发挥非正式保险制度的作用,进而降低负面风险的冲击(Rosenzweig,1988),预防贫困的脆弱性(Cleaver,2005),被誉为"穷人的资本"(李树、陈刚,2012)。

社会资本对居民幸福感的影响研究基本上采用微观层面的数据来分析。较早研究社会资本对幸福感的有 Frey and Stutzer(2002),Helliwell and Putnam(2004),Crossley and Langdridge(2005)等,但相关结论也存在不一致性。Yip et al(2007)采用山东省的数据,分析了社会网络与人们健康和幸福感的作用关系,但由于数据非常有限,无法回避方程中的内生性问题,因此,很难证明社会资本与居民幸福感之间的因果关系。Stefano et al(2008)的研究表明从 1975—2004 年间美国人的幸福感主要与收入的增加有关,而与社会资本却存在负相关性。Francesco(2011)利用世界价值观调查数据(WVS - EVS)分析了 1980—2005 年间欧洲、澳大利亚、加拿大和日本等国的社会资本情况,发现这些国家社会资本存在下降的趋势,得出人们在大多数情况下还是比较幸福的,但在司法制度、宗教机构、政府服务等方面却不够满意,幸福感较低。这一结论也支持了 Stevenson and Wolfers(2008)对"Easterlin 悖论"的解释。Adam(2008)也采用 1980—2000 年间的 WVS - EVS 数据,通过加入较多的限制性因素后进行实证分析,得出欧洲人的社会信任感呈下降的趋势,人们之间的关系变得更加复杂,对人们的幸福感不显著。为了克服这些限制,Sarracino(2010)通过放宽限制因素,并分三个阶段分析了社会资本与幸福感之间的关系,指出社会网络和信任正在增加欧洲人对幸福认同的范畴,有利于提高个人在教育、医疗以及就业方面的幸福感,但总体社会资本却呈下降趋势。这一观点也得到了 Andrés Rodríguez Pose et al(2014)的证实。最近几年国内学者也开始不断关注社会资本对幸福感的影响研究。赵剑治、陆铭(2010)通过分析关系和收入差距的地区差异,得出关系这种社会资本能通过提高居民收入,降低地区差异来提升个人幸福指数。裴志军(2010)分析认为社会资本对生活满意度有显著影响,而这种生活满意度主要是通过传统性的人际交往关系来传递(周晔馨,2012),但没有收入对主观幸福感的影响大。

综上所述,我们可以发现收入差距、社会资本对居民幸福感影响的研究结论还存在较大的分歧和争议,而且二者之间的作用机制还不够明确。基于现有研究的不足和研究的需要,我们采取 CFPS 数据从物质和精神两个层面对其进行实证检验。第一条主线从物质层面出发,由于教育资源(何立新、潘春阳,2011)和医疗资源的配置(封进、余央央,2007)作为影响个人物质层面非常重要的组成部分,它们的分配不均往往会产生较大的机会不均等,从而影响到人们对幸福感的主观评价。我们提出第一条路径假设:教育资源和医疗资源的分配不均会导致人们机会的不均等,进而促进人们收入差距的扩大,从而影响到人们对幸福感的主观评价。第二条主线从精神层面出发,组织网络和人际交往在人们幸福感这一精神层面上的主观评判中起着非常重要的作用,而这二者都属于社会资本的范畴。根据 Sabel(1993)对社会资本分类,将其分为纵向和横向两类,我们把同一家庭不同年份社会资本在幸福感主观评价中的变迁(社会资本变迁)和不同家庭同一时期的社会资本在幸福感主观评价中的变化(社会阶层差异)作为社会资本纵向关系和横向关系所属的两大类别。随着城乡人口的流动,纵向的社会资本变迁必然带来传统社会资本向现代型社会资本的转变,从而带来身份的差异,影响到幸福感的认同。横向的社会阶层差异往往因工作、职业、单位性质等造成社会地位的差异,形成不同的社会阶层,造成人们在收入差距和精神层面的心理不平衡,最终影响到人们的主观幸福感评价。为了对以上提出的两条路径假设进行验证,我们后续通过计量模型对其进行检验。沿着这一思路和全文分析的需要,由于收入差距和社会资本作为影响个人幸福感的起点,因此首先需要分别对二者进行分析得出这二者对幸福感的作用方向,然后再进一步分析这二者的作用机制。

第三节 收入差距、社会资本与城乡居民幸福感融合计量设计

一、数据来源

基于中国家庭追踪调查(CFPS2010,2012)两期全国调查数据,通过追踪集体、个体、社区三个层次的数据来反映中国社会经济的变迁,为学术研究和公共政策分析提供决策基础。CFPS 问卷分为村(居)问卷、家庭问卷和成人问卷和少儿问卷四类。全文所用数据主要来自 2010 年和 2012 年 CFPS 两次调查数据。该数据样本量比较全面,涵盖了全国 25 个省(市/自治区),105 个区县,416 个行政村(居),两期数据合计可用样本量为 16923 份。

二、变量设计及描述性说明

在调查问卷中,其中 M 部分价值观和自我认同方面,问题 M302"你觉得自己有多幸福"通过 0—10 分量表的形式进行打分,根据受访者的分值来量化的解释变量"幸福程度"。此外,为了更好地反映个人的幸福感,除了受访者自身主观评价之外,还关注了问卷中问题 N12012"你对自己生活的满意程度"和问题 N12014"你对自己未来的信心程度"来侧面反映受访者当下和未来的幸福感。因此,被解释变量设定为三个:幸福程度、生活满意程度和未来信心程度。由于幸福程度的理解更多的是一种暂时性主观感受,不是一种可以长期延续性的感受,为了更好地体现幸福程度,将其分解为当下生活的满意程度和未来的信心程度来把当下的幸福和未来预期的幸福评价联系起来,形成一个相对完整的幸福评价。

对收入差距的衡量,国内外学者采用最多的就是基尼系数,也采用该指标来反映收入的不平等。借鉴周广肃等(2014)学者的方法采用同一村县或村居居民的收入与支出的分布情况来测算 GINI 系数①。一方面考虑到 CFPS 问卷中对社区层面的样本量非常少,不能准确地反映收入分配的实际情况,如果采用省级层面数据又可能存在其他不可控因素。为此,在采用区县层面数据计算 GINI 系数时还控制省级层面固定效应。另一方面,考虑到我国"高储蓄低消费"的国情,如果单纯地用收入来衡量家庭动用经济资源的能力也比较片面,而采用支出来反映家庭动用经济资源的能力则较为准确合理。在支出法的计算上,采用分位数支出比来具体衡量收入差距,具体包括 P90/P10、P90/P50、P50/P10 三个层次,其中P90/P10 代表第 90 百分位与第 10 百分位数上的个人支出比重,其他两个也类似。

在社会资本的研究方面,由于中国式关系并不等同于西方式社会资本的内涵(翟学伟,2009),很多文献把社会资本通过家庭式关系或人情送礼等变量来衡量可能存在概念错配的问题(周晔馨,2012)。因此,将社会资本界定为家庭或其成员通过社会网络对外进行协调与合作的网络、规则、社会组织价值来反映,考虑中

---

① 基尼系数是 20 世纪初由意大利经济学家基尼根据洛伦茨曲线提出的用于判断分配平等程度的指标。具体计算公式为:$G = \sum_{i=1}^{n} W_i Y_i + 2 \sum_{i=1}^{n-1} (1 - V_i) - 1$,其中,$W_i$ 是按照分组后各组人口数占总人口数的比重;Y_i 代表按收入分组后,各组人口所拥有的收入占收入总额的比重;V_i 是 Y_i 从 i = 1 到 i 的累计数。在分组计算中,首先必须对数据按照收入从低到高进行排序,同时保持各分组的组距相等,然后根据计算公式进行计算。基尼系数是介于 0—1 之间的数值,基尼系数为 0 时表示绝对平等,基尼系数为 1 时表示绝对的不平等。采用 2010 年和 2012 年 CFPS 数据中同一村县或村居居民的收入与支出的分布情况来测算 GINI 系数。

国实际,其内涵也包括正常的人际关系交往等形成的非正式关系网络组织,但非走后门、拉关系等个人关系网络(张文宏,2003)。具体变量设置方面,我们采用受访者是否为组织成员来表示社会资本,人们加入不同的组织能在一定程度上反映他能利用和动员的社会经济资源。此外,为了降低自变量以外一切能引起因变量变化的变量对结果造成偏误,同时加入了个人层面和家庭层面的控制变量。个人层面的控制变量包括:性别、年龄、学历、婚姻等;家庭层面的控制变量包括家庭人均收入、家庭社会关系对未来成就的重要性、子女有出息的重要程度、家庭财富水平(用家庭总财产/资产来反映)等变量。表 14.1 报告了所有变量的描述性统计量。

表 14.1　描述性统计

变量	观测值	均值	标准差	最小值	最大值
幸福感变量					
幸福程度	16409	7.42	2.342	1	10
生活满意程度	16923	3.23	1.418	1	5
未来信心程度	16409	3.07	1.319	1	5
自变量					
GINI	16923	0.43	0.071	0.31	0.66
社区 GINI	16923	0.39	0.103	0.07	0.79
P90/P10	16923	7.35	2.647	3.98	19.05
P90/P50	16923	2.81	0.605	1.72	5.03
P50/P10	16923	2.58	0.511	1.53	4.02
是否组织成员(是=1)	16923	0.15	0.355	0	1
个人层面的控制变量					
性别(男=1)	16923	0.48	0.508	0	1
年龄	16923	47.34	15.612	17	93
学历	16912	4.92	2.45	1	8
婚姻(已婚=1)	16923	0.81	0.39	0	1
家庭层面的控制变量					
家庭人均收入(对数)	15366	5.73	1.352	2.25	8.32
家庭社会关系对未来成就的重要性	16923	5.83	1.602	2	10

变量	观测值	均值	标准差	最小值	最大值
子女有出息的重要程度	16923	3.51	0.849	1	5
家庭财富水平(对数)	16923	4.72	0.541	3	10.57

注:在实证分析中我们还控制了地区类别和村/居成员的同质性这两个变量,但由于这两个变量包含多种选择,只把它作为多层虚拟变量使用,其描述性统计量意义不大,未予以报告。

第四节 收入差距、社会资本对城乡居民幸福感融合的效果

一、收入差距对居民幸福感的影响

根据相关文献的阐述,大多数学者都认为收入差距的扩大有损居民幸福感的提升,但也不乏呈先升后降的倒"U"型曲线的变化(王鹏,2011)。首先考察了收入差距与居民幸福感之间的关系。具体估计模型设计为:

$$Happiness_{icj} = \alpha + \beta \times GINI_{cj} + \theta \times M_{icj} + province_j + \mu_{icj} \qquad (14.1)$$

其中,$Happiness_{icj}$代表位于省份 j 区县 c 的第 i 人的居民幸福感,$GINI_{cj}$为省份 j 区县 c 的支出基尼系数,M_{icj}为个人和家庭层面的控制变量,$province_j$为省份的虚拟变量。

表14.2报告了收入差距对居民幸福感的影响结果。从表14.2中(1)列、(3)列和(5)列采用 Ordered Probit 模型后的回归结果,可以看出基尼系数的扩大对幸福程度、生活满意程度和未来信心程度的系数估计值都在1%的水平下显著为负,说明收入差距越大,人们的幸福感认同程度越低。同时,我们求得其各自的边际效应分别为 -0.2571、-0.1938 和 -0.2526,即基尼系数每提高一个标准差(0.08),幸福程度、生活满意程度、未来信心程度的概率分别下降25.71%、19.38%、25.26%。进一步地,为了避免遗漏变量偏差带来的内生性问题,我们在控制变量中加入了财富水平变量,家庭财富水平的高低能够反映家庭利用过去的财富或资产来影响到现在的收入水平,比如,家庭财产性收入所获取的股息、利息或红利收入等能够造成不同家庭收入的差异等。从表14.2列(2)、列(4)和列(6)结果来看,GINI 变量的估计系数符号仍然为负,且在1%的置信水平上具有统计的显著性。这也意味着 GINI 越大,确实能显著的不利于居民个人幸福感的认同。

表 14.2 收入差距对居民幸福感的影响

被解释变量 解释变量	幸福程度 (1)	幸福程度 (2)	生活满意程度 (3)	生活满意程度 (4)	未来信心程度 (5)	未来信心程度 (6)	幸福程度 (7)	幸福程度 (8)	幸福程度 (9)	幸福程度 (10)
GINI	-0.439*** (0.183)	-0.447*** (0.186)	-0.306*** (0.192)	-0.359*** (0.194)	-0.721*** (0.219)	-0.836*** (0.327)				
社区 GINI							-0.307*** (0.093)			
P90/P10								-0.301*** (0.051)		
P90/P50									0.135*** (0.022)	
P50/P10										-0.214*** (0.035)
性别 (男=1)	0.239*** (0.031)	0.271*** (0.042)	0.213*** (0.034)	0.224*** (0.036)	0.294*** (0.041)	0.314*** (0.043)	0.239*** (0.031)	0.240*** (0.031)	0.239*** (0.031)	0.240*** (0.031)
年龄	0.061*** (0.001)	0.058*** (0.001)	0.062*** (0.001)	0.058*** (0.001)	0.067*** (0.001)	0.079*** (0.002)	0.061*** (0.001)	0.061*** (0.001)	0.061*** (0.001)	0.061*** (0.001)
学历	-0.024*** (0.007)	-0.031*** (0.006)	0.028*** (0.012)	0.027 (0.018)	0.031*** (0.013)	0.036 (0.015)	-0.024*** (0.007)	-0.025*** (0.007)	-0.024*** (0.007)	-0.025*** (0.007)

续表

被解释变量	幸福程度	幸福程度	幸福程度	幸福程度	未来信心程度	未来信心程度	生活满意程度	生活满意程度	幸福程度	幸福程度
婚姻（已婚=1）	0.240***	0.239***	0.240***	0.239***	0.187***	0.182***	0.124***	0.119***	0.276***	0.239***
	(0.039)	(0.039)	(0.039)	(0.039)	(0.033)	(0.025)	(0.027)	(0.021)	(0.041)	(0.039)
家庭人均收入对数	0.034*	0.034*	0.035**	0.034*	0.038**	0.039**	0.036**	0.035**	0.043*	0.034**
	(0.013)	(0.013)	(0.013)	(0.013)	(0.037)	(0.015)	(0.015)	(0.014)	(0.052)	(0.013)
家庭社会关系对未来成就的重要性	0.007***	0.007***	0.007***	0.007***	0.131	0.115	0.009**	0.008***	0.009***	0.007***
	(0.002)	(0.002)	(0.002)	(0.002)	(0.002)	(0.003)	(0.002)	(0.002)	(0.001)	(0.002)
子女有出息的重要程度	0.231**	0.232**	0.231**	0.229**	0.031	0.028	0.231	0.215	0.294**	0.229**
	(0.045)	(0.046)	(0.046)	(0.045)	(0.004)	(0.003)	(0.039)	(0.038)	(0.044)	(0.045)
家庭财富水平					0.627***		0.561***		0.734***	
					(0.052)		(0.048)		(0.053)	
地区类别	控制	控制	控制	控制	控制	控制	控制	控制	控制	控制
村/居成员的同质性	控制	控制	控制	控制	控制	控制	控制	控制	控制	控制
观测值	14595	14595	14595	14595	14588	14595	14588	14595	14588	14595

注：本表采用 Oredered Probit 模型，"地区类别"和"村/居成员的同质性"为多重虚拟变量，受篇幅所限未予以报告。括号内标准误群聚到县级层面，***、**、*分别表示在 1%、5% 和 10% 的显著性水平。

为了进一步衡量收入差距对居民幸福感的影响,采用收入差距不同衡量指标对其进行稳健性检验。表 14.2 中(7)—(10)列分别报告了各指标的稳健性检验结果。在(7)列中使用了社区 GINI 作为关键解释变量来对个人幸福程度进行回归,发现回归系数仍然显著为负,并约为区县层面的基尼系数的 60% 左右。主要原因可能为社区层面数据较少,测算的基尼系数很难准确地反映社区之间的收入差距状况,导致其影响效果减弱。(8)—(10)列为各区县分位数支出比测算下的收入差距,得到的 P90/P10、P50/P10 的回归系数都显著为负,说明收入差距确实对居民幸福感产生了不利影响。但 P90/P50 的回归系数显著为正,可见中等收入和高收入者之间的收入差距不会对居民幸福感产生负向影响,可能的原因为随着收入的增加,收入给个人带来的幸福满意程度呈边际递减的效应。

然而,收入差距和居民幸福感之间有可能存在双向的因果关系,即收入差距会使得人们产生心理上的不平等导致居民幸福感下降,而居民幸福感也可能影响到人们的工作生活状态甚至就业(李树、陈刚,2015)等方面来影响个人的收入水平从而导致收入差距。为了尽量降低这种内生性问题所产生的估计偏误,采用联立方程三阶段最小二乘估计法对其进行分析。在 GINI 方程变量中,我们加入家庭平均收入、家庭是否美满和睦、子女是否有出息等家庭和个人层面的控制变量;在幸福程度方程的变量中,有村庄/社区平均收入,是否属于矿区,是否有集体企业等村居层面的控制变量,通过以上方式尽可能地减少由于遗漏变量所导致的估计偏差并对模型的结论进行稳健性检验,这些变量的引入并没有改变前文的基本结论。尽管如此,我们仍然不能完全克服潜在的内生性问题,模型估计有可能还存在一定的偏误,无法完全证明 GINI 与幸福程度之间存在因果关系,但结果至少说明二者存在非常强的相关关系。具体回归结果见表 14.3,其中(1)式和(2)式未加入其他控制变量,(3)式和(4)式加入了其他控制变量进行对比,结果表明 GINI 对居民幸福感的影响仍然显著为负,符合表 14.2 的回归结果。

表 14.3　联立方程的三阶段最小二乘估计

	回归方程 1		回归方程 2	
因变量(右侧)	GINI	幸福程度	GINI	幸福程度
自变量(下方)	(1)	(2)	(3)	(4)
GINI		- 0.629		- 1.824***
		(0.348)		(0.083)

续表

因变量（右侧）	回归方程1		回归方程2	
	GINI	幸福程度	GINI	幸福程度
自变量（下方）	（1）	（2）	（3）	（4）
家庭平均收入		0.048		0.039
		(0.023)		(0.019)
家庭是否美满和睦①		0.239		0.186
		(0.019)		(0.015)
子女是否有出息②		0.022		0.027
		(0.007)		(0.008)
幸福程度	-0.077***		-0.079***	
	(0.031)		(0.035)	
村庄平均收入	-0.011***		-0.012***	
	(0.002)		(0.002)	
是否属于矿区	0.038***		0.039***	
	(0.004)		(0.004)	
是否有集体企业	0.015*		0.014**	
	(0.003)		(0.003)	
地区类别	否	是	否	是
村/居成员的同质性	否	是	否	是
其他控制变量	否	否	是	是
观测值	9783	9783	9783	9783

注:①家庭是否和睦美满是通过问题 M508"家庭美满、和睦的重要程度"中,把选择"非常重要"和"重要"两项自评为是=1,其他选项自评为否=0;②同理,问题 M510"子女有出息的重要程度"中,把选择"非常重要"和"重要"两项自评为是=1,其他选项自评为否=0。其他控制变量包括表 14.1 中未显示在此处的控制变量,由于篇幅所限,未予以报告。括号内标准误群聚到县级层面;***、**、*分别表示在 1%、5% 和 10% 的显著性水平。

二、社会资本对居民幸福感的影响

通过分析发现社会资本对居民幸福感的影响结论还不太一致,差异也较大。接下来探讨社会资本与居民幸福感之间的关系。估计方程与式(14.1)基本类似,模型设计如下：

$$Happiness_{icj} = \alpha + \delta \times SC_{icj} + \theta \times M_{icj} + province_j + \mu_{icj} \qquad (14.2)$$

式(14.2)中，SC_{icj}表示 j 省份 c 区县第 i 个人的社会资本，其他变量解释与方程
(14.1)相同。δ 的大小和方向用来判断社会资本对居民幸福感的影响程度和方
向。表 14.4 报告了社会资本对居民幸福感的影响，由于篇幅所限，后文中其他变
量的控制系数未予以报告。从表 14.4 的结果可以看出，组织成员确实能提高个
人的幸福感。这一结论与周晔馨(2012)中的研究存在不一致，主要原因可能是我
们采用西方式社会组织网络这一变量来衡量社会资本，而非中国式人情往来送礼
等关系型变量来反映①。而为了更好解决内生性问题和体现西方式社会资本与
中国式人情往来关系型变量对居民幸福感的影响。找到了礼金支出(对数)作为
幸福感的工具变量，并采用 IV probit 回归幸福感的方程。因为在中国传统关系
中，人际关系的来往在人们生活中确实起到了很重要的影响，人情送礼支出更多
地体现在人们的人际关系的密切程度。为了检验礼金支出(对数)是否为幸福感
的有效工具变量，我们首先使用幸福感对工具变量和其他控制变量进行了第一阶
段的 OLS 和 ordered probit 回归。结果显示，礼金支出(对数)的回归系数都通过了
5% 的显著性检验，而且工具变量的系数也呈正相关关系，说明社会资本确实能够
提升居民幸福感的主观认同。

表 14.4　社会资本对居民幸福感的影响

模型选择	幸福程度		生活满意程度		未来信心程度	
	probit	IV probit	probit	IV probit	probit	IV probit
组织成员（是 =1）	0.024 ***	0.378 ***	0.025 ***	0.385 ***	0.019 **	0.382 **
	(0.009)	(0.679)	(0.009)	(0.682)	(0.007)	(0.586)

注：本表回归都控制了表 14.3 中的所有控制变量，限于篇幅未予以报告，感兴趣的读者
可联系作者索要。括号中汇报的是变量 probit 估计系数的稳健性标准差，标准误群聚到县
级层面；＊＊＊、＊＊、＊分别表示在 1%、5% 和 10% 的显著性水平。

---

① 有些学者认为西方式的社会资本内涵对社会经济发展积极性较强，而中国学者把人情关
系纳入社会资本的内涵时，更多地强调社会资本的负向或消极作用，我们赞同中国式人
际关系在社会资本中的积极作用，并纳入文中社会资本的范畴内，但人际关系的扭曲(比
如走后门，拉关系贿赂等)方式并非所要考虑的社会资本范畴，该方面的研究还存在较大
的分歧。

三、收入差距和社会资本的交互作用

上文分别分析了收入差距和社会资本对居民幸福感的影响,收入差距越大,越降低了居民幸福感,而社会资本越高,越有利于提高居民幸福感。为了更好地探讨这二者是单独对居民幸福感产生影响还是交互式的发生作用? 通过估计方程(14.3)对其进行分析:

$$Happiness_{icj} = \alpha + \beta \times GINI_{icj} + \delta \times SC_{icj} + \gamma \times GINI_{icj} \times SC_{icj} + \theta \times M_{icj} + province_j + \mu_{icj} \tag{14.3}$$

在式(14.3)中,各变量的定义与上文相同,重点在于考察收入差距和社会资本的交互项的系数 γ,如果交互项系数为0,表示收入差距和社会资本的两者是各自独立的影响居民幸福感。如果社会资本有利于缓解收入差距对居民幸福感的影响,那么交互项的系数将为正,否则,该系数将为负数。同前文分析,表14.5 把个人的幸福程度、生活的满意程度以及未来信心程度作为因变量,用于代表居民幸福感,使用基尼系数来衡量收入差距,使用是否组织成员来衡量社会资本。GINI×组织成员交互项的系数显著为正,说明人们加入一些社团或协会群体性的组织(包括正式和非正式组织)能够一定程度上使得他们更有归属感,寻求自我认同,同时通过组织关怀和帮助能够部分解决人们日常生活中碰到的一些棘手问题,在利益诉求上,组织成员能够较好地发挥协同作用来共同发声,得到更大的支持,在一定程度上能有效地缓解收入差距对居民幸福感的不利影响。

表14.5　社会资本对收入差距影响居民幸福感的缓冲作用

	幸福程度	生活满意程度	未来信心程度
GINI	−2.398 ***	−2.048 ***	−1.949 ***
	(0.473)	(0.392)	(0.378)
组织成员	0.058 ***	0.061 ***	0.049 **
	(0.012)	(0.013)	(0.010)
GINI×组织成员	0.138 ***	0.125 ***	0.115 ***
	(0.004)	(0.004)	(0.013)

注:本表回归控制了除收入分配之外的所有变量,因篇幅所限未予以报告,感兴趣的读者可联系作者索要。括号中汇报的是变量 probit 估计系数的稳健性标准差,标准误群聚到县级层面;＊＊＊、＊＊、＊分别表示在1%、5%、10%的水平显著。

为了进一步检验社会资本在减缓收入差距对居民幸福感的冲击,我们对其进行稳健性检验。表14.6 报告了稳健性检验结果,发现(1)—(5)式中除了社区基

尼系数,其他三项的系数都显著为负,交互项的系数都显著为正,说明社会资本总是能够有效地减缓收入差距对居民幸福感的负面影响。

表 14.6　稳健性检验(被解释变量为幸福程度,模型为 Ordered Probit 模型)

	社区 GINI	P90/p10	p90/p50	p50/p10	组织成员
	(1)	(2)	(3)	(4)	(5)
GINI	− 0.487	− 0.049 ***	− 0.048 ***	− 0.287 ***	− 0.921 ***
	(0.273)	(0.013)	(0.013)	(0.146)	(0.438)
社会资本	0.016	− 0.022	− 0.013	− 0.009	− 0.026 ***
	(0.012)	(0.013)	(0.010)	(0.012)	(0.012)
GINI × 社会资本	0.008	0.006 ***	0.011 ***	0.013 **	0.138 ***
	(0.003)	(0.002)	(0.0004)	(0.005)	(0.032)
观测值	12383	12383	12383	12383	14869

注:本表回归控制了除收入分配之外的所有变量,由于篇幅所限未予以报告,感兴趣的读者可联系作者索要。括号中汇报的是变量 Ordered probit 估计系数的稳健性标准差,标准误群聚到县级层面;＊＊＊、＊＊、＊分别表示在1%、5%、10%的水平显著。

　　由于我国城乡二元结构的存在,城乡居(农)民对收入差距的感知程度也存在一定的差异,社会资本在城乡之间也可能会出现不同的传导途径。为此,我们将样本分为城市和农村两个样本,分别考察社会资本与收入差距对居民幸福感的交互影响。表 14.7 报告了城乡之间社会资本与收入差距交互作用下的影响差异显著。对于城市居民而言,收入差距对居民幸福感的影响非常小,而且社会资本与收入差距的交互项对幸福程度、生活满意程度以及未来信心程度的影响都不显著,说明社会资本在城市居民身上无法体现出减缓或者提高居民幸福感的作用。相反,对农村居民而言,社会资本能够显著地通过减缓收入差距对居民幸福感的不利影响,这种明显的差距可以理解为城乡收入差距较为明显,而且农村缺乏较为完善的社会保障体系,使得农民更多的是维系着村集体组织、亲朋或宗族关系组织等社会组织网络这一纽带关系来提升个人的幸福感认同;而城市居民更多是通过社会更为完备的教育或医疗保障体系来提升个人的幸福感受。

表 14.7　社会资本的缓冲作用:城乡差异

	幸福程度		生活满意程度		未来信心程度	
	城市	农村	城市	农村	城市	农村
	(1)	(2)	(3)	(4)	(5)	(6)
GINI	-0.398*	-1.728***	-1.048	-1.934***	-1.949	-2.102***
	(0.273)	(0.524)	(0.392)	(0.503)	(0.544)	(0.575)
组织成员	-0.481	-0.783**	-0.161	-0.492***	-1.339	-0.992***
	(0.112)	(-0.205)	(0.009)	(0.214)	(0.111)	(0.014)
GINI×组织成员	0.152	0.217***	0.045	0.072***	0.315	0.253***
	(0.024)	(0.036)	(0.014)	(0.031)	(0.063)	(0.061)
观测值	5936	6841	5936	6841	5936	6841

注:本回归控制了表 14.3 中除了收入分配之外所有变量,由于篇幅所限未予报告,感兴趣的读者可联系作者索要。括号内标准误群聚到县级层面;＊＊＊、＊＊、＊分别表示在1%、5%、10%的水平显著。

第五节　收入差距、社会资本对城乡居民幸福感融合的作用机制

通过第四部分的铺垫分析,我们得知收入差距和社会资本二者对居民幸福感的主观评价的作用方向。为了进一步理解这二者对幸福感的作用机制,同时进一步验证前文提出的两条路径假设,我们分别对其进行进一步的验证。

一、收入差距对居民幸福感的作用机制

收入差距的提高确实会降低居民幸福感的主观评价,产生这种影响的可能机制为收入差距的扩大导致资源配置方面的不均,从而进一步影响到机会的不均等,导致居民幸福感的不同。在资源配置方面,教育和医疗资源往往成为社会普遍关注的重点,何立新、潘春阳(2011)认为教育资源的配置不均等在一定程度上会影响到人们在就业、生活以及收入等方面的机会不均等。封进、余央央(2007)发现中国居民的健康主要受到医疗资源配置的影响。国外学者如 Rosenzweig(1998)、Smyth et al.(2008)、Easterlin(2012)等从不同视角分析发现教育和医疗资源的配置都会对人们的工作以及生活产生非常重要的影响。我们认为教育和医

疗资源的配置在一定程度上会影响到居民参与收入分配的机会不均等,进而影响到居民幸福感的主观认同。因此,将二者作为幸福感传导机制的核心要素对其进行实证检验。我们选用就读学校的类型来反映教育资源的配置情况,用医疗卫生人员的人数来反映医疗资源的配置情况。为了更好地代表整体性的不同,我们采用社区样本对其进行分析。表14.8反映了收入差距影响居民幸福感的机制:教育资源和医疗资源配置的差异所导致幸福感的不同。从教育资源的配置来看,收入差距的各变量对居民幸福感都是显著为负,说明收入差距的扩大不利于教育资源的配置,从而使各社区之间教育上存在机会不均等的情况,对居民幸福感的提升不利,而收入差距将导致医疗卫生资源的不合理配置,从而影响到个人健康状况,对居民幸福感造成不利影响。因此,收入差距对居民幸福感的传导机制可以概况为两个方面:一方面,表现为收入差距扩大→教育资源分配不均→教育机会不均等→居民幸福感降低;另一方面,表现为收入差距扩大→医疗资源分配不均→影响居民的健康状况→居民幸福感降低。

表 14.8　收入差距影响幸福感的机制:资源配置的不均

	(1)	(2)	(3)	(4)	(5)
panelA　就读学校的类型:教育资源的配置					
GINI	− 1. 349 ***				
	(0. 225)				
社区 GINI		− 1. 097 ***			
		(0. 173)			
P90/p10			− 0. 801 ***		
			(1. 151)		
p90/p50				− 0. 925 ***	
				(0. 936)	
p50/p10					− 0. 282 ***
					(0. 033)
panelB　医疗卫生人员(人):医疗资源的配置					
GINI	− 0. 499 ***				
	(0. 033)				
社区 GINI		− 0. 736 ***			
		(0. 063)			

续表

	(1)	(2)	(3)	(4)	(5)
P90/p10			-0.052^{***}		
			(0.024)		
p90/p50				-0.294^{***}	
				(0.018)	
p50/p10					-0.262^{***}
					(0.031)

注:社区层面的回归观测值为417个;控制变量为社区层面的人均收入、社区服务机构、是否为少数民族聚集区、到本县县城的距离。括号内为稳健性标准差,标准误群聚到县级层面;＊＊＊、＊＊、＊分别表示在1%、5%、10%的水平显著。

二、社会资本对居民幸福感的作用机制

1. 社会资本变迁对居民幸福感的影响

从上文的分析中发现,社会资本有利于提高个人的幸福感,而且能够有效地减缓收入差距对居民幸福感的不利影响。这主要表现为社会资本能够代表一个人动员社会资源的能力,特别是在农村地区和收入水平及社会保障体系不够健全的地区非常有效。李平等(2014)认为社会资本随着社会网络的变迁,能带来身份性的差异。随着社会的变迁,城乡人口的不断流动,人们社会资本也开始转移,工作社会网络形成的社会资本对中国居民的影响越来越大。我们认为社会资本对居民幸福感的作用机制为现代型的社会资本能够带来身份的差异,进而导致居民幸福感的不同,即城乡人口流动→传统型社会资本逐步转变为在城市中主要以工作关系网络为主的现代社会资本①→带来身份的差异→幸福感的不同。为了验证社会资本变迁(工作网络)对居民幸福感的影响,我们构建如下方程:

$$worknet_{icj} = \alpha + \gamma \times SC_{icj} + \theta \times M_{icj} + province_j + \mu_{icj} \qquad (14.4)$$

式(14.4)中,因变量为工作网络性关系变量,其他变量定义与上文相同。表14.9报告了社会资本变迁下带来居民幸福感的不同的机制。其中,每列使用不同的因变量,每行都是一个单独的模型,以便验证社会资本变迁对居民幸福感的影响关系。(1)—(3)列主要反映了工作满意程度方面的内容,主要通过职务晋升、个人收入、是否有行政/管理职务等来反映。(4)列主要反映社会工作网络方面的

---

① 将社会资本分为以血缘、族缘关系为主构建的传统社会资本,以工作关系网络为主构建界定为现代社会资本。

满意程度,通过"是否有来自同事的经济支持"来反映。(5)列用来反映你是否本地外来移民,因工作或者学习生活而落户在现工作地,通过"您 12 岁时的户口状况"来反映。(1)—(5)列反映了社会资本对工作满意程度、生活满意程度、户口变迁等方面的提高都具有显著的积极作用,说明社会资本有利于居民幸福感的提高。结合表 14.7 中的结果可以发现,现代社会资本在城乡之间的差异主要是因为城乡人口流动带来身份上的差异,城镇移民、城镇外来居民随着社会的变迁,其社会资本变迁(工作网络)对其居民幸福感的影响较大,而给予本地居民和非独生子女的幸福感的影响较弱。

表 14.9 社会资本影响居民幸福感机制:社会资本变迁

被解释变量 (右侧)	职务晋升	个人收入	是否有行政/管理职务提升	是否有来自同事的经济支持	您 12 岁时的户口状况
解释变量 (如下)	(1)	(2)	(3)	(4)	(5)
组织成员 (是 =1)	0.139 ***	0.109 ***	0.112 ***	0.083	0.293 ***
	(0.022)	(0.018)	(0.018)	(0.007)	(0.033)
观测值	13976	13952	13633	13652	14837

注:其中第(3)—(4)列因变量为虚拟变量(是 =1),采用 probit 模型,其他各列采用 Ordered Probit 模型。本表回归中都控制了除收入分配外的所有变量,由于篇幅所限未予以报告,感兴趣的读者可联系作者索要。每列系数为单独模型所得结果,列标题为被解释变量,行标题为解释变量,并控制其他的变量进行回归所得。括号内标准误群聚到县级层面,* * *、* *、*分别表示在 1%、5%、10%的水平显著。

2. 社会阶层差异对居民幸福感的影响

除了社会资本变迁对居民幸福感的影响外,人们从事不同工作和进入不同的行业以及他在本地的社会地位等,这些关系到不同人的层级差异也会在一定程度上造成收入差距的不同,以至于影响到个人的幸福感。一般而言,非农职业收入整体比农业收入较高,行业和单位类型的不同对个人收入的差异也会非常大,同时专业技能和职称的高低对收入的影响差距也较大①。此外,人们在本地的社会地位也会带来不同的阶层利益,比如,一个德高望重、社会声誉好的人往往能够获取更多的资源,提高他掌握资源的能力。从表 14.10 中第(1)—(5)列的被解释变量分别为职业类别、行业类别、单位类别、技术或职称以及本地的社会地位,其系

---

① 《2014 年的薪酬白皮书》报告显示,国企和外企的薪酬最高,金融行业收入最高,政府公务员和事业单位人员对工作的满意度最高,有较高专业技能和职称的人员收入较高。

数均显著为正,说明社会资本越高的人,拥有更高的社会阶层,进而进入高收入的行业或职业,获取更高的收入,减少收入差距对居民幸福感的不利影响。进一步验证了前文提出的路径假设2,社会资本有利于减缓收入差距对居民幸福感的不利影响,其可能的传导机制为社会阶层差异的不同。具体表现为:职业、行业、单位、专业技能以及当地的社会地位不同→导致不同的社会阶层存在→进而影响收入之间的差距→居民幸福感的差异。为了验证社会阶层差异对居民幸福感的影响,我们还是采用方程(14.4)对其进行回归分析。表14.10报告了社会资本影响居民幸福感的第二种传导机制:社会阶层差异。

表14.10 社会资本影响居民幸福感的机制二:社会阶层差异

	职业类别	行业类别	单位类型	技术或职称	本地的社会地位
	(1)	(2)	(3)	(4)	(5)
组织成员 (是=1)	0.103 ***	0.014 ***	0.013 ***	0.224 ***	0.024 ***
	(0.004)	(0.003)	(-0.005)	(-0.021)	(0.009)
观测值	13939	13939	13628	13628	14869

注:本表回归控制了除收入分配外的所有变量,由于篇幅所限未予以报告,感兴趣的读者可联系作者索要。每列系数为单独模型所得结果,列标题为被解释变量,行标题为解释变量,并控制其他的变量进行回归所得。括号内标准误群聚到县级层面,*＊＊、＊＊、＊分别表示在1%、5%、10%的水平显著。

第六节 本章小结

随着政府改革步伐的不断深入,为实现2020年全面建成小康社会的目标和降低贫富差距意义重大。在以人为本的执政理念下,越来越多的国家采用幸福感这一指标来替代过去单纯地追求GDP的衡量方式,如何减缓收入差距对居民幸福感的不利影响成为社会各界关注的焦点。基于CFPS2010年和2012年的相关数据,分别对收入差距和社会资本以及两者的交互作用对居民幸福感的影响进行了实证分析。结果表明:收入差距的扩大会导致居民幸福感的下降,基尼系数每提高一个标准差,居民的主观幸福程度、生活满意程度、未来信心程度的概率分别下降25.7%、19.38%、25.26%。社会资本对居民幸福感的提升具有积极的正面影响,具有减缓收入差距对居民幸福感的不利影响,而这种积极效果主要发生在农村地区。收入差距主要通过教育资源和医疗资源的配置不均两方面来发挥作用,而社会资本主要通过社会资本变迁和社会阶层差异两个方面来发挥作用,从而进一步减缓收入差距对居民幸福感的不利影响。

通过实证结果可以得出收入差距对居民幸福感的不利影响更多地集中在农村地区,主要原因为农民往往处于社会低收入群体中,社会风气更倾向于物质化容易产生攀比心理,农村地区各项社会保障体系不完善,使得农民阶层处于弱势群体,只有较为紧密地维系传统社会网络来缓解贫富差距扩大对居民幸福感的负面冲击。同时,由于城乡人口的流动,以农村组织网络形成的传统社会资本开始逐渐变迁为在城市中以工作关系网络为主导的现代社会资本,社会资本减缓居民幸福感的传导机制也随着社会资本的变迁和社会阶层差异的扩大而逐渐开始发生分化。这方面的影响在政策层面的启示主要表现为以下两个方面:

一方面,在以人为本的治国理念下,需要重视收入差距对居民幸福感的负面冲击,不断完善、优化教育和医疗资源的均衡配置,进一步实现教育机会的均等化和医疗资源分配的均衡化。在教育资源的配置上,应不断加强对公民接受教育的起点公平,特别是在城乡教育的分配上,打破优秀教师资源城市的集聚效应而使得农村优秀教育资源的不断枯竭。建立城乡优秀教师资源的互调和相关配套的跟进,同时降低城乡教师收入的差异和不断完善农村教育基础设施和提升教育服务水平,从而在一定程度上降低教育资源的配置不均导致公平教育的机会不平等现象。在医疗资源的配置上,应不断完善城乡居民社会保障体系,有条件的地区可以逐步试点城乡一体化的社会保障服务体系;同时,在城乡社区(村)逐步实现医疗资源配置社区化上的均衡,实现城乡居民获取医疗资源机会的公平性。透过教育和医疗资源的均衡配置,从而降低居民接受教育和医疗服务的机会不平等,进一步减缓收入差距的扩大导致居民幸福感的不利影响。

另一方面,降低城市外来人口落户的准入门槛(特大型一线城市除外),特别是那些城市外来人口对当地城市发展做出的积极贡献,实现城镇外来人口与本地人口在社会保障等各项福利方面的均等。随着城镇化的不断推进,农村进城务工人员传统型社会资本逐步转变为在城市中主要以工作关系网络为主的现代社会资本,工作社会网络成为居民幸福感的重要原因,而其前提是外来进城务工人员能否在劳动力市场上通过平等竞争获得工作职位,并且不受歧视(如地域歧视、性别歧视、身份歧视等)拥有良好的工作社会网络。因此,当地政府和企业应该在政策制定和舆论宣传上不断消除和减少对外来人口的各项歧视性政策,减少进城务工人员在劳动力市场上的不公平待遇和限制,比如,打破行业、职业、单位性质以及专业技能评审等社会阶层方面的不平等。并且需要从制度上逐步实现外来居民和本地城市居民同等的社会保障待遇,营造一个公平、公正、透明的就业环境,从而提高整体居民的幸福感认同,是构建和谐幸福城市的根本之举。

第十五章 城乡居民医疗保险与居民社保融合

第一节 城乡居民医疗保险与社保融合背景

医疗保障政策可持续性是国家治理的核心问题。改革开放40多年来,以往依靠"资本"和"人口红利"已经逐渐进入了经济新常态下的依靠制度和技术创新、效率驱动的阶段。我国经济社会体制改革尤其是医疗卫生体制也经历了巨大的转变,中国医疗保障政策的建立和持续完善,为我国医疗保险理论和实践的发展奠定了基础。同时,中国经济转型、快速且规模巨大的人口老龄化对医疗保障提出了更高要求,医疗保障制度今后发展中面临的风险与日俱增,备受政策界和学者们的关注。

2009年4月6日,《中共中央国务院关于深化医药卫生体制改革的意见》正式公布后,中国医疗保险制度改革向多元协调的混合型模式转型,基本建立起了具有特色的"三纵三横"的医疗保障体系框架。"三横三纵"的总体架构是国家构建多层次的保障体系的主干,意味着医保体系横向上分为三个层次,主体层次中纵向分为三种主要制度。"三纵"是指以职工医保制度为核心,同时包括新型农村合作医疗制度和城镇居民基本医疗保险制度(这两项制度已于2016年整合),分别覆盖城镇就业人口、城镇非就业人口、农村人口。这三个制度都是国家组织实施的社会保险制度,也是基本医疗保障体系的主体部分。"三横"的"底横"主要针对困难群众,这需要通过城乡医疗救助体系进行兜底;"顶横"针对的是群众更高的医疗需求,这就需要通过包括商业健康保险和其他形式补充医疗保险来满足;中间层次针对的是公民的基本医疗保障需求。"三横三纵"医保体系发展至今,我国医保制度从零散到系统,从制度破碎到制度整合,已经构建了"基本 + 大病(补充) + 医疗救助 + 长期护理"的完整保障链条,从制度上覆盖了全体居民,织起了世界上最大的基本医疗保障网,建立医疗资金来源多渠道、支付方式和管理办法科学化的医疗保险运行机制。但是,无须讳言,我国目前的社会医保网在公平和效率两方面都存在比较明显的不足。这主要体现在制度分割所导致的不同人群之间的医疗保险待遇差别较大,以及统筹层次不高、管理分散,医疗基金的浪费和损失,不能有效地分散风险等。如何在新时代医疗保险制度改革和发展的背景下,与我国经济社会发展的现实状况和社会医疗保障现实需求有机结合起来,不断提升政策价值,从而为政策的完善和推广奠定基础,对推动我国"三横三纵"全民医疗保障事业发展和医药卫生体制改革、充分保障基本医疗保险权益、促进社会公平正义、增进人民福祉具有重大意义。然而,在不断发展的过程中,中国医疗保障体系也面临着诸多问题。这些问题既有体制机制性的,也有技术性的。20世纪70年代以来,全球经济衰退频现、老龄化及慢性病高发、高值医疗新技术涌现,导致了医保筹资不足,同时医疗费用快速增长,各国的医疗保障体系都处于不断学习、持续改进的过程中,呈现出"改革流行病"。

随着1998年我国职工医疗保险的建立,中国医疗保障体系进入了新的发展时代。城镇职工医疗保险制度是一项保障广大城镇职工"病有所医"的惠民工程,由此建立的城镇职工医疗保险基金能否可持续,对整个社会医疗保险制度可持续运行,以及城镇职工基本医疗保障权益的实现,具有重要价值。大量研究实践表明,由于受老龄化、基本医疗保险基金规模不稳定以及通货膨胀等影响,各个省份出现了不同程度的城镇职工医疗保险基金收支平衡问题。随着医保覆盖面的日益扩大,城镇职工医疗保险参保在职职工将面临越来越重的抚养负担,并且,旧的医疗卫生政策和资源配置方式在前期经济快速发展中累积的各种社会经济问题和矛盾开始逐渐凸显和爆发,我国面临着"银发浪潮"的严重威胁,职工医疗保险基金日益面临严重的当期赤字和累计赤字危机。部分地区医保资金支出增长太快,超出统筹地区医疗保险资金承受能力,有些地区医保资金甚至出现穿底。为解决基本医疗保险基金的压力,何礼平(2016)认为退休职工缴纳城镇职工医疗保险费,将能使基金顺利度过人口老龄化的高峰。曾益(2017)认为"全面二孩"政策在一定程度上可改善城镇职工医保基金的财务状况。幸超(2018)统筹建立精算模型发现,延迟退休年龄在短期内可缓解基本医疗保险基金的支付压力,但从长远来看,基金仍会出现支付危机。提高城镇职工医疗保险基金的保值增值能力,将有助于提高基金的可持续运行能力。国外研究大多集中在医疗保险基金模式或制度改革方面,例如,Lopreite等(2017)利用意大利的数据发现,老年残疾人所发生的医疗费用最多,对医保基金构成的威胁最大。Pendzialek等(2015)利用德国2004—2013年疾病数据分析了2009年卫生保健制度改革前后价格弹性对医疗保险制度的作用。Bech(2011)等认为,人口老龄化对医疗保险支出的短期影响是显著的,而长期影响不明显。然而,人口老龄化对医疗保险基金和医疗费用的影响是值得肯定的,只是关于影响大小问题学者们尚未形成普遍共识。此外,老年人延迟退休年龄能否缓解问题,学术界还存在一定的争议。

综述可知,大量国内外研究对我国城镇职工医疗保险问题进行了较完善的研究,但是,对新时期医疗保险基金收支失衡背后的驱动因素分析多停留在理论探讨阶段,对基金运行效率不高的深层次原因剖析缺乏数据支撑和工具分析。并且,从我国生育政策调整和延迟退休年龄的双重效应考察城镇职工医疗保险基金未来财务状况的文献还较为缺乏。随着人口老龄化的日益加快,医疗保险基金的筹集和结算制度矛盾待化解、医疗费用刚性支出扩张、严重的道德风险和成本转嫁问题都是造成基金财务状况恶化的重要原因,因此,城镇职工基本医疗保险基金的财务可持续性问题应当受到重视。在此新历史时期,为了完善中国医疗保障体系,以下几个问题理应值得关注:我国城镇职工基本医疗保险制度演变的阶段性逻辑是什么? 我国城镇职工基本医疗保险基金收支状况如何,各省份之间是否存在差异? 人社部设计的延迟退休年龄和"全面二孩"政策背景下,城镇职工医疗保险基金未来财务状况如何? 调整生育政策(不同二孩生育意愿)能否优化我国人口结构和提高城镇职工基本医疗保险基金可持续运行能力? 效果如何? 借助精算模型对中国城镇职工医疗保险基金制度演变、收支平衡和支撑能力前景及其面临的挑战进行全面分析、总结,最后总结中国城镇职工医疗保险制度改革经验和教训,总结和发现其在发展演变过程中的规律,将有助于中国完善医疗保障体系。

第二节　我国城镇职工基本医疗保险制度的发展现状

一、城镇职工基本医疗保险制度演变的阶段性逻辑

改革开放40多年来,我国医疗保障体制建设取得了举世瞩目的辉煌成就,已经构筑起全世界范围内最大的疾病医疗保障网络。随着我国基本医疗保险制度的改革深化和筹资模式的制度化,我国形成了以城镇职工医疗保险、城镇居民基本医疗保险以及新农合为主的医疗保障制度框架,构建了"基本 + 大病(补充) + 医疗救助 + 长期护理"的完整保障链条。从我国城镇职工基本医疗保险制度演变的阶段性逻辑来看,城镇职工基本医疗保险制度的变迁大致可以划分为两个阶段。(1)转型期:1994—2013 年。从 1994 年"两江模式"试点新型医疗保障制度

以来,为全面深化医药卫生体制改革,推进健康中国建设,我国出台了一系列医疗保障制度改革的政策措施。1998 年 12 月《国务院关于建立城镇职工基本医疗保险制度的决定》(国发〔1998〕44 号)的出台,标志着我国职工医疗保险制度改革进入了一个新的历史阶段。这次改革的任务是建立城镇职工基本医疗保险(简称城镇职工医保)制度。改革的思路是"低水平、广覆盖、双方负担、统账结合"。改革后城镇职工医保的覆盖范围为城镇所有用人单位及其职工。(2)深化期:2014 年至今。《人力资源社会保障部关于进一步加强基本医疗保险医疗服务监管的意见》(人社部发〔2014〕54 号)对强化医疗保险服务监管做出了规定,并要求建立医疗保险费用监控预警和数据分析平台等。十八届三中全会《关于全面深化改革的若干重大问题的决定》将"深化医药卫生体制改革"上升到国家治理的高度。2017 年 1 月,国务院印发"十三五"深化医药卫生体制改革规划,《国务院关于印发"十三五"深化医药卫生体制改革规划的通知》(国发〔2016〕78 号)提出"到 2017 年,基本形成较为系统的基本医疗卫生制度政策框架"①。党的十九大报告首次将"实施健康中国战略""全面建立中国特色基本医疗卫生制度、医疗保障制度和优质高效的医疗卫生服务体系"写入党章,充分彰显了国家对解决公民医疗保障问题的决心。2018 年 3 月,十三届全国人大一次会议表决通过了关于国务院机构改革方案的决定,组建中华人民共和国国家医疗保障局,将人力资源和社会保障部的城镇职工和城镇居民基本医疗保险、生育保险职责,国家卫生和计划生育委员会的新型农村合作医疗职责,国家发展和改革委员会的药品和医疗服务价格管理职责,民政部的医疗救助职责整合。毋庸置疑,医疗保障制度改革和发展已经成为中国经济社会发展进程中面临的重大议题和国家战略的重要组成部分②。在此进程中,各省市按照国家政策和相关规定,有序调整基本医疗保险筹资标准和待遇水平。

纵观我国医疗保障政策与治理体制变迁,我们可以发现,在政府部门的积极引导下,我国医疗保险政策体系已经日趋完备,当今中国已经构筑起全世界范围内最大的疾病医疗保障网络,建立了以城镇职工医疗保险、城镇居民基本医疗保险以及新农合为主的医疗保障制度,有效地满足了日益增长的人民健康医疗服务需求,充分发挥了医保在医改中的基础性作用,深刻地影响了医疗全行业的运行

---

① 国务院办公厅. 国务院关于印发"十三五"深化医药卫生体制改革规划的通知:国发〔2016〕78 号〔A/OL〕. 中国政府网,2016 - 12 - 27.

② 习近平. 决胜全面建成小康社会 夺取新时代中国特色社会主义伟大胜利——在中国共产党第十九次全国代表大会上的报告〔EB/OL〕. 中国共产党新闻网,2017 - 10 - 27.

态势和发展方向。我国城镇职工医疗保险制度和政策体系从零散到系统,从制度破碎到制度整合,建立了覆盖全体职工的世界最大的医疗保险计划,为世界各国解决基层群众"看病难、看病贵"问题贡献了"中国方案"。中国特色社会主义进入新时代,对我国发展新的历史方位做了科学判断,对我国医疗保险制度发展和改革提出了新的要求。

2018 年 5 月 31 日,中国政府新组建成立了国家医疗保障局(the National Medical Security Administration),将分散在多个部委的医疗保障职责进行整合,赋予其拟定医疗保障制度政策、规划、标准并组织实施的职能。同时,还被赋予了三项新的职能:制定药品和医用耗材的招标采购政策并监督实施;组织制定和调整药品、医疗服务价格和收费标准;监督管理纳入医保范围内(coverage)的医疗机构相关服务行为和医疗费用。国家医保局成立后,医疗、医保、医药的职能仍然是分散的。当前,仍有部分相关经办管理职能分散在其他部门。例如,国务院深化医药卫生体制改革领导小组秘书处(以下简称"小组秘书处")设在国家卫生健康委,负责研究提出深化医药卫生体制改革重大方针、政策、措施的建议。作为新组建的医疗保障局,首先需明确两个关键问题:(1)在完善公平、有效、财政可持续的医疗保障体系的导向下,以战略性购买为理念,界定医疗保障局的主要职能,包括职能内涵和边界,以及履行职能的内外部政策环境;(2)针对三项新职能,建机制。但是,不同部门分割管理城乡医疗保险事务,是导致我国医疗保障制度政策分割、资源分割与一系列利益冲突的重大体制性缺陷。新农合制度从 2003 年建立之初就由卫生部门管理,城镇职工医疗保险与居民医疗保险则一直归口人力资源与社会保障部门管理。然而,由于缺乏顶层设计,部门之间利益纠葛,导致各地在推进城乡居民医保整合工作时进展缓慢,并在实践中出现了人社部门管理、卫计部门管理以及成立独立机构等多种管理模式。管理经办体制分割依然是我国医疗保障可持续发展的制度根源。城镇职工医疗保险制度变迁的政策文本分析如表15.1 所示。

表 15.1 城镇职工医疗保险制度变迁的政策文本分析

文件名称	颁布部门	颁布日期	取得突破
《关于职工医疗制度改革的试点意见》(体改分〔1994〕51 号)	原国家体改委等四部门	1994 年	率先在江苏镇江和江西九江进行试点,首次将社会统筹与个人账户相结合的模式引入医疗保险制度,对劳保医疗和公费医疗同步进行改革

文件名称	颁布部门	颁布日期	取得突破
《关于职工医疗保障制度改革扩大试点的意见》（国办发〔1996〕16号）	国务院办公厅	1996年	将医疗保险制度改革试点又扩展到58个城市
《国务院关于建立城镇职工基本医疗保险制度的决定》（国发〔1998〕44号）	国务院	1998年	城镇职工基本医疗保险制度正式建立
《关于妥善解决医疗保险制度改革有关问题的指导意见》（劳社厅发〔2002〕8号）	劳动和社会保障部办公厅	2002年	提高医疗保险管理服务水平、妥善解决困难职工和个人负担问题
关于进一步做好扩大城镇职工基本医疗保险覆盖范围工作的通知》（劳社厅发〔2003〕6号）	劳动和社会保障部办公厅	2003年	破产的中央企业和中央下放地方的企业退休人员、灵活就业人员纳入当地医疗保险社会统筹
《关于城镇灵活就业人员参加基本医疗保险的指导意见》（劳社厅发〔2003〕10号）	劳动和社会保障部办公厅	2003年	对灵活就业人员参加城镇职工医保做出了规定
《国务院办公厅关于印发医药卫生体制五项重点改革2009年工作安排的通知》（国办函〔2009〕75号）	国务院办公厅	2009年	将城镇职工医保统筹基金最高支付限额规定为当地职工年平均工资的6倍左右
《流动就业人员基本医疗保障关系转移接续暂行办法》（人社部发〔2009〕191号）	人力资源社会保障部	2010年	保证了参保流动人员就业时基本医疗保障关系的顺畅接续

文件名称	颁布部门	颁布日期	取得突破
《关于领取失业保险金人员参加职工基本医疗保险有关问题的通知》(人社部发〔2011〕77号)	人力资源社会保障部	2011年	对领取失业保险金人员参加城镇职工医保问题做出了规定
《关于全面深化改革的若干重大问题的决定》	十八届三中全会	2013年	将"深化医药卫生体制改革"上升到国家治理的高度
《人力资源社会保障部关于进一步加强基本医疗保险医疗服务监管的意见》(人社部发〔2014〕54号)	人力资源社会保障部	2014年	加强医疗服务行为和医疗费用的监管
《国务院关于印发"十三五"推进基本公共服务均等化规划的通知》(国发〔2017〕9号)	国务院	2017年	健全基本医疗保险稳定可持续的筹资和报销比例调整机制
《国务院办公厅关于进一步深化基本医疗保险支付方式改革的指导意见》(国办发〔2017〕55号)	国务院办公厅	2017年	健全医保支付机制和利益调控机制,实行精细化管理
《决胜全面建成小康社会夺取新时代中国特色社会主义伟大胜利》	党的十九大报告	2017年	首次将医疗保障制度写入党章
《国务院机构改革方案》	十三届全国人大一次会议	2018年	组建中华人民共和国国家医疗保障局

二、城镇职工基本医疗保险基金收支现状

收支失衡是城镇职工基本医疗保险制度改革和发展亟待解决的问题。由表15.2数据我们可以知道,随着社会生产力水平总体上显著提高,我国基本医疗保险参保人数逐年增加,2015年基本医保参保率达到97.2%,新农合参合率达到98.8%。然而,我国基本医疗保险制度发展仍然存在不平衡不充分问题。通过数

据对比可知,2011—2016 年,我国城镇职工基本医疗保险制度的参保人数增加幅度呈现出了总体下降的趋势,2016 年的增幅仅为 2.21%,明显低于 2012 年的 4.99%。同时,我国基本医疗保险还存在重复参保的问题。尤其是城镇职工医疗保险制度运行中的城镇职工抚养负担加重,由于缴费负担重和待遇差距,一些城镇居民宁愿参加城镇居民医疗保险,而不参加城镇职工医疗保险。面对新的社会需要,我们的医疗保险制度供给还有许多差距,发展不平衡不充分的问题在新时代凸显出来,进而可能制约城镇职工基本医疗保险基金可持续发展,应当予以重视。

表 15.2 2011—2016 年中国基本医疗保险参保人数及参保率

年份	参保人数(万人)				新农合参合率(%)	基本医疗保险参保率(%)
	城镇职工医疗保险	城镇居民医疗保险	城镇合计	新型农村合作医疗保险		
2011	25227	22116	47343	83200	97.5	96.9
2012	26486	27156	53642	80500	98.3	99.1
2013	27443	29629	57072	80200	98.7	100.9
2014	28296	31451	59747	73600	98.9	97.5
2015	28893	37689	66582	67000	98.8	97.2
2016	29524	45315	74839	—	—	—

注:基本医疗保险参保率＝基本医疗保险参保人数/年末人口数。2013 年基本医疗保险参保率超过 100%,其原因在于存在重复参保的问题。由于国家统计局和人社部并未公布相关数据,2016 年城镇居民医疗保险、新型农村合作医疗保险两项合并,部分数据存在缺失。

城镇职工基本医疗保险制度是我国现行医疗保障体系中最先确立的,其在保障职工身体健康和维护社会稳定等方面发挥着积极的作用。然而,随着人口老龄化的加剧和医疗费用上涨过快的冲击,城镇职工医疗保险制度却面临着日益凸显的基金收支失衡问题。第一,从表 15.3 数据可以得出,基本医疗保险基金结余增速放缓,2011—2016 年度城镇职工医疗保险基金平均结余率仅为 20% 左右,这意味着考察期内基金当期结余明显低于当期基金支出,面临赤字风险。第二,基金的可支付能力弱化,2015 年城镇职工医疗保险基金收入甚至出现了负增长,呈现出了周期性波动特征。第三,从城镇职工医疗保险基金的人均筹资水平和人均补偿水平来看,部分年份(2013 年、2014 年)的人均补偿水平增长率略高于人均筹资水平。此外,城镇职工医疗保险基金筹资和可支付能力也面临着巨大的地区不均衡不充分问题。尤其从长期来看,基金的收不抵支问题和地区差距日渐显现。表

15.4 资料显示,2016 年各省份城镇职工基本医疗保险基金收入和累计结余最高的是广东省,其基金收入规模达到 975.8 亿元,累计结余规模达到 1801.3 亿元,而西藏的基金收入规模和基金累计结余均最低,其中基金收入规模仅为广东省的 2.74%,基金累计结余仅为广东省的 2.6%。此外,2016 年基金支出最高的地方是北京,支出规模达到 776.6 亿元,而基金结余规模最低的为西藏,仅为北京的 2.05%。这意味着不同省份之间面临的基金收支失衡程度也不一致,省际基金收支结余差距非常悬殊,应当采取有效的均等化平衡措施促进协调发展。

表 15.3　2011—2016 年中国城镇职工医疗保险基金发展现状

年份	基金收入		基金支出		基金结余			保障水平	
	规模/亿元	增长率/%	规模/亿元	增长率/%	当期结余/亿元	当期结余率/%	累计结余/亿元	人均筹资(元)	人均补偿(元)
2011	4945	25.03	4018	22.82	927	23.07	5704	1960.20	1592.74
2012	6939	40.30	5543	37.96	1395	25.17	7644	2619.87	2092.80
2013	8248	18.88	6801	22.68	1447	21.28	8331	3005.50	2478.23
2014	9687	17.45	8134	19.60	1553	19.09	9117	3423.45	2874.61
2015	9083.5	-6.22	7531.5	-7.41	1552	20.61	10997.1	3143.84	2606.69
2016	10273	13.09	8286.7	10.02	1986.3	23.97	12971.7	3479.54	2806.77

注:当期结余=当期基金收入-当期基金支出。基金结余率=基金当期累计结余/基金支出。数据来源于人力资源和社会保障部公布的历年全国社会保险情况、《人力资源与社会保障事业发展统计公报》和《中国统计年鉴》(2012—2017)相关数据整理和计算而得。

表 15.4　2016 年各省份城镇职工医疗保险基金收支状况(亿元)

省份	基金收入	基金支出	累计结余	省份	基金收入	基金支出	累计结余
全　国	10273.7	8286.7	12971.7	河　南	296.1	239.6	397.9
北　京	912.1	776.6	429.5	湖　北	299.1	259.6	262.2
天　津	263.5	225.8	149.3	湖　南	275.8	213.8	317.5
河　北	351.6	272.4	512.7	广　东	975.8	717.4	1801.3
山　西	187.0	170.1	260.4	广　西	174.0	137.6	231.5
内蒙古	179.9	148.0	201.2	海　南	57.4	42.9	77.8
辽　宁	405.0	383.4	379.8	重　庆	222.0	203.1	206.3
吉　林	163.7	123.1	219.7	四　川	493.1	386.6	689.8

省份	基金收入	基金支出	累计结余	省份	基金收入	基金支出	累计结余
黑龙江	258.2	237.7	294.8	贵　州	131.3	111.0	108.2
上　海	849.7	554.0	1403.0	云　南	204.3	167.6	240.9
江　苏	868.0	733.9	1111.8	西　藏	26.7	15.9	46.8
浙　江	755.0	565.3	1249.3	陕　西	190.7	159.9	262.1
安　徽	218.4	177.3	267.3	甘　肃	103.3	88.0	97.4
福　建	258.8	206.6	464.1	青　海	50.9	42.4	70.1
江　西	149.2	120.4	184.0	宁　夏	53.6	48.1	56.1
山　东	658.5	569.1	671.4	新　疆	241.1	189.4	307.5

　　事实上，在人口老龄化背景下，随着全民医保目标的实现，大规模、粗放式的扩面已无空间，城镇职工医疗保险制度可能会遭遇因缴费职工数量锐减，基金收入增幅下降、筹资能力明显不足的同时，医保基金费用持续逐年增加，因此，医疗费用增长失控已经成为影响新时代城镇职工医疗保险制度可持续性的重要障碍。同时，随着新一轮医疗保险制度改革的深入，不同省份、不同地区的医疗保险筹资标准和保障水平差异化问题亟待解决。理论上而言，各地区人口年龄结构、劳动力情况和迁移特征的巨大差异，基金收支平衡调剂能力及持续性亟待提升。并且，城镇职工医疗保险基金出现大量累计结余，资金大量沉淀反映出基金运行效率不高等问题。"统账结合"的医疗保险基金的筹集模式和信息不对称条件下的"总额控制"结算制度、基金管理成本高和保值增值投资渠道狭窄是造成城镇职工医疗保险基金运行效率不高的重要原因。这启示我们，必须认识到全面改革城镇职工医疗保险制度的重要性和紧迫性，同时，必须通过对城镇职工医疗保险基金未来财务状况的精算评估，适时嵌入实现城镇职工医疗保险基金的财务平衡和可持续发展政策，及时消解城镇职工医疗保险基金收支失衡风险和制度发展中的不利冲击。

第三节　城乡居民医疗保险与社保融合的难点

　　随着以医疗保障制度为核心政策工具的战略和支持政策体系逐渐建立和完善，城镇职工医疗保险基金收支失衡问题，已经成为新时代中国医疗卫生体制改革和发展的重要内容。进一步，当下我国城镇职工医疗保险基金收支平衡仍面临着经济社会方面的挑战。如何结合我国国情,逐步实现体制机制可持续转变,是保障医疗保险基金收支失衡必须要重视的问题。

一、医疗卫生资源配置的不足和失衡

总体而言,我国全社会医疗资源方面的供给,以及基层医疗机构资源利用,正在逐年提高。并且,基层医院就诊人数逐年增多,尤其是在三级医院的就诊人数明显增长率高于社区卫生服务中心等基层卫生医疗机构。这意味着,实现医疗卫生资源"下沉"已经成为一个趋势。社区服务站(中心)是2002年医改以来增速最快的机构,目的是医疗诊疗分级,以缓解大医院医疗资源供求不平衡的问题。然而,我们仍需意识到,在我国基层医疗机构的医疗水平相对较低,难以取信于民,患者无论大病小病都倾向于大医院就诊,病情稍重的患者即要求转省、市三级医院治疗。值得注意的是,对比2011—2016年数据(表15.5)可知,尽管从2013年开始中国就诊人数超过70亿人次,每万人病床数达到68张以上,远超过改革开放水平,但基层社区医疗卫生中心与医院两类机构诊疗人次数差距非常大。基层医疗卫生机构发展呈现出不均衡状态,医保需要和实际获得的不匹配与非均衡。其重要的表征是医疗资源分配不均、医患关系紧张、挤向大医院,导致出现挂号难、病床紧张等问题,迫切需要进一步通过医疗卫生体制改革来破解。由于中国普遍存在的过度医疗现象和医疗市场的无序问题,基层卫生医疗资源的有效利用率仍有待提升。医疗健康保障产业链长、覆盖面广、关系民生大计,为保障广大参保人员的基本医疗权益,形成不同的医疗机构之间的竞争性均衡,因此,进一步引导医疗资源合理配置,促进医疗机构之间的分工协作和竞争性均衡,实现医疗资源"下沉"和患者有序就医。这不仅仅是短期政策的有效着力点,更是我国中长期的战略选择。

表15.5 不同机构就诊人数和医疗机构数量

年份	2011	2012	2013	2014	2015	2016
医疗卫生机构数(万个)	95.44	95.03	97.44	98.14	98.35	98.34
总诊疗人次数(万人)	627122.6	688832.9	731401.0	760186.6	769925	793170
医院诊疗数量(万个)	2.20	2.32	2.47	2.59	2.76	2.91
医院诊疗人次数(万人)	225883.7	254161.6	274177.7	297207.0	308364	326956
基层社区卫生服务中心诊疗机构数(万个)	91.80	91.26	91.54	91.73	92.08	92.65

年份	2011	2012	2013	2014	2015	2016
基层社区卫生服务中心诊疗人次数(万人)	40950.1	45475.1	50788.6	53618.8	70645	71889
每万人病床数(床)	69.09	69.01	68.21	68.91	69.03	—

注:数据来源于各年度《中国卫生统计年鉴》和《中国统计年鉴2017》。

二、居民健康波动和人口老龄化引发医保基金刚性支出扩张

人口老龄化程度的加快,抚养负担,是基本医疗保险基金出现亏空风险的重要原因之一。根据《中国人口老龄化发展趋势预测研究报告》预测,到2050年,我国的老年人口总量将突破四亿人,60岁以上人口比例将超过30%,大多数城镇职工医疗费用开支都被用于老年人和大病医保。理论上而言,由于退休老年职工无须缴纳城镇职工医疗保险费,故而,人口老龄化加快,使得我国城镇职工医疗保险参保在职职工将面临较重的抚养负担,致使现阶段我国城镇职工基本医疗保险基金面临着日益严重的收支失衡问题。同时,在老龄化趋势下,心脑血管疾病、高血压、糖尿病等慢性疾病患病率加大。慢性病的疾病负担不断加重,特别是与生活方式和行为密切相关的慢性病呈井喷之势。研究表明,老年人均患慢性病2.55种,半年人均自费医疗费用4532元,并且多数慢性病的患病时间都超过了10年。据《中国居民营养与慢性病状况报告(2015)》统计,2012年全国18岁及以上成人高血压患病率为25.2%,糖尿病患病率为9.7%,与2002年相比患病率大幅提升,慢性病的死亡人数占总死亡人数的86.6%。事实上,我国医疗保障制度模式仍然处于一个"重病轻防"的阶段,当前的医疗卫生资源使用主要以治病为主,缺乏对养老、康复和护理方面的健康公共品供给。随着社会老龄化加剧,居民慢性病患病率的提高,必然会加大我国居民的医疗卫生需求,使得医保费用上升,医保基金筹资机制增长幅度与参保群体医疗过度消费矛盾日益突出,从而导致医疗保险制度不可持续。因此,应当在预防疾病、合理控费,促进医疗保险制度运转更加稳健。

三、医疗保险成本转嫁和医疗服务定价机制的扭曲

一方面,医疗服务供给中的医疗保险成本转嫁。从城镇职工基本医疗保障制度"统账结合"模式的运作逻辑来看,目前,我国卫生费用的投入主体由政府、社会和个人共同组成,问题在于三者之间负担比例不协调,存在明显失衡,即政府、社

会投入小,个人投入太多,面临民众的就医费用节节攀升的难题。并且,由于政府财政责任的分散,导致了不同企业和单位之间医疗负担畸轻畸重,医疗经费没有保障。由表15.6可知,虽然我国从20世纪公费医疗和劳保医疗制度发展为现在的城镇职工基本医疗保险制度,个人负担比例下降了,但是个人现金卫生支出的绝对规模仍然庞大。并且,全国个人现金卫生总支出与政府卫生总支出停留在基本持平的阶段。"十二五"规划提出,"个人卫生支出比例要下降到30%以下,提高政府和社会卫生支出占卫生总费用的比例,降低我国居民的个人就医费用"。然而,制度实施是否有效的关键缺陷在于,如果国家财政支持乏力,医护人员和医疗机构入不敷出,医疗保险制度就难免会变成摆设,甚至是负担。

表15.6 2011—2016年卫生费用投入占比

	卫生总费用（亿元）	政府卫生支出		社会卫生支出		个人现金卫生支出	
		绝对数（亿元）	占卫生总费用比重（%）	绝对数（亿元）	占卫生总费用比重（%）	绝对数（亿元）	占卫生总费用比重（%）
2011	24345.91	7464.18	30.66	8415.45	34.57	8465.28	34.77
2012	28119.00	8431.98	29.99	10030.70	35.67	9656.32	34.34
2013	31668.95	9545.81	30.14	11393.79	35.98	10729.34	33.88
2014	35312.40	10579.23	29.96	13437.75	38.05	11295.41	31.99
2015	40974.64	12475.28	30.45	15890.7	39.15	11992.65	29.27
2016	46344.88	13910.31	30.01	19096.68	41.21	13337.90	28.78

注:数据来源于《中国统计年鉴》(2012—2017)。

另一方面,医保体系中的定价和监管问题。现阶段我国仍然实行的是"双轨"定价模式,即政府定价和企业自主定价并存。由于当前医院创收机制没有建立,激励不足,且医疗卫生行业本身存在市场信息不对称性、天然的垄断性和医疗服务技术的复杂性,医药服务提供者在定价方面占有优势。医疗服务提供方对《国家基本医疗保险药品目录》外的药品自主定价,医药代表为了各种"回扣"来推销药品,获取医疗服务提供过程中的"额外收益",形成了"以药养医"的扭曲现象。在经济利益驱使下,医生为了获取更高的回扣,引导患者使用价格昂贵的进口药、靶向药等没进医保目录治病,医药及治疗价格高,医疗保险支出扩张。显然,医疗服务定价机制的扭曲,已经成为医疗保险收支失衡的重要原因。

因此,政府责任的转嫁,医疗服务定价机制扭曲,使得企业和个人承担了过高的医保制度成本。此外,通过国际比较可知,一方面,政府医疗卫生财政支出的投入略显不足。进一步对比表 15.7 全世界主要年份医疗支出占国内生产总值比重及人均医疗支出可知,医疗支出占 GDP 的比重以及人均医疗支出明显落后于高收入国家,甚至略低于低收入国家和中等收入国家。另一方面,更加深层次的问题是,单纯地靠增加国家在财政方面的投入,只能短期内缓解医疗费用负担,但无法解决结构方面的问题。如果政府投入过多,医疗供给方在趋利动力驱使下,会导致医疗费用"水涨船高"。这意味着,在控制成本的同时,我国应当进一步有序提高财政医疗卫生效率,以此遏制职工医疗保险基金刚性支出扩张带来的个人卫生支出过大问题。

中国的医疗保障管理部门只是一个后期的支付者,其支付行为未能体现出"以近博远""以量博价""以质取胜""兼容共生"的战略性购买理念,导致医疗保险基金(Medical Insurance Funds)和参保个人负担(the burden shared by individuals)均上升、药价虚高和虚低并存、药品短缺频现,出现各利益相关方和政府均不满意的现象。在存在诸多体制机制性问题的情况下,诸如医保支付标准、DRGs、医保目录(the National Essential Medicine List)调整等技术性问题更是无从解决。此外,中国经济转型、快速且规模巨大的人口老龄化对医疗保障提出了更高要求,医疗保障今后发展中面临的风险与日俱增。

表 15.7　全世界主要年份医疗支出占 GDP 比重及人均医疗支出统计(2000—2014)

	医疗支出占 gdp 的比重(%)			人均医疗支出(美元)		
	2000	2005	2014	2000	2005	2014
世界	9.0	9.8	10.0	493.1	706.8	1061.0
高收入国家	9.9	11.0	12.3	2540.1	3736.4	5251.2
中等收入国家	5.0	5.3	5.8	62.2	102.8	289.4
低收入国家	4.4	5.7	5.7	13.4	18.1	36.7
中国	4.6	4.7	5.6	43.6	80.9	419.7

注:资料来源于世界银行 WDI 数据库。

第四节　本章小结

结合中国面板数据和精算模型,根据目前筹资模式对城镇职工医疗保险基金的统筹账户收支现状和未来财务状况进行了评估。结果显示,在人口老龄化的背景下,城镇职工医疗保险参保在职职工将面临较重的抚养负担,致使现阶段我国城镇职工基本医疗保险基金收支状况趋于失衡。进一步分析认为,医疗卫生资源配置的不足和失衡、居民健康波动和人口老龄化引发医保基金刚性支出扩张、医疗保险成本转嫁和医疗服务定价机制的扭曲等问题已经成为阻碍其可持续发展的重大障碍。上述分析结论对新时期我国如何加强基层医疗体制建设,实现医疗资源下沉,促进医疗资源的合理分配是城镇职工基本医疗保险制度改革和发展亟待解决的问题具有很强的政策含义。党的十九大报告进一步指出要"全面建立中国特色基本医疗卫生制度、医疗保障制度和优质高效的医疗卫生服务体系",为了构建一个更加合理、可持续的城镇职工医疗保险制度,需要从生产端和消费端,综合施策抑制医疗保险基金刚性支出扩张,加强医保支付方式,控费提质的深度改革,大力推动医养结合保障模式,保险托底,分级诊疗,并探索慢性病的预防和管理机制。

第十六章　城乡公共投资效率测度
与区域融合发展

第一节　城乡公共投资效率测度与区域融合发展背景

　　改革开放 40 多年来,我国正处于市场经济高速发展的关键时期,公共投资对实现政府社会职能和宏观经济调控起着基础性和举足轻重的作用,其效果好坏影响着国家宏观经济运行的效率和经济社会的可持续发展(马拴友,2000;殷强,2007)。随着整个社会对公共基础设施、教育资源和环境卫生等方面的需求日益加大,公共投资问题成为当前学界、政策研究部门和社会大众关注的重大问题。事实上,改革开放 40 多年以来,我国实施了"西部大开发""振兴东北工业基地""中部崛起"和"一带一路"倡议等发展战略,尤其在"精准扶贫"背景下,中国在"十二五"时期进一步加速基础设施建设,从而带动我国公共资本投资急剧攀升。那么,在此背景下,中国省际公共资本投入的效率如何? 不同省份之间公共投资效率是否存在差异? 这些差异的变动趋势如何? 基于对这些问题的思考,利用实证模型,从投入产出效率角度展开对公共投资效率的研究。

　　公共投资和经济增长的理论与经验研究一直以来是学术界关注的焦点。在讨论公共物品提供规模及其结构的决定时,道尔顿提出了最大社会收益原则(Dalton. H,1922)。一些学者认为,由于公共资本投入效率的内涵是多维度的,包括微观层面的产品和服务的质量,中观层面的产业价值链水平,宏观层面的国民经济的整体质量和效率。因此,不同学者从不同研究视角、选取的指标和方法研究得出的结论不尽一致。一些学者利用生产函数法对公共投资的产出效率进行实证研究,验证了我国公共投资对经济增长存在显著的促进作用,但低于私人部门的效果(马拴友,2000;殷强,2008;张文娟、王捷,2011),公共项目投资对经济增长的促进作用表现为需求效应和供给效应两个方面。并且,他们更进一步认为,道路交通等市政基础设施、公共卫生、文教体育等社会基础设施投资的供给效应对长期经济增长的提高推动作用更为主要和显著。

数据包络分析由 A. Charnes,W. W. Cooper 和 E Rhodes 等人于 1978 年创建并逐步完善,是一种基于相对效率的分析方法(陈通、任明,2006)。基于 DEA 模型进行相对有效性评价方法,可以将公共投资效率分为综合技术效率、纯技术效率和规模效率等。总体来看,以往大多数研究侧重于利用截面数据,静态角度研究公共投资的投入产出效率(杨飞虎等,2013),结果表明经济发展条件很好的北京、广东、上海等省市的建设效率反而很低;林炳华(2014)研究了中国不同区域的地方政府公共投资效率并进行横向和纵向的比较,认为不同区域的政府推行的公共投资并没有达到预期的理想,存在较为严重的规模和分配问题。当农村公共部门在保持产出水平不变的条件下,通过提高资金运作效率可节约 12.9% 的投入,且东、西部地区的农村公共投资效率情况好于中部地区及西南地区,但规模报酬呈递增趋势。杨飞虎等(2013)研究发现公共资本的产出小于私人资本,且公共投资效率下降趋势明显,对产出和就业的促进作用不断下降。遗憾的是,在考察公共投资效率方面,由于传统投资效益评价方法是一种衡量投入与产出对比关系、反映投资利用状况的静态评价方法,限于投资经济效益领域之内,不能系统地反映各省区投资的动态效果及其变化,更不能动态反映各省区投资的整体效益,因此,以往研究缺乏从省际差异视角分析公共投资效率及区域差别,并没有对中国省际公共投资效率进行准确估计。

基于 DEA – Malmquist 指数得到的全要素生产率(Total Factor Productivity,TFP)衡量了劳动、资本、能源等全部投入要素的产出效率,对公共投资效率的解释准确性和可信性更强,李成等(2015)发现 2001—2012 年全国全要素生产率的增长率为负值,技术进步对全要素生产率的贡献总体好于技术效率,但省份间的分化严重。田泽、许东梅(2016)运用超效率 DEA 和 Malmquist 指数法对投资效率及其变化进行综合评价表明,我国对"一带一路"35 个沿线国家投资效率呈现略有下降趋势,技术进步率是制约投资效率提高的主要因素。李祺等(2016)从京津冀地区十年整体情况来看,城市基础设施投资效率虽然没有达到最优,但总体水平为良好。

从已有文献可知,学术界对公共投资效率及其研究方法已有较为深入的研究。现有文献对 TFP 增长差异的研究主要考察的是区域差异和部门差异,大多数研究认为技术效率的提高是我国 TFP 增长的根本原因。但是现有文献中并没有对省际公共投资效率的深入研究。国内的地方政府公共投资研究大体上侧重于规范性理论研究,大多以市场缺陷为逻辑分析基础,探讨地方政府公共投资的职能定位、投资规模、范围大小、结构安排等理论问题,而关于地方政府公共投资效率的实证研究则相对缺乏。在指标选取过程中,现有研究主要侧重于经济和社会方面,产出指标大多代表经济效益,而忽略了公共投资对公共卫生、生态环境等社会效益产生的间接影响。国内对于政府公共投资的领域研究一直较为薄弱,在一定程度上助长了政府投资边界的模糊、投资结构的错位、投资效率低下等问题。结合已有文献及方法,立足于中国公共投资的全要素生产率,以31个省(市、区)的公共投资效率为研究对象,运用 DEA – Malmquist 指数分析方法,旨在认清中国公共投资的现状,分析中国政府公共投资的效率,找出存在的突出问题,提出相应的政策建议,并为进一步优化投资结构、提高投资效率提供一定的借鉴。

第二节　中国公共投资规模发展现状与区域融合基础

对公共投资范围进行准确界定,是公共投资绩效研究的前提。在我国,公共投资是经济活动过程中较为重要的组成部分,兼顾了公共性与投资性两个特征①。因此,参考已有研究,将政府的生产性投资作为公共投资,选取中国统计年鉴中所有涉及公共领域的固定资产投资数据,并按主要行业对全社会固定资产投资中的公共投资部分展开统计②,即所指的"公共投资"包括电力、燃气及水的生产和供应业,交通运输、仓储和邮政业,科学研究、技术服务和地质勘查业,水利、环境和公共设施管理业,教育,卫生、社会保障和社会福利业,文化、体育和娱乐业,公共管理和社会组织八个行业的全社会固定资产投资。根据选取的绝对规模指标,从历年《中国统计年鉴》中查找与公共投资相关的数据,从总量与人均等层

---

① 政府投资是提供公共物品的,从其资金来源来看,窄口径仅指预算内投资,宽口径除了预算内投资外,还包括预算外及制度外资金,即凡是用政府资金进行的投资都属于政府投资。事实上,政府预算的支出分为项目投资支出和经费支出,前者属于投资性支出,最终形成固定资本;而后者属于消费性支出,最终被消费掉。因此,从公共性和投资性出发,将公共投资限定为固定资产投资,它包括基础设施类公共投资和教育类公共投资。

② 按行业划分,全社会固定资产投资包括采矿业,制造业,电力、燃气及水的生产及供应业等19个部分。值得说明的是,农林牧渔业,采矿业,制造业,建筑业,信息传输、计算机服务和软件业,批发和零售业,住宿和餐饮业,金融业,房地产业,租赁和商务服务业,居民服务和其他服务业11个行业属于生产流通领域的固定资产投资,具有较强的竞争性特点,排除在公共投资范围之外。

面对 31 个省市的公共投资进行分析①,由表 16.1 可知:

第一,从全国层面绝对规模来看,中国公共投资波动属于增长型,尽管存在上下波动但是绝对量并不下降,而是增速的减慢。进一步对比发现,考期内全国公共投资总规模呈逐年增长趋势,平均值为 6057.79 亿元。其中,2014 年全国公共投资总规模增长最快,增长率达到 13.27%,随后全国公共投资波动幅度趋于减小。2016 年增长幅度为六年最低,仅为 8.05%。虽然公共投资用于基础设施建设的资金规模不断增长,但是,总量仍显不足,且呈现出较大的地区差异。从绝对规模来看,2011 年东部地区公共投资规模最大,到了 2016 年,中部地区公共投资总量达到 8427.06 亿元,超过东部地区和西部地区,西部地区规模始终最低。这启示我们,西部欠发达地区市场发育程度低,经济总量较小,公共设施和公共服务状况相对较差,应当通过合理调整中央政府投资的区域流向,进一步增强西部地区公共投资供给来缩小区域之间的差距,促进区域之间协调可持续发展。

第二,从各地区增长率来看,2016 年东部地区省市的公共投资规模出现负增长,但其他年份的公共投资明显高于中部和西部地区,中部地区公共投资规模平均增长率最大,达到 13.43%,因此,各地区公共投资增长趋势呈现出了不同程度的差异,且西部地区增长率波动最剧烈。并且,与东部地区相比,中部和西部地区的公共投资在 2011—2016 年间的平均增长率明显较高,中部地区和西部地区分别保持了年均 13.43% 和 12.59% 的增长速度。而东部地区的增长率年均值最小,仅为 8.26%,甚至出现 -2.77% 的负增长。笔者认为,中国各地区公共投资增长率呈现的不同发展阶段与政府的宏观调控密切相关,投资规模扩张是在一定的投资体制和财政体制下实现的,这说明"十二五"时期以来,我国公共投资规模呈现出了明显的增量周期波动。从面上数据来看,我国公共投资区域不平衡问题依然存在,东、中、西三大区域之间公共投资状况存在一定的比例失衡,并且公共投资规模增长状况并不同步。

---

① 对于公共投资的规模,常用的衡量方法有绝对指标和相对指标。绝对指标是指能反映公共投资在一定时期内实际数量大小的指标,能直观明了地反映实际数量的变化,但无法将价格因素考虑在内,因此带有一定的误差。而相对指标是指公共投资与相关指标之间的关系,能反映出公共投资与其他变量之间的相对关系,便于不同变量之间的比较。

表 16.1 2011—2016 年中国东部、中部、西部区域公共投资总规模及增长率

	全国		东部		中部		西部	
	公共投资（亿元）	增长率（%）	公共投资（亿元）	增长率（%）	公共投资（亿元）	增长率（%）	公共投资（亿元）	增长率（%）
2011	4551.25	–	5141.27	–	4490.57	–	4050.86	–
2012	4995.32	9.76	5621.99	9.35	5042.37	12.29	4389.50	8.36
2013	5612.88	12.36	6345.16	12.86	5591.88	10.90	4955.61	12.90
2014	6357.93	13.27	7064.73	11.34	6292.29	12.53	5753.79	16.11
2015	7127.88	12.11	7807.93	10.52	7283.98	15.76	6400.43	11.24
2016	7701.46	8.05	7591.62	-2.77	8427.06	15.69	7318.41	14.34
均值	6057.79	11.11	6595.45	8.26	6188.02	13.43	5478.10	12.59

注：公共投资总规模增长率＝（当年公共投资总规模－上一年度公共投资总规模）/上一年度公共投资总规模。数据来源于中国统计年鉴（2012—2017）。

第三节　公共投资效率评价模型设定和指标选取

一、研究方法

正如前文所述，中国公共投资规模日益扩张，其是否产生了实际效果，仍需进一步进行检验。估计政府效率的一个有效方法是非参数估计中的数据包络分析（DEA）[①]。该方法把每一个被评价单位作为一个决策单元（Decision Making U-nits，DMU），将众多的 DMU 作为被评价对象，使用数学规划模型评价决策单元的相对效率。通过对各决策单元的投入和产出判断是否为 DEA 有效。最初的模型称为 CCR（C^2R），是专门用来判断决策单元是否同时为技术有效和规模有效的；

[①] 公共投资效率是指一定公共投资的产出效率，使用数据包络分析（DEA）得到。该方法有以下优点：无须对生产函数或成本函数进行假设，不需要预先估计参数，建立模型前无须对数据进行无量纲化处理，能够明显的简化运算以及避免主观因素；通过对输入和输出指标的计算分析，可以判定不同决策单元的绩效，为确定差距及调整投入方向奠定基础；应用该方法能有效排除主观因素等。公共投资领域较为庞大，包含很多项目，且各地公共投资呈现出一定的差异性，选择 DEA 分析方法较为适合。

Banker Charnes 和 Cooper(1984)给出了模型 BCC(BC^2),将综合技术效率分解为纯技术效率和规模效率。同时 C^2R 模型和 BC^2 模型构成了 DEA 分析法中最主要和最基本的模型。

针对研究对象的特征,运用 DEA 基础模型和基于 DEA 的 Malmquist 指数两种方法分别对中国省际公共投资效率进行静态相对效率测度和动态效率变化测度,进而总结中国公共投资效率不足的主要原因和区域差异。进行评价的结果取值区间为[0,1],根据 DEA 原理评价结果为 1 的决策单元为 DEA 有效或弱 DEA 有效。由于搜集了面板数据,使用面板 DEA 方法,不仅参照系稳定,而且有效地处理了时间条件变化的问题。运用 2011—2016 年度中国省际公共资本投入数据,采用规模报酬可变的数据包络分析法(DEA)深入探讨中国省际公共资本投入效率变化趋势及其区域差异。

其中,省份决策单元、政府公共投资投入指标以及相应的经济社会类产出指标是开展 DEA 模型实证研究的基本要素。在该模型中,假定有 n 个 DMU 的技术效率,$DMU_j(j = 1,2,\cdots,n)$,每个 DMU 有 m 种投入,记作 $x_i(i = 1,2,\cdots,m)$,投入的权重表示为 $v_i(i = 1,2,\cdots,m)$;q 种产出,记为 $y_r(r = 1,2,\cdots,q)$,产出的权重为 $u_r(r = 1,2,\cdots,q)$。当前要测量的 DMU 记为 DMU_k,其产出投入比表示为:

$$h_k = \frac{u_1 y_{1k} + u_2 y_{2k} + \cdots + u_q y_{qk}}{v_1 x_{1k} + v_2 x_{2k} + \cdots + v_m x_{mk}} = \frac{\sum_{r=1}^{q} u_r y_{rk}}{\sum_{i=1}^{m} v_i x_{ik}}, (v \geqslant 0; u \geqslant 0) \quad (16.1)$$

其中,可以将所有的 DMU 的效率值 θ_j 限定在[0,1] 内,即 $\dfrac{\sum_{r=1}^{q} u_r y_{rk}}{\sum_{i=1}^{m} v_i x_{ik}} \leqslant 1$。

C^2R 模型的非线性规划模型表示为:

$$\begin{cases} \max \dfrac{\sum_{r=1}^{q} u_r y_{rk}}{\sum_{i=1}^{m} v_i x_{ik}} \\ \\ s.t. \dfrac{\sum_{r=1}^{q} u_r y_{rk}}{\sum_{i=1}^{m} v_i x_{ik}} \leqslant 1 \end{cases} \quad (16.2)$$

通过转化,可以将上述非线性模型转化为线性规划模型,即

$$
\begin{cases}
\max \sum_{r=1}^{q} u_r y_{rk} \\[2mm]
s.\,t.\ \sum_{r=1}^{q} u_r y_{rj} - \sum_{i=1}^{m} v_i x_{ij} \leqslant 0 \\[2mm]
\sum_{i=1}^{m} v_i x_{ik} = 1 \\[2mm]
v \geqslant 0, u \geqslant 0; i = 1,2,\cdots,m; i = 1,2,\cdots,q; j = 1,2,\cdots,n
\end{cases}
\tag{16.3}
$$

在模型中，x_{ik} 和 y_{rj} 为已知变量，查阅已有数据即可得。u_r 和 v_i 为权系数，是未知变量，以所有决策单元效率为约束条件①。其中，将 2011—2016 年 31 个省（市、区）作为决策单元，即 DUM = 186，每个决策单元分别有 1 项投入和 5 项产出，$i = 6$，将相关数据带入模型即可求得效率值。

综合技术效率（TE）指一个生产单元的生产过程达到该行业技术水平的程度，反映的是一个生产单元技术水平的高低，也被称为"技术效率"。技术效率可以从投入和产出两个角度来衡量。在投入既定的情况下，技术效率由产出最大化的程度来衡量；在产出既定的情况下，技术效率由投入最小化的程度来衡量。规模效率（SE）指生产单元由于投入规模的变化引起的综合效率的变化；纯技术效率（PTE）是基于 BC² 模型的效率，是指排除了规模效率影响。其中综合技术效率 = 纯技术效率 × 规模效率，即 TE = SE × PTE。

二、Malmquist 指数

主要目的是采用非参数 DEA – Malmquist 指数法测算我国 31 个省（市、区）公共投资效率。样本时序长度是 2011—2016 年。参考 Fare 等人（1989）基于静态 DEA 模型构造的从 t 期到 t + 1 期的 Malmquist 指数 $M(x^{t+1}, y^{t+1}, x^t, y^t)$，可以得出效率的动态变化。其中 $D^t(x^{t+1}, y^{t+1}) D^t(x^t, y^t)$ 分别表示以 t 期为技术参考时 t 期和 t + 1 期的评价对象的距离函数，$D^t(x^{t+1}, y^{t+1}) D^t(x^t, y^t)$ 的含义与之类似。进一步将投资效率（tfpch）分解为综合技术效率（effch）和技术进步率（techch）两部分，其中综合技术效率（effch）可分解为纯技术效率（pech）和规模效率（sech），那么，Malmquist 生产率指数的最终分解形式可表示为：

$$
M(x^{t+1}, y^{t+1}, x^t, y^t) = \frac{D^{t\,i}(x^{t+1}, y^{t+1} \mid VRS)}{D^t(x^t, y^t \mid VRS)} \times \frac{D^{t+1}(x^{t+1}, y^{t+1} \mid CRS)}{D^{t+1}(x^{t+1}, y^{t+1} \mid VRS)}
$$

---

① 在评价对象的选取上主要考虑：在样本数量选择上严格依照 DEA 模型的相关要求，即评价指标应尽量精简，输入/输出指标总数不宜超过决策单元数量的 1/3，或者样本数量要大于或者等于投入指标数目与产出指标数目的乘积。

$$\times \frac{D^t(x^t, y^t \mid VRS)}{D^t(x^t, y^t \mid VRS)}$$

$$= effch \times techch$$

$$= pech \times sech \times techch$$

$$= tfpch \tag{16.4}$$

式（16.4）中，Malmquist 生产率指数（tfpch）表示生产率由 t 期到 t + 1 期的变化，及公共投资效率的变化情况。若 tfpch > 1 表示投资效率提高，tfpch = 1 表示投资效率不变，tfpch < 1 表明投资效率下降。技术进步指标 techch > 1 表明对 31 个省（市、区）各省份投资进行了有效的技术投入和创新，纯技术效率指标值 pech > 1 表明投资经营管理水平发生改进，规模效率指标值 sech > 1 表明投资规模向最优规模靠近。若 effch 或 techch 大于 1，说明对于公共投资效率存在促进作用，若小于 1 表明该因素是公共投资效率降低的根源。

三、评价指标的选取和数据收集

1. 投入指标

根据前文对公共投资概念的界定，公共投资包含了基础类基础设施投资和教育类公共投资。公共投资有绝对指标和相对指标，绝对指标包括公共投资总量、人均公共投资额等；相对指标包括公共投资占国内生产总值的比重、公共投资占财政支出的比重等。为更加科学准确地反映公共投资的效益和效率，投入指标选取人均公共投资这个变量，指东部、中部、西部区域 31 个省市的平均个人公共投资数额。

2. 产出指标

公共投资产出是指一定的投资带来的经济、社会、环境及服务等方面的产出，既包括经济类产出指标，也包括社会类产出指标。产出指标的选取遵循全面性和多样性原则，能更加充分地反映公共投资的相对产出效率。因此，选取人均 GDP、各地区万人拥有公共交通数量、人均城市道路面积、万人拥有卫生机构数、万人在校大学生数五个产出指标。

经济类指标。地区生产总值是国际上公认的综合反映一个国家或地区经济实力和富裕程度的指标。所以，用人均 GDP 作为经济类产出指标。

社会类指标。社会类指标由于其自身涉及范围广，统计数据的可获得性不易，社会形态变化难以准确量化。尹小剑（2012）将文化教育产出、科学技术产出、医疗卫生产出和环境保护产出分别用两个指标标准化后来表示社会效率状况。选取万人拥有卫生机构数、人均城市道路面积和人均公园绿地面积作为社会效率类指标,表示各省公共投资基础设施建设的效率状况,教育水平反映各省公共投资基础教育的效率状况。

具体指标选取如下:人均 GDP。人均城市道路面积,是指城区居民和城市暂住人口每人所拥有的道路面积,也是城市交通基础设施产出的重要衡量指标。人均公园绿地面积。公园绿地是城市环境及公共设施的重要组成部分,也是公共投资的重要领域之一。绿地面积与经济发展质量、居民生活质量以及城市的可持续发展密切相关,人均公园绿地面积的多寡直接影响着人们对公共投资效果的评价。万人拥有卫生机构数。医疗卫生机构包括医院、基层医疗卫生机构、专业公共卫生机构、其他医疗卫生机构等。医疗卫生机构数量的多寡不仅关系到人们就医的便捷性,更关系到人们的整体健康水平。因此各地政府较为重视对卫生机构的投入。万人在校大学生数。在校大学生是衡量教育事业发展水平的指标之一,能够反映国家科技、教育事业投入的状况。借鉴陈诗一和张军(2008)的做法,用各省份普通高等学校万人在校大学生数代替。

投入产出指标的描述性统计如表 16.2 所示。

表 16.2　投入产出指标的描述性统计

指标	定义	均值	标准差	最小值	最大值
投入指标	人均公共投资,单位:万元	1.9717	1.6032	0.0911	9.6057
经济类产出指标	人均 GDP,单位:万元	4.6746	2.2790	0.3963	11.8226
社会类产出指标	万人拥有公共交通车辆,单位:辆	1.5181	1.1877	0.0366	6.367
	人均城市道路面积,单位:平方米	4.7024	2.0356	0.4516	9.9678
	万人拥有卫生机构数,单位:个	3.1330	2.1819	0.4132	8.1070
	万人在校大学生人数,单位:人	179.905	56.0617	18.5779	334.829

3. 数据来源

为了有效地评价和分析中国各地区公共投资利用效率状况,根据数据的可获得性,选取了 2011—2016 年中国 31 个省(市、区)的数据作为研究对象,以上数据均源于《中国统计年鉴》(2012—2017)。

根据前文公共投资产出指标的选取,共有 186 个决策单元,中国省际公共投资投入产出指标的描述性分析如表 16.3 所示。通过分析投入类指标可知,由于省际的人口差异,人均公共投资指标的最大值主要集中在西藏,而最小值则分布山东省。随着时间的推移,到 2016 年,辽宁省的人均公共投资指标在 31 省(市、区)中处于最低水平。从社会类产出指标来看,人均地区生产总值2011年最大值由上海市转移到2016年的北京市。另一个社会产出类变量人均城市道路面积2011年和2016年的最大值均为江苏省,但最小值由河北省转变为贵州省。此外,总体来看,西藏自治区有两项社会产出类指标在31省市中处于最低水平,包括万人拥有公共交通车辆和教育水平。教育水平指标最大值和最小值所属省份没有发生较大变化。从以上分析可知,极值的变化在一定程度上刻画了不同地区公共投资利用效率状况的变化,从而可能对各省市公共效率产生一定的影响,下文将通过 DEA – Malmquist 分析方法对各省市的公共投资效率进行实证分析。

表16.3 中国省际公共投资投入产出指标的描述性统计

	2011 年		2016 年	
	最大值	最小值	最大值	最小值
人均公共投资(万元)	7.73(西藏)	0.09(山东)	9.61(西藏)	0.40(辽宁)
人均 GDP(万元)	1.40(上海)	0.09(河北)	10.59(北京)	2.6(甘肃)
万人拥有公共交通车辆(辆)	5.17(广东)	0.04(西藏)	6.37(广东)	0.06(西藏)
人均城市道路面积(平方米)	7.39(江苏)	0.45(河北)	9.97(江苏)	2.31(贵州)
万人拥有卫生机构数(个)	8.02(天津)	0.41(宁夏)	7.05(天津)	0.43(宁夏)
万人在校大学生人数(人)	165.94(山东)	3.24(西藏)	199.59(山东)	3.5(西藏)

注:数据源于2012—2017年《中国统计年鉴》数据经作者计算得到。

第四节 中国省际公共投资效率及区域差异的实证结果

一、基于 DEA 基础模型的效率综合评价

对一个地区公共投资效率的评估可以从综合技术效率、纯技术效率和规模效率三个维度进行分析。基于面板数据和产出导向的 BCC 模型,选取 2011 年数据作为对照组,将各指标数据代入 DEAP2.1 软件以计算 2011—2016 年 31 个省(市、区)投资的综合效率、纯技术效率、规模效率和规模效益,对中国省际公共投资效率进行评价(表16.4)。

表16.4 各区域公共投资平均效率测算结果（2011—2016年）

东部

	综合技术效率	纯技术效率	规模效率	rts
北京	0.672	0.698	0.962	→
天津	0.398	0.405	0.983	↑
河北	1.000	1.000	1.000	→
辽宁	0.549	0.609	0.901	→
上海	0.772	1.000	0.772	→
江苏	1.000	1.000	1.000	→
浙江	0.775	0.955	0.811	→
福建	0.455	0.786	0.580	→
山东	1.000	1.000	1.000	↑
广东	1.000	1.000	1.000	→
海南	0.187	0.637	0.293	→
均值	0.710	0.826	0.846	

中部

	综合技术效率	纯技术效率	规模效率	rts
山西	0.353	0.717	0.493	→
吉林	0.419	0.655	0.639	→
黑龙江	0.458	0.586	0.780	→
安徽	0.604	0.610	0.990	→
江西	0.406	0.650	0.625	→
河南	0.715	1.000	0.715	→
湖北	0.538	0.817	0.658	→
湖南	0.485	0.868	0.559	→
均值	0.497	0.738	0.682	

西部

	综合技术效率	纯技术效率	规模效率	rts
内蒙古	0.346	0.875	0.396	→
广西	0.343	0.602	0.570	→
重庆	0.321	0.553	0.581	→
四川	0.423	1.000	0.423	→
贵州	0.209	0.417	0.501	→
云南	0.255	0.426	0.599	→
西藏	0.034	0.310	0.110	→
陕西	0.331	0.707	0.468	→
甘肃	0.222	0.518	0.429	→
青海	0.088	0.419	0.210	→
宁夏	0.188	0.897	0.210	→
新疆	0.300	0.549	0.545	→
均值	0.255	0.606	0.420	

从我国各区域公共投资综合技术效率来看,2011—2016 年 31 个省市中,河北省、江苏省、山东省和广东省的公共投资综合技术效率达到 1,这说明达到 DEA 有效。并且,发现这些省份均属于东部地区,这说明公共投资效率存在明显的地区差异。而中部地区综合技术效率最高的省份为河南,其值仅为 0.715,未达到 DEA 有效。尽管中部地区的公共投资综合效率最高,但距最大效率值仍有一定的差距。而考察期内,西部地区综合技术效率值最高的省份为四川省,其值仅为 0.423。这意味着西部地区所有省份的公共投资综合技术效率处于较低水平,即在很大程度上,这些西部省份的公共投资是无效率的。以上结果说明,东部地区综合技术效率平均值明显高于西部地区和中部地区,从总体上对公共投资的效率进行把握,地区差异非常明显。

从我国各区域公共投资纯技术效率来分析,纯技术效率是综合技术效率中排除了规模因素后的效率,效率值的变化主要是由技术因素引起的。从均值来看,2011—2016 年 31 个省(市、区)中,河北省、上海市、江苏省、山东省、广东省和四川省的公共投资纯技术效率最高,达到 1。同时,分析其他省份可以发现,和四川省以 1 的水平分别为中部地区和西部地区的最高值,这说明,大多数省份的纯技术效率值距 1 仍有一定的差距。其中,中部地区黑龙江省的纯技术效率仅为 0.586,西部地区平均纯技术效率西藏仅为 0.310,省际差异明显。

从我国各区域规模效率来看,考察期内平均规模效率水平的整体偏低拉低了各省市的综合技术效率。相对于综合技术效率和纯技术效率,中国 31 个省(市、区)公共投资的规模效率相对较高,这说明综合技术效率的低下主要是由纯技术效率导致的。但是,中国省际公共投资绩效存在明显的地区差异。从均值上看,东部地区大多数省份的规模效率均达到了最优,包括河北省、江苏省、山东省、广东省。在不同年份有一定的波动,但总体上高于 0.8。中部地区省份的规模效率最大的省份为安徽省,规模效率指数为 0.990,基本上接近最优规模指数,但是中部地区多数省份的规模效率没有实现最优。西部地区规模效率最大的省份为云南省,仅为 0.599,略高于东部最低的福建省,距最优规模效率仍有非常大的差距。此外,除了河北省、江苏省、山东省和广东省处于规模收益不变外,其余大部分省市的规模均处于下降趋势,即公共投资投入比例的增加小于产出比例的增加,继续增加投入并不一定会增加产出。

因此,从 2011—2016 年我国 31 各省份综合技术效率水平来看,各省市的公共投资效率均未实现最优,且呈现出了由东向西梯次递减的空间分布特征,即中国东、中、西部公共投资的公共投资效率东部最高、中部次之、西部最低。从全国整体来看,中部地区和西部地区纯技术效率对综合技术效率的贡献高于规模效率,这说明这些地区的公共投资的制约因素主要是规模效率。而东部地区,规模效率对综合技术效率的贡献高于纯技术效率,这意味着纯技术效率因素是影响东部地区综合技术效率的主要因素。鉴于考察期内所有区域的公共投资平均效率未达到最优效率水平,存在很大的提升和改进空间,政府公共投资应当更加注重技术创新和制度完善,并且,应该适当考虑区域差别,完善东部地区公共投资绩效的制度创新,且不能盲目地扩大中西部地区公共投资规模,避免投资浪费和无效损失。

二、基于时间序列的 DEA – Malmquist 指数的全要素生产率分析

为更加清晰直观地反映各地区各效率的实际水平,对公共投资效率进行分解,采用 DEAP2.1 软件,利用产出导向的 Malmquist 生产率指数来分析 31 个省(市、区)2011—2016 年全要素生产率指数(TFP)及其分解量。由于数据较为庞大,故分别对数据在时间维度和截面维度进行平均,给出具有一定代表性的综合性数据表。

1. 时间序列的公共投资效率平均 Malmquist 指数变动趋势及分解

表 16.5 列出了 2011—2016 年中国 31 个省(市、区)公共投资效率的平均 Malmquist 生产率指数变动趋势及分解。从时间维度来看,公共投资全要素生产率呈现出一定的上下波动的变化趋势,从表 16.5 可以知道,Malmquist TFP 指数最低的年份是 2011—2012 年,其值为 0.877。从 2012 年开始得到了有效提升,以后各年的 Malmquist TFP 指数值均在 0.9 以上,并在 2014—2015 年 Malmquist TFP 指数达到了最大值 0.983。2012—2013 年该指数达到了 0.966,随后的几个考察期内,该指数呈现出平稳态势。并且,2011—2016 年 31 个省(市、区)投资效率的全要素生产率(tfpch)的动态变化平均值为 0.949,2011—2016 年公共投资全要素生产率平均增长率低于 1,这表明我国省际的动态全要素生产率从总体上出现下降的趋势,平均每年下降 5.1%,即政府每年不断增加公共投资的同时效率在下降,这一特征直接在生产率变动数据上得以显现。

由上面的分析可知,Malmquist TFP 指数可以分解为技术效率变动(effch)和技术变动(techch)两部分。因此,分解后可以发现:第一,从技术效率变动来看,除了 2015—2016 年段的值小于 1,其余均大于或等于 1,其变化平均值小于 1,它在 2011—2016 年期间动态变化均值为 0.906,超过 0.8,这充分说明"十二五"期间技术效率基本处于良性但步伐缓慢。由于 2015—2016 年综合技术效率变化指数下滑为 0.539,因此,2016 年公共投资效率下降主要源于综合技术效率。换句话说,技术创新和制度不断完善后将迎来公共投资支出全要素生产率的再提升。第二,由 Malnquist 指数的分解结果中技术进步指数得知,技术进步在 2011—2016 年期

间动态变化均值为 1.047,但是除去 2015—2016 年技术变动的值大于 1 外,其余所有考察年段的值均小于 1,最小值出现在 2011—2012 年,值为 0.852,这表明技术变动情况不容乐观。由此不难发现,技术效率变动和技术变动都是造成我国投资效率下滑的重要因素。除了技术变动外,纯技术变动和规模效率变动均低于 1,这在一定程度上表明考察期内 31 个省(市、区)投资的经营管理水平和规模收益有所下降。因此,从分解来看,主要还是技术效率和生产技术拖了后腿。这启示我们,公共投资仍处于粗放经营阶段,技术变动已经成为制约各省公共投资效率进一步提高的关键因素和首要障碍,印证了加大推行技术进步和技术创新的必要性。

表 16.5　基于时间序列的公共投资效率平均 Malmquist 指数变动趋势及分解

年份	综合技术效率变化指数	技术进步指数	纯技术效率变化指数	规模效率变化指数	Malmquist TFP 指数
2011—2012	1.029	0.852	1.288	0.799	0.877
2012—2013	1.044	0.925	1.027	1.017	0.966
2013—2014	1.000	0.956	1.032	0.969	0.957
2014—2015	1.054	0.933	1.037	1.017	0.983
2015—2016	0.539	1.791	0.584	0.923	0.965
均值	0.906	1.047	0.962	0.941	0.949

2. 基于区域维度的公共投资平均 Malmquist TFP 指数及构成测算结果

表 16.6 给出了中国省际平均 Malmquist TFP 指数及构成情况。西藏、辽宁、天津、宁夏和上海的 Malmquist TFP 指数排名比较靠前,这几个省份 TFP 值高于 1,这意味着它们的全要素生产率水平有所改善,公共投资效率变动呈增长趋势。其他地区的全要素生产率增长情况不容乐观,大多数省份的生产率指数值距 1 还有较大差距。这意味着这些地区生产效率不但没出现增长反而都出现不同程度的倒退,排名最后的是河北省,其生产率指数仅为 0.724。进一步分析 tfp 增长的地区特征发现,全国 31 个省(市、区)中,有 28 个地区的 Malmquist TFP 指数超过了0.9。其余 3 个省区中,除山东和河北的 Malmquist TFP 指数低于 0.8 之外,河南的 Malmquist TFP 指数仅为 0.874。因此,政府每年公共投资支出不断增加的同时效率在下降。这也说明,我国各地区生产率开发潜力巨大,全面提高我国各个地区的全要素生产率,释放生产潜力是一项亟待解决的任务。

进一步分析考察各个地区的技术效率变动发现,有四个省份的技术效率变动值达到1,这四个地方分别是西藏1.018、辽宁1.128、广东1.000和四川1.057。这意味着这些地区技术效率变动出现了一定幅度的增长。相比而言,其他大部分省份的技术效率变动的测度结果小于1,这说明这几个地区的技术效率几乎没有显著进步甚至还略有退步。这说明技术效率变动是全要素生产率波动的原因

根据前文的分析,TFP为动态效率,其平均水平体现了投资效率对产出增长的贡献。根据表16.6结果计算可知,考察期内,总体的全要素生产率年均增速为－5.1%,说明公共投资效率出现了一定程度的倒退。按东部、中部和西部区域来看,西部地区全要素生产率指数值为0.9735,年均增速为－2.65%。东部地区全要素生产率指数值为0.9458,年均增速为－5.42%。中部地区全要素生产率指数值为0.9296,年均增速为－7.04%。这说明三大区域的投资效率对区域产出增长的贡献为负,投资效率下降。Malmquist指数下降的主要因素是综合技术效率变化和生产技术进步变动减缓,发展势头不明显,一些地区甚至出现了一定程度的倒退。因此,要提高公共投资的支出效率,就要从技术平台、管理人员、机构运作等影响生产技术因素着手,从而更好地带动全要素生产率的全面复苏和提高。

表16.6 基于区域维度的省际公共投资平均Malmquist指数及构成测算结果

		综合技术效率变化指数	技术进步指数	纯技术效率变化指数	规模效率变化指数	Malmquist TFP指数	排名
东部	辽宁	1.128	0.999	1.11	1.016	1.127	2
	天津	0.947	1.126	1.178	0.804	1.066	3
	上海	0.872	1.167	1.000	0.872	1.017	5
	海南	0.876	1.135	0.903	0.969	0.994	7
	广东	1.000	0.987	1.000	1.000	0.987	10
	福建	0.802	1.167	0.817	0.981	0.935	17
	江苏	0.848	1.100	1.000	0.848	0.933	18
	浙江	0.804	1.153	0.898	0.895	0.926	23
	北京	0.867	1.067	1.074	0.807	0.925	24
	山东	0.922	0.835	1.000	0.922	0.770	30
	河北	0.953	0.76	1.000	0.953	0.724	31
	均值	0.911	1.045	0.998	0.915	0.946	－

续表

		综合技术效率变化指数	技术进步指数	纯技术效率变化指数	规模效率变化指数	Malmquist TFP 指数	排名
中部	黑龙江	0.87	1.136	0.915	0.95	0.988	8
	吉林	0.845	1.137	0.856	0.987	0.961	12
	山西	0.936	1.011	0.948	0.988	0.946	15
	江西	0.933	0.998	0.938	0.994	0.931	20
	安徽	0.881	1.051	0.892	0.987	0.926	22
	湖北	0.892	1.021	0.919	0.97	0.910	26
	湖南	0.958	0.941	0.998	0.96	0.901	28
	河南	0.984	0.888	0.994	0.989	0.874	29
	均值	0.912	1.023	0.933	0.978	0.929	–
西部	宁夏	0.899	1.135	1.089	0.825	1.020	4
	青海	0.853	1.167	0.934	0.913	0.995	6
	重庆	0.848	1.166	0.869	0.976	0.988	9
	内蒙古	0.835	1.164	0.955	0.874	0.971	11
	新疆	0.841	1.136	0.868	0.97	0.956	13
	甘肃	0.908	1.048	0.953	0.953	0.952	14
	云南	0.893	1.053	0.96	0.931	0.941	16
	广西	0.919	1.015	0.925	0.994	0.933	19
	贵州	0.918	1.009	0.958	0.959	0.927	21
	陕西	0.863	1.062	0.868	0.994	0.916	25
	四川	1.057	0.856	1.091	0.969	0.905	27
	西藏	1.018	1.158	1.031	0.987	1.178	1
	均值	0.904	1.081	0.958	0.945	0.974	–
全国均值		0.906	1.047	0.962	0.941	0.949	–

注:排名按 MalmquistTFP 指数进行。

第五节　本章小结

基于非参数 DEA – Malmquist 指数,运用相关数据详细考察了 31 个省(市、区)公共投资效率的静态投资效率和动态投资效率的区域差异。实证结果表明:(1)DEA 模型的估计结果表明,六年间中国省际公共投资整体效率水平不高且存在较大差异。考察期内,83.87% 省份公共投资基本处于规模收益递减的状态。并且,规模效率水平的整体偏低拉低了各省市的综合技术效率,这说明一味地追加公共投资并不能使效率达到最大化。进一步分区域考察发现,中部地区和西部地区的公共投资基本处于无效率状态。东部区域的综合技术效率水平是由纯技术效率决定的,而规模效率是中部地区的综合技术效率的主要制约因素。(2)基于 Malmquist TFP 指数的效率动态分析发现,中国省际公共投资综合效率较上年都有所下降,平均每年下降 5.1% 。从分解来看,主要还是技术效率和生产技术拖了后腿。并且,考察期内,大多数省份的生产率指数值距 1 还有较大差距,这意味着这些地区生产效率不但没出现增长反而都出现不同程度的倒退。

相关结论所蕴含的政策启示为:第一,政府公共投资应当更加注重技术创新和制度完善,并适当考虑区域差别,完善东部地区公共投资绩效的制度创新,且不能盲目地扩大中西部地区公共投资规模,避免投资浪费和无效损失。中国公共投资在大多数年份内处于规模收益递减状态,继续扩大投资规模可能会适得其反。第二,将合理配置公共资本投入规模放在优先位置,兼顾投入结构的优化与区域均衡协调机制,最终达到改善公共资本投入效率、缩小区域差异的战略目标。第三,由于劳动生产率变动是技术效率、技术进步与资本投入效率等多因素综合作用的结果,而资本形成速度最终受制于递减的边际报酬定律,过度依赖公共资本深化的政府推动型经济增长并不可长期维持,需要合理配置公共资本投资来优化城乡公共基础设施的融合发展。

参考文献

［1］ADAM F. Social capital across Europe：findings，trends and methodological shortcomings of cross – national surveys［J］. Social Science Information，2008，47（2）：159 – 186.

［2］RODRíGUEZ – POSE A，VON BERLEPSCH V. Social Capital and Individual Happiness in Europe［J］. Journal of Happiness Studies，2014，15（2）：357 – 386.

［3］ATKINSON A B. Bourguignon，C. Morrisson. Empirical Studies of Earnings Mobility［M］. Massachusetts：Harwood Academic Publishers，1992.

［4］ISHIDA A，KOSAKA K，HAMADA H. A Paradox of Economic Growth and Relative Deprivation［J］. Journal of Mathematical Sociology，2014，38（4）：269 – 284.

［5］BANKER R D，CHARNES A，COOPER W W. Some models for estimating technological and scale inefficiencies in Data Envelopment Analysis［J］. Management Science，1984，30（9）：1078 – 1092.

［6］BARTLEY M. Health Inequality：An Introduction to Theories，Concepts and Methods［M］. Cambridge：Polity Press ，2004.

［7］BECH M，CHRISTIANSEN T，KHOMAN E，et al. Ageing and health care expenditure in EU – 15 ［J］. European Journal of Health Economics，2011，12（5）：469 – 478.

［8］BECKER G S. Human Capital：A Theoretical and Empirical Analysis with Special Reference to Education［M］. New York：Columbia University Press for the National Bureau of Economic Research，1964.

［9］BJORNSKOV C. The Happy Few：Cross – country Evidence on Social Capital and Life Satisfaction［J］. Kyklos，2003，56（1）：3 – 16.

［10］CHAKRAVARTY S R，DUTTA J B，WEYMARK J A. Ethical Indices of Income Mobility［J］. Social Choice and Welfare，1985，2（1）：72 – 93.

［11］CHETTY R. ，SZEIDL A. Consumption commitments and habit formation［J］.

Econometrica,2016,84(2),855 – 890.

[12] CLARK G. The Son Also Rises [M]. Princeton: Princeton University Press,2014.

[13] CROSSLEY A,LANGDRIDGE D. Perceived Sources of Happiness: A Network Analysis[J]. Journal of Happiness Studies,2005,6(2):107 – 135.

[14] DEATON A. Saving and liquidity constraints[J]. Econometrica,1991,59 (5),1221 – 1248.

[15] DEATON A. The Great Escape:Health,Wealth,and the Origins of Inequality [M]. Princeton University Press,2013.

[16] DFID. Sustainable Livelihoods Guidance Sheets[R]. Department for International Development,DIFD,2000,68 – 125.

[17] EAETERLIN R A,MORGAN M,WANG F. China's life satisfaction ,1990— 2010 [J]. Proceedings of the National Academy of Sciences, 2012, 109 (25): 9775 – 9780.

[18] EAETERLIN R A. Income and Happiness:Towards an Unified Theory[J]. The Economic Journal,2001,111(1):465 – 484.

[19] FIELDS G S,LEARY J B,OK EFE A. Stochastic Dominance in Mobility Analysis[J]. Economics Letters,2002,75(3) :71 – 92.

[20] FORMBY J P,SMITH J S,ZHENG B. Mobility Measurement,Transition Matrices and statistical inference[J]. Econometrics,2004,(12):157 – 174.

[21] FREY B S,STUTZER A. What Can Economists Learn from Happiness Research? [J]. Journal of Economic Literature,2002,40(2):402 – 435.

[22] GERDTHAM U G,JOHANNESSON M. Absolute Income,Relative Income, Income Inequality, and Mortality [J]. Journal of Human Resources, 2004, 39 (1), 228 – 247.

[23] HANSEN M N. Change in Intergenerational Economic Mobility in Norway: Conventional Versus Joint Classifications of Economic Origin[J]. Journal of Economic Inequality,2010,8(2):133 – 151.

[24] HEADEY B,MUFFELS R,WOODEN M. Money Does not Buy Happiness:Or Does It? A Reassessment Based on the Combined Effects of Wealth,Income and Consumption[J]. Social Indicators Research,2008,87(1):65 – 82.

[25] HELLIWELL J ,PUTNAM R D. The Social Context of Well – being,Philosophical Transactions of the Royal Society of London[J]. Series B,Biological Sciences,

2004,359(1449):1435 - 1446.

[26]HERACLIDES A,BRUNNER E. Social Mobility and Social Accumulation across the Life Course in Relation to Adult Overweight and Obesity:The Whitehall Study[J]. Journal of Epidemiology and Community Health,2010. 64(8):51 - 69.

[27]HOMMERICH C,TIEFENBACH T. Analyzing the Relationship Between Social Capital and Subjective Well - Being:The Mediating Role of Social Affiliation[J]. Journal of Happiness Studies,2018,19(4):1091 - 1114.

[28]ISHIDA A,KOSAKA K,HAMADA H. A Paradox of Economic Growth and Relative Deprivation [J]. The Journal of Mathematical Sociology, 2014, 38 (4): 269 - 284.

[29]JACKSON C K. Match Quality,Worker Productivity,and Worker Mobility: Direct Evidence from Teachers[J]. National Bureau of Economic Research,2013,95 (4):1096 - 1116.

[30]GREENWOOD J,JOVANOVIC B. Financial Development,Growth,and the Distribution of Income [J]. Social Science Electronic Publishing, 2015, 98 (5): 1076 - 1107.

[31]KHOR N,PENCAVEL J. Income Mobility of Individuals in China and The United States[J]. Economics of Transition,2006,14(3):83 - 99.

[32]KNIGHT J,GUNATILAKA R B. Does Economic Growth Raise Happiness in China? [J]. Oxford Development Studies,2011,39(1):1 - 24.

[33]LEE C I,SOLON G. Trends in Intergenerational Income Mobility[J]. The Review of Economics and Statistics,2009,91(4):766 - 772.

[34]LI H B,ZHU Y. Income,Income Inequality and Health:Evidence from China [J]. Journal of Comparative Economics,2006,(34)668 - 693.

[35]LOPREITE M,MAURO M. The effects of population ageing on health care expenditure:A Bayesian VAR analysis using data from Italy[J]. Health Policy,2017, 121(6):663 - 674.

[36]LOWRY D,XIE Y. Socio economic Status and Health Differentials in China: Convergence or Divergence at Old Ages? [R]. Population Studies Center,University of Michigan,2009.

[37]LUDWIG J,DUNCAN G J,GENNETIAN L A,et al. Neighborhood Effects on the Long - term Well - being of Low - income Adults[J]. Science,2012,337(6101): 1505 - 1510.

[38]MACKENBACH J P,JUSOT F,KUNST A E,et al. Social economic Inequalities in Health in 22 European Countries[J]. The new England Journal of Medicine, 2008,358(23):2468 – 2481.

[39]PUGNO M. Scitovsky and the income – happiness paradox[J]. The Journal of Socio – Economics 2013,4(43):1 – 10.

[40]MELLOR J M,MILYO J. Income Inequality and Health Status in the United States:Evidence from the Current Population Survey [J]. Journal of Human Resources. 2002,37(3):510 – 539.

[41]OSHIO T,KOBAYASHI M. Area – Level Income Inequality and Individual Happiness:Evidence from Japan[J]. Journal of Happiness Studies,2011,12(4):633 – 649.

[42]PENDZIALEK J B,DANNER M,SIMIC D,et al. Price elasticities in the German Statutory Health Insurance market before and after the health care reform of 2009 [J]. Health Policy,2015,119(5):654 – 663.

[43]PIRAINO P. Comparable Estimates of Inter Generational Income Mobility in Italy[J]. The B. E. Journal of Economical Analysis Policy,2007,7(2):115 – 136.

[44]REARDON T,TAYLOR J E,STAMOULIS K. Effects of non – farm employment on rural income inequality in developing countries:an investment perspective[J]. Journal of Agricultural Economics ,2010,51 (2) :266 – 288.

[45]REN G Q,PAN X L. An Individual Relative Deprivation Index and Its Curve Considering Income Scope [J] . Social Indicators Research , 2016 , 126 (3) : 935 – 953.

[46]RODERO – COSANO M L,GARCIA – ALONSO C R,SALINAS – PéREZ J A. A Deprivation Analysis for Andalusia (Spain):An Approach Based on Structural Equations[J]. Social Indicators Research,2014,115 (2) :751 – 765.

[47]ROSS C E,WU C L. Education Age and the Cumulative Advantage in Health [J]. Journal of Health and Social Behavior,1996,37 (1):165 – 178.

[48]SARRACINO F. Social capital and subjective well – being trends:comparing 11 western European Countries [J] . Journal of Socio – Economics, 2010, 39 (4): 482 – 517.

[49]SHAMS K. Developments in the Measurement of Subjective Well – Being and Poverty:An Economic Perspective[J]. Journal of Happiness Studies,2016,17(6) : 2213 – 2236.

[50]SHORROCKS F. Income Inequility and Income Mobility[J]. Journal of Economic Theory,1993,(19):121 – 142 .

[51]SMYTH R,QIAN X L. Inequality and Happiness in Urban China[J]. Economics Bulletin,2008,11(23):111 – 130.

[52]STEVENSON B,WOLFERS J. Economic growth and subjective well – being: reassessing the Easterlin paradox[J]. IZA DP,2008.(8):36 – 54.

[53]STOCK J H,YOGO M. Testing for Weak Instruments in Linear IV Regression [C]//ANDREWS D W K,STOCK J. Indentification and Inference for Econometric Models:Essay in Honor of Thomas Rothenberg. New York:Cambridge University Press, 2005.

[54]SUBRAMANIAN S V,KAWCHI I. Income Inequality and Health:What Have We Learned So Far? [J]. Epidemiology Review,2004(26):78 – 91.

[55]WANG P,PAN J,LUO Z. The Impact of Income Inequality on Individual Happiness:Evidence from China [J]. Social Indicators Research, 2015, 121 (2): 413 – 435.

[56]WARREN J R. Social economic status and health across the life course:A test of the social causation and health selection hypotheses[J]. Social Force,2009,87 (4):2125 – 2153.

[57]WOLBRING T,KEUSCHNIG M,NEGELE E. Needs,Comparisons,and Adaptation:The Importance of Relative Income for Life Satisfaction[J]. European Sociological Review,2013,29(1):84 – 104.

[58]SHI X H,LIU X Y,NUETAH A,et al. Determinants of Household Income Mobility in Rural China[J]. China &World Economy,2010,18(2):78 – 93.

[59]YIP W,SUBRAMAN S V,MITCHELL A D,et al. Does Social Capital Enhance Health and Well – being? ——Evidence from Rural China[J]. Social Science & Medicine,2007,64(1):35 – 49.

[60]陈坤秋,龙花楼. 中国土地市场对城乡融合发展的影响[J]. 自然资源学报,2019(2):221 – 235.

[61]陈利根,龙开胜. 新中国70年城乡土地制度演进逻辑、经验及改革建议[J]. 南京农业大学学报(社会科学版),2019,19(4):1 – 10,156.

[62]陈前恒,林海,吕之望. 村庄民主能够增加幸福吗? ——基于中国中西部120个贫困村庄1800个农户的调查[J]. 经济学(季刊),2014,13(2):723 – 744.

[63]陈诗一,张军.中国地方政府财政支出效率研究:1978—2005[J].中国社会科学,2008(4):65-78.

[64]陈通,任明.基于DEA的我国省域投资有效性评价[J].西北农林科技大学学报(社会科学版),2006(2):39-43.

[65]陈义媛.遭遇资本下乡的家庭农业[J].南京农业大学学报(社会科学版),2013,13(6):24-26.

[66]成前,王鸿儒,倪志良.户籍改革、财政支出责任与农村居民生活满意度[J].财政研究,2017(5):64-74.

[67]程名望,盖庆恩,史清华,等.人力资本积累与农户收入增长[J].经济研究,2016,51(1):168-181.

[68]程名望,史清华,JIN Y H.农民收入水平、结构及其影响因素——基于全国农村固定观察点微观数据的实证分析[J].数量经济技术经济研究,2014(5):67-80.

[69]崔宝玉,谢煜,徐英婷.土地征用的农户收入效应——基于倾向得分匹配(PSM)的反事实估计[J].中国人口·资源与环境,2016,26(2):111-118.

[70]邓大松,胡宏伟.流动、剥夺、排斥与融合:社会融合与保障权获得[J].中国人口科学,2007(6):14-24.

[71]邱玉娜.代际流动、教育收益与机会平等——基于微观调查数据的研究[J].经济科学,2014(1):65-74.

[72]丁士军,杨晶,吴海涛.失地农户收入流动及其影响因素分析[J].中国人口科学,2016(2):116-125.

[73]丁士军,杨晶,陈玉萍.基于流动性视角的失地农户收入变化分析——来自襄阳和昆明的证据[J].中国农村观察,2017(1):29-40.

[74]丁忠民,玉国华.社会保障、公共教育支出对居民收入的门槛效应研究[J].西南大学学报(社会科学版),2017(4):55-64.

[75]封进,余央央.中国农村的收入差距与健康[J].经济研究,2007(1):79-88.

[76]高珮义.中外城市化比较研究:增订版[M].天津:南开大学出版社,2004.

[77]高帅.社会地位、收入与多维贫困的动态演变——基于能力剥夺视角的分析[J].上海财经大学学报,2015(3):32-40.

[78]郭冠男."三权分置"内在逻辑研究——制度供给对格局变迁的契合[J].宏观经济管理,2019(1):50-56.

[79]郭君平,曲颂,夏英,等．农村土地流转的收入分配效应[J]．中国人口·资源与环境,2018,28(5):160-169.

[80]韩旭东,王若男,郑风田．能人带动型合作社如何推动农业产业化发展——基于三家合作社的案例研究[J]．改革,2019(10):98-107.

[81]何礼平,向运华．城镇职工退休人员缴纳医疗保险费的可行性及其相关问题探讨——社会保障学者专题讨论综述[J]．社会保障研究,2016(2):65-74.

[82]何立新,潘春阳．破解中国的"Easterlin悖论":收入差距、机会不均与居民幸福感[J]．管理世界,2011(8):11-22.

[83]贺雪峰.关于实施乡村振兴战略的几个问题[J]．南京农业大学学报(社会科学版),2018,18(3):19-26.

[84]胡宏伟,张小燕,赵英丽．社会医疗保险对老年人卫生服务利用的影响——基于倾向得分匹配的反事实估计[J]．中国人口科学,2012(2):57-66.

[85]黄季焜,邵亮亮,冀县卿．中国的农地制度、农地流转和农地投资[M]上海:格致出版社,2012.

[86]黄渊基,蔡保忠,郑毅．新时代城乡融合发展:现状、问题与对策[J]．城市发展研究,2019,26(6):22-27.

[87]霍灵光,陈媛媛．"新农合":农民获得幸福感了吗?[J]．上海财经大学学报,2017,19(2):38-49.

[88]贾晋,李雪峰,伍骏骞．宗族网络、村干部经商经历与农地经营权流转[J]．经济理论与经济管理,2019(2):101-112.

[89]江激宇,张士云,李博伟．社会资本、流转契约与土地长期投资[J]．中国人口·资源与环境,2018(3):67-75.

[90]姜建清．改革开放四十年中国金融业的发展成就与未来之路[J]．上海交通大学学报(哲学社会科学版),2019(2):21-26.

[91]解垩．养老金与老年人口多维贫困和不平等研究——基于非强制养老保险城乡比较的视角[J]．中国人口科学,2017(5):62-73.

[92]金成武.城镇劳动力市场上不同户籍就业人口的收入差异[J]．中国人口科学,2009(4):32-41.

[93]金烨,李宏彬,吴斌珍．收入差距与社会地位寻求:一个高储蓄率的原因[J]．经济学季刊,2011(3):887-912.

[94]匡远凤．选择性转移、人力资本不均等与中国城乡收入差距[J]．农业经济问题,2018(4):23-35.

[95]冷智花,付畅俭,许先普．家庭收入结构、收入差距与土地流转——基于

中国家庭追踪调查(CFPS)数据的微观分析[J].经济评论,2015(5):111-128.

[96]李成,田懋,刘生福.公共投资对全要素生产率影响的空间面板分析[J].山西财经大学学报,2015(2):13-22.

[97]李春琦,李立.家庭劳动力供给对消费平滑的影响效应:基于CFPS数据的微观实证[J].当代经济科学,2018(5):70-78.

[98]李汉林,魏钦恭,张彦.社会变迁过程中的结构紧张[J].中国社会科学,2010(2):121-143.

[99]李建新,夏翠翠.社会经济地位对健康的影响:"收敛"还是"发散"——基于CFPS 2012年调查数据[J].人口与经济,2014(5):42-50.

[100]李江一,李涵,甘犁.家庭资产—负债与幸福感:"幸福—收入"之谜的一个解释[J].南开经济研究,2015(5):3-23.

[101]李力行.中国的城市化水平:现状、挑战和应对[J].浙江社会科学,2010(12):27-34.

[102]李平,朱国军.社会资本、身份特征与居民幸福感——基于中国居民社会网络变迁的视角[J].经济评论,2014(6):113-125.

[103]李祺,孙钰,崔寅.基于DEA方法的京津冀城市基础设施投资效率评价[J].干旱区资源与环境,2016(2):26-30.

[104]李强."丁字型"社会机构与"结构紧张"[J].社会学研究,2005(2):55-73.

[105]李实.中国农村劳动力流动与收入增长和分配[J].中国社会科学,1999(2):16-33.

[106]李树,陈刚.关系"能否带来幸福?——来自中国农村的经验证据[J].中国农村经济,2012(8):66-78.

[107]李树,陈刚.幸福的就业效应——对幸福感、就业和隐性再就业的经验研究[J],经济研究,2015(3):62-74.

[108]廖永松."小富即安"的农民:一个幸福经济学的视角[J].中国农村经济,2014(9):4-16.

[109]林炳华.基于PVAR模型的城镇化政府公共投资与私人投资的互动效应研究[J].财政研究,2014(3):72-75.

[110]刘瑞明,亢延锟,黄维乔.就业市场扭曲、人力资本积累与阶层异化[J].经济学动态,2017(8):74-87.

[111]刘雯.收入差距、社会资本与农户消费[J].中国农村经济,2018(6):84-100.

[112]刘一伟,汪润泉.收入差距、社会资本与居民贫困[J].数量经济技术经济研究,2017(9):75-92.

[113]刘玉光,杨新铭,王博.金融发展与中国城乡收入差距形成——基于分省面板数据的实证检验[J].南开经济研究,2013(5):50-59.

[114]陆铭,陈钊.城镇化、城市倾向的经济政策与城乡居民收入差距[J].经济研究,2004(6):50-58.

[115]吕诚伦,王学凯.金融发展会缩小收入分配差距吗——基于城乡、行业与企业的三重视角[J].江西社会科学,2019,39(4):53-62.

[116]吕莎莎.乡村振兴背景下的农村产业融合问题研究[D].烟台:烟台大学,2019.

[117]马福云.户籍制度研究:权益化及其变革[M].北京:中国社会出版社,2013.

[118]马拴友.中国公共资本与私人部门经济增长的实证分析[J].经济科学,2000(6):21-26.

[119]冒佩华,徐骥.农地制度、土地经营权流转与农民收入增长[J].管理世界,2015(5):113-124.

[120]穆怀中,闫琳琳,张文晓.养老保险统筹层次收入再分配系数及全国统筹类型研究[J].数量经济与技术经济研究,2014(4):19-34.

[121]裴志军.家庭社会资本、相对收入与主观幸福感:一个浙西农村的实证研究[J].农业经济问题,2010,31(7):22-29.

[122]彭浩然,申曙光.改革前后我国养老保险制度的收入再分配效应比较研究[J].统计研究,2007(2):33-37.

[123]亓寿伟,周少甫.收入、健康与医疗保险对老年人幸福感的影响[J].公共管理学报,2010(1):100-107.

[124]齐良书.收入、收入不均与健康:城乡差异和职业地位的影响[J].经济研究,2006(11):16-26.

[125]钱龙,钱文荣.社会资本影响农户土地流转行为吗——基于CFPS的实证检验[J].南京农业大学学报(社会科学版),2017(5):37-48.

[126]任国强,石玉成.我国农村居民个体收入融合的决定因素研究——基于CGSS2010数据的实证分析[J].农业技术经济,2016(1):48-59.

[127]申广军,张川川.收入差距、社会分化与社会信任[J].经济社会体制比较,2016(1):121-136.

[128]石智雷,杨云彦.外出务工对农村劳动力能力发展的影响及政策含义

[J].管理世界,2011(12):40-54.

[129]孙三百,黄薇,洪俊杰.劳动力自由迁移为何如此重要——基于代际收入流动的视角[J].经济研究,2012(5):147-159.

[130]孙玉奎,周诺亚,李丕东.农村金融发展对农村居民收入的影响研究[J].统计研究,2014,31(11):90-95.

[131]汤凤林,雷鹏飞.收入差距、居民幸福感与公共支出政策——来自中国社会综合调查的经验分析[J].经济学动态,2014(4):41-55.

[132]田泽,许东梅.我国对"一带一路"重点国家OFDI效率综合评价——基于超效率DEA和Malmquist指数[J].经济问题探索,2016(6):7-14.

[133]万宝瑞.我国农业三产融合沿革及其现实意义[J].农业经济问题,2019(8):4-8.

[134]万广华,张茵.收入增长与不平等对我国贫困的影响[J].经济研究,2006(6):112-123.

[135]王柏杰.农村制度变迁、流动性约束与中国农村居民消费增长[J].山西财经大学学报,2014(10):35-48.

[136]王朝明,胡棋智.中国收入流动性实证研究——基于多种指标测度[J].管理世界,2008(10):30-40.

[137]王甫勤.人力资本、劳动力市场分割与收入分配[J].社会,2010,30(1):109-126.

[138]王甫勤.社会经济地位、生活方式与健康不平等[J].社会,2012(2):125-413.

[139]王鹏.收入差距对中国居民主观幸福感的影响分析——基于中国综合社会调查数据的实证研究[J].中国人口科学,2011(3):93-101.

[140]王小华,温涛,朱炯.习惯形成、收入结构失衡与农村居民消费行为演化研究[J].经济学动态,2016(10):45-57.

[141]王小华,温涛.城乡居民消费行为及结构演化的差异研究[J].数量经济技术经济研究,2015(10):37-48.

[142]王延中,龙玉其,江翠萍,等.中国社会保障收入再分配效应研究——以社会保险为例[J].经济研究,2016,51(2):4-15.

[143]王征,鲁钊阳.农村金融发展与城乡收入差距——基于我国省级动态面板数据模型的实证研究[J].财贸经济,2011(7):55-62.

[144]吴菲,王俊秀.相对收入与主观幸福感:检验农民工的多重参照群体[J].社会,2017,37(2):74-105.

[145]吴丽民,陈惠雄.收入与幸福指数结构方程模型构建——以浙江省小城镇为例[J].中国农村经济,2010(11):63-74.

[146]肖龙铎,张兵.金融可得性、非农就业与农民收入——基于CHFS数据的实证研究[J].经济科学,2017(2):74-87.

[147]幸超.延迟退休对城镇职工基本医疗保险基金收支平衡的影响——基于统筹账户的精算模型模拟分析[J].湖南农业大学学报(社会科学版),2018(3):84-91.

[148]熊彩云,孟荣钊,史亚峰.我国农民幸福指数的实证研究[J].农业经济问题,2014,35(12):33-40.

[149]徐淑一,王宁宁.经济地位、主观社会地位与居民自感健康[J].统计研究,2015(3):62-68.

[150]许光.习近平新时代劳动力转移思想研究[J].上海经济研究,2018(7):22-29.

[151]薛新东,刘国恩.社会资本决定健康状况吗——来自中国健康与养老追踪调查的证据[J].财贸经济,2012(8):113-121.

[152]严斌剑,周应恒,于晓华.中国农村人均家庭收入流动性研究:1986—2010年[J].经济学(季刊),2014,13(3):939-968.

[153]杨飞虎,周全林.我国公共投资经济效率分析及政策建议[J].当代财经,2013(11):16-24.

[154]杨卫安.我国城乡教育关系制度的变迁研究[D].长春:东北师范大学,2010.

[155]姚耀军.金融发展与城乡收入差距关系的经验分析[J].财经研究,2005,31(2):49-59.

[156]叶志强,陈习定,张顺明.金融发展能减少城乡收入差距吗——来自中国的证据[J].金融研究,2011(2):42-56.

[157]易醇,张爱民.城乡一体化背景下的城乡产业融合协同发展模式研究[J].软科学,2018,32(04):105-109.

[158]殷强.我国公共投资与经济增长的实证分析[J].社会科学家,2007(5):81-83.

[159]尹小剑.中国省级政府投资的效率评价[J].经济学动态,2012(1):58-63.

[160]岳经纶,张虎平.收入不平等感知、预期与幸福感——基于2017年广东省福利态度调查数据的实证研究[J].公共行政评论,2018,11(3):100-119.

[161]臧旭恒,贺洋.初次分配格局调整与消费潜力释放[J].经济学动态,2015(1):19-28.

[162]翟学伟.是关系,还是社会资本?[J].社会,2009(1):109-121.

[163]张川川,GILES J,赵耀辉.新型农村社会养老保险政策效果评估——收入、贫困、消费、主观福利和劳动供给[J].经济学(季刊),2015(1):203-230.

[164]张宏彦,何清,余谦.中国农村金融发展对城乡收入差距影响的实证研究[J].中南财经政法大学学报,2013(1):83-88.

[165]张建,诸培新,王敏.政府干预农地流转:农户收入及资源配置效率[J].中国人口·资源与环境,2016(6):43-50.

[166]张晋华,冯开文,黄英伟.农民专业合作社对农户增收绩效的实证研究[J].中国农村经济,2012(9):42-53.

[167]张军.城乡产业融合的规律、平台与模式研究[J].农村经济,2018(8):31-36.

[168]张梁梁,杨俊.社会资本与居民幸福感:基于中国式分权的视角[J].经济科学,2015(6):65-77.

[169]张文宏.社会资本:理论争辩与经验研究[J].社会学研究,2003(7):23-35.

[170]张文娟,王捷.公共项目对经济增长的供给效应研究[J].中国人口·资源与环境,2011(3):171-174.

[171]张玉梅,陈志钢.惠农政策对贫困地区农村居民收入流动的影响——基于贵州3个行政村农户的追踪调查分析[J].中国农村经济,2015(7):70-81.

[172]张兆曙,王建.城乡关系、空间差序与农户增收——基于中国综合社会调查的数据分析[J].社会学研究,2017,32(4):46-69.

[173]章奇,米建伟,黄季焜.收入流动性和收入分配:来自中国农村的经验证据[J].经济研究,2007(11):123-138.

[174]章元,许庆,邬璟璟.一个农业人口大国的工业化之路:中国降低农村贫困的经验[J].经济研究,2012,47(11):76-87.

[175]赵剑治,陆铭.关系对农村收入差距的贡献及其地区差异[J].经济学(季刊),2010(1):363-390.

[176]赵全军.中国农村义务教育供给制度研究(1978—2005)——行政学的分析[D].上海:复旦大学,2006.

[177]赵周华,王树进.少子化、老龄化与农村居民消费率——基于省级面板数据的实证检验[J].农村经济,2018(2):52-58.

[178]周广肃,樊纲,申广军.收入差距、社会资本与健康水平——基于中国家庭追踪调查(CFPS)的实证分析[J].管理世界,2014(7):12-21.

[179]周钦,秦雪征,刘国恩.不患寡而患不均——相对生活水平对居民心理健康的影响[J].经济理论与经济管理,2018(9):48-63.

[180]周兴,张鹏.代际间的收入流动及其对居民收入差距的影响[J].中国人口科学,2013(5):50-59.

[181]周晔馨.社会资本是穷人的资本吗——基于中国农户收入的经验证据[J],管理世界,2012(7):83-95.

[182]周义,李梦玄.失地冲击下农民福利的改变和分化[J],农业技术经济,2014(1):73-80.

[183]曾益,凌云,张心洁."全面二孩"政策对城镇职工医保统筹基金的影响:改善抑或恶化[J].上海财经大学学报,2017,19(5):52-63.

[184]朱火云.城乡居民养老保险减贫效应评估——基于多维贫困的视角[J].北京社会科学,2017(9):112-119.

[185]朱帅,郑永君.住房对农民幸福感的影响机制与效应——基于经济、居住和象征价值维度的实证[J].湖南农业大学学报(社会科学版),2018(3):66-71.

[186]邹红,李奥蕾,喻开志.消费不平等的度量、出生组分解和形成机制——兼与收入不平等比较[J].经济学(季刊),2013(4):1231-1254.

后　记

本书得到国家自然科学基金"水稻生产环节外包和农地经营权流转实证研究及其政策效应评估：基于群体效应的视角"（71773140）、国家自然科学基金"中国农业生产环节外包供求平衡机制研究：以水稻为例"（71203236）、国家社会科学基金"乡村振兴战略下农村金融反贫困创新研究"（19FJYB022）、教育部国别与区域研究课题"中国与中东欧国家农业多元化合作的路径研究"（19GBQY104）、2019年四川省社科规划一般项目"四川省民族贫困地区农村社区治理'三社联动'协同机制与模式创新研究"（SC19B085）、重庆市社会科学规划项目"金融支持重庆脱贫攻坚的长效机制研究"（2019YBJJ047）等课题的资助，也是相关课题的阶段性研究成果整理后的集中体现。此外，本成果也是成都市哲学社会科学研究基地"成都城乡融合发展试验区研究基地"的研究成果。在实际研究中，通过大量的实地走访入户调查，收集了丰富的实地调查资料，为我们深入研究城乡高质量融合发展提供了重要的素材支撑。其中，本书部分内容已经在《中国人口科学》《中国农村观察》《保险研究》《公共管理学报》《经济理论与经济管理》等CSSCI核心期刊上发表，我们的目的主要在于将零散的学术论文整理成书，为清晰有效地展示城乡高质量融合的发展趋势和现实全貌提供理论和经验证据。

在本书付梓之际，首先需要感谢为本书写作和论文发表中提供过帮助和支持的老师、朋友、学生等。其中，包括为本书提供帮助的四川农业大学经济学院的蒋远胜院长、漆雁斌书记、吴平副院长、何仁辉副书记，感谢学院主要领导的大力支持和帮助，才能为本书的顺利成稿和出版提供非常多的便利支持。同时，感谢我的导师西南财经大学贾晋研究员及李雪峰、高远卓、尹业兴等同门师兄弟在书稿写作中的思想交流。另外，还要感谢为本书调研和搜集整理资料提供大力支持的本科生和研究生，包括李慧、何曼玲、何媛美、黄薇、林思序、柳媛媛、陈劲莉、陈慧、胡婷婷、陈佳玉、何祥、高玉婷、陈怡西、王璐瑶、孙若水等同学，感谢他们为本书的创作提供的大力支持和帮助。最后还要感谢光明日报出版社的各位老师在出版中的辛勤付出和鼎力相助。

　　本书的写作历时一年半,中间多次修改完善,部分章节内容也是经过多次深入讨论和交流后的成果,但仍不免存在错误和纰漏之处,限于学识水平,敬请广大同行和读者批评指正。